언택트 사회의 미래

엔트로피 이론에 근거하여

언택트 사회의 미래

엔트로피 이론에 근거하여

2021년 4월 10일 초판 인쇄
2021년 4월 15일 초판 발행

지은이 | 이상오
펴낸이 | 이찬규
펴낸곳 | 북코리아
등록번호 | 제03-01240호
주소 | 13209 경기도 성남시 중원구 사기막골로 45번길 14
　　　　우림2차 A동 1007호
전화 | 02-704-7840
팩스 | 02-704-7848
이메일 | sunhaksa@korea.com
홈페이지 | www.북코리아.kr
ISBN | 978-89-6324-740-3(93300)

값 23,000원

* 이 저서(논문 · 예술연구)는 연세대학교 학술연구비의 지원으로 이루어진 것임(This work was supported by the Yonsei University Research Grant of 2020).

언택트 사회의 미래

왜 두려워하는지에 근거하여

이상오 지음

북코리아

머리말

한 번도 경험하지 못한 세상. 코로나19가 세상을 덮었다. 기습이다. 잃어버린 시간들. 감염자도 크게 줄고 있지는 않다. 이러지도 저러지도 못한 채 벌써 1년 반. 모두가 엉거주춤 똥 마려운 강아지 꼴이다.

드디어 백신이 나왔다. 접종도 착착 진행되고 있다. 일단 소나기는 피했다. 안도의 한숨도 내쉬고 있다. 근데 부작용도 만만치 않다. 사망하는 일도 있다, 지구촌 여기저기서. 인과관계가 있는지는 의문이라고 하는데, 글쎄다. 그래도 불안하다. 하여간 조심하는 게 답이다.

이제 우리 인류는 새 국면을 맞았다. 언택트의 비대면 사회. 그러나 오래전부터 예고된 거다. 이미 테크놀로지는 손가락 하나로 모든 것을 해결할 수 있는 사회를 만들고 있었다. 그런데 갑자기 사회적 거리 두기가 언택트 사회의 트리거(방아쇠)가 되었다. 코로나19로 인해 언택트 사회가 온 것이 아니고, 코로나19로 언택트 사회가 앞당겨진 거다.

그런데 언택트 사회에서도 사람들은 여전히 만나고 있다, 사이버 온라인상에서. 그러니까 언택트(un-Tact)가 아니라 온택트(on-Tact)다. 결국 언택트 사회의 '미래'는 온택트 사회다. 언젠가는 만나서 모든 일을 하라고 하더니, 이제는 만나지 말라고 한다. 그러나 사람이 서로 안 만날 수가 없다. 공동체는 인간에게 가장 중요한 삶의 수단이다. 그래서 온라인상에서 만난다. 중요한 건 '공동체는 여전하다'는 사실이다. 다만 이는 온택트 미래 공동체의 전혀 다른 공동체다. 내용과 방식 그리고 목적지가 전혀 다르다.

세상에는 똑똑한 놈이 살아남는 것이 아니라, 적응하는 놈이 살아남는다. 진화론자 찰스 다윈의 말이다. 온택트 사회를 잘 적응해 낼 수 있는 인간. 그가 바로 미래의 인간형이다. 바로 그 인간이 살아가야 하는 세상. 그 세상을 잘 들여다보고자 했다.

백신처방이 세상에 급하게 나온 것처럼 이 책도 급조된 감이 없지 않다. 왜냐하면 뭔가 처방이 급하게 필요했기 때문이다. 그러니까 날림이다? 그건 결코 아니다. 급조된 백신이라지만 날조라고 단정할 수는 없다. 마찬가지다. 그래도 학자가 쓴 글이니까. 다분히 학문적이다. 그것도 융합 학문적으로 접근했다. 비록 짧은 시간이었지만. 글의 부제가 보여주는 것처럼 과학이론인 '엔트로피 이론'이 분석의 틀이다. 그러나 쉽게 썼다. 모두들 읽기 편하게 썼다. 학문적인 글을 가능한 한 쉽게. 마치 대중서로 착각할 정도로. 아인슈타인도 극찬했던 '엔트로피 이론'. 차제에 대중들에게 상식이 되었으면 한다. 엔트로피 개념의 대중화?

연세대학교에서 특별히 지원해 주었다. 책을 쓰면서 많이 고쳤다. 백신이 나오기 전에 시작하여 백신 이후에 끝났으니. 백신 이전에 쓴 내용들이 모두 삭제되었다. 책을 쓰는 와중에 수시로 다시 써야 하는 경험도 처음이다. 이번에도 북코리아의 이찬규 사장님과 함께 해냈다. 지난번 출간된 『학습혁명: H사고』(2017, 북코리아)가 대한민국 학술원 우수학술도서로 선정된 바 있다. 책 읽기를 좋아하시는 분 같다. 직접 교정도 꼼꼼히 한 덕분이다. 출간이 좀 지연되었지만 그래도 모든 걸 감사한다.

이 글이 세상이 나오는 날 우리가 코로나19와 아주 결별을 했으면

한다. 그럼 책이 팔리겠나? 백신이 나오기 전에 이 책이 나와야 하는 거 아닌가? 출판사의 걱정이었다. 내용을 보면 걱정 않아도 된다. 언택트 사회의 '미래'. 미래 전망은 언제라도 유효하다. 그래도 부디 세상이 제자리로 돌아가길 바란다. 분명한 것은 이제는 '새로운 정상' 즉 뉴 노멀이라는 것이다. 다시 예전으로 돌아갈 수는 없다. 이미 건넌 루비콘강. 뉴노멀의 시대에 우리 인간에게 닥친 삶의 새로운 기준은 무엇일까? 과연나는 언택트 미래 사회에서 어떻게 살아가야 할까? 이게 바로 이 책의핵심이다. 각자도생. 모두들 이 치명적인 코로나19를 잘 피해 다니길 바란다.

2021년 다시 새봄이 오는 소리를 들으며
안산자락 신촌 골에서
이상오 씀

프롤로그

언택트 사회(Un+Tact). 어언 1년도 넘었다. 한 번도 경험하지 못한 세상. 현실이 되었다. 처음 암(癌) 선고를 받았을 때 사람들은 어안이 벙벙해진다고 한다. 공황상태(恐慌狀態). 왜 하필이면 나인가. 신이시여. 당신은 정말 계시는 겁니까. 정신을 잃고 까무러치기도 한다. 도저히 받아들일 수 없는 현실. 그러나 시간이 가면서 현실을 조금씩 받아들인다고 한다. 이제 차츰 코로나 펜데믹(Corona Pandemic) 사태도 현실로 수용되는 분위기다. '코로나 재앙'. 처음에는 놀라기도 하고 어리벙벙하기도 했지만, 이제 고대하던 백신도 나왔다. 백신접종도 시작되었다. 부작용의 사례가 더러 나오는가 보다. 백신을 맞고 양성판정을 받았다는 사례도 나왔다. 백신접종 후 사망한 사람도 나왔다. 비상이다. 백신을 맞으면 돌연변이가 생긴다는 말도 돈다. 조마조마하다. 3상 임상실험도 마쳤다. 그러나 좀 성급한 면이 없지는 않다고 한다. 대략 2~3년, 길면 8~9년이 백신개발의 기간이라고 하던데. 겨우(?) 1년 남짓. 부랴부랴 만들어 냈나? 그래서 그런가? 접종절차가 까다롭다고 한다. 보관도 쉽지 않고 한번 접종으로 끝나는 것도 아니라고 한다. 우리나라에서도 백신을 맞지 않겠다는 사람이 67%나 나왔다. 불안하다. 아직 좀 더 지켜볼 일이지만 목숨과 직결되는 것이니까 신중에 신중을 기해야 한다. 그런데 정말 개발된 백신이 잘 들을까? 부작용도 문제지만 작용(作用)도 궁금하다. 정말 코로나19를 예방할 수 있을까? 조만간에 치료제도 나온다고 한다.

언택트라는 말은 '접촉'을 의미하는 'Contact'에 접두어 'Un'을 결합시킨 합성신조어이다. 정식영어가 아니라 소위 '콩글리쉬'다. 그러니까 우리나라에서만 통용되는 말이다.[1] 영어권에서는 언콘택트(Un-Contact) 내지 논콘택트(Non-Contact)라는 말을 쓴다고 한다. 하여간 언택트 사회란 접촉하지 않는 사회, 접촉하지 못하는 사회다. 그런데 사실 이 용어는 코로나19 때문에 나온 게 아니다. 이미 그전에 나왔다. 온라인(Online)과 디지털(Digital)로 대표되는 첨단 테크놀로지의 발달. 이로 인하여 우리는 더 이상 서로 '대면'(對面)하지 않고도 살 수 있는 시대가 왔다는 뜻이었다. 미래사회변화의 신(新)트렌드. 즉 사람과 사람 사이의 만남과 접촉을 대신해 주는 비대면(非對面) 테크놀로지가 우리의 일상을 확 바꾸어 놓았다는 것이었다. 이런 와중에 코로나19 사태가 터진 것이다. 비대면의 사회가 정상(Normal)이 되었다. 새로운 정상. 뉴 노멀(New Normal)이라고 한다. 결국 언택트 사회는 4차 산업혁명이 낳았고 코로나19 사태가 키운 셈이다. 온라인 디지털 테크놀로지로 인하여 우리는 대면할 필요가 없게 되었지만, 코로나19로 인하여 우리는 대면하면 안 되게 되었다. 결국 이래 저래 '비대면'(非對面) 즉 언택트가 지금 우리의 모습이다.

그러나 엄밀히 말하면 우리 사회는 비대면 즉 언택트(Untact)가 아니

---

1 "한국인의 경우 코로나19가 발생하기 전부터 계속되고 있었습니다. 사실, 그것에 대한 단어조차 있다. '언택트'는 2017년부터 마케팅 분야에서 떠돌아 왔다. 셀프 서비스 키오스크 사용, 온라인 쇼핑 또는 비접촉 결제와 같이 다른 사람과 직접 연락하지 않고 일하는 것을 설명한다. 일부는 로봇 바리스타, 가상 메이크업 스튜디오 및 디지털 금융 거래와 고령화 인구 및 노동력 감소를 결합한 한국과 같은 현대사회에서 자연스러운 진보라고 생각한다."(BBC Worklife, 2020/08/06)

다. 만나기는 하되 '온라인' 상에서 만난다. 영상과 화면으로도. 아니면 글로 '톡'으로. 이렇게 본다면 언택트가 아니라 '온택트'(on+Tact)라고 해야 맞다. 온택트. 온라인 접속으로 접촉(Contact)한다. 물론 온라인에 익숙하지 않은 사람들은 답답하다. 이들에게는 비대면이 맞다. 코로나19가 우리를 지구상에서 추방한 것 같다. 우리를 사이버 공간으로 몰아낸 것이다. 이제 온라인 사이버 공간이 우리의 터전이다. 우주의 외계인이 침입한 것 같다. 혹시 코로나19가 외계인?

지금 우리는 집에 앉아서 손가락 하나로 모든 것을 해결한다. 인터넷 쇼핑을 위시하여, 인터넷 뱅킹, 인터넷 원격진료,[2] 원격지원 서비스, 인터넷상담, 인터넷 강좌, 사이버 대학, 재택근무, 재택학습, '카톡', 메신저, '밴드', 온라인 동아리, 블로그 등 각종 소셜 네트워크를 통한 사이버 공간에서의 소통, 유튜브나 인스타그램, 틱톡 등을 통한 각종 다양한 정보 및 지식 교환, 온라인 화상회의, 온라인 예배, 온라인 채용면접, 온라인 보험청구, 온라인 도서관, 온라인 비디오, 온라인 영화감상, 온라인 모임, 온라인 경조사, 온라인 이사회, 온라인 주주총회, 온라인 결혼식, 온라인 언택트 입학식, 온라인 언택트 졸업식, AR-VR 원격 프레젠테이션, 화상면접, 화상통화, 온라인 언택트 설명회, 언택트 박람회, GPS 네트워킹, '혼밥', '혼술', '집돌이', '집순이', '집콕', '방콕', '홈족(HomeBuddy)', '홈코노미(Home+Economy)' 등 이루 말로 다할 수 없다. 이미 우리는 '나만의 공간'에서 모든 것을 해결하고 있는 것이다.

원거리 재택근무, 홈스쿨링(Home Schooling) 등 홈(home) 기반의 생활

---

2   미국은 1997년, 일본은 2015년부터 원격의료가 허용되었지만, 지금 한국에서는 불법이다. 우리는 이미 세계 최고 수준의 5G 통신 인프라와 첨단의료 기술력도 갖고 있지만, 이해당사자 간의 갈등으로 인하여 진전이 없는 실정이다.

이 점점 늘어나면서 집에 대한 관심도 극대화되고 있다. CCTV가 집을 관리하고 경영하는 스마트 홈(Smart Home)이 대표적이다. 이제 사람들은 자기가 사는 집 한쪽에다 홈 오피스(Home Office)를 꾸미고 있다. 냉장고에는 냉동식품들이 쌓이고 있다. 지금 새로 짓는 아파트의 조건은 홈 오피스, 홈스쿨링 심지어 홈트레이닝(Home Training)을 위한 별도의 방이 있어야 한다는 거다. 집에서 아기와 놀아주는 남자, 요리하는 남자도 증가하고 있다. 주식도 홈에서 한 지가 오래다. 기존의 집 구조도 다목적으로 변하는 소위 '카멜레홈'으로 바뀌고 있다. 집이 카멜레온처럼 시시각각으로 변한다. 모두가 첨단 테크놀로지의 발달 덕분이다. 코로나19가 이러한 변화추세에 방아쇠(Trigger)를 당겨주고 있다.

식당에서도 테이블마다 칸막이가 설치되어 있다. 밥을 먹으러 온 것인지 누군가를 면회하러 온 것인지. 사회적 거리 두기, 일상 속의 거리 두기 등 새로운 풍속도가 만들어지면서 우리 사회는 자연스럽게 '비대면 사회'로 흘러가고 있다. 언택트 사회. 이제 마스크 없이 거리를 나섰다가는 벌금 10만 원이다. 마스크는 필수. 심지어 마스크를 쓰지 않으면 살인범으로 몰리기도 한다. 살인미수범. 누군가에게 감염을 시킬 수 있다는 것이다. 처음에 사람들은 자기가 감염될까봐 마스크를 썼다. 시간이 지나면서 혹시 남에게 감염시킬까봐 하는 양심 때문에, 그다음은 남의 눈초리 때문에도 썼다고 한다. 그러나 지금은 일상이 되었다. 호모 마스쿠스(Homo Maskus). 인간은 마스크를 통하여 인간이 된다. 신인류(新人類)의 탄생. 마스크를 하지 않는 사람, 더 이상 사람이 아니다. 위드 코로나(With COVID-19)의 시대. 이제 우리는 코로나19와 함께 살아가야 할 운명이다.

사람들은 몹시 불편해한다. 상대방의 얼굴을 다 볼 수도 없다. 주민센터, 구청에서 주민증을 대조할 때에도 마스크를 벗어 보라고 한다. 때로는 사람을 직접 만나야만 하는 때도 있다. 소셜미디어 네트워킹만으로 모든 것이 해결되는 것은 아니다. 결국 코로나19 사태 이후 우리에게 닥친 언택트 사회는 '불안과 불편' 그 자체이다. 불안한 것은 목숨이고, 불편한 것은 비대면이다. 우리가 전화로 모든 것을 다 해결할 수 없는 것과 같다.

특히 비대면에 늦게 반응하는 집단이 있다. 바로 기업(企業)이다. 기업은 '조직'(組織)이 생명이다. 전통적인 조직은 구성원들이 같은 곳에 모이는 것으로 시작된다. 오피스(Office)의 탄생. 기업에서는 회식(會食)도 일종의 조직문화다. 뭉쳐야만 조직이다. 그래서 회식도 잦다. 직장 하면 회식이 생각날 정도다. 신세대는 말한다. 직장생활에서 가장 싫은 것은 바로 회식이라고. 회식은 분명 신세대의 문화는 아닌 것 같다. 신세대가 회식을 싫어한다는 것은 결국 전통적인 기업문화를 거부한다는 상징성을 갖고 있다.

이렇게 본다면 앞으로 온라인상에서 소셜 네트워크가 가능한 조직은 전혀 달라져야 한다. 왜냐하면 신세대가 요구하는 미래조직은 온라인상에서 만들어질 수밖에 없기 때문이다. 운동장 한쪽에 모여 하는 응원문화도 사라졌다. 비대면 응원. 어떻게 해야 하나? 그동안 기업들이 앞을 다투어 기업홍보의 수단으로 활용한 측면도 있다. 물론 경기장의 응원은 또 다른 면도 있었지만. 그렇다면 앞으로 우리 사회가 하나로 결집할 수 있는 응집력은 소셜 네트워크상에서는 전혀 필요가 없을까? 만약 그래도 있어야 한다면 그것은 어떻게 가능할까? 소셜 네트워크상에서 스트레스는 어떻게 풀 수 있을 것인가? 경기장 응원문화는 관중들의 스트레스 해소에도 긍정적으로 작용했을 것이다. 그래서 사이버 범죄도 계속 증가하는 것은 아닐까? 살면서 쌓이는 스트레스는 그때그때 풀어야 할 텐데. 한데 모이지 않고도 개인이 스스로 자기의 스트레스를 풀 수 있는 방법은 과연 뭘까. 노래방에도 갈 수가 없으니.

언택트 사회에서는 영화관의 대형스크린을 즐길 수 있는 기회도 사라졌다. TV로 보는 야구, 축구경기와 현장에 가서 파란 잔디 위에서 직접 눈앞에 펼쳐지는 경기. TV 시청과는 천지 차이라고 한다. 현장에서 만끽하는 그 짜릿함. 더 이상 기회가 없다. 각종 공연, 콘서트, 오페라 관람도 못 한다. 물론 온라인 콘서트, 언택트 공연 등 온라인 엔터테인먼트가 새롭게 등장하고 있다. 아직은 좀 낯설다. 그러나 발 빠른 비즈니스는 공연과 사이버공간을 5G통신, 3D 그래픽 작업, AR, VR 등과 연결하면서 새로운 온라인 공연 콘텐츠 제작에 뛰어들고 있기는 하다. 마치 뮤직비디오 영상을 제작하듯. 고궁, 박물관, 미술관 등 공공장소에서 삼삼오오 모이는 것조차도 극도로 제한된다.

사회적 거리 두기로 인하여 부모님을 찾아뵙는 것도 망설여진다. 오히려 부모님들이 오지 말라고 한다. 명절 때가 더 난처하다. 가 볼 수도 안 갈 수도 없다. 적지 않은 딜레마. 사회적 거리 두기를 하되, 심리적으로는 가까이 지내라고 한다. 그러나 '안 보면 멀어진다'는 말도 있다. 언택트 시대의 최고 딜레마는 역시 국가경제이다. 경제규모가 급격하게 침체된 지 벌써 1년. IMF 같은 경제위기가 재현될지도 모른다는 암울한 전망이다. 고도의 인플레이션. '코로노믹스(Coronomics)'. 경제를 살리려면 방역이 죽고 방역을 살리려면 경제가 죽고. 많은 전문가들이 점치고 있다. 학교교육도 언제까지 인터넷상에서만 이루어질 수는 없다고 한다. 수영장에도 갈 수 없고 목욕탕에도 갈 수 없다. 해수욕장에서도 물에서 나오면 마스크를 착용해야 한다. 마스크 인간. '호모마스쿠스'가 맞다.

인터넷, 인공지능 등 첨단 테크놀로지의 발전은 점점 더 언택트 사회를 가속시킬 것이다. 설령 코로나19 사태가 끝난다고 해도. 언택트라는 용어를 처음 사용한 김난도 교수(2020)는 사람들이 언택트를 선호하는 이유로, 첫째, 비용 절감을 들고 있다. 즉 지속되는 저성장 경제 상황에서 사람의 노동력보다 저렴한 기계를 선호한다. 둘째, 즉각적 만족이다. 즉 스마트폰에 익숙해진 소비자들이 더 빠르고 더 쉬운 구매 방식을 원하고 있다. 셋째, 풍부한 정보이다. 즉 소비자의 정보력이 높아지면서 점원보다 직접 얻은 정보를 신뢰한다. 넷째, 대인관계의 피로감이다. 즉 과잉연결에 따른 심리적 피로감으로 대면접촉을 회피하고 있다.

한 조사에 의하면, 지금 성인 10명 중 5명은 콜 포비아(Call-Phobia) 현상을 앓고 있다고 한다. 이들은 원하지 않는 인간관계와 상호접촉에 대한 부담감을 가지고 있다고 한다. 인간관계에 대한 피로감. 인간에 대한 신뢰를 잃은 결과이기도 하다. 요즘 유행하는 말 중에서 '관태기'라는 말이 있다. 관태기는 '관계'와 '권태기'를 합성한 신조어이다. 더 이상 불필요하고 소모적인 인간관계에 권태감을 느끼는 현대인들이 급격하게 늘고 있다는 것이다. 일단 인간관계에 대한 룰(Rule)과 형식들이 너무 지나치게 가식적이고 강제적이라는 뜻이다. 권위적, 폐쇄적, 위압적. 그냥 싫은 것이다. 특히 '억지로' 해야 하는 인간관계. 자연스럽지 못한 것이다. 심지어 이제는 굳이 관계를 통하지 않고도 '나 홀로' 해결할 수 있는 일들이 더 많다. 또한 혼자 할 수밖에 없는 경우가 더 많다는 것이다.

그렇다면 앞으로 이 언택트 사회는 어떻게 진화해 갈 것인가? 미래학자들은 코로나19 이후 나름의 예측들을 내놓고 있다. 결론은 어쨌거나 예전의 삶으로 다시 돌아가지는 않을 거란다. 우리 사회에서 지금까지 정상(Normal, 定常)이었던 것들이 모두 비정상(Abnormal)으로 되고, 새로운 정상 즉 뉴 노멀(New Normal)이 미래사회의 모습이란다.

그러나 '한 치의 앞도 내다 볼 수 없는 게 인생'이라고 하지 않던가? 아무도 모른다. 어떻게 될지. 이런 의미에서 본 연구는 보다 근거 있는 — 심지어는 과학적이고 좀 더 객관적인 분석을 토대로 — 미래를 예측해 보고 싶다는 충동에서 비롯된다. 그중에서도 본 연구는 19세기 중엽 처음 물리학에서 발전하기 시작한 엔트로피 이론을 '분석의 틀'로 활용하고자 한다. 1860년대 물리학자 클라우지우스(Rudolf Clausius, 1822-1888)에 의해 처음 명명된 '엔트로피'(Entropy)라는 개념, 바로 이 개념이 분석의 틀이다. 이는 오늘날 여러 다양한 관점에서 심지어 사회과학의 영역뿐만 아니라 생태철학의 영역에서까지도 연구의 범위가 확장되어 왔다.

본 연구는 '엔트로피 법칙'을 토대로 언택트 사회의 미래를 진단하고 예측해 보고자 한다. 물론 엔트로피는 물리학 내에서도 열역학적 정의, 통계역학적 정의(볼츠만 상수), 양자역학적 정의, 정보역학적 정의, 블랙홀 정의 등에 기초하여 다양한 관점에서 연구되어 왔다. 그럼에도 불구하고 "에너지가 사용되면 될수록, 엔트로피 즉 무질서한 정도는 계속 증가한다"는 결론은 동일하다. 아인슈타인은 '엔트로피는 모든 과학의 제1법칙'이라고 말한 바 있다. 따라서 본 연구는 일단 다양한 관점을 살펴보면서 이에 접근해 볼 것이다. 그럼에도 불구하고 본 연구는 과연 어떠한 관점이 "지금 여기서" 우리의 사회현상을 가장 잘 설명하고 해석할 수 있는가에 대해서 고민할 것이다.

클라우지우스가 '엔트로피[3]'의 개념을 발견하게 된 동기는 1852년

---

3 '엔트로피'라는 이름은 클라우지우스가 '에너지'라는 말의 어원인 그리스어 'ἐνέργεια'(에네르게이아)에서 전치사 'ἐν-'(엔-)을 남기고, '일, 움직임'이라는 의미의 어간 'ἔργον'(에르곤) 부분을 '전환'이라는 의미의 'τροπή'(트로페)로 바꾸어 조합해 만든 말이다.

톰슨이 발표한 짤막한 논문의 '에너지의 낭비'(Dissipation of Energy)라는 부분에 주목한 것이었다. 지표면의 열이 서서히 식어 가는 현상을 목격한 톰슨은 우리 일상과 자연에서는 반드시 '에너지의 낭비 과정'이 발생하게 된다고 주장했다. 여기서 '낭비'(浪費)란 비가역적(非可逆的) 개념이며, 비가역적이란 말은 '원래대로 되돌릴 수 없다'는 뜻이다. 결국 에너지의 발생과 이동의 과정에서 '일로부터 열의 생성', '열의 전도'(Conduction) 그리고 '열의 복사'(Radiation) 등은 에너지 세계에서 대표적인 비가역적 과정이다. 클라우지우스의 발견이었다. 마침내 그는 물질세계에는 '항상 역학적 에너지가 낭비되고 있다'고 결론을 짓는다. 톰슨의 연구결과를 토대로 클라우지우스는 1865년 발표한 자신의 논문「우주의 두 가지 기본 법칙들」에서, 첫째, 우주의 에너지는 일정하며, 둘째, 우주의 엔트로피는 항상 증가한다는 주장을 하게 되었다. 다시 말하면, 우주의 모든 변화를 통해서 항상 보존되는 것이 "에너지"인 반면, 이런 변화가 방향성을 나타내 주면서 항상 증가하는 양이 "엔트로피"인 것이다(김영식 · 임경순, 2002: 200). 역으로 말하면, 엔트로피 법칙 속에서 자연과정은 반드시 비가역적이며 항상 엔트로피는 증가할 뿐이다(Weyl, 2000: 247).

본 연구는 다음의 네 범주로 전개된다. 본 연구(저서)의 '목차'이기도 하다. 물론 소제목(소주제)들은 모두 엔트로피 이론을 기반으로 분석되며, 해법 역시 엔트로피의 법칙을 기반으로 한다. 본 연구에서 분석의 틀로 적용되는 엔트로피 이론은 물리학적 발견에서부터 사회과학(경제학, 정치학, 사회학 등), 심지어는(생태)철학적인 적용까지 자연과학과 사회과학 그리고 인문학 사이의 스펙트럼을 포괄한다. 따라서 본 연구는 융복합적 연구의 관점을 견지한다.

경제학자 제러미 리프킨(Jeremy Rifkin)은 '우리의 삶도 엔트로피의 법칙을 거부할 수 없다'고 주장했다. 그는 '나무가 타면 재가 되지만 재는 다시 나무가 될 수 없다'는 논리로 우리의 세상살이를 설명한 바 있다. 물론 거대 이론적으로 우주 시스템 또는 지구 시스템 아니면 우리 사회 시스템을 폐쇄적으로 볼 것인가(고립계와 닫힌계), 아니면 개방적으로 볼 것인가(열린계)에 따라서 해법은 달라질 수 있다. 본 연구에서 두 가지 해법을 모두 제시하고 싶은 소망이 있다. 이를 위해서는 이미 오래전 볼츠만(Rudwig Eduard Boltzmann, 1844-1906)의 엔트로피 이론에 토대를 두고 발전된 카오스 이론(chaos theory), 복잡계 이론으로부터 생태학의 분야에서 산티아고 학파를 대표하는 마투라나(Humberto Maturana)와 바렐라(Francisco Varela)에 의해 급진전되었으며, 급기야 사회과학의 영역에서 니클라스 루만(Niklas Luhman, 1927-1998)에 의해 발전된 시스템 사회학의 핵심개념, 심지어 오늘날은 인공지능(AI)의 연구 분야까지 도입된 '오토포이에시스'(Autopoiesis)4의 원리를 적용해 본다. 아마도 부정 엔트로피(Negative Entropy)의 현실적 가능성을 시사하는 오토포이에시스의 조건이 밝혀질 수 있을지도 모른다.

이러한 의미에서 본 연구는 과학이론과 인문학(특히 생태철학)의 융복합 연구라고 할 수 있다. 물론 이는 본 연구의 관점(Viewpoint)이다. 본 연구는 연구결과를 토대로 미래 언택트 사회의 난제와 딜레마 현상을 파악해 보고, 이에 대한 하나의 해법(a Solution)을 제시할 것이다. 즉 본 연구

---

4 시스템의 속성으로서 오토포이에시스에 대하여 최초로 연구한 사람들은 칠레의 생물학자인 마투라나와 바렐라였다. 마투라나에 의하면, 생명 시스템은 인지 시스템(cognition system)이다. 1970년부터 마투라나는 그의 제자이며 동료인 바렐라와 함께 자기조직하는 살아 있는 시스템은 오토포이에시스라는 자발성 즉 "자기제작의 능력"을 가지고 있다는 사실을 주장하면서 인지에 대한 시스템 이론을 정립하였다(Maturana, Humberto & Varela, Francisco, 1980). 이를 우리는 "산티아고 이론"(Santiago Theory)이라고 부른다.

는 융합학문적 접근을 토대로 언택트 사회로 지칭되는 미래사회의 딜레마(Dilemma)를 풀어낼 객관적이고 과학적인 처방 내지 대안을 내보고자 한다. 이는 미래사회의 지속 가능한 발전이라는 차원에서도 사회공헌의 기회를 마련해 줄 것이다. 연구의 결과가 어떻게 나올 것인가에 대해서는 본 연구자도 자못 기대가 되는 바이다.

CONTENTS

머리말 ·· 5

프롤로그 ··· 8

Ⅰ 언택트 사회의 실제   23

1. 온라인에 과부하가 걸리고 있다 ······························· 25

2. 경제가 쏠리고 있다 ··· 40

3. 악수(握手)가 사라졌다 ··· 60

4. 코로나19, 끝이 안 보인다 ··· 68

5. 누가 나를 계속 보고 있다 ··· 77

6. 출퇴근 문화가 사라졌다 ··· 88

7. 헛된 소비욕구가 판치고 있다 ································· 99

8. 학교가 죽었다 ··· 106

9. 미세먼지가 주춤하고 있다 ······································· 124

10. 엔트로피의 증가가 급가속되고 있다 ····················· 129

Ⅱ 언택트 사회의 속성: 테크놀로지의 발달사에 근거하여 145

1. 산업혁명과 콘택트 대면 사회 ·· 147
　1) 돌(石)의 재발견 ··· 153
　2) 불의 발명 ·· 162
　3) 공동체의 발달 ··· 174
　4) 철(鐵)의 발견 ··· 182
　5) 야금술과 용범의 발명 ·· 190
　6) 도시의 탄생 ·· 197
　7) 시장의 탄생 ·· 204
　8) 이단논쟁과 종교전쟁 ·· 209
　9) 파리의 부활 ·· 216
　10) 르네상스 계몽의 테크놀로지 ······································ 220
　11) 증기기관의 탄생: 산업혁명의 시작 ································· 228
　12) 엔트로피 이론의 탄생 ·· 238

2. 정보혁명과 언택트 비대면 사회 ······································ 247
　1) 인터넷의 탄생: 언택트 사회의 출현 ································· 247
　2) 디지털 테크놀로지와 온택트 사회 ·································· 266
　3) 인공지능과 언택트 사회 ··· 274

III   언택트 사회의 딜레마   283

1. 테크노피아와 엔트로피 ·································· 285

2. 네트워킹 사회와 엔트로피 ···························· 306

3. 뉴 노멀 사회와 엔트로피 ······························ 324

IV   언택트 사회의 전망: 오토포이에시스의 조건   341

1. 오토포이에시스의 본질 ································ 343

2. 오토포이에시스의 조건: 마찰열 처방 ·············· 374

  1) 쓸모없는 마찰열의 억제 ······························· 374

  2) 마찰열의 창조적 전환 ································· 399

에필로그 ·· 481

참고문헌 ·· 487

I

언택트 사회의 실제

1
온라인에 과부하가 걸리고 있다

지하철 안이 조용하다. 친구가 옆에 있는데도 서로 말하지 않는다. 물론 마스크 때문이다. 예전에는 학생들이 우르르 타면 얼른 다른 칸으로 자리를 옮겼다. 시끄러워서. 그러나 요즘은 그런 풍경은 없다. 친구가 옆에 앉아 있지만 아무 말들이 없다. 모두 스마트폰을 보고 있는 것이다. 무엇인가를 열심히 두드린다. '카톡'을 하고 메시지를 보내고. 누군가와 소통을 하고 있는 것이다. 간혹 킥킥거리기도 한다. 그러나 옆에 앉아 있는 친구와는 말 한마디가 없다. 멀리 있는 누군가와 열심히 대화를 하고 있는 것이다. 온라인 소통. 옆의 친구와도 카톡으로 대화한다. 소셜 네트워크(SNS: Social Network System) 사회가 맞다. 사회적 네트워크. 온라인 디지털 네트워크다.

온라인 쇼핑, 온라인 게임, 온라인 수업, 온라인 방구석 관람, 온라인 동영상 서비스(OTT) 등 일상이 모두 온라인상에서 벌어진다. 특히 온라인 쇼핑의 추세는 가공할 만하다.

"통계청에 따르면 2020년 7월의 온라인 쇼핑 거래액은 12조

9,625억 원으로 전년 동월 대비 15.8% 증가했다. 온라인 쇼핑 거래액 중 모바일쇼핑은 전년 동월대비 21.2% 증가하며 8조 7,833억 원을 기록했다. 지난 달에 비해 온라인 쇼핑 거래액은 2.2%, 모바일 쇼핑 거래액은 3.4% 각각 증가하며 꾸준한 증가세를 보였다. 상품군별 거래 변화를 살펴보면 전년 동월 대비 △음식서비스 66.3% △음·식료품 46.7% △농축산물이 72.8% 증가했다. 코로나19로 인해 오프라인 외식, 장보기가 감소하고 배달음식, 간편조리식, 신선식품, 건강보조식품군의 언택트 온라인 구매가 활성화되고 있음을 알 수 있다. 이어 생활용품, 가전·전자·통신기기도 14.0% 증가했다. 이에 반해 오프라인 활동이 연관되는 여행·교통서비스는 전년 동월 대비 51.6% 감소했고, 레저서비스는 67.8% 감소했다."(충북일보, 2020/09/13)

온 세상의 에너지가 온라인으로 이동하고 있다. 모든 것들이 가상공간으로 모이는 것이다. 고객의 입장에서 보면 O2O 즉 온라인(Online)에서 오프라인(Offline)으로 서비스가 이루어지고 있다. 예를 들어 소비자의 요구에 정확히 일치하는 신발, 의류, 식품, 반찬 등을 매일 아침에 문앞으로 배송해주는 맞춤형 구독경제가 대세다.

"전날 밤 12시에 주문한 채소와 몇 가지 반찬이 오전 7시 집 현관에 배달돼 아침 밥상에 오른다. 전 세계적으로도 불과 6시간 이내에 신선식품을 주문에서 배달까지 가능하게 만드는 유통물류 시스템을 갖춘 나라는 드물다. 비대면(언택트) 시대를 맞이해 우리나라 e커머스 시장은 새로운 실험을 해나가며 세계에서도 유례없는 시스템을 갖추고 급성장하고 있다. … 언택트 시대에 발맞춰 언택트 소비자도 급증하고 있다. e커머스시장의 발달로 한국은 코로나19 사태에서 주요 국가 중 거의 유일하게 물품 사재기가 발생하지 않았다. 약 2,500만 명의 고소득에 스마트폰 사용자가 사는 수도권이라고 부르는 메가시티를 둔 한국에서 본격적 미래사회가 펼쳐질 가능성이 커지고 있다. 과거 20년 전 미래 전망 시나리오 중 가장 급진적 언택트 소비사회가 바로 우리 앞에서 펼쳐지고 있는 것이다."(서용구, 2020/08/31)

다양한 아이디어를 기반으로 한 언택트 소비 활동을 측면 지원하는 비즈니스 모델들의 출현으로 고객가치사슬(Customer Value Chain)의 디커플링(Decoupling)/커플링(Coupling) 현상도 가속화될 전망이다. 역시 ICT 기술이 중요한 역할을 하고 있다. 소매업의 소멸이다.

"이제 소매업은 위치와 판매원 서비스가 중요한 오프라인 비즈니스에서 물류일괄대행(Fulfillment) 서비스가 중요한 언택 비즈니스로 변하고 있다. 풀핀먼트란 2006년부터 미국 아마존이 자신의 물류 시스템을 외부 판매자들에게 개방하면서 유명해진 용어로 '주문 접수-피킹-분류-포장-라스트 마일 배송'에 이르는 물류의 모든 과정을 말한다. 업의 정체성이 이처럼 변하고 있기 때문에 소매업 경쟁은 이제 오프라인 업태와 언택트 트렌드를 등에 업은 온라인 업태 간 싸움으로 변했다. '소매업의 종말'이라는 용어가 말해주듯 오프라인 소매업은 종말의 위기를 맞이하고 있다. 지난 8년간 한국을 대표하는 오프라인 소매기업 이마트와 롯데쇼핑의 주가는 피크 대비 각각 30%와 20% 수준까지 하락했다. 결국 언택트 시대 소매업은 유통과 물류가 통합되면서 아마존 스타일의 4차 산업으로 진화하는 것으로 해석할 수 있다."(서용구, 2020/08/31)

과거에는 직접 안 보고 구입하는 일이 없었다. 그러나 지금은 직접 안 보고도 주문한다. 물론 사진이나 영상으로 본다. 그러나 마음에 들지 않으면 바로 반품(返品)이다. 예전에는 변심반품은 안 됐다. 지금은 반품신청을 하면 바로 가져간다. 돈도 바로 돌려준다. 바로 입금. 소비자의 심기를 건드리면 안 좋다는 것을 알고 있는 것이다. 입소문으로 문을 닫을 수도 있다. 신뢰(Trust)가 돈이다. 유통, 배송, 물류 서비스에는 이곳이 가장 신속하고 안전한 곳이라는 이미지 마케팅, 총알배송, 로켓배송. *Intelligence Central*이 올 4월 수행한 연구조사에서, 소비자들 중 58%는 편리한 서비스를 제공하는 브랜드에게서 좋은 인상을 받았고, 55%는 소비자들을 돕기 위해 변경을 감행한 브랜드를 높이 평가하는 것으로 나타났다(Criteo, 2020/06/17). 보다 빠르고 안전하며 신뢰성이 높은 편리한 반품문화를 가진 기업이 코로나19 경제를 주도하게 될 것이다.

기업의 위기감이 그렇게 만들었다. 예전보다 더 많은 종류의 상품을 한눈으로 비교하는 것도 가능해졌다. 시간과 장소에 구애받지 않는 쇼핑. 온택트 마케팅. 종합 홈인테리어 전문업체인 '㈜한샘리하우스'는 가상현실 즉 VR(Virtual Reality) 서비스를 시작했다. 소비자가 손수 매장을 방문하지 않고도 리모델링 공간을 3D로 확인할 수 있다. 일명 'VR 집들이' 언택트 마케팅이다. 지금까지의 대면 서비스 방식을 어떻게 비대면 서비스의 모습으로 전환시킬 것인가? 디지털 기술이 도구와 수단이 되고 있다.

"기업들의 신제품 소개도 언택트 방식으로 이뤄졌다. 삼성 · LG 전자, 애플 등은 온라인 채널에서만 폴더블폰을 비롯해 새로운 전략 스마트폰을 소개했다. 현대 · 기아차와 메르세데스-벤츠, BMW, 폭스바겐, 벤틀리모터스코리아 등 자동차 업체들도 온라인에서 신차를 첫 선보였다."(신아일보, 2020/10/25)

지금 배송산업은 언택트 비즈니스의 최고 모델이 되고 있다. 금융, 교육, 의료, 예술문화공연, 게임 오락에 이르기까지 사람과의 대면 접촉 없는 고객서비스를 시도하고 있다. 테크핀이 주역이다. '테크핀'(TechFin) 이란 2016년 알리바바의 마윈 회장이 처음 사용한 개념으로, 전자결제, 송금, 자산관리 등 다양한 금융서비스를 종합적으로 제공하는 서비스를 말한다(TheScienceTimes, 2010/07/10)

한편, 인터넷이 처음 세상에 나왔을 때 온라인 게임 프로그램이 탑재되었다. 인터넷의 역사와 온라인 게임의 역사는 같다. 게임 하는 아이와 엄마의 전쟁, 이때부터 시작되었다. 그럼 인터넷은 새로운 전쟁의 시작이었나? 하여간 지금은 싸움이 줄었다. 엄마가 포기한 것일까? 게임으로 다져진 아이들이 디지털 사회에 빨리 적용한다는 말이 돌았던 거다. 엄마들이 잠잠해졌다. 그래도 아직도 전쟁 중인 집안이 더 많다. 아이의 공부 그리고 성적 때문이다. 아이들은 어른들의 눈을 피해가며 몰래 한다. 재미도 있다. 스릴있으니까. 온라인은 힘도 안 든다. 손가락만 있으면 된다. 하여간 게임 산업은 급성장을 했다. 요 몇 년 사이 게임 업체가 순식간에 재벌기업 반열에 올랐다. 텐센트, 마이크로 소프트 X 박스, 소니, 일렉트로닉 아츠(EA), 넷마블, 블리자드, 넥슨 등. 예전 같으면 비즈니스 축에 끼지도 못했다. 지금 게임 산업은 천정부지다. 세계 정상급 사업의 판도가 바뀌었다. 이것만으로도 온라인 비즈니스의 위력이 가늠된다.

온라인 개학이라는 말이 처음 생겼다. 갑자기 닥친 신종 코로나19의 공격. 세상의 모든 학교가 어쩔 줄 몰랐다. 3월 1일은 개학일이다. 역사가 바뀌었다. 미루고 미루다가 한 개학. 온라인 개학이었다. 코로나19는 대단했다. 그 오랜 역사와 전통을 가진 학교를 한순간에 무력화시켰다. 속수무책(束手無策). 이제 학교도 온라인에 운명을 맡겨야 할 판이다.

"유네스코가 지난 4월 198개국을 대상으로 조사한 결과에 의하면 새로운 학기 코로나 팬데믹(Pandemic)으로 전 세계 학생의 91%인 16억 명이 등교하지 못하고 가정에 머물렀다. 감염병의 확산은 전 지구적으로 사람과 사람, 사람과 사물 사이의 관계를 맺는 방식의 변화를 가져왔으며, 관계에 기초한 사회적 자산을 전수해온 전통적 학교교육의 체제적 변화와 디지털 전환을 가속화하고 있다. 특히 대면 수업의 전면적인 대체제로서 등장한 원격수업은 학습을 위한 필수적 환경과 도구로서 테크놀로지의 활용 외에도 온라인상의 학습에 대한 시수(학점) 인정 등의 제도적 측면에서부터 비대면 수업을 위한 새로운 교원의 역량 개발, 가정의 학습 지원 책임 강화에 이르기까지 불가피한 교육체제의 변화를 압박하고 있다."(계보경, 2020/07/01)

그런데 아이들은 지금 나쁘지 않다는 생각도 하고 있다. 이미 인터넷 강의(인강), 사이버 교실 등으로 다져진 우리의 아이들, 학교의 온라인 수업에도 그냥 적응하고 있는 눈치들이다. 어쩌면 그렇게 변하지 않고 버티던 학교도 이참에 바뀔 것 같다는 느낌이다. 다만 쓸쓸한 것은 버티다 버티다가 결국 코로나19 사태로 인해 어쩔 수 없이 바뀌어야 한다는 것이다. 결코 자율적이지 않은. 그게 씁쓸할 뿐이다. 진작 했어야 하는 학교개혁. 이미 오래전부터 디지털 기술 혁명의 시대를 이끌 소위 '스마트 교육'에 대한 요구가 수없이 있었다. 소 귀에 경 읽기. 선진국들은 이미 오래전에 착수하여 지금은 수준급이다. 그래도 어쨌거나 차제에 우리도 좀 제대로 이루어지기를 바란다.

"'e-학습터'와 'Zoom' 등 생소한 도구가 교실에서 행해지던 수업의 대부분을 대신하면서 영원히 변치 않으리라 생각했던 교육 환경에 지각 변동이 일어나고 있다. 학생들뿐 아니라 성인들을 위한 온라인 평생교육 클래스 역시 '코로나19 시대' 이전과는 비할 수 없이 다양해졌다."(chosum.com, 특집섹션, 2020/08/27)

회사도 모두 재택근무로 바뀌고 있다. 코로나19 초기에 일부 기업에서 먼저 시범적으로 재택근무를 실시해 보았다. 처음에는 좀 이상했다. 회사도 직원들도 모두 낯설었다. 그러나 시간이 지나면서 상황은 달라졌다. 재택근무의 좋은 점이 부각된 것이다. 일단 출퇴근 전쟁을 할 필요가 없다. 놀랍게도 적응하는 사람들. 화상회의에도 적극적이다. 화상회의의 질적 수준은 앞으로 개발될 화상회의 솔루션이 결정할 것이다.

"스마트폰과 태블릿PC 등 다양한 IT 기기가 등장한 이후 '스마트워크', '모바일 오피스'를 도입하자는 의견은 꾸준히 있었지만, 사회보편적으로 재택근무가 활성화되지는 못했다. 하지만 전 세계적으로 코로나19가 확산되자, 많은 기업들이 감염병 확산을 막기 위해 재택근무를 도입하게 되었다. 재택근무 전환이 용이한 IT 업계 기업들이 먼저 출발선을 끊었고, 코로나19가 장기화되자 다른 업계에도 확대되었다. 실제로 코로나19를 계기로 국내 기업의 절반이 재택근무를 도입한 것으로 나타났다. 고용노동부가 5인 이상 기업의 인사담당자 400명과 노동자 878명을 대상으로 설문조사한 결과, 지난 7월 기준 국내 기업의 48.8%가 재택근무 제도를 운영하고 있었다. 한 회사에서 재택근무를 하는 노동자의 비율은 10% 미만인 경우가 40%로 가장 많았지만, 50% 이상이라는 응답도 28.7%나 됐다."(LG이노텍 Newsroom, 2020/10/16)

심리학자들은 사람이 새로움에 적응하는 기간이 평균 2~3개월 정도라고 한다. 사실 기업에서는 일단 소나기나 피하고 보자는 식으로 재택근무를 했다. 그러나 기업 입장에서도 장점이 많다고 느낀 모양이다. 특히 비용절감 면에서는 이득이라는 것이다.

"대구상공회의소가 지난달 20일부터 25일까지 지역 기업 313곳을 대상으로 '코로나19에 따른 언택트(Untact · 비대면) 업무 활용 여부'에 대한 설문을 실시한 결과, 언택트 방식의 업무 도입 필요성에 대해서는 응답 기업의 76.6%가 공감했다. … 언택트 방식 업무에 대한 기업 만족도는 62.8%로 높은 편이었다. '보통'이란 답은 35.4%, '불만족'은 1.8%로 집계됐다. '만족한다'고 답한 기업들은 코로나19 종식 이후에도 대부분 언택트 방식 업무를 지속할 것이라고 답했다. 전자결재시스템, 화상회의 등의 시스템적인 방식의 지속을 원하는 기업이 많았다."(영남일보, 2020/09/16)

지금 '아마존', '애플', '구글', '페이스북' 등 세계적인 기업들에는 재택근무자가 50% 이상이다. 아마 더 늘어날 것이다. 100% 재택근무의 시대가 곧 올지도 모른다. 모든 비즈니스가 온라인으로 가능한 세상. 스마트 워크, 스마트 오피스, 스마트 공장, 스마트 상점, 스마트 서비스, 스마트 공방, 스마트 창업, 홈 오피스의 시대가 온 것이다. 사실 1990년대 인터넷이 등장한 이후 발 빠른 기업에서는 온라인 근무, 재택근무를 실시하여 왔다. 특히 자국에 공장이 별로 없는 덴마크, 핀란드, 네덜란드, 스웨덴 같은 나라에서는 다국적 기업에 취직하여 집에서 근무하는 사람들이 90년대 말부터 등장하기 시작했다. 〈재택근무법〉도 제정될 전망이다.

"코로나19가 종식된다 하더라도 노동 환경의 변화는 거스르기 어려울 것으로 전망된다. … 필요하다면 눈치를 보지 않고 재택근무를 선택할 수 있는 문화와 제도가 마련되어야 한다. 독일의 경우 코로나19가 끝난 후에도 노동자들이 재택근무 권리를 갖게 하자는 취지로 '집에서 일할 권리'를 노동법에 명시하는 방안을 추진하고 있다. … 업종 특성상 재택근무가 어려운 노동자들도 존재한다. 지난 3월 뉴욕타임스(NYT)는 많은 기업들이 재택근무를 권장, 시행하고 있지만 재택근무는 지식 노동자에 한정되는 '특권'이라고 보도했다. 실제로 배달 기사, 식당 종업원, 생산직 및 서비스직 종사자들은 재택근무가 불가해 전염병에 더욱 취약할 수 있다. 업종에 따른 지원책 마련도 언택트 시대에 다뤄야 할 이슈이다."(LG이노텍Newsroom, 2020/10/16)

일상에서도 마찬가지이다. 포노사피엔스(Phono Sapiens)로서의 현대인. 스마트폰 하나로 모든 것을 해결하고 있다. 그것도 집에 앉아서. 홈 루덴스(Home Ludens) 즉 집에서 즐긴다.

"코로나19 사태는 국민에게 '사람들이 많은 곳은 위험하다'는 인식을 심어주면서 '홈 루덴스' 문화의 확산으로 이어졌다. 홈 루덴스는 '호모루덴스(Homo Ludens · 놀이하는 인간)'에서 파생된 말로, 멀리 밖으로 나가지 않고 주로 집에서 놀고 즐길 줄 아는 사람을 가리키는 신조어다. 집 안에 갇혀 있다는 사실에 스트레스를 받기보다 나만의 안전한 공간에서 영화감상과 운동, 요리 등 취미를 즐기려는 사람이 여기에 해당한다. 전문가들은 코로나19 예방을 위한 '사회적 거리 두기'와 삶의 질을 중요시하는 사회 분위기가 맞물리면서 가정에서도 외식 못지않은 식사와 여가를 즐기려는 욕구가 홈 루덴스 문화에 반영됐다고 분석한다. 특히 이 같은 문화의 확산은 음식 · 숙박업을 비롯한 서비스산업 전반의 변화를 예고하고 있어 새로운 수요를 예측하고 선제 대응하는 것이 중요한 과제가 될 전망이다."(문화일보, 2020/05/04)

모바일 소비의 전성시대. 모바일 산업을 활성화시키고 있다. 당신이 오늘 핸드폰을 집에 두고 나왔다면 아마 오늘 하루는 세상과 단절될 것이다. 이메일, 영상회의 등 많은 기술들이 상용화되면서 세일즈맨들은 더 이상 고객을 찾아 방방곡곡 돌아다닐 필요가 없어졌다. 스마트폰, 이제 신체의 일부가 되었다. 손가락이라는 신체의 연장, 아니면 특수용도의 손가락. 클릭 하나면 모든 것이 다 된다. 클릭 하나로 주문이 끝나고 클릭 하나로 결제도 끝난다. 클릭 한 번으로 가보고 싶었던 새로운 풍경이 펼쳐진다. 알래스카 북극곰이 활보하다가 사하라 사막에서 도마뱀이

지나간다.

사막의 유목민들은 이제 디지털 유목민이 되었다. 구글링, 서칭, 검색. 이들은 온라인상에서 유목한다. 현실세계에서 가상의 세계로 궤적을 옮겼을 뿐, 유목은 마찬가지다. 다만 디지털 테크놀로지로만 가능하다. 클릭 하나면 취미가 같은 사람들과도 한동안 어울릴 수 있다. 온라인 동호회 밴드. 클릭 하나면 궁금했던 지식과 정보가 쏟아져 나온다. 클릭 하나면 하루 종일 보고 싶은 영상이 나온다. 유튜브 그리고 넷플리스. 놀고 싶으면 온라인 게임방에 들어가면 되고, 공부하고 싶으면 인터넷 강의를 클릭하면 된다. 인터넷으로 음악회에 갈 수 있으며 온택트 콘서트에 초대받을 수도 있다.

"세계적 명품 공연을 집에서 청취할 수 있는 디지털 콘서트도 있다. 베를린 필하모닉은 공연 업계의 불황을 이겨내기 위해 관객들에게 적은 비용으로 고품질 음악을 감상할 기회를 제공하고 있다. 연간 이용료 149유로(한화 약 20만 원)으로 1년간 명품 공연을 감상할 수 있다. 이는 베를린 필(Berline Philharmonie) 연주회 1회 관람 비용과 비슷하거나 적은 수준이다. 세계적인 공연을 보고 싶었으나 높은 비용 때문에 다소 망설였던 사람들에게는 두 팔 들어 환영할 만큼 반가운 소식이 아닐 수 없다."(e · motion, 2020/9/15)

궁여지책 끝에 '발코니 콘서트'도 생겼다.

"발코니 콘서트는 이동형 차량 무대를 통해 비접촉 안전거리를 유지하면서도 공연의 현장감을 생생하게 느낄 수 있어 예술가와 관객 모두에게 언택트 시대 대안 공연으로 자리 잡고 있다. … 코로나19가 만들어낸 언택트(Untact) 사회에 직면해 변화로부터 만들어진 '발코니 콘서트'가 새로운 대안 공연으로…"(충청투데이, 2010/10/26)

클래식 라이브 플랫폼을 통하여 온라인으로 들어왔다. 세계적인 K-pop의 기수가 된 방탄소년단(BTS)은 2020년 6월 14일 온라인 방방콘서트 더 라이브를 진행하여 107개 국가의 75만 명을 초대했다. 갑자기 뚱딴지같이 '테스 형'을 외치면서 추석연휴 나훈아의 콘서트가 온라인으로 전국에 중계되었다. 온라인으로 티켓을 구입하고 온라인으로 생중계한다.

교육, 근로, 게임, 쇼핑, 공연예술 등도 온라인에서 이루어진다. 코로나19 사태 이후 전 세계의 전시회, 콘퍼런스, 포럼 등 지구촌 사람들이 함께 모이는 것은 불가능하다. 이동이 불가능해지면서 가장 타격을 받은 곳은 여행업이다. 이들은 새로운 길을 모색하고 있다. 증강현실(AR), 가상현실(VR) 등 첨단의 기술을 활용하여 비즈니스를 재개했다.

"북유럽의 작은 섬 '페로 제도(Faroe Islands)'가 도입한 것은 '리모트 투어리즘(Remote Tourism)'입니다. 페로 제도 섬의 담당자가 액션 캠을 착용하고 시청자가 조정하는 것에 따라 움직이는 방식으로 섬을 관광할 수 있습니다. 아래의 영상을 보면 쉽게 이해하실 수 있습니다."(e · motion, 2020/9/15)

이제 온 세상이 온라인으로 만난다. 혹시 온라인에 과부하(過負荷)라도 걸리는 것은 아닐까? 아니 어쩌면 온라인 세상이 진짜 세상이 되는 것은 아닌가? 그렇다면 우리가 지금까지 오프라인에서 습관화하고 일상화했던 것들은 어떻게 되는 건가? 혹시 폐기처분?

일단 일자리가 폐기되고 있다. 그러면 안 되는데. 특히 제조업에서 정규직이 사라지고 있다. 역사와 전통이 사라지고 있는 것이다. 그동안 대부분의 일자리는 오프라인 즉 현장(공장, 오피스)에서 이루어졌다. 오프라인이 온라인으로 대치되는 판국에서 일자리 감소는 어쩔 수 없다. 그러지 않아도 4차 산업혁명 어쩌구 하면서 미국의 다빈치 연구소장인 미래학자 토마스 프레이(Thomas Frey)는 미래 사라질 직종들을 깜짝 발표한 적이 있다. 처음엔 세상이 떠들썩했다. 회계사가 없어질 직업 1위란다. 경영학 교수들이 난리가 났다. 대학의 꽃이라는 경영학과. 학생들의 꿈은 회계사가 되는 것이란다. 되든 안 되든 일단 꿈은 회계사다. 회계사를 목표로 입학하는 학생들이 이제 안 오면 어떻게 하나? 그럼 경영학과는 어떻게 되는 것인가? 그럼 내 교수 자리는? 물론 코로나19 사태가 오기 이전의 일이다.

이제 중산층이 가장 불안하다. 그동안 우리는 든든한 중산층, 나라의 대들보로 간주되어 왔다. 중산층이 무너지면 모두가 무너진다. 현실이 되고 있다. 특히 코로나19 사태는 자영업의 도산을 더욱 촉진시키고 있다. 자영업자들은 대부분 중산층이다. 코로나19 발발 4개월 만에 미국에서는 2,700만 명의 실업자가 생겼다고 한다. 전체 국민의 약 10분의 1이며, 경제활동인구의 약 7분의 1이다. 세계 최대다. 물론 일자리가 아주 사라지는 것은 아니다. 많은 일자리가 '온라인'으로 이동할 것이다. 시간은 좀 걸리겠지만. 물론 차제에 사라지는 일자리도 많다. 일자리 변화의 과도기이다. 과도기에 희생당하는 사람들. 그게 문제인 것이다. 연착륙, 그게 관건이다.

열역학 제1법칙에서 지구상의 모든 에너지는 소실되지 않고 일정하게 보존된다. 그리고 에너지는 이동만이 있을 뿐이다. 지금 일상에서 에너지의 이동이 현실이 되고 있다. 열역학 제2법칙에 의하면, 사용되는 에너지 중에는 반드시 '쓸모없이 낭비되는 에너지'가 있다. 그것을 '엔트로피'(Entropy)라고 했다. 엔트로피는 일(Work)로 전환되지 않는다. 일로 전환되지 않는 엔트로피가 증가하면 할수록 그만큼 '일 효율'이 떨어지는 것이다. 열심히 무엇인가를 하지만 그만큼 효율은 나지 않는다. 엔트로피가 증가하면 할수록 일의 가성비가 떨어지는 것이다. 일의 효율성이 떨어지면 우리는 그만큼 피곤하다. 힘들다. 스트레스다. 같은 일을 해도 피곤하고 스트레스가 쌓인다면, 우리의 수명도 앞당겨질 수 있다. 엔트로피가 증가하면 할수록 우리는 오래 살지 못한다. 오래 산다고 해도 정상은 아닐 것이다. 엔트로피의 증가는 무질서한 물리현상을 야기하여 마침내 우주를 멈추게 한다. 일을 해도 계속 효율성이 떨어진다면 그냥 애만 쓰는 것이다. 결국 인간도 엔트로피가 증가하면 그만큼 과잉 에너지가 낭비됨으로써 일찍 소멸하게 된다.

특히 오프라인 사회에서 온라인 사회로 넘어가는 과도기에 도태되는 노동력들은 더 이상 쓸모가 없어지는 것이다. '유용하지 못한 에너지' 즉 엔트로피가 증가하는 것이다. 노동의 종말. 물론 오프라인에서다. 오프라인에서의 노동의 종말. 그 자체만으로도 엔트로피의 증가를 가속시킬 것이다. 일자리를 잃은 사람들. 낙담하고 절망하고, 이로써 열 받고 심지어는 뚜껑이 열리고. 모든 것이 불만 투성이다. 이들에게 남는 것은 오로지 엔트로피의 증가뿐이다. 모든 사람들이 증가시키는 엔트로피, 사회적 엔트로피가 된다. 사회적 엔트로피의 증가는 사회의 소멸을 앞당긴다. 그렇다면 증가하는 엔트로피를 어떻게든 억제해야 할 텐데. 이미

물 건너간 게 아닐까? 대세는 온라인인데. 결국 온라인으로 에너지가 몰리게 된다면, 온라인에도 과부하가 걸리고 말 것이다. 이미 온라인에 과부하가 걸리고 있는 것은 아닐까? 가끔 온라인 통신이 두절될 때가 있던데. 전조증상 아닌가?

지금 온라인으로 에너지가 몰리는 바람에 인터넷을 사용하는 디지털 인구가 늘어나고 있다. 덩달아 전기의 수요가 급증하고 있다. 인터넷은 전기로 돌아간다. 전기가 없다면 인터넷도 정지된다. 전력사용이 급증하면서 지구촌 사회는 생태환경 파괴가 급진전될 것이다. 지구촌에서 전기에너지는 여전히 대부분 화석에너지와 원자력에너지에 의존하고 있다. 태양열에너지 등 재생에너지의 개발은 여전히 더디다. 가능한 한 인터넷의 사용을 줄이는 방법을 모색해야 할 시점이다. 그래서 디지털 세상에서 아날로그로 살아야 한다는 것인가? 그런데 이미 온라인 인터넷 세상인데. 그게 가능할까? 진퇴양난. 그럼에도 불구하고 우리는 대안(代案)을 찾아야 한다. 그렇지 않으면 우리는 공멸이다. 신인류의 운명이 코로나19와 함께 다가온 것이다.

2
경제가 쏠리고 있다

에너지의 온라인 이동은 마침내 경제를 쏠리게 하고 있다. 운동장이 기울고 있는 것이다. 설상가상 코로나19 사태로 국가경제가 마비되고 있다. 사람들이 움직이지 않으니 경제가 돌지 않는다. 망연자실. 가게는 문을 열면 열수록 손해다. '돈이 돌지 않으면 사람이 돈다'는 말이 있다. 돈은 움직여야 이자(利子)가 붙는다. 500원짜리 동전이 주머니에 있으면 항상 500원이다. 백 년이 가도 500원. 동전이 은행에 가면 이자가 붙는다.

"글로벌 리서치 기관인 유로모니터 인터내셔널(Euromonitor International)이 발표한 7월 전망에 따르면, 코로나19로 인해 전 세계 GDP가 -4.6% 성장할 것이고, 미국(-6.5%)과 유로존(-9.0%) 등 선진국들은 평균 -7.0% 성장할 것으로 예상된다. 반면 제조업 중심의 개발도상국들의 경제는 -2.8% 성장할 것이라고 전망했다. 한 가지 다행인 점은 미국과 유로존 국가들에 비해 한국 경제의 피해는 상대적으로 훨씬 적은 수준이라는 것이다."(황지영, 2020: 29)

얼마 전 정부가 나서서 긴급재난기금을 나누어 준 적이 있다. 공짜다. 지자체에서도 했다. 우리만 그런 것이 아니다. 전 세계가 다 그랬다. 일단 돈을 쓰라는 것이다. 경기부양책이라고 한다. 돈을 써야 돈이 돈다. 그만큼 국가경제가 위기라는 말이다.

"코로나19의 전 지구적 확산으로 각국 정부는 국민을 대상으로 유례없는 직접적인 돈 보따리 풀기에 한창이다. 정부가 국민의 기본 생계유지를 명목으로 현금, 수표, 상품권을 직접 지급하는 등 그 방식 역시 직접적이다. 코로나 팬데믹으로 고용, 환경 등 각 분야를 둘러싸고 각 계층의 갈등이 분출되는 상황에서 '머니 폴리시(Money Policy)'가 일반화될 것이라는 전망이 나온다. 국민의 '일상 생계 보장'을 위해 정부가 직접 나서 펼치는 적극적인 금융정책이다. 결국 '새로운' 코로나19 사태가 생길 때마다 각국 정부 역대 최대의 돈 풀기가 반복될 수 있다는 의미다."(문화일보, 2020/05/04)

대출 금리도 확 낮추었다. 역시 돈을 좀 쓰라는 것이다. 그런데 은행에 예금은 더 늘었다고 한다. 놀라운 일이다. 도대체 어떻게 된 것인가? 대출도 늘고 예금도 늘고. 은행이 거꾸로 가는 건가? 아, 그러니까, 알겠다. 싼 금리로 대출을 받아서 일단 예금을 한다는 것인데. 그렇다면 도대체 이 모순은 뭘까? 싼 금리로 대출을 받고 대출금을 일단 은행에 예치해 놓는다. 그리고는 살살 눈치를 보면서 경기가 좀 풀린다 싶으면 그 대출금으로 부동산 투기를 한다는 것이다. 정말 사람들 머리가 좋다. 우리 한국 사람들만이 할 수 있는 지혜(?)이다. 잔머리? 명실공히 부동산 공화국 맞다.

하늘에 항공기가 없다. "떴다 떴다 비행기 날아라 날아라~~." 동요 속의 비행기는 이제 추억이 되었다. 하늘에 있어야 할 비행기가 땅바닥에 서 있다. 지상의 비행기. 조종사가 주무시는가? 모두 해고되었다고 한다. 눈에도 보이지 않는 코로나19의 공격. 그 거대한 비행기도 섰다. 조류독감도 아니고 비행기독감도 아닌데. 갑자기 비행기가 감염의 매개체가 된 것이다. 비행기가 뜨는 순간 코로나19가 창궐한단다. 외출금지, 이동금지. 비행기가 멈추면서 해외로 가는 사람도 없다. 비행기에서 내리는 순간 14일 동안 자가격리다. 여행하는 사람이 없으니 항공기가 할 일도 없다. 수많은 항공사 직원들이 해고되었다. 여행사 폐업. 여행가방업, 여행가이드, 여행에디터, 약국, 공항음식점, 호텔 숙박업 등 관련 산업들도 모두 섰다. 헌법에 명시되어 있는 '거주이전의 자유'가 무용지물이 된 것이다. 다만 해외여행이 국내여행으로 옮겨가는 조짐은 있다. 캠핑카를 타고 가는 언택트 여행이 급부상하고 있다. 자전거 나 홀로 배낭여행도 늘고 있다. 에너지가 이동하고 있는 셈이다. 이미 야구, 축구경기는 원칙이 무관중 경기다. 도쿄 올림픽도 1년 연기되었다. 관중수입이 없기 때문이다. 물론 중계료가 있겠지만. 프리랜서 강사들도 모두 실업자가 되었다. 학습자가 모일 수 없는 것이다. 모든 강연장도 출입금지다. 대면 비즈니스의 위축, 다중 밀집 서비스의 사양화가 급격하게 이루어지고 있는 것이다.

물론 모든 산업이 멈춘 것은 아니다. 뜨는 것은 여전히 뜬다. 아니 더 뜬다. 코로나19 사태로 사람들이 모이는 산업 즉 오프라인 비즈니스는 죽었다. 그러나 누군가의 위기는 누군가에게는 기회다. 배송업(配送業)이다. '아마존', 'DHL', 'Fedex', 'UPS', 'TNT', '배민(배달의 민족)', 로켓배송 '쿠팡', '이베이코리아', '11번가' 등이 대표적이다.

"한국에서도 언택트는 괄목할 만한 성장을 했다. 저녁에 주문하면 다음 날 새벽에 도착하는 '새벽배송'의 단초 역할을 한 마켓컬리는 390만 명의 회원, 4,300억 원 매출로 전년 대비 173%나 증가했고, 쿠팡의 매출도 전년 대비 64% 증가한 7조 1,000억 원을 기록했다. 더구나 올해에는 코로나19로 인해 이동을 주저하던 50~60대 이상 연령대의 소비자들도 반강제적으로 온라인으로 이동하면서 일명 '5060 엄지족'이라는 표현도 생겨났다. 엄지족이란 표현은 스마트폰으로 쿠팡이나 마켓컬리에서 몇 번 태핑(Tapping)해 필요한 것을 주문하는 소비자를 말한다. 엄지족 연령대의 확장이 중요한 이유는, 쿠팡이나 마켓컬리의 로켓배송, 새벽배송을 직접 경험하면서, 코로나19로 촉발된 반강제적인 이동을 통해 편의성을 경험하고 나면 그 상황적 요인이 사라진 후에도 편함을 느꼈던 서비스를 이용할 확률이 높기 때문이다."(황지영, 2020: 30-31)

물론 택배업, 퀵서비스업 등은 예전부터 호황이었다. 이들은 이제 오히려 과로(過勞)를 걱정한다. 실제로 택배기사가 과로로 사망한 사건도 여러 번 보도된 바 있다.

"택배업계의 활황은 택배 노동자의 과로로 이어졌다. 이들의 과중 업무 문제는 고용 형태에서 찾아볼 수 있다. 근로자가 아닌 특수고용직인 택배기사들은 대부분 주 52시간제의 보호를 받지 못한다. 배송 건수에 따라 수수료를 받는 개인사업자 신분인 경우가 대부분이기 때문이다. 택배기사의 평균 근무 시간 주 71시간. 살인적인 수치이다. … 단순히 배정된 택배를 배송하는 것이 아닌 분류작업 또한 그들의 업무가 돼버렸다. 간선차 상·하차 작업부터 배송 출고까지 뫼비우스의 띠처럼 분류하고 또 분류한다. 수백 개의 상자들과 비교해 상대적으로 적은 인력이 감당해내기에는 역부족이다. 택배사는 배송 전 사전작업이라 주장한다. 일부 택배기사들은 분류작업 시간을 줄이기 위해 사비를 들여 알바를 고용하기도 한다. 기형적이다. 그림자 노동은 축적되고 업무시간은 늘어난다. 그렇게 올해만 벌써 13명의 택배 노동자가 목숨을 잃었다."(연합뉴스, 2020/10/31)

2020년 한 해에만 15명이 과로사했다. 차제에 소위 〈택배법〉을 제정한다고 한다. 서구에서처럼 빠른 시간 내에 '무인택배'가 도입되는 것도 급선무다.

"폴란드의 대표적인 무인 택배함 업체인 Inpost는 고객들의 수요에 맞춰 기존 택배회사들의 배송 기사를 통한 서비스보다 저렴하고 시간에 구애받지 않는 무인택배 서비스를 폴란드에 도입해 운영 중이다. 폴란드 전역에 설치된 택배함 수만 7,000여 개 이상으로, 사용자들이 온라인 쇼핑 시 본인의 집과 가까운 곳의 택배함을 선택해 물품을 받을 수 있다. 택배 수령방법은 택배함에 표시된 QR 코드를 스캔하는 것이 일반적으로, 배송 번호를 입력하는 번거로움 없이 스캔한 번에 택배를 수령하여 불필요한 접촉을 줄일 수 있는 것이 장점이다. 전자상거래의 이용 빈도가 높아지면서 무인 택배함의 기능도 다양하게 발전하고 있다. Inpost는 일반 무인 택배함에 냉장·냉동 기능을 더한 새로운 택배함을 선보였으며, 냉장이 필요한 신선식품의 변질을 막을 수 있도록 서비스하고 있다. 또한 일부 무인 택배함은

InPost Urząd 24 서비스를 제공하는데, 관공서를 직접 방문하기 어려운 사람들을 위해 관공서 서비스를 택배함을 통해 제공하는 기능이다. 현재는 자동차 등록 서비스만 제공하지만 향후 더욱 다양한 민원 서비스를 선보일 예정이다."(김재일, 2020/09/03)

사람들이 외식을 꺼리는 바람에 식당이 문을 닫는다. 사회적 거리두기 2.5단계부터는 영업시간이 9시까지다. 5인 이상 한자리 착석도 금지된다. 더 이상 24시간 음식점은 없다. 대신 배달음식이 그 자리를 메꾸고 있다. 백화점도 한산하다. 손님보다 직원이 더 많다. 세일을 한다고 붙여 놓았어도 발길은 한산하다. 세일이 아닌 것 같다. 앞으로 이렇게 멋지고 큰 건물들은 어찌 되는 걸까? 아이쇼핑 인구도 덩달아 사라졌다. 생필품을 파는 대형마켓에도 손님이 없다. 이미 사람들은 온라인으로 생필품을 구매하고 있다. 클릭 한 번으로 아침에 문 앞에서 반찬거리들을 받아 먹을 수 있으니까. 마케팅도 라이브 커머스(Live commerce)[5], 이커머스(E-commerce)의 시계가 더 빨리 돌아가고 있다.

"앞으로는 언택트의 확장인 실시간 소통이 가능한 라이브 커머스가 급격히 성장할 것으로 예상된다. 언택트의 핵심인 비대면과 비접촉은 대면의 장점인 소통이 결여되어 있다는 것과 같은 맥락이다. 상품의 특징상, 또는 소통이 필요한 소비자들의 아쉬움을 해결하는 것이 바로 라이브 커머스다. 스마트폰으로 실시간 영상으로 판매자가 자유롭고 다양한 각도에서 상품 설명을 하고 소비자와의 소통을 반

---

5   카카오는 소비자와 양방향 소통이 가능한 '카카오 쇼핑라이브'를 출시하여 모바일 쇼핑 수요층을 흡수하는 라이브 커머스를 시작했다.

영하는 쌍방향 소통(Two-way Communication)이 가능하고 구입까지 편리한 라이브 커머스는 온라인에서의 단점을 보완한다."(황지영, 2020: 32)

이래저래 배달업만 호황이다. 에너지가 온라인으로 모두 이동하고 있는 것이다. 1999년 창립된 인터넷 온라인 쇼핑의 대명사인 알리바바는 2003년 사스 바이러스 사태를 기회로 급성장했다. 한쪽의 위기는 다른 쪽에는 기회가 된다.

"언택트가 장기적인 소비의 뉴 노멀이 된다는 것은 온라인 중심 비즈니스의 기회다. 신규 고객이 유입될 것이고, 언택트의 편의성을 경험한 소비자들은 그들에게 충성고객(Loyal Customers)이 될 가능성이 높기 때문이다. 그래서 글로벌 리테일러들도 과감한 액션을 취했다. 아마존은 코로나19로 배송이 폭발적으로 늘어나자 바로 10만 명, 7만 5천 명을 고용하면서 위기를 부드럽게 32 33넘겼고, 코스트코는 이노벨 솔루션(Innovel Solutions)이라는 물류 회사를 약 1조 원에 인수했다. 급증한 소비자 방문에도 상품 공급과 배달이 차질 없이 진행되도록 하기 위함이다. 3월 셋째 주 한 주 만에 150%나 주문량이 늘어난 인스타카트는 향후 3개월간 약 30만 명의 퍼스널 쇼퍼(Personal Shopper: 주문된 상품을 매장에서픽업해서 배달해 주는 인력)를 고용했다. 이처럼 기회에 발 빠르게 대처해 한번 영입된 소비자가 떠나지 않도록 쇼핑 과정에서의 편의성에 집중했다."(황지영, 2020: 31-32)

비대면 산업인 테크핀 영역의 선두주자로 부상하고 있는 '카카오'는 인공지능(AI)을 활용한 챗봇을 통해 비대면 채널 시스템을 구축하였고, 카카오페이와 카카오뱅크를 통해 핀테크 노하우를 축적하여 비대면 종합 생활 금융서비스 인프라를 갖추는 것을 목표하고 있다 (TheScienceTimes, 2010/07/10). 또한 네이버의 독립자회사인 '네이버 파이낸셜'은 네이버 통장을 개설하여 '네이버 페이'로 결제하는 비대면 원스톱 주문 툴(Tool)을 운영 중이다.

물류유통업(物類流通業)이 사라지고 있다. 물류유통업은 우리 인류에게 시장(市場)이 생긴 이래 가장 오래된 역사와 전통을 가진 업종이다. 직구(直救). 유통구조를 바꾸어 놓고 있다. B2B 비즈니스에서 B2C로 전환되었다고도 한다. 생산에서 곧바로 소비자로. '아마존 고', '카페이(Car Pay)', '알리바바' 얼굴인식 결제, 현금 없는 사회의 가속화로 무인결제시스템, 키오스크 판매기를 도입하여 안간힘을 쓰고 있지만, 글쎄다. 전통적인 소비경제의 패턴이 죽고 있는 것이다. 생산자와 소비자의 직접 만남, 알뜰시장, 직거래 장터, 당근마켓, 온라인에서도 인기다. 시장이 변화하고 있는 것이다. 전통시장을 살려보려고 지역 페이(pay), 주차장 확보, 문화상품권 사용 등 대책을 강구해 보지만 속수무책이다. 이제 전통시장도 온라인 배달로 바뀌어야 산다. 언택트 비대면 소비가 가속화됨으로써 '비대면 언택트 경제'가 새로운 경제로 대체되고 있는 것이다.

"물건을 사지만 점원을 만나지 않는다. 온라인 쇼핑으로의 전환 때문이다. 택시를 타지만, 기사와 대화를 나눌 필요가 없다. 카카오 택시는 택시를 잡고, 타고, 결제하는 전 과정에서 기사와 대면할 일을 없애주는 언택트 서비스를 제공한다. 수업을 받고 있지만, 선생님이나 동료를 만나지 않는다. 은행 서비스를 이용하고 있지만, 은행원

을 만나지 않는다."(김광석, 2020/04/21)

결국 장기적으로 경제구조와 시장구조가 완전히 재편될 것이라는 전망이다. 에너지의 총합은 일정하게 보존된다. 사라지는 직종이 있으면 반드시 새로 생겨나는 직종도 있다. 당분간은 온라인 오프라인 하이브리드로 가겠지만. 오프라인에서 온라인으로 빨리 옮겨 탈 수 있도록 하는 것도 방법이다. 그렇다면 그 많은 상가의 건물들은 어떻게 되는 것인가? 자고 일어나면 텅 빈 상가의 유리창에 '임대'광고가 쏟아지고 있다. 대대적인 물류유통의 혁신이 필요한 대목이다. 전반적으로 모든 경기가 위기이다. 국가경제도 크게 위축되고 있다. 국가경제성장률이 모두 마이너스 성장으로 돌아서고 있다. 국제경제는 가늠이 안 된다. 올스톱. 평균 6% 대로 세계에서 가장 잘 나가던 중국의 GNP가 -6% 대로 내려갔다. 플러스 경제가 마이너스 경제로 순식간에 돌아선 것이다. 지금 모두들 마이너스 성장이라고 한다. 앞으로 당분간은 그럴 것이란다. 글쎄, 당분간일까? 혹자는 코로나19 이후에는 전 세계에 일본식 장기불황이 온다고 전망하고 있다. 저물가 저성장.

그런데 진짜 무서운 것은 '쏠림의 경제'이다. 경제 질서가 한쪽으로 몰려가고 있다. 코로나19 사태로 매장이 문을 닫았을 때 명품 매장만은 사람들로 북적거렸다고 한다. 사회양극화가 심화되고 있는 것이다. 여기에 비즈니스도 양극화의 길로 들어섰다. 잘나가는 곳은 더 잘나가고 죽는 곳은 소리도 없이 죽는다. 음식점이 사라진다고 해도 맛집으로 소문이 난 곳은 여전히 바글바글하다. 온라인 댓글이 무섭다. 한순간에 명소가 바뀐다.

언택트 사회의 필수조건인 디지털 기기의 생명은 고화질과 최첨단성이다. 삼성디스플레이의 초고해상도 OLED를 탑재한 OLED 노트북은 Full HD보다 4배 섬세한 표현력을 구현함으로써 판매율이 갑자기 가파른 상승곡선을 그리고 있다. 코로나19 사태 여파로 로드숍(Road Shop) 중심의 외식업계가 줄폐업을 하는 가운데 배달을 중심으로 하는 '공유주방'의 점포는 폭발적으로 늘고 있다. 음식배달 시장의 빅뱅이 시작되었다.

> "코로나19 사태로 음식배달 시장이 급성장하며 배달 중심으로 운영되는 공유주방도 전성기를 맞았다. 홀 영업 위주 로드숍의 폐점이 잇따르는 동안 공유주방은 오히려 지점을 늘리며 영토 확장이 한창이다. 기존 '배달전문식당 백화점' 수준에서 벗어나 프랜차이즈화, 푸드코트화, 다점포 출점, 해외 진출 플랫폼화 등 다양한 사업 모델을 시도하며 질적 성장도 도모하는 분위기다. … 공유주방이 국내 프랜차이즈의 해외 진출 플랫폼이 되기도 한다. 배민키친은 베트남 호찌민점을 오픈하며 죠스떡볶이, 아띠제 등을 유치, 이들의 베트남 진출을 도왔다."(매일경제, 2020/08/18)

에너지 보존의 법칙, 에너지 총합 불변의 법칙이 우리 일상에도 그대로 적용되고 있다. 세계의 기업들도 대이동의 반열에 서게 될 것이다. 세계의 공장이라고 불리던 중국의 향방이 관건이다. 아이러니하게도 지금은 코로나19가 시작된 중국의 공장들은 전처럼 잘 돌아가고 있다고 한다. 그러나 중국의 제조허브는 종말이 시작되었다는 관측도 있다. 이미 제조거점의 이동이 시작되었다. 삼성과 애플의 공장 이동이 대표적이다. 애플 공장은 중국보다 미국에서 가깝고 인건비가 낮은 멕시코로 이동하고 있다. 미국과 자유무역협정 맺어져 있는 남미 거점지란다. 미국의 멕시코 국경 장벽 설치 정책은 계속되고 있다. 불법이민을 막는 거다. '삼성'은 베트남 등 동남아뿐만 아니라 여러 지역을 고려하고 있다. 일단 원가 절감 즉 코스트 다운(Cost Down)이 관건이다. 내수시장이 넓은 인도 역시 차선의 대상이다. 중국과 인접지역이기에 중국 공장을 옮기기 편하다는 이점도 있다. 그러나 인도는 국가부채가 높고 부의 편중이 심한 지역이며 제도적·문화적 약점이 남아 있다. 이 때문에 세계의 기업들이 신중하게 접근하고 있다고 한다.

하여간 '탈중국 러시'는 코로나19 사태를 기점으로 급격하게 가속화될 전망이다. 특히 미국과 중국의 무역전쟁, 양국의 패권전쟁이 노골화되는 상황도 탈중국화를 가속화시키고 있다. 일차적인 대안은 동남아의 아세안 국가들이다. 아세안 전체의 인구도 6억 5천만 명을 능가하고 있다. 풍부한 노동력과 내수시상도 가지고 있다. 한국은 '신남방정책'으로 2019년 아세안과 전략적 제휴를 한 바 있다. 아니면 노동임금이 치솟는 관계로 외국에 있던 공장을 본국으로 다시 옮기는 리쇼어링(Reshoring), 온쇼어링(Onshoring), 백쇼어링(Backshoring)도 이에 가세하고 있다. 국가방역체제가 허술한 외국이 위험하다는 판단도 한 몫하고 있다. 하여간 공장이동 역시 코로나19 이후 급물살을 탈 전망이다.

"지난 2월 현대자동차의 국내 공장이 멈춰 섰던 것은 코로나19로 중국에서 들어오는 '와이어링 하니스(배선 뭉치)' 부품 공급 차질이 발생한 탓이었다. 중국 기업에서 수입해오는 부품도 아니고, 국내 협력사의 생산기지가 중국에 있어서 벌어진 사태였다. 국제 공급망 재편이 '포스트 코로나19' 시대를 대비하는 화두로 떠올랐다. 이 과정에서 리쇼어링, 혹은 '기업 유턴'이 주목받고 있다. 뱅크오브아메리카 조사 결과, 중국에 거점을 둔 다국적기업 가운데 리쇼어링을 검토하는 곳이 80%에 달하는 것으로 나타났다. 조덕상 한국개발연구원(KDI) 경제전망총괄은 '글로벌 밸류체인(GVC·생산에서 판매까지 이어지는 국제분업구조)에서 한 군데만 문제가 생겨도 피해가 커지는 현상을 겪은 만큼, 시스템 리스크 관리 차원에서 리쇼어링이 촉진될 수 있다고 말했다. 하지만 무작정 기업을 유턴시키는 게 해결책은 아니란 반론도 있다. 인건비와 운송비를 절감하기 위해 생산기지를 다변화하고, 가치사슬에서 국가별 특성에 맞는 국제 분업 체계를 유지할 필요가 있다는 지적도 나온다."(문화일보, 2020/05/04)

언택트의 디지털 비대면 경제, 이제 현실이 되고 있다.

"신종 코로나19 바이러스 감염증(코로나19)이 창업 지도를 바꾸어 놓고 있다. … 중기부는 '사회 전반에 디지털 비대면 경제가 활성화되며 소프트웨어 개발 공급, 컴퓨터 프로그래밍 등의 분야에서 정보통신산업이 가파르게 성장했다'고 설명했다."(연합뉴스, 2020/11/24)

이번 코로나19 사태가 종식된다고 해도 다시 바이러스의 공격이 올 것이라는 것이 전문가들의 의견이다. 변종, 변이 바이러스의 출현도 계속될 것이다. 위드-코로나 맞다. 그나마 지금 우리가 온라인 테크놀로지를 사용할 수 있다는 것이 어딘가? 그나마 너무 다행스럽지 않은가? 이게 없었다면 도대체 어떻게 살 수 있었을 것이라는 말인가? 이동도 하지 말라고 하는데. 그렇다면 집에 앉아서 굶어 죽을 수도 있지 않았을까?

사람은 살게 되어 있나 보다.

2003년 사스(SARS) 바이러스를 위시하여 메르스(MERS), 그리고 코로나19(COVID-19)는 동일한 바이러스의 변종들이다. 변종 바이러스가 계속해서 복제되는 한, 바이러스의 치명적인 공격은 앞으로도 기정사실이다. 생태학적으로 본다면, 지구상의 모든 생명은 서로 '공진화'(共進化 Co-evolution)한다. 코로나19는 자체적으로는 생명체가 아니다. 그러나 살아 있는 생명에 붙으면 생명체가 된다. 숙주가 필요한 잠재적인 생명체. 공생(共生). 더 무서운 것은 이들이 인간과 공진화를 한다는 사실이다. 점점 더 강해지는 것이다. 코로나19가 종식된다고 해도 코로나19 이후에도 우리가 항상 긴장할 수밖에 없는 이유이다.

온라인 디지털 사회는 언택트 사회를 구현하고 있다. 다행인지 필연인지. 아니면 언택트 사회가 온라인 디지털 사회를 가속화시킨다는 표현도 맞다. 결국 디지털 사회와 언택트 사회는 함께 움직이고 있다. 동전의 앞뒷면이다. 여기다가 코로나19까지. 코로나19가 방아쇠를 당겨 준 셈이다. 사실 이미 오래전에 나온 디지털 테크놀로지도 아직 일반에게 공개되지 못했던 것들도 많다. 그만큼 새로운 테크놀로지가 일상에서 상용화되려면 시간이 필요하다. 그 시간적 간격을 코로나19가 앞당겨 주고 있는 것이다. 디지털 사회로의 전환을 최소한 5년은 앞당겼다는 평가들이다. 코로나19 때문에.

"코로나19는 그 변화의 속도를 가속화하고 있다. 비대면 교육에 대한 요구는 이전부터 있었지만 코로나19는 단 몇 달 만에 대한민국의 교육 시스템을 완전히 바꾸어 버렸다. 스마트 워크라는 단어가 2009년에 처음 등장했는데, 지난 십여 년간 수많은 노력에도 불구하고 이루어지지 않았던 스마트 워크 시스템을 구축하게 하였다. 클라우스 슈밥(Klaus Schwab)은 '우리의 생활방식과 일하는 방식 그리고 다른 사람과 관계를 맺는 방식까지 완전히 뒤바꿔 놓을 기술혁명이 눈앞에 와 있다.'라고 주장했는데 코로나19로 인해 그것을 피부로 느끼고 있다."(라영환, 2020/07/14)

일단 사람들에게 새로운 것은 심리적 거부를 일으킨다. 낯설음에 대한 두려움. 아기들은 처음 보는 사람을 보면 '앙' 운다. 새로움에 대한 두려움, 인간에게 본능이다. 이번 코로나19 사태는 새로운 테크놀로지에 대한 두려움을 강제로 몰아내고 있다. 홍보비용도 대폭 절감시키고 있다. 테크놀로지의 개발과 사용은 예상을 뛰어넘는 급물살을 타고 있다. 이제 국가사회적 대응이 문제이다. 언택트 비대면 경제로의 쏠림을 최소화하기 위해서 국가는 클라우드, 블록체인, 인공지능, 로봇 등 다양한 기술을 누구나 언제든지 활용할 수 있도록 기술인프라에 적극 투자할 필요가 있다. 새로운 국가기간산업(SOC)은 바로 '온라인 디지털 경제'이다.

열역학 제1법칙에 의하면, 에너지의 합은 일정하게 보존된다. 앞으로도 에너지는 새로운 산업, 특히 인간의 욕망을 만족시켜 줄 수 있는 신산업으로 계속 이동할 것이다. 다만 이 과정에서 희생당하는 사람들이 문제다. 엔트로피가 급격하게 증가하는 이유이기도 하다. 특히 디지털 문화에 적응하지 못하는 비(非)디지털인들은 생존에 타격을 받을 수도 있다. '디지털 정보격차', 디지털 디바이드(Digital Divide)라고 한다. 특히 디지털 기술에 미숙한 노년층은 디지털 디바이드의 최초의 피해자다.

"점점 더 많은 카페와 레스토랑에서 고객 출입을 기록하기 위해 QR코드를 도입하면서 노인들은 고립에 어려움을 겪고 있으며 노인 복지 센터는 점점 더 온라인 프로그램을 제공하고 있습니다."(The Korea Bizwire, 2020/09/21)

심각한 것은 디지털 활용능력이 빈부(貧富)를 결정한다는 사실이다. 사실 디지털 디바이드는 코로나19 사태 이전부터 진행되어 왔다. 이미 4차 산업혁명은 '디지털 정보 격차'의 문제를 안고 있었다. 코로나19 사태로 디지털 디바이드가 급격하게 진전될 뿐이다. 그렇지 않아도 지금 사회적 양극화가 심각한데, 앞으로 빈부격차는 해결불가능의 상황으로 치달을지도 모른다.

"신종 코로나바이러스 감염증(코로나19)으로 언택트(비대면) 디지털 기술이 사회 전역에 상용화되고 있는 가운데 일각에서는 이 같은 언택트 기술이 소위 '디지털 문맹'으로 불리는 고령층, 농어촌 지역 주민들의 디지털 정보 양극화를 가속화할 것이라는 우려가 제기된다. 모바일, 인터넷 사용을 비롯해 최근 키오스크(무인단말기) 등의 사용을 어려워하는 고령층에 대한 정책적 지원이 필요하다는 목소리도 나온다. … 9일 한국정보화진흥원(NIA)의 '농어민의 모바일 인터넷 이용과 디지털 격차에 관한 연구' 보고서에 따르면 지난 2018년 말 기준 농어민의 디지털 정보화 종합수준은 일반 국민 평균을 기준으로 69.8% 수준에 그치는 것으로 나타났다. 이는 장애인들의 디지털 정보화 수준(74.6%)보다도 떨어지는 수치다. … NIA는 보고서에서 '디지털 격차는 사회적 불평등이다. 디지털 정보의 대다수가 인터넷을 통해서 생산, 검색, 그리고 공유되는 정보사회에서 인터넷을 얼마나 적절히 활용할 수 있고, 이용하고 있는가는 개인의 경제적, 사회적, 문화적 자본에 직 · 간접적으로 영향을 미친다. … '"(조선일보, 2020/10/09)

결국 디지털 네이티브(Digital Native)와 디지털 플랫폼을 소유하는 자들이 부자가 될 것이고, 코딩(Coding)을 하는 아이들이 세상을 바꿀 것이다. 구글링 검색을 통해서 가장 유용한 빅데이터를 수집하는 자가 권력자다. 데이터 리터러시(Data Literacy). 디지털 격차로 사회의 양극화는 급격하게 빨라진다. 방법이 아주 없지는 않다. 지금까지 오프라인에서 하던 모든 일을 온라인으로 옮겨 놓으면 된다. 이를테면, 재래시장에서 시금치를 팔던 아줌마도 시금치를 온라인에서 팔면 된다. 물론 말처럼 쉽지는 않다. 일단 블로그(Blog)를 만들어서 온라인 장터 즉 네이버 장터나 동네 온라인 장터에 올리면 된다.

"지난 2019년부터 운영해온 네이버 '동네시장 장보기'는 우리 동네 전통시장에서 파는 신선 식재료와 반찬, 꽈배기, 찹쌀떡 같은 먹거리를 온라인으로 주문해 2시간 내에 배달하는 서비스다. 현재 서울 · 경기 및 경남 일부 지역을 포함한 전통 시장 32곳에서 이용할 수 있다. 네이버에 따르면 올해 2분기 전체 서비스 주문량이 전년 동기 대비 12.5배, 매출은 2억 원을 넘어서는 등 서비스 이용률이 지속해서 높아지고 있다. 코로나19 여파로 언택트 소비를 원하는 이용자와 전통시장 상인의 온라인 판로 확대 니즈에 대응한 결과다."(녹색경제신문, 2020/08/24)

이미 기술적인 것은 그리 어렵지 않다. 이미 테크놀로지로 모든 것이 가능해졌기 때문이다. 그러니까 누구든지 용기만 내면 된다. 물론 모든 것을 단번에 해결할 수는 없다. 그래도 시작이 반이다. 이는 비즈니스 세계만의 문제는 아니다. 일상에서도 마찬가지이다. 디지털 문화에 대한 냉소적 태도는 금물. 디지털에의 자발적인 참여가 보다 적극적이어야 한다는 말이다. 지금부터 우리는 일상생활에서 오프라인에서 해오던 일들을 모두 온라인으로 옮길 생각을 하는 거다.

이제 디지털 사회가 인간의 생과 사를 결정할 정도까지 왔다. 과거 컴퓨터가 일터를 지배했을 때, 컴퓨터 문맹 즉 '컴맹'세대가 소리 없이 사라진 적이 있다. 이치가 같다. 마치 쓸모없이 낭비되는 엔트로피처럼. 기업도 마찬가지이다. 디지털 대면 서비스, 클라우드 대면 서비스, 온라인 대면 서비스, 동영상 스트리밍(예: 넷플릭스), QR코드 컨트롤 등의 IT 역량을 가진 기업들만 살아남는다. 세계적으로 유명한 미국의 '메리고키친' 레스토랑은 QR코드로 음식을 주문하면 자율주행 로봇이 고객 테이블까지 서빙을 해주는 로봇 레스토랑으로 변신했다. 이 레스토랑에서는 음식 조리를 제외한 모든 업무를 로봇이 담당하고 있다. 중국 상하이의 '모비마트'(Moby Mart)는 소비자가 앱으로 호출하면 자동으로 찾아오는 자율주행 무인편의점이다. 이 편의점은 지금 시험운영 중이다. 손님이 스마트폰으로 바코드를 스캔하면 자동 결제되는 시스템을 보유한 미래형 점포로 평가받고 있다.

그러나 언택트는 세대의 변화, 경제적 효용, 기술의 진보 등 급변하는 시대흐름의 추세에 맞추어 극히 자연스레 생겨난 트렌드라고 할 수 있다. 언택트 트렌드의 중심에 서 있는 MZ(밀레니엄 Z)세대. 이들이 가지고 있는 주요한 특징들은, 첫째, '소유'보다 '경험'에 더 비중을 두고 있다. 아마존 창업자 제프 베이조스는 직원들에게 '고객에게 항상 새로운 경험을 제공하라'고 주문하고 있다. 둘째, 재미있고 흥미로운 것에 보다 끌린다. 이들의 하루 일과는 인터넷 서핑으로 시작하여 인터넷 클릭으로 끝난다. 셋째, 사회문제에 있어서도 인터넷이라는 수단을 통해 적극적으로 참여하고 있다. 예를 들면, 청와대 국민청원에 참여하는 사람들은 18~24세가 가장 많고 그다음이 25~34세, 35~44세가 세 번째 순서로 집계되고 있다. 이는 디지털 세대가 살아가는 방식이며 이들만의 새로운 문화다. 따라서 경제적 효용성도 언택트 트랜드에 맞추어 그 종류와 범위가 다양하게 확대될 수밖에 없다. 이를테면, 로봇, 인공지능, 5G 등 첨단의 다양한 기술들이 급격하게 진보함으로써 원하지 않더라도 언택트 사회가 구체화되고 있는 현실은 일상에서도 많은 변화를 야기하고 있다. 특히 언택트는 사람과 사람을 넘어 사물과도 연결되는 '초연결 시대'를 현실화하는 데에도 트리거로 작용할 것이다. 즉 코로나19 이후에는 초연결 비대면 사회(Hyper-connected, but Untact Society)가 새로운 정상 즉 뉴 노멀(new Normal)로 자리를 잡을 것이다.

이제 우리의 생활방식과 인간관계에 대해서도 새로운 기준이 생겨나고 있다. 그러나 언택트 사회 이면에 숨겨진 디지털 정보격차와 같은 문제는 앞에서 지적한 것처럼 언택트 사회로 가는 길에 커다란 걸림돌로 남게 된다. 물론 소비자나 개인의 문제라기보다는 정부와 국가 사회의 몫이다. 거시적 안목으로 볼 때 지금의 언택트 사회는 각자도생(各自圖生), 각자 알아서 사는 거다.

"코로나19 이후 대면 영업의 급속한 위축, 언택트 소비의 지배, 온라인화로 인한 모바일 초경제의 도래, 항바이러스 산업 및 운동 비즈니스의 부상, 탈종교의 가속화, 개인주의 가속화 등의 사회적 변혁을 이야기하고 있다."(진인주, 2020/04/07)

그러나 결과적으로는 서로 단절되어 고립되기보다는 오히려 계속 연결되는 것이 바람직할지도 모른다. 왜냐하면 우리 인류는 오랜 시간 동안 고립된 로빈슨 크루소보다는 '사회적 인간'으로서 살아갈 때 보다 더 유익한 삶을 살 수 있었다고 믿고 있기 때문이다. 그럼에도 불구하고 국가는 모든 사람들 간에 나타나는 디지털 리터러시와 정보격차를 줄이는 디지털 포용(Digital Inclusion) 정책에 심혈을 기울여야 할 것이다. 왜냐하면 디지털 정보격차로 인한 사회적 양극화는 사회불평등을 낳게 되기 때문이다. 결국은 국민불안, 국민불만 등으로 이어짐으로써 사회적 엔트로피는 극에 달할 수도 있다. 사회적 엔트로피의 증가는 사회의 소멸로 이어진다.

그나마 다행인 것은 지금 인터넷 쇼핑과 무관하게 살던 노년 세대가 어린 세대들에게 인터넷을 물어본다고 한다. "어떻게 하는 거냐?" 어떤 것이 살아남는 데 유리한 것인지를 알고 있는 사람들이다. 과거 같으면 어림도 없는 일. 어른이 어떻게 아이에게 묻는다는 것인가? 굶어 죽으면 죽었지, 체면도 없냐? 지금 인터넷을 모르면 굶어 죽을 수도 있다. 물론 그 때문에 당장 죽지는 않겠지만. 아직 전화가 있으니까. 사실 전화도 온라인이다. 그러나 그게 전부다. 겨우 목숨만 부지하는 정도다. 그러나 삶의 질은 디지털 능력으로 결정된다. 놀라운 것은 디지털이 새로운 계급을 만들어 내고 있다는 사실이다. 전혀 새로운 계급들의 출현. 디지털 제작 계급, 디지털 활용 계급, 디지털 무능 계급, 디지털 소외 계급. 쏠림 경제로 신(新)계급사회가 만들어지고 있는 것이다.

에너지의 이동이 쏠린다는 것은 저항과 충돌 그리고 마찰계수를 높여준다. 마찰열이 더 많이 발생하는 것이다. 사회양극화는 에너지의 쏠림현상이 극심해지는 것을 말한다. 사회양극화로 인해 발생하는 사회적 마찰열은 쓸모없이 낭비되는 엔트로피의 증가에 일조한다. 사회가 민주화되는 과정에서도 진통이 심하다. 진통이 오래가면 엔트로피의 증가는 계속된다. 과도기에는 마찰과 충돌이 불가피할 수 있다. 일시적인 카오스는 창조적 카오스의 전제조건이기 때문이다. 그러나 지나치게 오래가면 사회는 위험하다. 사회가 균형의 추를 잃게 된다면 사회는 재창조되고 자기조직화되고 자기생신되는 것이 아니라 공멸의 길을 가는 것이다.

UC 버클리 공공정책 대학원 교수인 로버트 라이시(Robert Reich) 교수는 코로나 팬데믹이 미국 사회에서의 새로운 계급의 분열과 불평등을 조명한다는 점을 지적하였다(황지영, 2020: 34). 그것이 심각한 문제인 것이다. 이제 개인적이든 사회적이든 디지털 전환 즉 디지털 트랜스포메이션(Digital Transformation)이 요청된다. 그렇다면 디지털 사회는 삶에 궁극적으로는 유용한 것인가? 아니면 사회적 양극화로 인한 사회재앙으로 이어질 것인가? 열띤 논쟁거리이다. 그럼에도 불구하고 일단 디지털 정보 격차를 좁혀주는 일은 계급과 계급 간의 알력과 마찰을 줄여주는 일이다. 이러한 격차가 해소되지 못한다면 궁극적으로 부익부 빈익빈에 의한 사회재앙은 명약관화한 일이다. 그만큼 엔트로피의 증가가 일어나는 셈이다.

3
악수(握手)가 사라졌다

　사람들은 언젠가부터 만나면 악수부터 한다. 모르는 사람이건 아는 사람이건 상관없이. 왜 악수를 하는가? 반가워서. 그럼 모두 반가운 건가? 그렇다. 아니 그렇지도 않다. 악수는 의례적이다. 아니 의식(儀式)인가? 그냥 처음 만나도 악수를 한다. 그렇다면 모르던 사람이 아는 사람이 되는 건가? 물론 그럴 수도 있다. 악수를 안 하는 사람도 있다. 악수하는 거 자체를 꺼리는 사람들. 물론 별 의도는 없다. 그냥 모르는 사람하고 손을 잡는 것이 싫은 거다. 세균 덩어리인 남의 손이 더럽다는 생각. 아픈 사람과의 악수는 누구나 꺼린다. 감염(感染)이 걱정되기 때문이다. 물론 어쩔 수 없는 경우도 있지만.

　서양에서는 오래전부터 감기에 걸린 사람은 스스로 남들과 악수하지 않는다. 그게 애티켓이다. 동양에서는 연장자(年長者)가 먼저 손을 내밀지 않으면 악수할 수 없다. 무례한 것이다. 악수는 여자가 먼저 손을 내밀 때만 가능하다. 남자가 먼저 손을 내밀면 이상하게 본다. "저 사람들 무슨 관계야?" 상대방이 손을 내밀었는데 악수를 안 할 수도 없고 그렇다고 거부할 수 없는 경우도 있다. 그냥 어정쩡하게 응한다. 힘이 안

들어간다. 그런데 악수 자체가 코로나19로 인하여 사라지고 있다. 아직도 악수를 청하는 사람도 더러 있다. 무척 반갑다는 표시다. 할 수 없이 응하지만 하루 종일 찜찜하다. 물론 쾌히 응하기도 한다. 악수 대신 주먹과 주먹을 맞대기도 한다. 마치 싸우는 듯한 포즈다. 팔꿈치를 가져다 대기도 한다. 좀 이상한 폼이다. 그런데 사회적 거리 두기 2단계가 발동되면 악수하는 것이 강제적으로 금지된다.

악수는 오랜 역사와 전통을 가지고 있다. 인류학자들은 태초부터 인류는 악수를 했을 것이라고 한다. 악수가 인류를 살아남게 한 거다. 우연히 만난 사람들은 그가 적(敵)인지 아닌지를 알 수가 없다. 적과 동지를 구분하지 못하면 죽음이다. 서로 적이 아니라는 신호로 사람들은 악수를 하기 시작했다. 우호적으로 지내자는 말이다. 인류가 문화를 만들어 낸 것이다. 살아남기 위한 문화, 악수문화. 문화는 인간이 살아남은 흔적이다. 악수하는 동물, 인간이 유일하다. 악수는 우호의 상징이다. 나는 너의 적이 아니다, 친구다. 호모사피엔스 이전의 인간들은 한쪽에 도끼를 들고 한쪽에 창을 들고 다녔다. 여차하면 찌르고 팰 준비를 하고 있었던 것이다. 적으로 판단되는 순간을 놓치지 않는다. 내가 살아야 하기 때문이었다. 무장해제(武裝解除). 서로 손을 마주잡음으로써 공격하지 않겠다는 신호. 무기를 들고 있어야 할 손을 서로 잡고 있는 한, 불시의 공격은 못 한다. 악수는 했지만 돌아서서 공격을 하기도 했을 것이다. 비열한 행동. 이런 의미에서 악수는 무언의 소통이었다. 너와 나는 더 이상 적이 아니다. 또한 악수는 나와 너의 연결이다. 나를 연장하여 상대방과 연결하는 것이다. 앞으로도 함께 지내자. 연결하는 사회, 함께 사는 인간들. '공동체(共同體, Community)의 탄생'이다.

악수는 연대감의 표시다. 현생 인류의 시작, 연대감, 호모 사피엔스.

무기 대신 서로 손을 맞잡는다. 휴전을 선언하는 것이다. 물론 잠정적일 수 있다. 하여간 그 순간은 싸움 대신 평화를 선택한 것이다. 이로써 인류는 서로 살아남을 수 있었다. 평화의 상징. 이때부터 악수는 인류를 살아남게 한 중요한 수단이 되었다. 그러나 '코로나 사피엔스'는 연대감을 단절시켰다. 공동체가 단절된 것이다. 전통적 공동체. 코로나19 이후 사피엔스는 더 이상 악수하지 않는다. 그러나 손에 무기를 숨기고 있는 것은 아니다. 그냥 어쩔 수 없이 그러는 거다. 만나지 못하는 곳에서는 연대감도 유대감도 없다.

악수는 포옹으로 발전하기도 했다. 서로 만나면 코를 비비는 민족이 있다. 뺨을 비비는 민족도 있다. 지금도 유럽에서 더러 볼 수 있는 문화다. 심지어 남녀를 불문하고 입맞춤을 하는 종족도 있다. 모두가 우호의 표시이며 소통의 수단이다. 공동체의 연대감과 유대감. 결국 인간이 공동체 생활을 하면서부터 다양한 방식으로 소통의 테크놀로지를 발전시키게 된 것이다. 왜냐하면 소통의 문제는 공동체의 생사문제와 직결되어 있었기 때문이다. 공동체(Community)와 소통(Communication)은 어원이 같다.

지금까지 우리는 면대면의 콘택트 사회(Contact Society)를 살아왔다. 콘택트 사회는 인간이 살아남은 전략이었다. 생존전략. 함께 모여서 사는 것이 생존을 하는 데 가장 효율적이었던 것이다. 맹수가 우글거리는 정글에서 인간이 혼자서 살아남기 어렵다. 뭉쳐야 산다. 살아남기 위한 묘안이 바로 악수였다. 악수하면서 사람들은 가장 가까워진다. 악수하면서 같은 편이 된다. 혼자 맹수와 대치하는 것은 목숨을 걸어야 하는 거다. 함께 힘을 합쳐 맹수의 공격을 막아내는 것이 유리하다. 공동체가 돈독해지는 만큼 생명보존력도 높아진다. 결국 악수하는 문화가 콘택트 사회를 만들어 낸 것이다. 그러니까 콘택트 문화는 지금까지 인류에게 가장 중요한 생존전략이었던 셈이다.

그런데 이제 더 이상 접촉하지 말라고 한다. 사회적 거리 두기. 논콘택트(Non-contact). 오늘날은 그것이 오히려 살아남는 데 유리한 방법이라는 거다. 그렇다면 지금까지 살아남는 유리한 방법이었던 것은 어떻게 되는 건가? 콘택트 사회 즉 대면의 공동체 사회가 오히려 사람을 죽게 하는 방법으로 간주되고 있는 것은 아닌가? 그렇다면 전통적 공동체가 우리를 죽인다? 아니 이런 아이러니. 이제 콘택트 하지 않는 언택트가 우리를 살아남게 하는 유리한 방법이라는 거다. 사회적으로 거리를 두어야만 살 수 있다. 눈에 보이지도 않고 만질 수도 없는 코로나19 바이러스가 지금까지 인류가 오랫동안 쌓아 온 생존의 문화를 퇴출키고 있는 것이다.

더 이상 악수가 없는 세상, 평화공존이 깨지는 사회. 언택트 사회에서는 평화도 뒷전이다. 아니 언택트가 평화다. 당장 바이러스의 공격이 더 무섭다. 사람의 공격은 그다음이다. 코로나19 바이러스로부터 나 자신을 먼저 지킨다. 극히 이기적이다. 상대방은 누구든지 잠재적 보균자다. '대면'에 대한 공포. 악수하는 순간 감염이 우려된다. 악수하지 않는 사회, 상대방에 대한 경계심이다. 이제 나를 제외한 누구든지 의심의 대상이다. 유비무환(有備無患). 결국 악수문화가 사라진다는 것은 공동체가 무너진다는 것이다. 이를 강제하고 있는 지금의 언택트 사회. 우리는 과연 어떻게 받아들여야 하는 걸까? 지금까지 공동체로 살아남은 인류가 이제는 공동체로 인해 죽을 수도 있다? 뭉치면 살고 흩어지면 죽는다. 옛말이 되었다. 이제는 뭉치면 죽고 흩어지면 산다.

중력(重力)의 법칙에 의하면, 모든 것은 서로 끌어당긴다. 물질과 물질 사이에는 인력(引力)이 작용한다. 만유인력이다. 이때 에너지의 이동이 수반된다. 악수도 에너지의 이동이다. 물론 이동 방향은 서로 다르다. 악수하는 순간 나의 에너지와 상대방의 에너지가 한곳으로 모인다. 엄밀히 말하면 운동에너지와 운동에너지가 충돌하는 것이다. 에너지의 충돌이 세면 셀수록 힘(力)은 더해진다. 물리학에서 힘(force)의 단위는 N(뉴턴)이다. 1N은 질량 1kg인 물체를 1m/s2으로 가속시키는 힘이다. F=ma, 여기서 힘은 F이고, m은 질량 그리고 a는 가속도이다. 질량과 힘 그리고 가속도는 비례한다. 그래서 힘이 센 사람과의 악수는 고통스럽다.

악수하는 순간 손바닥에는 열(熱)이 발생한다. 운동에너지가 충돌하면서 순간적으로 위치에너지 즉 포텐셜 에너지(Potential Energy)로 전환되는 것이다.[6] 이 과정에서 저항(抵抗)이 발생한다. 즉 운동에너지가 위치에너지로 전환되는 과정에서는 반드시 저항이 생긴다. 운동에너지와 운동에너지가 맞부딪혀도 저항이 생긴다. 저항에 의해 열도 발생한다. '마찰열'(摩擦熱, Frictional Heat)이다. 전류가 흐르는 곳에는 저항이 발생한다. 저항으로 인해 전압도 생긴다. 전압에 의해 분자와 분자가 충돌하기도 한다. 물질분자와 광양자가 충돌하기도 한다. 충돌하면서 발생하는 마찰열은 모두 저항 때문이다.

그런데 여기서 발생하는 '마찰열'은 두 가지로 갈린다. 우리의 삶에 유용하게 전용되는 마찰열이 있는가 하면, 반대로 전혀 유용하지 않고 그냥 사라지는 마찰열도 있다. 니크롬선 저항코일은 마찰열을 복사 방출하면서 일(Work)을 해낼 수 있다. 전열기, 난방히터, 열펌프, 전기로가 대

---

6 위치에너지는 포텐셜 에너지를 말한다. 뉴턴의 역학에 의하면, 운동에너지와 위치에너지의 합은 일정하며 보존되며 에너지의 총량은 불변한다. 이때 위치에너지는 운동에너지로 전환될 수 있는 잠재성을 가지고 있다고 하여 포텐셜 에너지라고도 한다. 본 글에서는 편의상 위치에너지라는 표현을 사용한다. 왜냐하면 습관적으로 우리는 운동에너지와 위치에너지를 관계어로 사용해 왔기 때문이다.

표적이다. 마찰열이 유용하게 사용되는 경우이다. 즉 전기에너지가 열에너지로 사용된 것이다. 아니 정확하게 말하면 전기의 운동에너지로 야기된 마찰열이 유용하게 활용된 것이다. 아니면 텅스텐 구리선에 마찰열을 모두 모아서 빛(Light)으로 방출시킬 수 있다. 백열전등이 대표적이다. 전등은 어두운 세상을 밝혀준다. 마찰열을 열에너지로 유용하게 활용한 것이다. 빛에너지. 모두 마찰열이 유용하게 활용된 사례들이다.

그런데 열에너지는 쓸모없이 낭비되는 경우가 있다. 마찰열이 식으면서 그냥 기화(氣化)되어 날아 가버리는 경우이다. 주변의 온도차에 의해서 가열되었던 용기는 저절로 식는다. 100도로 가열된 뚝배기는 30도 상온에서 서서히 식는다. 한여름 날 지구 온도가 높아져 타오르던 아스팔트가 저녁이 되면 그냥 식는다. 마찬가지다. 식는다는 것은 주변에 열을 빼앗긴다는 것이다. 그냥 열에너지는 공기 중으로 사라진다. 이때 열 또는 열에너지는 아무 일도 하지 않았다고 한다. 일로 전환되지 못한 에너지를 '쓸모없이 낭비되는' 에너지라고 한다. 이를 19세기 중엽 물리학자 클라우지우스(Rudolf Clausius, 1822-1888)가 '엔트로피'(entropy)라고 명명했던 것이다. 이로써 에너지 보존 법칙이 다소 수정된다. 전통적인 역학에서는 운동에너지와 위치에너지의 합이 일정하게 보존된다. 열역학 제1법칙이다. 그러나 열역학 제2법칙에서 에너지의 총량은 운동에너지, 위치에너지(포텐셜 에너지) 그리고 엔트로피로 구성된다. 물론 모든 에너지의 합은 같다. 열역학의 발견이다.

악수하는 순간 우리가 상대방과 의기투합할 수 있다는 강한 의지를 느낀다. 아니면 우정이나 사랑 같은 친근함과 호감을 느낄 수도 있다. 격려나 찬사의 힘을 느끼기도 한다, 그렇다면 악수하는 순간 발생하는 마찰열은 유용한 열에너지로 전환된 것이다. 반대로 억지로 의례적으로 하는 악수도 있다. 엔트로피를 발생시킬 것이다. 아무것도 남는 것이 없기 때문이다. 오히려 역겹기까지 하다. 쓸모없는 마찰열. 엔트로피가 증가하는 것이다.

코로나19 사태는 우리를 강제적으로 악수하지 못하는 사회로 몰아가고 있다. 그동안 악수를 통해서 쌓았던 우정과 사랑, 친밀감, 의기투합, 격려, 찬사 등은 삶에 긍정적으로 작용하는 메시지였다. 그것이 모두 사라지고 있는 것이다. 반대로 악수하지 못하는 사회에서는 엔트로피도 증가하지 않는다. 운동에너지도 없고 위치에너지도 없으니 엔트로피도 없다. 콘택트 사회에서 당연시되었던 모든 에너지의 이동이 정지되는 것이다. 더 이상의 엔트로피도 증가하지 않는다. 엔트로피는 '무질서한 정도' 즉 '무질서도'(無秩序度)를 의미한다고 했다. 그렇다면 악수가 사라진 언택트 사회는 질서 잡힌 사회가 된다. 정말인가? 엔트로피도 발생하지 않으니까. 무질서가 없는 사회. 결국 언택트 사회는 엔트로피의 증가가 없다? 그렇다면 바람직한 사회는 악수하지 않는 사회? 그렇다면 악수로 인해 발생했던 긍정적인 에너지들은 어떻게 되는 것인가? 악수하는 공동체. 바람직하기도 하고 아닌 것 같기도 하고, 정말 어렵다.

악수 안 하기는 '사회적 거리 두기'의 대표적인 실천이다. 지금까지 악수하면서 살아남았던 우리 인류는 이제부터 악수하지 않으면서 살아남아야 한다. 거리와 간격을 메우면서 가능한 가까이 접근하면서 살아남았던 사람들이 이제 거리를 두어야만 살아남을 확률이 높다. 최소한 2.5 미터. 악수 피하기는 손에서 손으로 감염되는 코로나19 바이러스의 위험을 막아준다. 사회적 거리 두기로 사람과 사람 사이에 저항과 마찰열이 발생하지 않기 때문이다. 엔트로피의 증가 역시 억제된다. 그러나 우리는 오랜 시간 동안 악수하는 사회를 살아 왔다. 악수로 인해 발생하는 엔트로피 역시 계속 증가해 왔던 것이다.

악수하는 사회가 사라졌다. 대신 우리는 온라인상에서 악수하고 있다. '방가방가.' 육체적 접촉은 아니지만 사이버 상에서 악수를 대신하고 있는 것이다. 공동체를 유지하고 싶은 본능? 왜냐하면 공동체는 우리 인류를 살아남게 한 원동력이기 때문이다. 열역학 제2법칙에 의하면, 에너지가 사용되는 한 엔트로피는 증가한다. 그렇다면 악수하지 않는 온라인의 콘텍트 사회 즉 '온택트 사회'(Ontact Society)에서 엔트로피는 증가하지 않는 걸까? 그렇다면 오히려 코로나19 사태가 고마운 것은 아닌지? 우리를 소멸하게 하는 엔트로피의 증가가 없으니 말이다. 비록 엔트로피가 증가하더라도 악수하는 문화로 살아남을 수 있는 확률을 높여 왔던 우리 인류. 이제 악수하지 않는 사회에서 살아남을 수 있는 확률을 높여야 하는 처지가 된 것인데. 글쎄다. 세상이 완전히 뒤바뀐 것이다. 물론 온라인 가상세계에서도 우리는 여전히 악수하면서 — 서로 소통하면서 — 살아남는 방법을 강구하게 될 것이다. 공동체는 생존의 본능이니까. 그럼에도 불구하고 열역학 제2법칙에 따르면 엔트로피는 계속 증가하게 될 것이다. 온라인 가상에서의 악수. 인류의 출현 이후 악수하면서 다져온 온 공동체의 콘텍트 사회가 강제적으로 중단되면서, 우리 사회는 또 다른 차원에서 엔트로피의 증가를 경험하게 될 것이다. 과연 그게 뭘까?

4
코로나19, 끝이 안 보인다

    코로나19 백신접종이 시작되었다. 부작용에 대한 우려도 만만치 않지만. 조마조마. 우리나라는 빨라야 2021년 4월부터나 시작할 수 있다고 한다. 좀 급하게 개발된 백신, 신중할 수밖에 없다. 백신개발에 1년도 채 안 걸렸으니, 급성이다. 하여간 이제 좀 안심이다. 그러나 두고 볼 일이다. 과연 이번 백신으로 정말 코로나19를 인류의 역사에서 추방할 수 있을는지. 영국에서는 이미 코로나19의 변이 바이러스가 나왔다고도 한다. 코로나20. 아니 백신개발이 되자마자 변이라니? 그렇다면 백신도 효능이 없는 것 아닌가? 아직 축제를 벌일 수는 없다. 일단 맞지만 과연 효과가 있는지? 아직은 아무도 모른다. 백신접종을 한 의사가 기저질환도 없는데 사망했다고 한다. 아직 연관관계는 확실하지 않다. 물론 백신접종으로 모든 것이 해결되는 것도 아니다. 만약 변종 바이러스가 돈다면 또 이에 대한 백신을 개발하면 된다. 물론 시간이 문제이고 그 와중에 희생되는 사람들이 문제겠지만. 하여간 바이러스와의 싸움은 이제 시작되었다. 우리 인간의 새로운 운명. 그래도 하나 소득이 있다면 이번 코로나19 사태가 우리 인간의 마지막 싸움은 바이러스와의 전쟁이라는 사실을 다시 일깨워 준 점이다. 그동안 전문가들만 알고 있었던 사실. 이제 모든 인류에게 상식이 되었다. 청결하고 위생적인 삶만이 자신의 목숨을 건진다. 이제 사람들은 안전하게 산다는 것이 무엇인지를 확실히 알게 되었다.

사실 지금 코로나19는 재앙(災殃) 수준이다. 스페인 독감으로 인류가 거의 몰살당할 뻔 했던 지난 100년 전. 다시 급습한 인류의 재앙. 지금까지 역사상 가장 심했던 펜데믹의 전염병은 스페인 독감이었다. 물론 감염병이라고 말하기는 어렵지만 중세 시대의 흑사병도 있었다. 당시 유럽 인구의 3분의 1에 해당되는 1억 명 정도가 죽었다고 한다. 펜데믹이 시작되면 늘 치명적이다. 스페인 독감은 1918년 프랑스 주둔 미군 부대에서 처음 발생했는데, 이는 미국을 거쳐 전 세계로 확산되어 2년 동안 창궐했다. 전쟁 중에 언론을 통제한 다른 나라들과는 달리, 스페인은 이 병의 심각성을 그대로 보도했기 때문에 '스페인 독감'이라 불린다. 당시 전 세계 43개국에서 3,900만 명이 사망했으며, 주요 국가들의 연간 GDP는 평균 6% 감소했다고 한다. 우리 한국에까지 상륙하여 당시 15만 명 정도가 사망한 것으로 기록되어 있다. 1967년에는 천연두로 1,500만 명이 사망했다. 2009년 신종 인플루엔자, 아시아 독감, 홍콩 독감으로 약 150만 명이 희생을 당했다. 당시에도 백신은 없었다. 물론 2002년 사스(SARS, Severe Acute Respiratory Syndrome)도 있었고, 2012년 메르스(MERS, Middle East Respiratory Syndrome)도 있었다. 둘 다 코로나19였다.

전염병은 한번 나오면 자연적으로 소멸되지 않는다. 대부분 평균 2년 정도 끌다가 집단면역을 통하여 일반 독감으로 변하는 추세이다. 일반적으로 바이러스의 전파는 총 네 번의 환절기를 통하여 집단면역으로 가는 것이 기본 패턴이라고 한다. 최소한 3차 전염까지는 기본적으로 간다고도 한다. 그러나 이번의 경우는 과거의 패턴과도 달라질 수 있다. 공기로만 전염되는 것이 아니라 비말(飛沫)로도 감염된다고 한다. 하여간 사람들이 이동을 하는 한, 자연스럽게 퍼질 수 있다는 것이 특징이다. 최초의 감염자 한 사람이 전 세계를 전염시킨다고 보면 된다. 코로나19는 주춤할 수는 있지만 완전히 소멸되는 것은 아니다. 무증상 감염자가 대표적이다. 한마디로 바이러스와 이에 대응하는 인간의 면역체계는 '공진화'(共進化, Coevolution)의 관계에 있는 것이다. 완전소멸은커녕 점점 더 강해진다는 것이다. 변종과 변이의 연속, 그리고 돌연변이까지.

지금 지구온난화로 인해 북극과 남극의 빙하가 녹고 있다. 빙하 속에 수십만 년 동안 숨어 있던 전혀 알지 못하는 바이러스가 기지개를 펴고 있다고 한다. 참고로 지금 지구상에 존재하고 있는 바이러스는 인간의 중량보다 3배 정도 된다고 한다. 바이러스의 총길이는 2억 광년 정도로 길다. 1인당 바이러스 수는 인간의 세포 30조의 100배이며, 인간 유전자의 45%도 바이러스로부터 유래했다고 한다. 특히 인간이 야생동물을 가축으로 길들여 함께 살게 되면서 '수인성 전염병'이 인류에 창궐하기 시작했다. 결국 인간과 동물과의 만남은 한마디로 잘못된 만남이었다. 인간과 동물 즉 종 간의 장벽이 파괴되면서 변종 바이러스가 계속 등장하게 된 것이다. 변종 바이러스에는 치료제도 없고 백신도 없다. 발병하면 그때서야 비로소 개발을 시작해야 하는 어려움. 바이러스의 크기는 세균의 3,000분의 1 정도로 정말 작다. 그래서 더욱 힘들다.

미국과 홍콩에서는 아직도 중국 우한연구소에서 코로나19를 만들어 냈다고 의심하고 있다. 변종의 합성 바이러스, 가장 치명적이다. 중국이 미국과 핵전쟁이나 무역전쟁으로는 어림도 없으니 생화학전에 시동을 걸었다는 것이다. 지구촌 두 강대국의 대결. 미국 트럼프 정부는 처음부터 아예 방역에 나서지 않았다. 그러다가 대통령 자신도 양성 판정을 받았다. 그래도 마스크를 거부했다. 중국에 책임을 물으려는 처사였던 것이다. 유럽의 국가방역도 이상했다. 선진국 수준이라고 보기에는 좀. 도대체 뭐가 선진인지? 아니면 미국처럼 무언의 항의 표시였던가? 스웨덴 정부는 마스크 대신 집단면역을 실험했다. 물론 실패로 끝났다. 대량으로 감염자만 양산했다. 선진국의 신화가 깨진 셈이다. 이런 의미에서 코로나19 이후 문명사적 대전환이 필요하다는 인식이 확대되고 있다.

코로나19 1년. 이미 코로나19로 희생된 사람들의 숫자는 제2차 세계대전 때 죽은 사람들의 숫자를 넘어섰다. 그럼에도 불구하고 많은 사람들은 언젠가 코로나19는 종식될 것이라고 생각하는 듯하다. 근거 없는 낙관론. 이게 더 무섭다. 이 또한 지나가리라. 솔로몬의 말을 되뇌이면서. 코로나19 사태가 갑작스럽게 발발했으니 갑자기 끝나지 않을까 하는 막연한 기대감. 잠시 소나기를 피하고 보자는 식이다. 1년이 지난 지금. 전문가들은 겨울철에 코로나19가 더욱 기승을 부린다고 하고 정부는 사회적 거리 두기 3단계를 만지작거리고 있는 판국에, 국내 유명관광지에는 다시 사람들이 몰리고 있다고 한다. 좀이 쑤셔서 나온 모양이다. 연말연시니까 그런가보다. TV에서 대형 쇼핑몰에 사람들이 북적이는 모습들도 찍혔다. 마치 코로나19가 다 끝난 느낌이다.

이들도 처음 코로나19 사태가 터졌을 때에는 바짝 긴장했을 것이다. 그러나 시간이 가면서 점차 느슨해지는 것 같다. 거리에 자동차들도 여전하다. 결코 전보다 줄지 않았다. 어디로들 바쁘게 가는지? 결국 사람들은 접촉 즉 콘택트를 완전히 중단하지는 않는다. 물론 심리적인 위축은 있겠지만. 그래도 해야 할 일은 중단하지 않는다. 오히려 하던 일에 더 조바심을 낸다. 코로나19에 화풀이도 한다. 코로나19 사태가 진정되기만을 학수고대하면서. 물론 생계문제가 달려 있다. 특히 중소 자영업자들의 삶은 엉망이 되었다. 이리 뛰고 저리 뛰고 할 수밖에 없는 노릇이다. 목구멍이 포도청이라고. 그래서 탓할 수도 없다. 일상에 제약을 받는 경우에도 이들은 우울해한다. 코로나 블루(Corona Blue). 심하면 체념도 한다. 일거리가 다 막혔다고 투정도 부린다. 지금까지 해오던 대로 온라인 접촉도 계속하며 오프라인 접촉도 마다하지 않는다. 오히려 상대방이 꺼리기에 직접 만날 기회가 적은 거다.

근거 없는 낙관론은 '천수답'(天水畓)과 같다. 뉴스에서 환자가 늘었다고 하면 집에 좀 머물다가 적당히 눈치 보면서 다니면 된다는 식이다. 물론 걱정들은 한다. 한숨도 쉰다. 그러나 웬만한 것은 온라인상에서 해결하면 된다. 코로나19 사태를 곧 종료될 '돌발상황'으로 보는 것이다. 설마 내가 걸릴까? 물론 '과도기형 언택트'라고 할 수 있다. 테크놀로지의 완성이나 바이러스의 승리가 결정되지 않는 이상 모든 것은 과도기일 수밖에 없다. 정부가 하라는 것을 적당히 지키면서 나는 나대로 하면 된다. 무조건 피하는 것보다 먹고사는 것이 먼저다. 그냥 다수의 사람들이 적당히 움직이는 대로 하면 된다. 옛말에 '줄을 잘 서야 한다'는 말이 있다. 적당히 눈치 보면서 살면 된다.

결국 변수는 '개인차'(個人差)다. 국가와 정부가 아무리 통제하고 관리한다고 해도 개개인이 어떻게 환경변화에 적응하는가에 따라 결과는 달라질 것이다. 인간은 환경에 적응하는 동물이다. 처음에는 모두 놀란다. 그러나 점점 놀라움은 진정된다. 인간이 타고나는 '항상성'(Homeostasis, 恒常性) 때문이다. 항상성이란 원래대로 돌아오려는 속성을 말한다. 항상 그 상태를 유지한다. 우리 몸은 망가지면 다시 원 상태로 돌아오려고 한다. 자가치유기재를 가지고 태어나기 때문이다. 몸에 세균이 들어오면 백혈구가 잡아먹는다. 몸은 원상대로 돌려놓는 것이다. 감기에 걸리면 기침을 하고 몸에 열이 난다. 바이러스를 밖으로 내보내고 태워 죽이기 위함이다. 더우면 땀이 난다. 찬 공기가 들어오면 기침이 나온다. 몸이 스스로 체온을 조절하려고 하기 때문이다.

처음에 '코로나 정국'은 엄청난 쇼크였다. 그러나 이제 모두들 서서히 적응하는 모습들이다. 처음에는 마스크 쓰는 것 자체가 불편하고 멋쩍었지만, 이젠 대문을 나서는 순간 마스크부터 찾는다. 손 씻기가 번거롭기도 했지만 이제는 길거리에 널린 손세정제라도 바르고 다닌다. 똑똑한 자가 살아남는 것이 아니라, 적응하는 자가 살아남는다. 진화론을 창시한 찰스 다윈(Charles Robert Darwin, 1809-1882)의 말씀이다. 적자생존의 원리. 그러나 계속해서 확진자가 나온다. 좀처럼 줄지 않는다. 오히려 늘고 있다. 좀 수그러드는가 하면 영락없이 엉뚱한 곳에서 확진자가 또 나온다. 때로는 집단으로 발병하기도 한다. 집단감염. 5인 이상 집회금지, 거리 두기의 가장 마지막 수단이다.

선진국이라고 하는 서구세계 특히 미국이나 프랑스, 영국 등지에서 확진자의 수가 동양보다 많다. 사망자도 훨씬 많다. 이유는 마스크 미착용에서 온다. 전문가들은 마스크만 잘 써도 90%를 예방할 수 있다고 한다. K-방역, D-방역. 한국, 대만 등 동양 문화권에서 방역이 비교적 성공적이었던 것은 무엇보다도 사람들이 대부분 마스크를 쓰고 다닌다는 것이었다. 혹자는 백인우월주의가 작용한 것이 아닌가 하기도 한다. 마스크를 쓴 한국, 중국 등 동양 사람들을 따라 하지는 않는다는 것이다. 설령 죽는 한이 있더라도. 정말 그렇다면 어처구니가 없는 것이지만. 그러나 역사를 보면 어쩌면 그럴 수도 있을 거라는 생각도 든다. 아니면 미세먼지, 초미세먼지로 우리는 오래전부터 마스크 착용을 습관화해 왔다.

물론 모든 사람이 그렇게 한 것은 아니지만. 근데 일본도 확진자가 만만치 않다. 혹시 한국을 따라 하지 않으려는 걸까? 목숨은 나중에? 타도 한국이 먼저인가?

생태학자들은 말한다. 세상의 모든 사람들이 딱 2주 동안만 집구석에서 나오지 않으면 된다고. 왜냐하면 잠복기가 2주이기 때문이다. 그래서 자가격리 기간도 2주다. 2주 후에 증세가 나타나는 사람만 치료하면 된다. 그러면 바이러스의 전파는 종결된다. 솔루션이 얼마나 쉬운가? 근데 어렵다. 아니 불가능하다. 2주간만 '집콕'을 하면 되는데. 그러나 그게 안 된다. 지구촌의 모든 차량과 공장이 1주일만 멈추면 지구온난화 문제가 해결된다고 한다. 근게 그게 가능한가? 말은 쉽지만. 생태환경의 복원도 마찬가지이다. 세상에는 쉽지만 어려운 일이 꽤 있다.

세상의 모든 에너지는 일정하게 보존된다고 했다. 운동이 없으면 에너지는 모두 위치에너지로 축적된다. 에너지의 이동이 있으면 운동에너지가 발생한다. 운동에너지는 일(work)로 전환될 수 있다. 우리가 운동을 하면 근육이 생긴다. 건강에너지로 축적되는 것이다. 포텐셜 에너지. 여기서 건강에너지는 운동에너지가 위치에너지로 전환된 것을 말한다. 물론 근육에 쌓인 건강에너지는 계속 어딘가로 움직인다. 운동에너지가 위치에너지로 바뀌는 순간은 멈춤이 아니다. 운동에너지가 위치에너지가 되고 위치에너지가 다시 운동에너지가 된다. 에너지의 이동은 에너지의 전환 그리고 에너지의 순환을 말한다. 이 과정에서 열(熱)이 발생한다. 열역학 법칙은 열에너지의 존재를 설명해 주고 있다. 물론 이때 발생하는 열은 '마찰열'이다. 이미 언급한 것처럼 이 중에서 쓸모없이 낭비되는 에너지가 바로 엔트로피인 것이다.

코로나19 사태에서 근거 없는 낙관주의자들이 가장 위험하다. 이들이 천방지축으로 움직이다가 즉 방향감각 없이 운동에너지를 마구 사용하다가 감염이라도 되어 확진자가 된다면 이는 '사회적 엔트로피'를 증가시키는 결과가 된다. 물리적 엔트로피가 사회적 엔트로피로 전환되는 셈이다.[7] 하여간 사회적 엔트로피가 증가하면 할수록 사회는 더 불안해진다.

운동에너지를 일로 이동시키고 유용한 일로 전환될 수 있기 위해서는 무엇보다도 '코로나19 시대에 안전하게 할 수 있는 일자리'가 늘어나야 한다. 그래야만 운동에너지가 효율적인 일로 전환될 확률이 높아진다. 지금 코로나19의 위험에도 불구하고 일로 전환되어야 하는 운동에너지는 엔트로피의 증가를 가속화시키는 주범이 될 수 있다. 코로나19에 노출되는 에너지. 코로나19 감염은 사회적 엔트로피를 증가시킨다. 결국 '온라인 일자리의 창출'만이 대안이다. 지금 오프라인에 종사하고 있다면 빠른 시간 내에 온라인으로 직장을 옮기는 것이 맞다. 궁리라도 해야 한다. 자영업은 업종을 오프라인을 온라인으로 전환하는 일이 시급하다.

"(이미) 오프라인 중심의 자영업자의 매출 급감은 물론 백화점과

---

7 엔트로피 이론의 발생지인 물리학에서는 '사회적 엔트로피'라는 개념에 동의하지 않을 수도 있다. 그러나 엔트로피 이론이 물리현상 특히 역학현상 즉 운동에너지의 이동에서 발생하기 때문에 얼마든지 (적용)영역 확장이 가능하다. 그럼에도 불구하고 물리학자들은 더 이상 연구의 범위를 넘어서지 않는다. 그래서 이들은 엔트로피 법칙은 인간의 삶에서는 적용되지 않는다고 한다. 그러면서 인간은 열린계(Open System)이기 때문에 엔트로피 이론이 전제하고 있는 고립계(Isolated System)가 아니라는 것을 이유로 든다. 또한 인간의 영역은 물리학적으로 실험이 불가능하다는 이유도 들고 있다. 물론 맞다. 그러나 지금 과학의 세계에서 가설과 상상으로만 언급되던 원자와 원소의 세계가 규명되어 있고, 인간도 동물도 전기를 가지고 있으며 전기란 입자를 돌고 있는 전자의 이동이라는 사실이 밝혀진 이상 역학에서 나온 엔트로피 이론은 인간의 삶, 그리고 이들이 구성하는 사회 전반으로까지 적용범위가 확장되는 것이 맞다. 따라서 사회에서는 사회적 엔트로피가 발생할 수 있다는 것이 본 연구의 주장이다.

대형마트들도 파산을 신고하거나 매장을 줄여나가고 있다. 미국의 경우 2019년 오피스문구 매장의약 50%, 소비자 가전 매장의 28%, 스포츠 관련 매장의27%, 의류 매장의 20%가 이미 문을 닫았는데 코로나19로 인해 오프라인 몰락은 더 가속화되었다. 이미 최근몇 년간 오프라인의 위기가 심화된 상태다. 2017~2018년 초까지 완구업계 대표 토이저러스(ToysRUs)와 130년 역사를 가진 시어스(Sears) 백화점 등을 비롯한 1만 5천여 개의 매장이 문을 닫았다. ··· 2020년 상반기에는 미국 1위 명품 백화점 니만 마커스(Neiman Marcus), 제이크루(J.Crew), 남성복 브랜드 브룩스 브라더스(Brooks Brothers), 차량 렌탈 허츠(Hertz) 등의 브랜드들의 파산 소식이 연이어 쏟아졌다."(황지영, 2020: 31)

아니면 집에 앉아서 쉬는 게 낫다. 돌아다니다가 감염이라도 된다면 그것은 정말 낭패다. 나도 문제지만 가족에게도 미안하다. 한 푼이라도 더 벌어야지. 코로나19에 목숨을 내맡기는 꼴이다. 내키지 않더라도 집에 앉아서 오랜만에 책을 읽는 거다. 자기계발서, 재충전의 시간, 새로운 도약(跳躍)을 위한 '휴(休)테크'의 시간. 이럴수록 과감해져야 한다. 책 속에 길이 있다. 한번만 믿어 보는 거다. 코로나 블루의 스트레스와 우울감. 새로운 도약의 기회를 찾는다는 믿음으로 코로나 시름을 날려 보내야 한다. 아니면 이참에 운동이라도 해야 할 것이다. 홈트레이닝(Home Training). 위기는 기회다. 걸림돌을 디딤돌로 만들라, 훌륭한 말이다. 우리가 삶을 생산적으로 전환시킬 수 있다면, 이는 결국 엔트로피의 증가를 억제시키는 일이다. 엔트로피의 억제는 나의 수명을 연장시킨다.

5
누가 나를 계속 보고 있다

누구나 살면서 한 번쯤은 누가 나를 쳐다 보고 있다는 생각으로 뒤를 돌아본 적이 있을 것이다. 뒤통수가 따갑다. 양자역학을 거론하는 사람들은 '양자 얽힘의 현상' 때문이라고 말한다. 거창하다. 누군가가 나를 보고 있다는 사실, 섬뜩한 일이다. 그런데 실제로 나는 몰랐는데 누군가가 나를 계속 쳐다보고 있다면, 그러다가 서로 갑자기 눈이 마주치기라도 한다면, 그야말로 뻘쭘하다. 심장이 멎을지도 모르는 일이다.

우리는 이미 사회감시망 속에 살고 있다. 곳곳에 설치된 CCTV가 사람들의 동선(動線)을 체크하고 있다. 누군가가 나를 감시하고 있는 것이다. 우리나라 시민 한 사람이 하루에 평균 200번 이상 찍힌다고 한다. 인텔리전트 빌딩 출입을 위해서는 지문인식이나 홍채인식을 해야 한다. 더 거슬러 올라가면 주민등록증의 역사부터 감시사회의 출발이다. 일본은 국제공항에서 아직도 방문객의 지문을 찍고 있다. 군국주의의 잔재다. 물론 국가가 있는 이상 내외국인에 대한 통제와 감시는 필요할 수 있다. 물론 어느 정도. 그럼에도 불구하고 '사생활 침해의 소지'가 있다. 감시체제는 항상 논란거리다. 개인정보유출로 인한 사생활 침해. 법적 투쟁은 오늘도 끊이질 않고 있다. 특히 인터넷 강국인 우리나라에서는 동선 파악이 비교적 정확하다. 그러나 정보의 투명성이 보다 요청된다. 개인정보유출로 인한 사생활 침해, 항상 문제가 된다.

"코로나19 방지를 위해 '사회적 거리 두기'가 활발해지면서 온라인 수업, 화상회의, 원격근무, 무인화 점포 등 다양한 언택트 기술이 우리 생활 속으로 빠르게 자리 잡고 있다. 언택트 기술은 향후 감염병 확산 방지에 큰 효과, 업무 효율 증대를 보여주고 있어 앞으로 '포스트 코로나' 시대의 핵심 분야가 될 것으로 기대받고 있다. 그러나 언택트 사회가 본격화되면서 정보 보안 문제에 대한 우려도 점점 커지고 있다. 실제로 온라인 수업 및 시험, 원격근무 등에서 정보유출, 부정행위, 영상 테러 등의 문제들이 발생하고 있다. … SK인포섹은 최근 발표한 '2020년 상반기 보안이슈' 보고서에서 언택트 시대의 보안 위협은 '기업관점'과 '개인 관점'으로 존재한다고 밝혔다. 기업 관점에서는 화상회의, 원격근무가 대표적인 위협으로 간주된다. 화상회의 대화방은 무단 접속, 업무방해를 위한 영상공격, 회의 내용 및 공유 자료, 정보 유출 등의 위험이 존재한다. 원격근무의 경우 망 분리 완화에 따른 외부 해킹 등의 공격으로 기업 정보 유출이 우려되는 상황이다."(시시위크, 2020/07/03)

빅브라더(Big Brother). 사람들의 일거수일투족을 감시하는 기술적 · 지적 존재로 알려진 빅브라더스는 1932년 올더스 헉슬리(Aldous Huxley)의 소설 『멋진 신세계(Brave New World)』에서 처음 등장하였다. 1949년 조지 오웰의 소설 『1984』에 다시 등장했다. 50년의 간격을 두고 전체주의 국가의 탄생이 계속 우려가 된 셈이다. 지금도 우리는 알지도 못하는 사이 누군가에 의해 움직임과 행동을 추적당하고 있다. ATM을 사용하거나 신용카드를 이용할 때, 교통 카드를 이용하거나 휴대전화를 이용하면 시간과 장소 모두 추적될 수 있다. 현대사회에서 발자국을 남기지 않고 돌아다닌다는 것은 거의 불가능하다. 예전에는 가축이나 물품들에만 쓰였던 RFID 칩이 이제 사람에게도 이용되고 있다. 물론 특수한 경우다. 인체에는 안 좋다. 병원, 공공기관 같은 건물출입을 위해서는 QR코드 인증이 필수적이다. 이제 의학적인 위험에 처한 사람들의 의료 기록에 바로 접근할 수 있고, 신분증을 휴대하고 다닐 필요가 없다. 또한 성 범죄자들의 추적이 가능하고 실종된 아이를 바로 찾을 수 있는 등 많은 장점들도 있다. 하지만 사생활이 침해받거나 승인되지 않은 해커들에 의해 칩(chip) 정보가 읽힐 수 있다.

이번 코로나19 사태는 국가질병관리본부(질본)에서 관리했다. 중앙재난관리본부라고도 한다. 얼마 전 '질병관리청'으로 승격했다. 코로나19가 전염병이다 보니 이제 국가관리종목이다. 질병관리청은 전염병이 퍼지는 것을 방지하기 위해 사람들의 동선(動線)을 파악하고 있다. 지금과 같은 준전시상태에서는 불법이 아니다. 코로나19 양성반응이 나오면 바로 접촉한 사람들을 추적한다. 성과도 보고 있다. 방역이 잘되는 것은 어떻게 보면 주민들의 동선파악이라는 명목으로 이루어지는 감시체제가 잘 작동되고 있다는 뜻이다. 대부분의 사람들은 부당한 감시 통제로 여기지 않는다. 목숨이 먼저라고 생각하기 때문이다. 오히려 좀 더 강한 감시와 통제로 코로나19 사태를 종식시켜 주기를 바라기도 한다. 개인의 질병을 기록한 QR코드와 하늘에 떠다니면서 사람을 감시하는 드론 경찰에게도 공손한 편이다. 한때 K-방역이 세계적 모델로 급부상하면서 사람들은 보다 더 강력한 감시체제를 요구하기도 했다.

우리는 지금 코로나19 사태로 '사회적 거리 두기'를 강행하고 있다. '사회적 거리 두기'는 감염을 최소화시키기 위한 강제 조처이다. 서로 부딪힘을 통해 발생하는 마찰열을 억제하는 효과도 있다. 심리학자들은 개인과 개인이 모여 사는 사회에서는 적절한 거리 두기 또는 개인적 심리 공간이 필요하다고 한다. 최소한 1.5미터가 개인의 자유공간이라고 한다. 그래야만 스트레스를 줄일 수 있다고도 한다. 한마디로 마찰열을 최소화해야만 살아남기에 좋다는 것이다. 코로나19로 인한 사회적 거리 두기는 서로 2.5미터 정도 떨어져서 다녀야 한다고 한다. 사회적 거리 두기는 코로나19 사태로 인한 임시방편이다. 그러나 앞으로 일상이 될 전망이다. 그렇게 염원하던 백신개발이 되었다고 한다. 백신접종도 이미 시작되었다. 앞으로 집단면역도 가능하다고 한다. 그래도 예전처럼 다시 돌아가지는 않을 듯하다. 우리말에 '사이가 좋다'는 말이 있다. 적절한 관계가 좋은 관계라는 말이다. 불가근불가원(不可近不可遠), 공자의 말씀이다. 물론 소인배(小人輩)와의 관계는 그렇게 하라는 주문이다. 너무 가깝게 하면 다치기 쉽고 너무 멀리하면 해코지를 당할 수도 있다. 물론 세상의 모든 사람들이 소인배는 아니다. 그럼에도 불구하고 항상 사람을 조심하라는 말씀이다. 사회적 거리 두기. 코로나19가 지구촌의 모든 사람들을 소인배로 만들고 있다.

그동안 우리는 소인배든 대인배든 너무 가깝게 지낸 면이 없지는 않다. 외로움은 인간의 본성이라고 한다. 외로워서 만난다? 전통적인 공동체 사회에서 인간관계는 거의 목숨과 같았다. 충성! 군대에서의 구호만은 아니다. 너무 친해도 탈이고 너무 소원해도 탈이다. '더도 말고 덜도 말고.' 지금 질병관리청에서 강제적으로 사회적 거리 두기 단계를 통제

관리하고 있다. 정부가 나서서 통제 관리 체제를 가동하고 있는 것이다. 그러나 이러한 통제의 습관이 정치적으로 악용된다면 전체주의 국가로 가게 된다. 그렇게 되면 마찰열은 급격하게 증가하여 사회적 엔트로피까지 급격하게 상승시킬 것이다. 전체주의에 대한 사람들의 저항 때문이다. 마찰열을 줄이고 쓸모없이 낭비되는 엔트로피를 억제하기 위해서라도 전체주의로의 길은 항상 경계대상이 될 수밖에 없다.

원자는 원자핵과 전자 사이에 적절한 거리를 두고 공전하는 것이 안전하다. 우주에서는 태양을 중심으로 지구, 화성, 수성이 돌고 있다. 적절한 거리를 유지하면서. 지구를 돌고 있는 달이 지구에 너무 접근하면 지구가 위험해진다. 달이 지구에서 멀어져도 문제가 생긴다. 달이 지구 곁으로 다가왔다 멀어졌다 하면서 조수간만의 차가 생긴다. 어민들은 조수간만의 차를 이용하여 어패류를 낚으면서 생계를 유지한다. 조수간만의 움직임이 정도를 벗어나면 한쪽에서는 홍수가 나고 해일이 발생한다. 엄청난 지각변동. 만물이 적절한 거리를 유지할 때 질서가 잡히고 조화가 생기는 법이다. 삶의 원리이다. 한마디로 우주의 만물은 서로 적절한 거리에 있을 때 정상이다. 그렇지 않으면 비정상, 인간도 마찬가지다.

프랑스의 정신병리학자이며 철학자인 미셸 푸코(Michel Foucault, 1926-1984)는 자신의 저서 『감시와 처벌』에서 오래전에 판옵티콘(Pan-obticon)의 원형감옥을 소개했다. 원형으로 만들어진 감옥에서는 어느 누구도 도망칠 수 없다. 우리 현대인들은 이미 사방팔방에서 감시가 가능한 원형감옥에 살고 있다. 서로가 서로를 감시한다. 우리가 지금 그 꼴이다. 남의 핸드폰을 훔쳐갈 수 없다. GPS로 추적이 다 된다. 은행에서 남이 두고 간 카드나 현금을 가져가면 바로 입건이다. 형사처벌 된다. 식당에 밥을 먹으러 가도 들어갈 때 발열체크를 하고 QR코드로 신고한다. 아니면 장부에 전화번호를 남긴다. 공공건물 출입 시에는 본부에 핸드폰으로 전화를 걸게 한다. 모든 건물 출입에서 신분이 모두 노출된다.

코로나19 전에는 감시와 통제 그리고 사생활침해, 개인정보유출에 대해서 엄청난 논쟁을 해왔다. 모든 서류에 개인정보사용동의서가 필수가 되었다. 지금은 정부의 통제에 이견이 없다. 오랫동안 사생활침해 문제로 각종 감시체제는 논쟁의 단골메뉴였다. 그러나 코로나19가 단칼에 그 논쟁을 종식시킨 것이다. 감시와 통제를 탓할 것이냐, 아니면 목숨을 지킬 것이냐. 코로나19로 인해 정당한 목소리들도 모두 숨어버렸다.

그러나 관리, 통제, 감시 등의 개념은 전체주의 독재사회의 산물이다. 관리를 명목으로 통제하고 감시함으로써 전체주의가 추구하는 획일화, 표준화, 규격화를 이루어낸다. 결국 통제와 관리감독은 독재(獨裁)의 발판이 된다. 조심해야 한다. 인류의 역사 특히 민주주의의 역사는 감시와 통제에 대해 신랄하게 비판해 왔다. 그런데 코로나19의 긴급사태가 이에 대해 관용을 베풀도록 하고 있는 것이다. 혹자는 말한다. 특별한 경우라고. 심지어는 인간들에게는 적절한 감시와 통제도 필요하다고. 다른 혹자는 말한다. 그렇게 보면 세상에 특별한 경우가 아닌 것이 몇 개나 될까? 그리고 적절한 감시와 통제는 과연 어디까지여야 하는가? '적절함'의 범위가 어디까지인가? 그러나 지금과 같은 코로나19의 비상사태에서는 중앙정부의 역할이 중요해질 수밖에 없다. 반면 개인의 역할은 상대적으로 무기력하게 될 수 있다. 심지어 개인에게도 권력과 부가 있는 사람과 그렇지 못한 사람 간에는 양극화가 심화될 조짐이다. 딜레마가 아닐 수 없다.

우려되는 것은 코로나19 이후 세상은 전체주의 정부가 될 소지가 높다는 사실이다. 왜냐하면 거대정부가 법 위에 군림하려고 하기 때문이다.

"개별 정부가 보유한 거버넌스 역량에 따라 국민의 안전이 직접적인 영향을 받았다. 이로 인해 당분간 '큰 정부'가 세계적 추세로 자리 잡을 가능성이 커졌다. 개인의 자유를 억압할 수 있다는 비판이 없지 않으나, 시민이 생명과 안전을 보장받기 위해 과거보다 국가의 개입을 더 용인할 여지가 생긴 것이다. 중국 등 많은 국가에서 시행한 봉쇄 조치, 한국의 '사회적 거리 두기' 등 재난 대응 과정에서 정부는 이미 강력한 주도권을 확보했다. 전문가들은 권위주의 성향의 '스트롱맨'이 등장할 가능성도 거론하고 있다."(문화일보, 2020/05/04)

코로나19 사태 이후는 신인류(新人類)의 시대이다. 법 앞에 평등하다는 법치주의도 무너질 수 있다. 준전시 상태에서 국가는 비상계엄령을 선포할 수 있다. 비상계엄령 하에서는 모든 법적 권한이 제한된다. 비상계엄사령관의 명령이 곧 법이 된다. 280여 년 전 탄생한 몽테스키외의 삼권분립체계가 더 이상 설 자리를 잃는다. 더 이상 삼권분립이 아니고 '삼권독재'가 될 수도 있다. 국가의 역할이 그만큼 강해질 것이다. 삼권이 합심하여 국가권력에 종속된다. 권력자들의 이합집산으로 국가의 권력은 무소불위가 될 소지도 있다. 힘없는 국민은 그야말로 닭 쫓던 개가 될 수도 있다. 국민은 봉? 이럴 때 쓰는 말이다. 법 위에 군림하는 새로운 국가체제. 전통의 법치시대가 종말을 고할 수도 있다. 갈림길. 정말 잘하지 않으면 역사가 무너질 수 있는 순간이다.

하여간 무소불위 국가권력은 신종 바이러스를 통제한다는 명목으로 사람들을 통제하게 될 것이다. 전체주의국가, 경찰국가, 권위주의국가. 민주사회와는 정반대이다. 그야말로 하기 나름. 과연 어디로 갈 것인가? 지켜볼 일이다. 실제로 1918년 스페인 독감 이후 국가의 힘이 커져

공산독재, 파쇼독재 등 전체주의 독재가 득세하게 된 역사가 있다. 이때부터 세상은 냉전체제로 돌입한다. 엄청난 돈을 풀어도 아무도 비판하지 않는다. 당장 살아야 하기 때문이다. 인기영합주의, 포퓰리즘, 가능한 일이다. 왜냐하면 긴급재난이라는 명목으로 정부는 돈을 풀어서 민심을 진정시키고자 하기 때문이다.

엔트로피 법칙에 의하면, 결국 부당한 통제와 감시는 사회적 엔트로피를 증가시킨다. 왜냐하면 통제와 감시는 사람들에게 반드시 '저항'을 촉발하기 때문이다. 저항으로 발생하는 마찰열, 결국 사회적 엔트로피를 증가시킨다. 지금 코로나19 언택트 사회는 감시와 통제를 허용하고 있다. 물론 치명적인 바이러스 때문이다. 바이러스로 목숨을 잃는 것보다는 감시와 통제가 낫다는 생각이다. 감시와 통제가 없다면 사람들은 좀 더 자유롭게 행동할지도 모른다. 만약 이들 중에 확진자가 늘어나면 사회는 곧 무질서도가 증가된다. 자유도가 높아지면 사회는 무질서해진다. 엔트로피가 증가한 것이다. 자유도 내지 무질서도가 높아지면 높아질수록 사회적 엔트로피는 증가된다. 무질서도가 증가되는 사회는 불안하다. 왜냐하면 혼란스럽고 혼돈이 지배하기 때문이다. 카오스(Chaos). 카오스가 계속되면 배겨날 조직이나 사회는 없다. 치명적인 바이러스가 공격하고 있는 지금 이 사회의 무질서도는 무질서 사회를 낳는다. 혼란한 사회가 '위험사회'가 되는 것이다. 엔트로피의 증가로 인해 사회는 계속 혼란스러워진다. 무질서, 사회가 붕괴되는 척도이다. 그러면 우리는 다시 질서를 찾으려고 할 것이다. 왜냐하면 살아야 하는 것은 본능이니까. 의학적으로 이를 '항상성'이라고 했다. 심리적으로는 저항감 때문이라고 한다. 하여간 사람들은 혼란, 무질서, 혼돈의 반대급부로 다시 질서를 갈구하고자 할 것이다. 그래서 어느 정도의 감시와 통제를 수용하는 것이다.

그러나 감시와 통제는 전체주의 사회의 아이콘이라고 했다. 감시와 통제가 강화되면 될수록 사회는 전체주의가 된다. 위에서 보았듯이 전체주의 사회의 특징은 종국적으로는 독재사회로 간다. 전체주의와 독재의 상관성. 감시와 통제가 기반이다. 계속 사회가 사람들을 통제하고 감시하다 보면 사람을 지배하기가 쉬워진다. 또한 지배받는 자들도 통제를 느끼지 못한다. 감각이 무뎌지는 것이다. 인류가 탄생한 이래로 세상은 이미 지배층과 피지배층으로 나뉘어 왔다. 만약 권력을 가진 자가 지배권을 독점한다면, 그 사회는 바로 독재사회가 되는 것이다. 결국 통제와 감시는 '적절하게' 이루어져야 한다. 그러나 그 '절적함'이 항상 논쟁이 된다. 과연 어디까지가 적절한 수준이며 적합한 것이냐? 적절함이란 개념은 인류 최대의 미결 과제이다.

2,500여 년 전에 아리스토텔레스는 '중용'(中庸)이 최고의 덕목이며, 중용의 덕이 바로 행복이라고 했다. 고대 그리스의 파르테논 신전에 아폴론 신상 양편으로 경구(Oracle)가 걸려 있었다고 한다. 오른쪽에는 '너 자신을 알라', 왼쪽에는 '더도 말고 덜도 말고'라는 경구였다. 3000년 이상 지속된 미케아, 미네아 문명 때부터 전해 내려온 경구라고 한다. 경구란 신이 내린 계명으로 인간들은 그렇게 살라는 것이었다. 오른쪽의 경구는 소크라테스가 써먹었고, 왼쪽 경구는 아리스토텔레스의 철학이 되었던 것이다. 중용사상(中庸思想), 동양에서도 맹자가 비슷한 생각을 했다. 중도(中道)가 바로 왕도(王道)이다. 이들 성현들에게 '적절함'이 진리였던 것이다.

적절함이 행복이고 적절함이 진리라는 사실을 알고 있는 사람은 역사상 딱 한 사람, 아리스토텔레스. 소위 '텔레스 형'이다. 아무도 행복을 그렇게 정의하지 않는다. 아무도 진리를 그렇게 말하지 않는다. 그런데 잘 생각해 보면 정말 그렇다. 우리는 이곳저곳을 다니다 보면 하루에도 수없이 발열 체크를 받는다. 체온이 36.5도 이하여야 정상이다. 이보다 1도만 높아도 바로 코로나19로 의심된다. 구급차에 실려 가야 한다. 우리 몸은 최대 40도 정도까지 올라갈 수 있다. 치사량이다. 그 이상은 못 올라간다. 그전에 죽는다. 37.5도 이상이면 코로나19 양성 판정이다. 반대로 우리 몸은 33도 정도까지 내려갈 수 있다. 저체온증으로 동사(凍死)한다. 그 이하로 내려가지도 않는다. 그전에 죽는다. 결국 우리 몸은 그 중간 정도로 유지되어야만 정상이 되는 것이다. 36.5도가 적절한 것이며 그게 행복이다. 아프지 않으면 행복하다. 아프면 불행하다. '중용'(middle)의 선이 깨지면서 우리는 아프고 불행해지는 것이다. 세상사의 모든 이치가 이렇게 되어 있다.

고열(高熱)이 나면 우리의 몸에서는 엔트로피가 증가하고 있다는 것이다. 쓸모없이 발생하는 (마찰)열 때문이다. 바이러스와 적혈구의 싸움에서 발생하는 마찰열, 엔트로피가 증가하는 이유이다. 우리는 열을 내리기 위해서 약물을 투입하고 격리 안정을 취한다. 일반 감기에 걸려도 고열에 시달린다. 배가 아파도 열이 오른다. 대개 몸이 아프면 열을 동반한다. 외부에서 침입하는 병원균과 항체 그리고 수호신인 백혈구의 저항으로 발생하는 마찰열 때문이다. 몸의 체온 중간 정도에 머물 때 건강한 것처럼, 모든 것이 "더도 말고 덜도 말고"를 유지할 때 좋은 것(good)이고 정상(normal)인 것이다.

누군가가 나를 감시한다는 생각을 하는 사람들이 더 많아지면 사회적 엔트로피는 증가하는 것이다. 엔트로피를 최대한 억제하기 위해서는 '적절하게' 감시당하고 있다는 생각에 머무르도록 해야 한다. 사람들이 저항하면 할수록 마찰열이 증가한다. 이는 쓸모없이 낭비되는 에너지로 남는다. 엔트로피의 증가는 피치못할 일이다. 전체주의 국가, 파쇼 국가, 독재 국가의 수명이 짧은 이유는 사회적 엔트로피를 증가시켜 놓았기 때문이다. 사회적 엔트로피의 증가로 인해 사회는 결국 혼란과 무질서 속으로 빠져들게 된다. 멸망을 자초하는 것이다. 결국 사회적 엔트로피의 증가를 억제하기 위해 국가와 사회는 개인의 사적 영역 보호를 위해서 무엇을 해야 하는지에 대해서 늘 고민할 수밖에 없는 이유이다. 그것만이 사회적 엔트로피의 증가를 억제시킴으로써 사회의 공멸을 막아낼 수 있는 유일한 처사이다.

6
출퇴근 문화가 사라졌다

언젠가부터 우리는 '스마트 워크'(Smart Work)라는 말을 하고 있다. 2008년 세계 경제 위기를 기점으로 많은 기업들은 비용절감을 위한 스마트 워크 쪽으로 관심을 가지게 되었다. 리스트럭처링, 리엔지니어링의 일환이기도 했다. 이때부터 기업들은 인터넷을 통하여 온라인상에서 일할 수 있는 가상공간을 만들기 시작했다. 그러나 여간해서 활성화가 되지 않았다. 그 이유는 보안문제 때문이다. 그럼에도 불구하고 기업에서는 시차출근제, 탄력적 근무시간을 적용하는 유연근로제, 재택근무, 원격근무, 리모트 근무에 대하여 관심을 내려놓지는 않았다.

그러나 코로나19는 언택트 근무를 강제상황으로 몰고 가고 있다. 특히 주 52시간 근무제는 일의 효율성을 생각하게 한다. 실제로 기업들은 재택근무를 실험적으로 해보기도 했다. '스카이프'(Skype), '줌'(Zoom), '슬랙'(Slack), '라이프사이즈'(Lifesize), '웹엑스'(Webex), '팀즈'(Teams), '고투미팅'(GoToMeeting), '팀뷰어'(TeamViwer), '아마존차임'(AmazonChime), '텐센트클라우드'(TencentClaud), '부브미팅'(VoovMeeting), '리모트미팅'(RemoteMeeting), '스패셜'(Spatial) 등 화상(畵像)으로 회의를 한다.

"가장 대표적인 화상회의 소프트웨어는 '스카이프(Skype)'와 '줌(Zoom)'이다. 스카이프는 전 세계 휴대폰과 유선전화에 전화를 걸 수 있는 프로그램으로, 쉽고 빠르게 정보를 전달할 수 있다는 장점이 있다. 그룹통화 기능을 이용하면 스카이프, 휴대폰, 유선전화 등 다양한 기기에서 최대 50명이 소통할 수 있어, 회의와 보고 용도로 활용 가능하다. 영상통화 기능을 통해 화상회의를 진행할 수도 있다. 공유 기능을 통해 대화 상대에게 내 컴퓨터 화면을 보여주며 업무를 처리하는 것도 가능하다. 파일 전송이 자유로우며, 번역 기능을 이용해 언어의 장벽 없이 실시간으로 대화를 나눌 수 있다. 줌은 화상회의에 특화된 솔루션이다. 줌 미팅에는 최대 1,000명이 참여할 수 있다. 줌은 한 화면에서 최대 49명의 참가자를 볼 수 있도록 지원한다. 주석 기능을 활용하면 화면 위에 필기를 할 수 있어, 회의록 작성에도 유용하다. 회의 내용은 녹음할 수 있으며, 로컬이나 클라우드에 저장할 수 있다. 소회의실 기능을 이용하면 온라인상에서 소그룹 토의도 가능하다. 캘린더 기능을 이용해 일정을 체계적으로 관리하는 것도 가능하다."(LG이노텍Newsroom, 2020/10/16)

우리는 오래전부터 웹(Web)상의 그룹웨어에서 전자결제를 한다. 실지로 해보니까 효율성 면에서도 떨어지지 않았다. 심지어 낫다는 평가가 많아지면서 재택근무에 대한 평가도 긍정적이다. 사람들은 처음에는 좀 낯설었지만 시간이 좀 지나면서 원격근무의 이점도 조금씩 알게 되었다. 이제 원격근무가 그리 낯설지 않다.

일단 일과가 끝난 후 가기 싫은 회식이 없어진 것이 좋다고 한다. 그것도 매우. 그동안 회식은 도살장에 끌려가는 소 같았나 보다. 꼴 보기 싫은 상사와 다시 한자리에서 만나는 것이 너무 싫은 것이다. 재택근무는 남의 눈치를 보지 않고 자기 일에 몰두할 수가 있어서 좋단다. 또한 목숨까지 걸어야 하는 출퇴근의 전쟁도 사라진다. 코로나19 이전에 우리는 한동안 '워라밸'(Work and Life Balance)에 대해 왈가왈부했다. 워크와 라이프의 밸런스. 일터와 삶이 균형 잡히게 하는 문화생활. 재택근무로 현실이 될 수도 있다는 생각이다. 이미 '트위터', '페이스북', '인스타그램' 같은 밴처기업들은 직원의 영구 재택근무를 선언했다. 잠시 실험적으로 재택근무를 도입했다가 정상근무체제로 복귀한 기업에서도 이제는 웬만하면 같은 공간에서도 화상회의를 한다. 화상 워크숍도 일상화함으로써 언택트 기업문화는 새로운 전기를 맞고 있다. 코로나19는 이러한 속도에 가속페달을 달아주고 있다. 사회적 거리 두기 2.5단계 이상이 되면 재택근무는 법적인 강제조항이 된다.

하여간 코로나19 사태로 강제적으로 촉발되는 재택근무는 곧 현실이 될 전망이다. 이미 뉴욕, 런던 같은 대도시는 근로자들의 엑소더스를 우려하는 정책을 펴기 시작했다. 출근하는 직장을 중심으로 성장했던 대도시의 공동화 현상. 출퇴근 인구가 없으니 주변 상가들도 문을 닫는다. 그렇게 되면 주택 값도 폭락한다. 직장이 가까운 곳에 주거지를 마련하려고 하다 보니 집값도 뛰었지만 이젠 지켜 볼 일이다. 수요가 없으면 공급도 없다. 그동안 강남의 집값이 높았던 이유는 그곳에 소위 유수한 직장들이 몰려 있기 때문이었다. 더 이상 출근하지 않는 사회. 굳이 강남의 집값이 비쌀 이유가 없어졌다. 땅값도 마찬가지다. 앞으로는 재택근무가 가능한 노동자(the Remoter)만이 살아남는다. 집에서 돈 버는 세상. 홈 오피스(Home Office)의 시대. 집에서 컴퓨터, 노트북, 휴대폰 하나로 모든 것을 해결한다. 재택근무가 가능한 중요한 노동 조건은 디지털 테크놀로지의 역량이다.

출퇴근 전쟁이 멈춘 지금 아침저녁으로 이동하는 사람들이 없다. 주차장에 차들이 빼곡하다. 모두 서 있다. 모두들 직장을 잃은 것 같다. 진짜 일자리를 잃은 사람들도 많다. 직장폐쇄, 정리해고, 명퇴, 더 이상 오갈 데가 없어진 사람들. '삼식이'가 따로 없다. 모두들 은퇴한 것 같다. 실업자인지 아닌지 더 이상 구분이 되지 않는다. 모두 출근하지 않고 집에 머물고 있다. 동네 뒷동산에도 산책을 나온 사람들이 엄청 늘었다. 애완견도 하나씩 끌고.

집에서 일과 생활의 구분이 안 되는 바람에 일의 집중도가 떨어진다고도 한다. 반대의견도 많다. 재택근무가 일의 집중도를 높여 준다고도 한다. 그러나 가장 심각한 것은 소통기기와 소프트웨어의 장애로 인해 발생하는 문제들이다. 온라인 소통이 불안정할 때 즉시 해결하기가 쉽지 않다는 사실. 마치 우리가 인텔리젠트 빌딩에 들나들 때 문의 암호나 작동방법을 잊어버리면 자칫 갇힐 수도 있다. 마찬가지이다. 홍채인식을 한다고는 하지만 기계의 오작동 문제는 여전히 남아 있다. 온라인 소통이 잘못되면 모든 것은 낭패로 돌아갈 수 있다. 개인 집에는 기기작동의 오류를 응급조치를 해 줄 수 있는 전문기사가 없기 때문이다. 소프트웨어 프로그램의 오류, 전산 오류가 나면 전화통에 불이 난다.

그럼에도 불구하고 코로나19 긴급사태는 '홈 오피스의 시대'를 가속화시킬 전망이다. 직원이 하나라도 감염된다면 큰일이기 때문이다. 개인이나 기업이나 손해가 막심하다. 기업의 목표는 이윤추구다. 코로나19로의 노출은 이윤추구에서 절대적으로 불리하다. 웹페이지 제작도구인 '워드프레스'로 잘 알려진 '오토매틱(Automattic)'은 '오피스 프리' 기업으로 전 세계 75개국에 1,170명의 직원들이 근무하는데 지구촌 어디에

도 정해진 오피스는 없다. 집에서 근무를 하든 카페에서 하든 전혀 상관
없다. 이 회사는 2019년 기준 약 30억 달러의 기업 가치를 평가받는 글
로벌 소프트웨어 기업이다. 근로자들에게도 예외는 아니다. 물리적 통제
나 압박이 느슨해지는 비대면 근로 형태. 근로자들에게는 보다 자유롭
고 편리하게 경제 활동을 할 수 있는 '긱 이코노미'(Gig Economy)의 시대가
열린 것이다. 노동자들은 필요할 때마다 임시직, 계약직으로 고용된다.
비정규 프리랜서의 근로 형태와 플랫폼 기반의 서비스가 확대됨에 따라
배달 라이더 같은 플랫폼노동자가 계속 증가하고 있다.

　인간은 인간들과의 전쟁을 마감했다. 3차 세계대전에서 살아남을
사람은 거의 없다는 판단이다. 아인슈타인은 "3차 세계대전이 발발한다
면 주 무기는 무엇이 될 것인가?"라는 질문에 "3차 세계대전은 잘 모르
겠다"고 대답했다. 그러나 4차 세계대전은 확실히 답할 수 있다고 했다.
답은 '돌멩이'였다. 그러니까 3차 세계대전이 일어나면 핵무기 사용으로
인해 모든 인류가 공멸한다는 뜻이다. 살아남은 자들이 나중에 4차 세계
대전에서 사용할 무기는 '돌멩이'를 던질 수 있을 뿐. 아인슈타인, 천재
맞다. 결국 우리 인간들에게 전쟁은 종결된 거다. 사람과 사람들이 싸우
는 3차 세계대전은 없고 대신 바이러스와의 전쟁이 기다리고 있었다.

　바이러스와의 전쟁. 머리가 우수하다는 외계인들과의 싸움도 아니
다. 눈에 보이지도 않고 만질 수도 없다. 현미경으로도 정체를 알 수 없
는 생명체도 아닌 반(反)생명체. 그 바이러스라는 놈과 한판 전쟁을 해야
하는 우리의 마지막 운명, 좀 우습지 않나? 결코 상대가 될 것 같지도 않
은 잡것들과의 싸움. 인간이 세상에 최고 강자로 등극한 지 이미 오래인
데, 사자나 호랑이 같은 맹수도 동물원에 가두어 놓고, 덩치가 엄청난 코
끼리와 바다의 왕자 상어 같은 상대들도 모두 제압한 우리 인간들. 어처

구니없게도 바이러스라는 정체 모를 미물의 공격에 휘청거리고 있다니.

한마디로 기가 막힌다. 그러나 무조건 일단 막고 볼 일이다. 숙주인 인간과 인간 간의 접촉으로만 공격을 당할 수 있다고 했다. 그러더니 공기로 전염된다고도 한다. 공기 중에 비말상태로 20초 정도 더 다닌다고 하니. 이제 집에서 꼼짝하지 않는 거다. 재택근무, 원격 사이버근무는 더 이상 지체할 수 없는 '생존전략'이 되었다. 아무리 기업이 훌륭한 전략을 가지고 있고 지금 잘나가고 있다고 해도 생존하지 못하면 모든 게 죽는 거다. 이제 재택근무는 선택이 아니라 필수다. 싫으나 좋으나 기업들은 모든 것을 줄여야 한다. 인력도 줄이고 경비도 줄이고. 오로지 살아남기 위함이다. 결국 기업에 남은 생존전략(TW)은 코로나19의 위협(T)과 전통적인 기업이 가지고 있는 약점(W)을 극복하기 위한 전략뿐이다. 생존하지 못하면 어떤 전략도 소용없다. 무용지물. 생존이 먼저다. 생존하면 이기는 거다. 생존하지 못하면 지는 거다. 이렇게 본다면, 재택근무는 생존전략의 첫 단추가 된다. 운명은 급물살을 타고 있다.

원칙적으로 기업은 생산(生産)을 주도하고 관리하고 경영한다. 1차 산업의 농어업과 2차 산업의 제조업은 생산에 직접적이다. 3차 산업의 서비스업은 생산에 간접적이다. 그러나 재화산출 면에서는 둘 다 동일하다. 오늘날 1, 2, 3차 산업은 서로 구분이 없을 만큼 융합되었다. 농사를 짓는 데도 첨단 테크놀로지가 동원된다. 스마트 팜(Smart Farm)이라고 한다. 유통서비스도 온라인 직거래로 한다. 직구(直求). 제조업은 이미 자동화와 전산화를 통해 생산조직과 유통조직 그리고 서비스 조직을 통합한 지 오래이다. 기계에다 자동인식렌즈를 달면 끝이다. 그게 4차 산업혁명의 시작이다. 여기에 인공지능을 장착하면 최첨단이 된다. 3차 서비스 산업 역시 상품개발에서 1, 2차 산업과 결합되어 있다. 이제 각 산업영역을 구분하는 것은 쉽지 않다. 심지어 4차 산업, 5차 산업, 6차 산업이라는 말도 나온다. 모든 산업의 많은 영역에서 이미 자동화, 전산화, 무인화, 키오스크화, 온라인화, 디지털화 등이 이루어졌다. 결국 산업현장에 직접 인력을 투입되는 비율이 급격하게 낮아지고 있다. 사람 대신 컴퓨터, 인터넷, 모바일 그리고 로봇, 인공지능 등이 대체 투입되고 있다. 이런 와중에 코로나19 사태가 터진 것이다.

그러나 4차 산업 어쩌구저쩌구 해도 치명적인 바이러스와의 싸움이 먼저다. 그렇지 않으면 사람들은 일도 하기 전에 죽을 수 있다. 기업의 입장에서눈 인명손실과 함께 입을 타격은 예상하기 어렵지 않다. 이러한 이유로 재택근무는 앞으로 급물살을 타게 될 것이다. 지금 우리는 그 마중물에 와 있다. 지금 짓는 모든 집들도 재택근무를 할 수 있도록 홈 오피스를 설계하고 있다.

"한국창업부동산정보원 권강수 이사는 '코로나19 사태로 집에 머무는 시간이 길어지면서 다양한 공간 활용이 가능한 신규 아파트에 실수요자들이 몰리고 있다' 며 '언택트 시대에 발맞춰 건설사들도 소비자가 원하는 인테리어와 커뮤니티 상품을 개발하는 등 단지의 상품 경쟁력을 강화하고 있다'고 말했다. 17일 업계에 따르면 '집콕'과 '홈트', '홈카페' 등의 주거 트렌드의 확산으로 건설사들도 신규분양 아파트에 언택트 설계를 강화하고 있다. 재택근무자를 위해 알파룸을 활용한 서재공간을 제공하고, 나만의 홈카페를 연출할 수 있는 보조주방도 선보이고 있다. 또 입주자 편의를 위해 주민공동시설에는 공유오피스와 공유주방, 프라이빗 데스크, 실내체육관 등을 도입하고 있다."(DongA.com, 2020/11/18)

한편, 사이버 원격근무, 재택근무를 하지 못하는 사람들도 있다. 이들은 바이러스에 직접 노출된 현장에서 목숨을 걸고 일을 해야 한다. 소위 '위험직업군'. 인간이 더 이상 인간으로 살아가기 어려운 '또 다른 의미에서' 신인류의 탄생이다. 결국 코로나19 이후의 신인류는 귀족과 천민, 아니면 중인으로서의 평민으로 구분되는 것이 아니다. 사이버 공간상에서 온라인으로 일을 할 수 있는 사람들과 치명적인 위험에 노출된 일터 현장에서 목숨을 걸고 일하는 사람들로 양분된다.

지금까지 우리 사회의 구성원은 상류계층, 중산계층, 빈곤계층으로 구분되어 왔다. 오로지 부(富)의 수준에 따른 계층구분이었다. 그러나 코로나19 이후의 언택트 사회에서는 '시대 변화에 맞도록 일할 수 있는 역량'에 따라 구분된다. 이렇게 본다면, 미래의 언택트 사회는 명실공히 '메리토크라시'(Meritocracy) 즉 '능력사회'이다. 오히려 예전보다 미래사회는 '정의사회'가 될 수도 있다. 능력사회에서는 별도의 학력(學歷)도 필요치 않다. 학교에 안 가도 능력만 있으면 된다. 물론 학력도 개인의 능력개발의 척도가 될 수는 있다. 그러나 오로지 가방끈의 길이만으로 능력을 가늠할 수는 없다. 학력이 아닌 그야말로 '배움을 통한 실력'을 의미하는 학력(學力). 그것만이 메리토크라시의 능력사회를 가능하게 할 것이다. 지금까지 세상을 지배하여 온 '학벌카스트'의 계급제도가 자리를 잃어가는 느낌이다.

사실 재택근무, 원격근무로 사회적 엔트로피는 크게 억제되고 있다. 일단 사람들이 이동하지 않으니까 운동에너지가 발생하지 않는다. 에너지의 이동이 없으니까 낭비되는 에너지도 없다. 서로 마주칠 일이 없으니 갈등도 마찰도 없다. 저항할 필요도 없다. 엔트로피의 증가가 그렇게 보이지 않는다. 그러나 전체적으로 보면 엔트로피의 증가는 여전하다. 왜냐하면 에너지의 총량은 불변하고 엔트로피는 항상 증가하기 때문이다.

출근하지 않는 사회는 언택트 사회를 만드는 주역이다. 사람들은 출근으로 만남과 접촉을 시작한다. 혼자 출근하는 직장은 없다. 그건 재택근무다. 하여간 출근은 만남과 접촉 즉 콘택트 사회를 의미한다. 그러던 것이 지금 언택트를 하면서 일을 하라는 거다. 출근하지 말라. 그러나 일은 하라. 코로나19의 명령이다. 면대면 콘택트의 습관이 하루아침에 비대면 언택트의 습관으로 전환된다. 그러나 일은 지속된다. 일에너지는 계속 사용되는 것이다.

엔트로피 법칙에 의하면, 에너지가 사용되는 한 엔트로피는 증가한다. 그렇다면 재택근무로 인해 발생하는 엔트로피는 무엇일까? 만나지도 않고 접촉하지도 않으면 마찰열도 없다. 마찰열도 없으면 굳이 발생하고 증가할 엔트로피도 없다. 그러나 일이 지속되는 한 엔트로피는 증가할 것이다. 분명한 것은 온라인 사이버 공간에서 마찰열 때문에 발생하는 엔트로피는 없다. 그렇다면 그것은 뭘까? '저항'이다. 왜냐하면 저항으로 인해서도 엔트로피는 발생하고 증가하기 때문이다. 그 저항은 무엇일까? 상사의 간섭, 조직, 인간관계로부터 오는 스트레스? 재택근무로 인해 많이 없어졌다. 그렇다면 엔트로피를 증가시키는 저항은 과연 어디에서 오는 것일까? 바로 '일 자체'로부터 오는 스트레스다. 언택트 사회에서의 엔트로피를 증가시키는 주범은 바로 두뇌노동, 지식노동 그 자체가 아닐까? 그렇다면 물리세계에서나 적용된다고 하는 엔트로피의 법칙이 우리 인간의 정신세계에도 그대로 적용되는 것은 아닐까?

이제 현대인들은 지식노동, 정신노동에서 오는 스트레스를 극복하는 것이 관건이다. 물론 노동스트레스는 코로나19 사태 이전에도 줄곧 있어 왔다. 그러나 코로나19 쇼크로 그 양과 질이 폭발적으로 증가하게 되었다. 과거 기계의 시대에는 기계의 속도로 일을 하면 됐다. 기계의 속도. 그것도 쉽지 않다. 사람이 기계가 되어야 하는 것이다. 100여 년 전 '포드 자동차' 공장에서 컨베이어 시스템이 설치되었을 때 사람들은 기계처럼 일했다. 인간의 한계. 〈모던 타임즈〉 겉표지에 실린 찰리 채플린의 무성영화 포스터가 떠오른다. 그러나 컴퓨터가 발명된 이후 현대인들은 컴퓨터가 돌아가는 속도로 일해야 한다. 빛의 속도로 일을 해야 하는 것이다. 지구를 1초에 7바퀴 반을 도는 속도. 이게 말이 되는가? 그러니 현대인들에게는 일자체가 스트레스일 수밖에 없는 것이다. 현대를 살아가는 인간의 숙명. 빛의 속도로 일해야 하는 시대에 태어난 현대인들은 어느 누구도 예외없이 스트레스에 쌓여 살 수밖에 없다. 호모 스트레스. 스트레스로 인한 현대인들의 몸과 마음. 여기에다 앞으로 100세 시대, 120세 시대를 살아가야 한다. 120세까지 스트레스와 함께 산다? 심지어 치명적인 미지의 바이러스들과 매일 사투를 벌이면서. 모든 것이 엔트로피의 증가로 이어진다.

이제 선택은 두 가지이다. 스트레스를 받지 않기 위해서 모든 두뇌노동을 그만하든지 아니면 두뇌노동을 대신해 줄 대안을 찾아야 한다. 전자는 삶을 포기하는 것과 다르지 않다. 아마 치매도 곧 올 것이다. 아니면 평생 놀고먹을 수 있는 아이디어를 짜내야 한다. 그래서 조물주 위에 건물주라는 말도 생긴 모양이다. 건물 하나 가지고 있으면 평생 놀고먹을 수 있다. 초등학생들의 소망 1위란다. 그러나 코로나19 사태로 그것도 어렵게 되었다. 상가건물들이 텅텅 비었다. 임대료 수입도 줄었다. 고통분담의 차원에서 임대료도 깎아 주어야 한다. 장사가 안 되기 때문이다. 사회적 거리 두기 2단계 이상이면 강제적으로 점포의 문을 닫아야 한다.

　결국 정상적인 선택은 나 대신 일해 줄 '대안'(Alternative)을 찾아 나서는 것뿐이다. 그렇다. '인공지능'(AI)으로 대신 일하게 하면 된다. 그렇다면 어떻게 해야 하나? 내가 인공지능의 주인이 되면 되지 않을까? 인공지능을 노예로 두는 것이다. 역사적으로 가장 똑똑한 지능을 가진 노예. 인공지능의 주인이 되기 위해서 내가 해야 할 일은 과연 무엇일까? 그것에 대해 심도 있게 고민하여야 할 때다.

7
헛된 소비욕구가 판치고 있다

오늘날 사람들은 인터넷 뒤로 숨어버렸다. 인터넷으로 열린 세상에 살고 있는 현대인들은 인터넷이 가져다 준 황홀감을 만끽한 지 오래다. 이미 인터넷 세상은 일상이다. 가상이 현실이다. 아침에 눈을 뜨면 핸드폰부터 찾는다. '소비하는 동물'로서의 현대인들, 인터넷을 통한 온라인 소비에 온 정신을 뺏긴 상태이다. 심지어 온라인 쇼핑에서 얻는 희열감이나 편리함은 삶의 매력으로 생각될 정도다. 거의 마약 수준이다. 접촉은 피하면서 소비는 계속한다. 일반적으로 소비심리는, 욕망하는 것(Desire), 원하는 것(Want), 필요한 것(Needs), 좋아하는 것(Like)으로 구분된다.

철학자 마르쿠제(Herbart Marcuse, 1898-1979)는 일찌감치 자신의 저서 『일차원적 인간(1968)』에서 "현대인들은 소비하기 위해 일을 한다"고 주장한 바 있다. 우리는 오로지 매력적인 소비를 위해 기꺼이 공장에서 노예(Slavery)가 된다. 마르쿠제의 말이다. 사람들은 새로운 것이 나오면 무조건 구입한다. 대중사회를 만드는 주범이다. 대중사회는 전체주의 국가에게 기회를 주는 가교(架橋)의 역할을 한다. 무서운 일이다. 마르쿠제는 이것을 '헛된 소비욕구'때문이라고 비판하였다. 광고와 홍보 그리고

문화산업과 문화상품이 대중들의 헛된 소비욕구를 만들어낸다. 그에 의하면, 헛된 소비욕구가 과소비(過消費)의 방아쇠이다. 순진한 매슬로우 (Abraham Maslow, 1908-1979)에 의하면, 삶은 일을 통해서 '자아실현' 한다고 한다. 그러나 현대인들은 비싼 명품을 구입하기 위해서 그리고 소비를 과시하기 위해서 죽어라고 일을 한다는 것이다. 인간은 소비를 위해 기꺼이 공장의 기계가 되는 것이다.

　　마르쿠제의 고발은 반세기 이상이 지났지만 지금도 유효하다. 아니 그때부터 더 진화했으면 했지. 그러나 그의 강력한 비판도 소용은 없었다. 실제로 우리는 모두 소비하기 위해 생산에 참여하고 있다. 그러니까 일에는 어떤 가치와 의미도 두지 않는다. 일을 통한 자아실현? 오로지 새로운 것, 멋있는 것, 맛있는 것, 재미있는 것 등 본능에 충실한 소비. 이를 위해 이 몸 하나 불살라 기꺼이 노예가 되는 것이다. 돈 들어오는 게 재미있는 것이지, 일 자체가 재미있는 것은 아니다. 일차원적 인간. 우리 인간은 3차원의 동물이라고 하는데도 말이다.

　　알고 보니 사실 인간이 가지고 있는 소비는 거의 모두 '헛된' 소비욕구의 소산이다. 진짜 인간의 모습은 아니라는 것이다. 페르소나(Persona). 그렇게 주장하는 근거는 인간이 하는 소비는 결코 오래 가지 않는다는 사실이다. 필요한 것을 구입하지만 금방 쓰레기가 된다. 옷장을 열면 엄청나게 많은 옷이 걸려 있다. 그런데 입을 옷이 하나도 없다고 투덜댄다. 그럼 옷을 구입할 때 마음은 어떻게 된 것인가? 그게 바로 헛된 욕심이었던 셈이다. 인간의 욕망은 끝이 없다. 끝이 없다는 것은 이전의 욕망이 허위일지도 모른다는 사실이다. 이렇게 본다면 인간의 욕망은 모두가 허위라고 하는 것이 맞다. 바로 이러한 심리적 한계를 이용하는 것이 미디어(Media)이고 광고이다. 과대광고일수록 이러한 심리적 한계를 잘 파고든다. 마치 허위 욕구가 아니라 진짜인 것처럼 착각하게 만드는 것이다. 프로파간다(Propaganda), 선동으로 이어진다.

오늘날 사이버 가상세계가 한몫 더 거든다. 허위 욕구가 진짜로 둔갑하는 것은 시간문제다. 미디어는 바로 이런 것을 가능하게 한다. 훌륭한 도구다. 이때부터 인간은 현실과 가상을 구별할 수 없게 된다. 이러한 의미에서 프랑스의 사상가 장 보드리야르(Jean Baudrillard, 1929-2007)는 가상현실 즉 하이퍼리얼리티(Hyper-reality)라는 말로 설명했다. '현실이 아니면서도 더 현실 같은.' 그 속에서 현대인들은 속고 속이면서 살고 있다. 시뮬라크르(Simulacra). 실제로는 존재하지 않는 대상을 존재하는 것처럼 만들어놓은 인공물.[8] 시뮬라크르가 지배하는 가상의 현실. 그곳에서 우리는 어떤 게 진짜인지 어떤 게 가짜인지를 구분할 수 없다. 결국 헛것을 소비하는 것조차도 의식할 수가 없다.

이제 우리의 일상이 된 인터넷 세계는 헛된 소비욕구를 진짜로 바꾸어 놓는 일에 1등 공신이다. 보드리야르의 가상현실이 인터넷을 통해 구현된 것이다. 허위욕구에 지배된 현대인들은 허위욕구 때문에 자신이 일의 노예가 된다는 사실조차도 모르고 있다. 그냥 일에 치여 살고 있다고 생각한다. 결국은 금방 쓰레기가 될 것을 소비하기 위해 자신의 온몸을 파는 것이다. 그러면서 열심히 일했다고 자부한다. 일복이 많다고? 영혼마저 파는 것이다. 허위욕구에 의해 자신의 몸과 마음이 모두 조종당하는 것이다. 이렇게 하여 이들은 대중사회의 대중조작의 대상이 된다. 복불복(福不福). 자승자박. 자기들이 만들고 자기들이 당한다.

대중조작과 대중사회에서 현대인들은 모두 개성(個性)을 상실한다.

---

8 사전적으로 시뮬라크르는 가상, 거짓 그림 등의 뜻을 가진 라틴어 시뮬라크룸에서 유래한 말로, 시늉, 흉내, 모의 등을 의미한다.

개인의 고유성도 사라지고 개인의 특이성도 사라진다. 개인차도 사라진다. 모두가 같은 것을 바라보게 된다. 미디어는 '유행'(Fashion)을 창조한다. 사람들은 오로지 유행에 따라 몸과 마음을 던진다. 이제 '나'는 세상에 없는 것이다. 오로지 나의 마음과 육체를 사로잡는 것은 '유행'이다. 그것이 사회적 기준이다. 사회적 기준에 따라 무심코 행동하면서 사람은 그 기준에 노예가 된다. 노예는 자유가 없다. 구속뿐이다. 사회적 기준, 유행이 나의 주인이다. 자유를 잃은 현대인들. 나를 잃은 나는 허깨비. 나는 나지만 결코 내가 아닌 나. 이렇게 하여 현대인들은 완전히 소외(疏外)된다. 소외란 내가 그 사회의 주역으로 참여하는 것 같지만 실제로는 그 사회에서 내가 제거되는 것을 말한다. 인터넷 세상에서 우리는 소위 '좀비'가 되는 것이다.

오늘날 사람들은 모든 것을 온라인으로 소비한다. 스마트폰은 중요한 소비의 매체이다. 손가락 하나만 움직이면 된다. 온라인이 소비를 보다 촉진한다. 빠르고 간편하다는 이점 때문이다. 반품이 빠를수록 온라인 소비는 더욱 확산된다. 온라인 구매는 직접 보고 경험해 보면서 하는 현장구매에 비한다면 단점이다. 그러나 반품 시스템의 신뢰가 높아지면 높아질수록 온라인 구매, 온라인 소비는 단점을 만회해 준다.

사람은 누구나 '편리함'을 추구한다. 편리함을 추구하는 바람에 인류는 여기까지 왔다. 엄청난 테크놀로지를 발전시켜 온 것이다. 온라인, 인터넷, 디지털 테크놀로지. 편리함의 극치이다. 그냥 빈둥빈둥 누워서도 모든 것을 다 할 수 있다. 편리함은 에너지의 손실을 최소화한다. 결국 신체적 편리함 때문에 온라인 소비는 활성화된다. 편리함은 에너지의 손실을 보충한다. 이렇게 본다면, 온라인 소비는 '편리함'으로 결판 난다. 어떤 것이 더 편리한가? 그런데 코로나19 사태는 소비 형태를 강제적으로 지정해 주었다. 이제 소비에서는 편리함보다는 '비대면'이 먼저다. 왜냐하면 어떤 소비 방식이 바람직하느냐에 대한 고민에 우리가 목숨을 걸 이유는 없기 때문이다. 소비보다는 목숨이 중요하다.

사실 온라인 소비는 애초부터 비대면으로 이루어져 왔다. 즉 편리함으로 선택한 온라인 소비, 사실은 비대면으로 이루어져 왔다. 그런데 코로나19 사태로 비대면이 급선무가 되자 편리하기까지 한 비대면 온라인 쇼핑이 날개를 달게 된 것이다. 이로써 헛된 소비욕구도 함께 날개를 달았다. 온라인 쇼핑이 증가하면서 포장지 등 쓰레기의 양도 폭발적으로 늘어났다. 대부분 썩는데 100년 이상이 걸린다는 플라스틱 제품들. 우리나라는 지금 세계에서 가장 많은 플라스틱 쓰레기를 배출하는 나라 중의 하나라고 한다. 생태환경으로 유명한 독일의 경우는 이미 40여 년 전부터 제품에 포장지가 없다. 상품의 포장지가 법적으로 엄격하게 규제되어 있다. 플라스틱 포장지는 법적으로 금지제품이다. 우리나라는 과시용 포장지가 넘치는 나라이다. 포장지가 좋아야 잘 팔린다는 생각, 대부분 동의한다.

질량에너지 보존의 법칙에 의하면, 못 쓰는 쓰레기(질량)가 늘었다는 것은 지구촌에 엔트로피가 증가했다는 것이다. 왜냐하면 버리는 쓰레기나 쓸모없이 낭비되는 엔트로피는 같은 개념이기 때문이다. 앞으로도 지구 쓰레기는 계속 초과량으로 늘어날 것이다. 엔트로피의 증가가 계속 초과하고 있다. 그냥 가만히 있어도 엔트로피는 계속 증가하게 되어 있는데, 이렇게 인위적으로 엔트로피를 부가시키고 있다면 과연 우리 인간의 운명은 어떻게 되는 것인가?

결국 비대면 언택트 사회의 온라인 소비로 가속화되는 헛된 소비욕구가 엔트로피를 폭발적으로 증가시키고 있다. 엔트로피의 자연적 증가를 최대한 억제해야만 우리의 목숨도 유지될 수 있다. 그럼에도 불구하고 우리는 목숨을 스스로 단축시키고 있는 것이다. 어처구니가 없다. 100세 시대를 운운하면서 아이러니하게도 자기 목숨을 단축시키고 있으니. 무병장수의 시대가 아니라 유병장수의 시대다. 오래 산다고 해도 고통스런 병을 달고 산다. 지병. 이렇게 되면 차라이 일찍 죽는 게 더 낫지 않나? 120세 수명이 지겹다는 말이 나오는 이유이다. 정신적으로는 폭증하는 헛된 소비욕구의 증가가 우리를 더 빨리 죽도록 하고 있다. 헛된 소비욕구를 충족시키 위해 사용하는 일(에너지)은 결국 쓸모없이 낭비되는 엔트로피가 된다. 자승자박. 그런데 좀 이상하다. 언택트를 강요하는 코로나19는 편리성보다는 목숨을 보존하려고 하기 때문에 온라인 소비를 부추기고 있다? 그런데 온라인 소비를 부추기는 편리성이나 코로나19 사태로 우려하는 목숨 보존이나 모두 다 인간의 '헛된 소비욕구'를 부추기고 있다는 사실이다. 그것도 가상공간에서. 가상현실을 현실로 착각하게 하고 있다는 것이다. 이제 살아남기 위해서라도 우리는 어쩔 수 없이 증가하는 엔트로피를 최대한 억제해야 한다. 그렇다면 이제 우리는 언택트 사회에서 엔트로피를 억제하기 위해서 과연 무엇을 해야 하는 것일까?

결국 우리는 헛된 소비욕구가 아닌 '의식 있는 소비'를 할 수 있는 건전한 소비자로서의 역량을 가질 필요가 있다. 그렇다면 그건 과연 어떻게 가능할 것인가? 교육? 학교? 그렇다. 학교에서 아니면 성인교육의 현장에서. 아니면 평생 동안에 걸친 학습의 장에서 허위욕구를 스스로 억제할 수 있도록 도와주는 '소비자교육'이 시급하다. '의식 있는 소비자', '깨어있는 소비자', '똑똑한 소비자', '훌륭한 소비자'를 길러내는 소비자교육. 사실 오래전부터 수많은 소비자단체 중심으로 여기저기에서

'소비자교육'을 해왔다. 이제 코로나19 사태로 교육이 가장 먼저 해야 할 영역이 되었다. '의식 있는 훌륭한 소비자'가 사회적 엔트로피의 증가를 억제시킬 것이다.

8
학교가 죽었다

가르치는 선생과 배우는 아이가 만나는 곳, 그곳이 학교다. 근데 지금 아이들은 학교에 가지 않는다. 코로나19가 학교를 죽인 것이다. 학교 살인. 아이들이 없는 학교. 과연 이걸 학교라고 할 수 있을까? 전통의 역사가 사라지고 있는 것이다. 지금 아이들은 수업을 온라인으로 한다. 코로나19가 급격하게 판도를 결정지었다. 이제 싫으나 좋으나 아이들은 등교하지 않는다. 얼마 전 전 세계가 온라인 개학을 한 바 있다. 세상에서 단 한 번도 경험해 보지 못한 온라인 개학. 개학할 때 필요한 아이들의 준비물도 달라졌다.

"매년 봄, 새 학기를 준비하는 학생들로 시끌벅적했던 문구점 풍경은 이제 쉽게 찾아볼 수 없다. 학교앞 문구점 사장님의 역할은 온라인 쇼핑몰 직원이나 배달직원으로 대체됐다. 새 학기를 준비하는 방법이 비대면화된 것이다. 올해 새 학기에는 준비하는 학용품이 바뀌었다. 코로나19 사태가 우리 경제를 크게 변화시키고 있는데, 교육도 예외일 수 없다. '온라인 개학'에 따라 필기구가 아닌 PC, PC

용 카메라 등의 판매가 급증했다. 교육에도 비대면화가 진행된 것이
다."(김광석, 2020/04/21)

갑자기 닥친 일이라 모두 허둥지둥할 수밖에 없다. 그러나 이번 기
회를 계기로 앞으로 아이들은 온라인으로 교육을 받게 될 것이다. 물론
지금은 어중간하지만 앞으로 교육은 '사이버 교육'이다. 그렇지 않아도
폐교가 늘어나고 있는데, 코로나19가 강제적으로 학교를 사라지게 하고
있는 것이다. 학교의 종말, 물론 전통적인 학교의 사망이다.

궁극적으로 앞으로 교육은 모두 언택트 러닝 즉 재택학습, 홈스쿨
링, 이러닝, 인터넷 강의, 비대면 언택트 화상수업으로 대치된다. 부모
들도 아이들과 집에서 하루 종일 씨름을 한다. 지금까지 아이들이 학교
에서 머무는 시간이 주부들에게는 자유 시간이었다. 그럼에도 불구하
고 신종 그리고 변종 바이러스로부터 자신의 목숨을 지켜내야 한다. 재
택학습, 홈스쿨링, 이러닝, 인터넷 강의는 아이들의 목숨을 살리는 효자
들이다. 첨단 테크놀로지를 활용하는 원격교육의 방식들도 속속 등장하
고 있다. 이를테면, 수학 앱 '콴다'는 스마트폰 카메라로 촬영된 수학문
제를 OCR(광학적 문자 판독 장치) 인식기술을 통해 문제풀이를 해주는 교육
서비스이다. 온라인과 오프라인 교육을 혼합한 '블렌디드 러닝'(Blended
Learning)의 시대가 열리고 있다. 이미 K-MOOC(Korea Massive On-line Open
Course)를 통해 우리 사회는 온라인 평생학습의 시대로 접어들었다.[9]

---

9 K-MOOC는 국가 주도의 무크 플랫폼으로, 대학·연구기관 등이 만든 온라인 강좌를 일
   반인이 무료로 수강할 수 있도록 개발됐다. 2015년 서비스를 시작해 현재 총 745개 강좌
   를 제공하며, 회원은 62만여 명에 달한다. 작년 9월부터 K-MOOC 이수결과를 학점은
   행제 학점으로 인정받도록 학점은행제 과정용 강좌도 운영하기 시작했다(디지털타임즈,
   2020/09/06)

"스마트 시대에 대비해 비대면 교육의 필요성이 꾸준히 제기돼 왔지만, 이렇게 언택트 시대가 빨리 올 줄 그 누구도 예상할 수 없었다. 그렇기에 현재의 온라인 수업 방식은 어색하고 불편하게만 느껴질 뿐이다. … 충분한 준비 없이 시작된 사이버 강의는 학생과 학부모, 교수자 모두에게 혼란을 야기했다. 양질의 교육보다 급조된 환경에서 진행된 수업이었기에 등록비, 수업비가 아깝다는 학생도 늘어났다. 덩달아 가상현실, 증강현실, 혼합현실 등 4차 산업혁명 기술을 활용한 실재적인 학습에 대한 요구가 증가하고 있다. 주입식 강의나 수업보다 학습자끼리 자유롭게 토론하고 의견을 주고받는 수업이 이뤄지고, 경쟁을 부추기는 상대평가보다 개인의 수준을 고려해 평가하는 절대평가가 등장하고 있다."(김기석, 2020/06/12)

이제 걱정은 학교건물들이다. 이들은 어떻게 될 것인가? 이렇게 웅장하게 잘 지어 놓고 나서. 그것도 전국 도처에. 오지, 벽지에 가도 실내 체육관까지 천편일률적으로 웅장하게 잘 지어 놓았다. 오래전부터 교육 격차를 줄이겠다던 정부정책의 결과이다. 그런데 이제 아이들이 없다. 폐교도 많다. 인구절벽 때문이다. 그래서 고민하던 차다. 학령인구의 감소로 급감하는 학교. 여기에 코로나19가 한 방 더 때렸다. 그것도 결정적인 한 방. 완전히 죽은 것이다. 모두 '산업폐기물'이 되는 것은 아닌가? 운동장도 휑휑하다. 이미 오래전부터 운동장에서 노는 아이들은 없다. 운동장을 가로질러 교실에 들어가는 아이도 못 봤다. 교문 옆쪽으로 나 있는 복도를 통해서 들어간다. 지름길이다. 이미 체육수업이 자습시간으로 바뀐 학교. 운동장은 더 이상 쓸 일이 없다. 운동장은 모두 조기축구회 아저씨들의 차지다. 그것도 일요일 아침에만. 학교 운동장은 항상 텅 비어 있다. 썰렁하다. 가을에는 낙엽만 쌓인다. 아저씨가 힘들다. 겨울에는 하얀 눈이 운동장에 그대로 쌓여 있다. 그저 한적하다. 오가는 발길이 없으니 눈 녹을 시간도 없다. 운동장에는 놀이 기구도 더러 있다. 그런데 노는 아이들이 없다. 아이들은 그냥 복도에서 논다. 쉬는 시간에도 스마트폰, 컴퓨터에 붙어서 게임을 한다. 온라인게임.

학교에서는 놀면 안 된다. 아이들이 좀 떠들면 선생님은 "야, 이놈들아, 학교에 놀려 왔냐?" 공부와 놀이를 양분시키는 학교, 아무도 없는 그 황량한 운동장. 왜 지금도 거기에 있는 걸까? 체력장 연습을 해야 한답시고 천편일률적으로 넓게 자리를 차지하고 있다. 최소 사방 400m. 그래야만 1000m 달리기를 할 수 있단다. 그래서 하나 같이 모든 학교의 운동장이 크다. 잠실축구장의 크기와 거의 같다. 차라리 아파트가 부족하다고 하는데 그곳에 공공아파트를 지으면 어떨까? 위치도 역세권과 다름이 없고, 버스 노선도 지나가는 요지 아닌가? 지금 우리 사회의 심각한 문제가 되고 있는 신혼가구 청년들에게 집을 지어서 싸게 나누어 주면 어떨까? 결혼인구라도 늘 수 있도록. 그러면 인구절벽도 해소될 텐데. 이왕 아파트 공화국이라는 오명이 붙은 이상 해법도 아파트 건설로부터 나와야 하는 것 아닌가? 결자해지(結者解之).

유럽 국가들에서는 학교 운동장이 없다. 필요시 공설운동장을 이용한다. 그러니까 공설운동장은 말 그대로 모든 주민의 공유 공간이다. 실제로 독일에서는 학교운동장에 공동주택(Sozialwohnung)을 건설했다. 반세기 전의 일이다. 학교건물인지 가정집인지 알 수가 없다. 미국과 달리 국토가 작은 유럽의 학교들은 운동장도 없고 담장도 없다. 미국은 땅덩어리가 넓어서 학교가 캠퍼스의 개념이다. 중·고등학교도 마찬가지다. 넓은 운동장이 있고 울타리가 있고 그 안에 학교 건물들이 서 있다. 우리는 유럽식 모델을 따르는 것이 맞다. 우리는 그들보다도 국토가 더 작다. 지금 우리의 학교 운동장은 미국식 모델이다. 국토도 비좁다고 하면서.

이미 늦은 감도 없지 않지만 이제라도 유럽 나라들처럼 학교 운동장을 '사람들이 사는 공간'으로 활용해야 한다. 학교마다 그 넓고 반반한 그러나 전혀 쓸모가 없어진 운동장을 굳이 하나씩 꿰차고 있을 이유가 뭔가? 간혹 사이코패스들에 의해 아이들이 해코지도 당하고. 인구절벽으로 폐교한 학교의 운동장은 뭔가? 썰렁하다. 운동장은 가상의 세계가 아니다. 현장이고 현실이다. 더 이상 사용하지 않는 공간, 학교 운동장을 말하는 것이다. 오늘날 모든 것이 가상공간으로 이동하고 있다. 학교도 예외가 아니다. 지금 등교하지 않는 아이들, 방구석에 앉아서 아니면 어두컴컴한 게임방에 숨어서 시간을 죽이고 있다. 이제 게임과 아이들은 하나다. 원격수업을 한다고 게임방에 가서는 엄마 몰래 게임만 한다. 부모는 아이가 공부하러 간 줄 안다. 알아도 모른 척? 집에 와이파이가 잘 안되니까 까페가 더 좋단다. 코로나19의 허락. 지금 세상의 모든 아이들은 이렇게 게임세상으로 빠져들고 있다. 아이들에게 게임을 허용해 준 코로나19, 고맙다고 해야 하나. 코로나19와 온라인 가상세계는 친구가 되었다.

이제 우리 아이들에게는 학교도 운동장도 온라인 가상세계에 있다. 정부에서는 디지털과 친환경 기술을 접목해 노후 학교를 온·오프라인 융합교육이 가능한 미래형 학교인 소위 '그린 스마트 스쿨'을 만들겠다고 한다. 정말 잘해야 한다. 돈도 엄청날 텐데. 그런데 여전히 궁금한 것은 지금 학교의 빈 건물들은 어떻게 할 것인가? 적어도 많은 교실들이 남아돌 텐데. 온라인 사이버를 기반으로 하는 '스마트 스쿨'은 그리 큰 공간을 요하지는 않을 테니까.

지금 세상에 주목을 받기 시작한 '미네르바 대학'에는 캠퍼스가 없다. 세계 곳곳에 7개의 사무실을 가지고 있을 뿐이다. 서울에도 하나 있다. 강의는 무크(MOOC, Massive Open Online Courses) 즉 '모든 대중에게 열린 온라인 수업코스'를 활용하고 화상솔루션을 통한 질문 토론수업을 한다. 일종의 홈스쿨링이지만 온라인 사이버 테크놀로지를 사용하여, 주로 구글링, '유튜브' 교육, '넷플릭스' 등 에듀테크(EduTech)를 적극 활용한다. 사이버 가상 대학은 굳이 학교건물이 필요 없다. 지금 미네르바 대학은 명문대학으로 급성장하고 있다. 미네르바 출신이 세계수준의 인재로 부각되고 있기 때문이다. 이미 '포브스'지(紙)는 미네르바 대학을 '세상에서 가장 흥미로운 교육기관'으로 평가한 바 있다. 그간의 사이버 대학에 대한 이미지가 확 달라지고 있다. 앞으로 미래에 사이버대학이 대세라고 하면서도, 정작 사이버 대학을 대학으로 치는 사람들은 그리 많지 않았다. 그러나 코로나19는 미래를 확 앞당겨 놓고 있다.

그렇다면 전통의 명문대학들은 어떻게 될 것인가? 명성은 앞으로도 여전할까? 세계적인 기업으로 부상한 '구글', '애플', '아마존'의 신입사원의 절반 이상이 '무학력자'다. 세계 최고의 기업에 근무하는 직원들이 학력과 무관하게 고용되고 있는 것이다. 학벌사회의 종식? 소위 미국의 IVY 리그나 한국의 SKY가 버젓이 존재하고 '스카이 캐슬'이라는 말이 아직도 귀에 맴도는데, 이미 세상은 바뀌고 있다. 성적순으로 취업하던 시대, 더 이상 학벌과 학력이 곧바로 직장과 직업으로 연결되던 세상이 아니다. 과연 우리도 스카이 명문대학의 열풍도 얼마나 갈 수 있을까? 이승에서는 결코 바뀌지 않을 것 같던 학벌사회, 학력사회가 한순간에 무너지는 듯하다.

만약 스카이 열풍이 사라진다면, 말도 많고 탈도 많은 사교육 시장도 해체되고 말 것이다. 한동안 잘나가던 학원들이 많이 사라졌다. 그동안 알게 모르게 명문대학에 가겠다는 사람들이 많이 줄었기 때문이다. '공교육을 살리기 위해서는 사교육을 죽여야 한다'는 구호도 조금은 시들해진 것 같다. 그렇다. 명문대학을 나와도 취직하기 어렵다는 이야기가 돌면서 과열 과외도 사라지기 시작한 것이다. 사교육시장이 무너지면 과연 그 유명한 '강남학원가'는 어떻게 되는 걸까? 강남 8학군의 신화가 깨지면서 집값도 땅값도 덩달아 내려갈까? 지금은 정책상의 시행착오로 인하여 일시적으로 집값이 오히려 뛰고 있다고 한다. 그러나 장기적으로는 부동산 강남불패(江南不敗)의 신화도 가방끈 사회의 종말과 운명을 같이할 것이다. 물론 우리사회에서 가방끈 신화는 어떻게 진화해 갈 것인가에 따라 달라질 수도 있다. 하도 머리가 비상한(?) 사람들이 많으니까.

직장이 지금 강남에 모여 있는 한, 강남 부동산 불패의 신화는 건재할 것이라고도 한다. 그런데 강남에 살고 있는 사람들은 직장에 다니지 않는다. 더군다나 지금은 어느 누구도 출퇴근하지 않는다. 홈 오피스의 시대. 직장 근처에 거주하는 것도 별 의미는 없다. 남은 것은 '과시의 욕구'일 것이다. 부의 상징인 강남에 살고 있다는 과시(誇示). 아니면 강남 스타일? 얼마나 오래갈 것인가는 모두의 관심사이다. 이미 뉴욕커들은 집을 팔고 공기 좋고 물 좋은 곳을 찾아 시골로 떠나고 있다고 하는데. 엑소더스(Exodus). 이제 우리의 강남은 어떤 운명이 될 것인가? 자못 궁금하다.

그러나 확실한 것은 사이버 온라인교육, 에듀테크, 가상현실과 증강현실을 활용한 재택학습, 홈스쿨링 등이 전통적인 학교교육을 대체하고 있다. 작은 변화는 결국 사회전반을 변화시키게 될 것이다. 나비효과(Butterfly Effect). 인터넷의 발달과 코로나19 사태의 합작으로 시작된 변화가 지금 사회 전반을 확 바꾸어 놓고 있다. 좀 심하게 말하면 하나의 변화로 인해 사회문화 전체가 초토화되고 있다. 이게 문명사적 대전환의 근거가 되는 것인지도 모른다. 앞으로 전 세계에 인터넷만 깔린다면 세계 교육평등이 이루어질 날도 머지않았다. 아프리카 오지 벽지까지도 원격으로 같은 교육을 받을 수도 있다. 문제는 '그게 언제가 될 것인가?'이다. 그러나 트렌드는 분명하다.

지구촌 50억 인구가 스마트폰을 가지고 산다. 하루에 '유튜브'를 시청하는 인구가 95% 이상이라고 한다. 오늘날 아이들은 유튜브에서 지식과 정보를 얻고 유튜브를 가지고 논다. 이들은 유튜브의 유저로 있다가 어느 순간 제작자가 되기도 한다. 남녀노소 불문. 지금 유치원생인 보람이의 유튜브 구독자 수는 3천만 명에 육박하고 있다.

지금 우리 아이들에게 가장 훌륭한 선생님은 유튜버다. 유튜브는 새로운 학교이다. 모두들 수많은 학교를 손 안에 들고 다니는 셈이다. 학교에 갈 이유가 점점 없어진다. 지금은 과도기. 졸업장이 걸림돌이다. 그냥 보험을 하나 든다 치고 학교에 간다. 그런데 그 보험의 약발도 점점 줄어들고 있다. 잠을 자더라도 학교에서 자야 한다. 그래야 졸업장이 나온다. 집에서 자면 졸업장은커녕 퇴학이다. 그래서 기를 쓰고 학교에 가는 것이다. 불편하게 책상에 엎드려서 자야 한다. 반드시 학교에서 자야 한다. 그러나 코로나19 이후 재택학습이 일상이 되면서 아이들은 등교하는 습관조차 잊게 될 것이다. 학교에 가는 것과 안 가는 것이 분간이 안 된다. 아직은 많은 아이들이 등교를 할 것이다. 집에 있다 보니 좀이 쑤셔서. 그러나 얼마 안 남았다. 눈치를 보는 기간도. 이미 학교는 사회적 엔트로피의 최대치에 도달해 있기 때문이다. 학교는 죽은 지식의 창고이며, 학교폭력의 전당이며 교육불평등의 온상이다. 이제 더 이상 학교가 지성의 전당은 아니다. 지식의 요람이라는 말을 하는 사람도 없다. 이미 학교는 일리치(Ivan Illich)와 라이머(Everett Reimer)로부터 1970년대에 사망선고를 받았다. "학교는 죽었다"(School is dead). 학교는 아직 죽지 않았다. 그런데 코로나19가 말하고 있다. 졸업장보다 목숨이 더 중요하다고. 보험에 드는 심정으로 졸업장 따려고 하다가 자칫하면 목숨을 잃는다.

얼마 전 하버드 대학교의 상징이며 명물이었던 MBA 과정이 사라졌다. 전공이 하나하나 폐지되면서 학교는 마침내 문을 닫게 될 것이다. 이미 내용적으로는 폐기처분되는 것이 맞다. MBA 과정이 앞날을 보장하지 않는다. 어떤 예측도 맞는 게 없다는 것이 하버드 MBA 과정 이수자들의 주장이었다. 우리 사회에서는 MBA의 권위가 아직도 여전하다. 그러나 시간문제다. 세상이 모두 폐기했는데. 모든 것이 변두리까지 오려면 시간이 좀 걸린다. 문화지체 현상. 이미 내용적으로는 죽었는데 변방까지는 어느 정도 시간이 필요하다. 사람들은 막차를 타는 것이다. 그런데 막차에 올라탄 사람들은 더 억울하다.

대학이 죽으면 고등학교도 죽는다. 대학이 없어지는데 고등학교가 무슨 소용인가? 갈 대학이 없는데. 그럼 기술계 고등학교만 남는 것인가? 이미 기술교육과 일자리도 미스매칭(Mismatching)이다. 기업은 인재가 없다고 하는데 졸업생들은 일자리가 없다고 투덜댄다. 도대체 어떻게 된 것인지? 교과서는 최소한 3~5년 동안 변하지 않는데, 기술수준은 자고 일어나면 확 바뀐다. 버전도 바뀐다. 학교 안에 공장이 있는 것도 아니다. 회사가 있는 것도 아니다. 미스매칭이 맞다. 누가 콧대가 높은 것인지? 하여간 눈높이가 안 맞는 것이다.

기술계 고교 출신자들도 이내 대학진학으로 눈을 돌린다. 일자리를 구하기도 어렵지만 설령 구한다고 해도 허접한 일을 해야 한다. 아니면 차후 진급, 직무, 월급에서 차별대우를 받는다. 거창하게 시작한 마이스터 고등학교가 실패한 이유다. 지금 인공지능이 미래 테크놀로지가 된다고 하면서 코딩교육이 중요하다고 한다. 학교에서는 가르칠 사람이 없다고 한다. 가르칠 사람이 없다? 학교는 가르치는 사람과 배우는 사람이 만나는 곳인데. 가르칠 사람이 없다면 그건 더 이상 학교가 아니지 않는가? 요즘 초등학교 아이들은 유튜브에서 코딩을 배운다고 한다. 유튜브가 학교이고 선생님 맞다.

인공지능의 시대를 대비하기 위한 코딩수업. 인공지능은 다양하게 발달하고 있다. 따라서 코딩 역시 다양하게 이루어진다. 한마디로 코딩수업은 전통적인 교과서 수업으로 이루어질 수가 없다고 한다. 인공지능의 수준에 따라서 원리에 따라서 모두 제각각이다. 한마디로 전통적인 교과서로 표준화할 수 없는 게 코딩교육이라고 한다. 이를테면 과학 분야에서의 코딩과 영상콘텐츠 분야에서의 코딩은 전혀 다르다. 그렇다면 학교는 더 이상 무엇 때문에 존재하는 것일까?

지금까지 인류는 인간의 교육을 위해 수많은 에너지를 투입해 왔다. 에너지의 집산은 학교제도를 탄생시켰다. 학교는 아마 우리의 삶에서 가장 많은 에너지가 투입되는 곳이다. 아이가 있는 가정은 어쨌건 대입 그물망에 걸려 있다. 언젠가는 대입 홍역을 치루어야 하는 운명. 아니 대한민국 국민 모두의 숙명이다. 모든 가정의 에너지가 쏠리는 곳. 교육예산은 국방비 다음이다. 아빠는 출근하고 아이들은 학교에 가고. 그게 모든 가정의 일상이다. 아이들이 학교에서 반 이상의 시간을 보낸다. 물론 학원에서 더 많은 시간을 보내는 아이들도 있다. 학교나 학원이나 모두 교육에너지가 사용되는 곳. 학원에 투입하는 에너지나 학교에 투입하는 에너지나 똑같은 에너지이다. 정부는 세금투입으로 학교가 잘 돌아가게 한다. 학교가 돌아간다는 것은 운동에너지를 일에너지로 전환하는 것을 말한다. 선생과 아이들이 만나서 대화도 하고 토론도 한다. 상담도 한다. 일방적으로 강의도 한다. 신입생을 받고 졸업생을 배출한다. 학교시스템이 돌아가는 원리이다. 시스템이 돌아가게 하는 것은 에너지다. 투입된 에너지가 모두 일로 전환된다. 이 과정에서 저항과 마찰도 발생한다. 교사와 아이들 간의 마찰, 아이들끼리 마찰, 교사와 교장과의 마찰, 학교규칙과 아이들 간의 마찰, 학교성적의 억압과 이로 인한 저항과 마찰이 발생하면서 학교 엔트로피는 계속 증가한다.

급변하는 세상을 쫓아가지도 못하는 학교지식. 쓸모없이 낭비되는 엔트로피로 증가된다. 학교에서 폭력사태가 발생한다는 사실. 그것 하나만으로도 학교는 엔트로피 폭증의 발원지가 된다. 학교라는 신성한 교육현장에서 가장 비교육적인 폭력 현상이 발생하니 말이다. 강남 8학군으로 상징되는 학교교육이 오히려 교육불평등의 온상이 되었다는 사실도 엔트로피의 증가를 의미한다. 결국 학교는 사회적 엔트로피의 최대치에 도달했다. 이쯤 되면 학교는 이제 자진 폐쇄해야 하는 거 아닐까? 무엇보다도 우리 아이들이 불행하지 않은가? 실제로 우리 학생들의 행복지수가 세계 최저 수준이다.

그렇다면 이런 학교에 다니고 있는 아이들의 가정은 과연 행복할까? 아이들을 학교에 보내고 태연하게 거실에서 과자 부스러기를 집어먹으면서 TV연속극을 보고 있는 엄마는 과연 행복할까? 그런데도 학교가 존재하는 이유는 과연 무엇일까? 따지고 보면 아이들 교육문제 때문에 부부싸움을 하는 집안도 엄청 많다. 심지어 그러다가 이혼으로 이어지기도 한다. 학교가 가정불화의 씨앗이 되는 것이다.

가르치고 배우는 내용 면에서도 학교는 이미 죽었다. 세계 최대의 기업인 아마존, 구글, 애플, 페이스북에 근무하는 사원의 절반은 학력이 없다고 했다. 그 비율은 자고 일어날 때마다 점점 더 늘어나고 있다. 학력이 더 이상 필요 없다는 뜻이다. 이들은 학교교육을 교육으로 치지 않는다. 낡은 교과서 달달 외우는 것은 교육이 아니라고 한다. 그저 암기 훈련 정도. 이들이 개인에게 요구하는 상상력이나 창의성과는 전혀 무관하다.

이들 기업들은 학교 졸업장을 요구하는 대신 자기들이 직접 단기 (3~6개월) 자격증 프로그램을 운영하고 있다. 주로 코세라(COURSERA)라는 MOOC(Mass Open Online COURSE) 시스템을 통해 운영하는데, 명문대학의 졸업장보다 이 자격증에 가산점을 주고 있다. 앞으로 세상은 모두 이렇게 변하게 될 것이다. 세상이 이렇게 빨리 무섭게 변하는데 우리는 여전히 스카이 대학, 스카이 캐슬에 목을 매고 있다. 과연 뭘 하고 있는 것인지. 문제는 명문대학에 입학하고 졸업하는 데 목을 매고 혼신의 에너지를 쏟는 과정에서 발생하는 마찰열은 모두 엔트로피의 증가로 이어진다. 이미 세계적인 기업들은 대학이 쓸모없는 것을 가르치는 상아탑이라고 외면한 지가 오래다. 약 800~900년 역사를 가진 대학, 중세대학의 후예들. 이제 역사의 뒤안길로 사라질 때가 된 것이다.

원래 (중세)대학은 지식의 창출기관이다. 지금까지 대학은 (새로운) 지식의 창출에 어느 정도 기여를 해 왔다. 열심히 실험도 하고 열심히 논쟁도 하고. 그야말로 새로운 지식들은 대학의 연구공동체에서 나왔다. 교수와 학생, 학생과 학생, 교수와 교수. 대학 연구공동체의 일원들이다. 그러나 지금은 아니다. 이미 새로운 지식과 기술은 유수한 연구기관이나 대기업에서 나온다. 따라서 시간의 흐름 속에서 대학개혁에의 요청은 항상 있어 왔던 것이다. 상아탑에서 벗어나라. 그만큼 대학의 사회적 기여도는 날로 떨어져 갔다. 오래전부터 대학개혁이 요청되었다. 실제로 대학개혁은 역사적으로 수차례 이루어져 왔다. 정말 시대의 흐름에 맞도록 대학이 개혁했는지는 평가가 쉽지 않다. 그러나 지금 우리의 대학들은 정체불명으로 전락하고 있다. 소위 일류 명문대학을 졸업한다고 해도 마땅한 취업처가 거의 없다. 그렇게 어렵게 죽도록 공부해서 입학은 했지만, 기업은 그냥 대학졸업을 '근면 성실'의 징표로 인정하고 있을 뿐이다. 오히려 신입사원 교육훈련에 힘을 더 쏟고 있다. '기업에 취직하면 담배 피우는 것부터 다시 배워야 한다.' 한동안 기업에서 유행한 말이다. 대학 시절의 공부내용은 사회에서, 기업에서 전혀 쓸모가 없다는 것이다.

이제 대학은 사회적 엔트로피의 증가 장소가 되고 있다. 정말 심각한 일이다. 거의 전 국민이 대학입학과 무관하지 않다. 5,000만 명의 국민 중 단 한 사람도 예외 없이 직간접으로 모두 대학 내지 대학입시와 관련되어 있다. 고3 입시생이 있는 집에서는 가족 모두가 방에서 걸음걸이도 고양이 걸음이다. 최소한 1년은 숨도 제대로 못 쉬고 산다. 대한민국 국민으로 태어나는 순간, 입시를 걱정해야 한다. 조기교육의 광풍도 이래서 분다. 무모한 교육경쟁, 과열된 교육열풍으로 우리 사회에서 쓸모 없이 낭비되는 엔트로피. 과연 얼마나 될까?

오늘날 학생들에게도 대학 졸업장은 그냥 보험증서에 불과하다. 보험증서를 가지고 있으면 심리적 불안감을 해소시켜 준다고 한다. 대학을 졸업하면 그래도 나을 것이라는 생각에 고등학교 때 죽어라고 극기훈련에 동참하고 있다. 아이나 학부모나. 지옥에서 살아남은 아이들. 하여간 지금 대학에 입학하기 위해서 또한 대학을 졸업하기 위해서 우리 사회에서는 쓸모없이 낭비되는 엔트로피가 너무 많다. 대학을 가기 위해 발생하는 마찰열, 대학을 졸업하기 위해 발생하는 마찰열, 대학을 졸업한 이후 발생하는 마찰열. 여기에 입시생들과 그 가족 주변의 스트레스, 대학교에서 가장 바쁘고 가장 힘든 부서가 입학관리처이다. 대학의 입학관리처는 대학에서 노른자 부서이다. 그러나 1년 내내 쉴 시간이 없다고 한다. 입학관리처에서 일하는 직원들은 생지옥이라고 한다. 입학관리처의 업무에서 매일 발생하는 마찰열, 또한 이들이 받는 스트레스. 이 모든 것이 사회에 저항하는 마찰열로 남는다. 여기서 발생하고 증가하는 엔트로피. 우리의 대학들은 이미 사회적 엔트로피의 최대치에 도달한 것 같다. 그러면 그럴수록 제대로 우리 사회에서 유용하게 쓰여야 할 에너지는 고갈되는 것이다. '대학이 망해야 나라가 산다'는 말도 있다. 그만큼 대학 관련으로 발생하고 증가하는 엔트로피는 사회적 적폐가 되는 것이다.

이제 전통적 대학의 자리에 사이버 대학이 대신 들어설 차례이다. 사이버 대학. 지금 그게 대학이라고 생각하는 사람들은 거의 없다. 사이버 대학도 대학이냐? 그러나 앞으로 모든 대학들은 온라인 사이버 대학으로 탈바꿈하게 될 것이다. 소위 명문대학도 마찬가지이다. 온라인 사이버 공간을 점유하지 못한다면, 어떠한 대학들도 살아남기는 힘들다. 그렇다면 온라인 사이버 대학은 전통의 대학들과 달라야 하는가? 만약 지금의 사이버 대학들이 기존의 대학들을 빼닮아간다면 아마 미래는 전혀 다른 온라인 사이버 대학을 만들어 낼 것이다. 앞으로 새로운 대세로 자리매김할 온라인 사이버 대학은 디지털 정보혁명의 사회를 이끌어 갈 역량을 갖추어야 할 것이다. 이미 기력이 소진한 전통적인 대학들을 닮을 이유가 없다. 사이버 가상공간은 끝도 없고 한도 없다. 무한히 활짝 열린 공간. 정해진 소유권도 없다. 소유주도 없다. 내가 가면 그것이 길이 된다. 그야말로 블루오션(Blue Ocean). 이곳이 새로운 지식탄생의 요람으로 그리고 미래 세상을 이끌 지성의 전당으로서 거듭나야 한다. 이를 테면 요즘 뜨고 있는 미네르바 대학 같은. 그러나 미네르바는 안타깝게 도 전통 대학들의 한계까지도 가상공간에 담고 있는 듯하다. 여전히 가 르치고 있다. 그게 좀 유감이다. 지식의 탄생은 누군가가 누군가를 여전 히 일방적으로 가르치는 데서 나오는 것이 아니다. 가르침이 아니라 배 움이다. 배움을 가능하게 하는 학교. 배움이 가능한 학교. 자발적인 배 움. 억지로 하는 배움이 아닌. 자기주도학습. 자기 스스로 자발적으로 배 움을 가능하게 하는 학교. 그곳이 진정한 학교이고 배움의 전당에서 새 로운 지식이 탄생한다. 대학의 사명은 기존 지식의 전달(가르침)에 있는 것이 아니라 세상을 이끌어 갈 수 있는 '전혀 새로운 지식'을 탄생시키는 데 있다. 이를 토대로 하는 지성의 전당. 바로 그곳에 진정한 교육이 살 고 있는 것이다. 학이시습지불역열호(學而時習之不亦說乎). 2,400년 전 공자 의 말씀이다. 공부하는 것 즉 배움은 즐거움이다. 즐겁게 공부하고 학습 하면 삶은 행복한 것이다.

이제 우리에게 남은 선택은 두 가지이다. 이왕 없어질 학교라면 하 루라도 빨리 없애는 것이다. 전통적인 지금의 학교를 폐기 처분하든지, 아니면 학교를 다시 교육본질에 맞도록 새롭게 개혁해야 할 것이다. 지 금처럼 어정쩡한 상태로 이미 시한부 선고를 받은 구시대적인 학교시스 템을 방치한다면, 그만큼 우리는 사회적 엔트로피를 증가시키는 것이다. 사회적 엔트로피의 증가는 사회 전체의 소멸이다. 이미 우리 사회에서는 대안학교(Alternative School)가 생겨났다. 대안학교는 정말 '대안'(代案)이 될 수 있을까? 잘 모르겠다. 그럼에도 불구하고 대안이 필요하다는 움직임 들은 — 비록 그것이 작을지언정 — 이제 에너지의 흐름이 바뀌어야 한 다는 목소리일 것이다.

대안학교 운동보다 더 큰 대안교육의 움직임은 평생교육에의 요구이다. 평생교육(Lifelong Education)이란 말 그대로 평생 동안 교육하고 교육받는 것을 말한다. 이제는 학교교육만으로는 안 된다는 사회적 요청이다. 학령기(學令期)로 모든 것을 끝내버리는 지금의 학교제도. 한시교육(限時敎育). 급변하는 사회의 지식과 기술세계를 쫓아갈 수 없다. 자고 일어나면 새로운 지식이 나오고 테크놀로지의 발달 수준은 급격하게 높아지고 있는데, 학교에서는 해묵은 교과서의 지식만을 가르치고 배운다. 그걸로 중간고사 기말고사 등 시험도 보고 대학입학 수능고사도 본다. 어떻게 학교지식으로 이렇게 빨리 변하는 사회를 쫓아갈 수 있을는지? 이제 평생 동안 지식과 기술을 습득하는 '적시학습'(Just in Time Learning), 항시교육(恒時敎育)이 필요한 시점이다. 필요할 때 들락날락하는 '순환학습'(Recurrent Education)도 한몫한다. 심지어 모든 지식을 기억하고 모든 테크놀로지가 결집되어 있는 인공지능의 시대에도 우리가 여전히 교과서에 담겨 있는 지식만으로 만족해야 하다니. 전통적인 학교교육의 한계는 너무도 자명하다. 그런데도 불구하고 학교를 살려야 한다는 말은 도대체 어떤 논리인지? 분명 궤변이 맞다.

궤변논리에 편승하는 전통적인 학교시스템. 사회적 엔트로피 증가의 온상이다. 특히 우리처럼 지독한 과열 교육경쟁의 체제를 가지고 있는 사회에서 발생하고 증가하는 엔트로피의 양은 가공할만하다. 우리 사회에서 모든 국민의 최고 관심은 단연 '교육'이다. 자녀교육을 두고 가정에서 벌어지는 마찰열은 결코 유용하지 않다. 1등 한 명을 선발해 내기 위해서 나머지 아이들은 모두 들러리가 되어야 하니. 들러리교육. 또 학교교육만으로 우리는 급변하는 사회를 살아갈 수 있는 능력을 획득할 수 없다. 그래도 우리는 앉아서 교과서를 외워야 하니. 모든 것은 쓸모없는 마찰열로 발생한다.

사실 학교는 산업혁명 시대에 세상에 큰 기여를 했다. 당시에는 정말 효자였다. 오랫동안 농업사회에 살던 사람들이 갑자기 공장에서 일을 해야 했던 산업화시대. 공장에서 돌아가는 기계에 대해서 전혀 알 수가 없었다. 취직을 했어도 일을 모르니. 새로운 배움이 요청되었던 것이다. 당시 학교가 바로 그 일을 맡아 해준 것이다. 거기다가 무상의무교육까지. 학교가 공교육을 떠맡게 되면서 모든 아이들이 배움의 기회를 가질 수 있었다. 교육의 기회균등, Education for All. 그래서 학교는 번성했다. 산업사회와 학교는 함께 성장했다. 놀랍게도 정보통신혁명이 일어나면서 학교는 더 이상 할 수 있는 것이 없어졌다. 학교에서 하던 일이 모두 온라인 가상세계로 넘어갔기 때문이다. 클릭 하나로 알고 싶은 지식과 기술들이 쏟아져 나온다. 그것도 지금 당장. 인터넷이 선생님이다. 아침에 등교 투정도 필요 없다. 언제든지 원할 때 접속하면 그게 학교다. 그런데 지금도 버젓이 학교가 있다. 콘크리트로 지어 놓은 웅장한 건물들. 그런 학교 건물 안에서 아이들은 잔다. 이유는 다양하다. 학교에서 아이들이 잔다는 것 자체가 학교가 더 이상 학교는 아닌 것이다. 여관이지. 학교지식은 세상을 쫓아가지도 못한다. 학교폭력도 발생한다. 학교에는 더 이상 유용한 교육에너지를 기대하기 어렵다. 이제 전통적인 학교는 사회적 엔트로피를 증가하는 데 일조하고 있을 뿐이다.

이제 대신 필요한 것은 평생학교다. 평생 동안 누구든지, 언제, 어디서나 원한다면 들락날락하면서 학습할 수 있는 학교. 또한 평생교육은 '교육의 본질'을 회복하자는 대안교육운동이다. 지금까지 '학교'에 교육을 일임했더니 교육이 본질에서 너무 엇나간 것이다. 전통적 학교의 사망. 교육의 본질 회복. 대안교육으로서 평생교육이 나선 것이다. 공부,

물론 중요하다. 그러나 '억지로' 하는 공부는 쓸모없는 마찰열을 발생시킴으로써 엔트로피의 증가를 촉진시킨다. 과연 어떻게 억지로 하는 공부로 평생공부를 할 수 있을까?

지금 아이들은 대부분 학교에서 억지로 공부한다. 억지로 공부하는 아이들이 학교에서 성공할 확률은 낮다. 남이 하라고 해서 억지로 하는 공부. 사회에서 성공할 확률도 그리 높지는 않다. 학교는 죽었다. 이제 학교는 평생교육으로 대체된다. 학교가 더 이상 필요하지 않은 것이다. 평생교육의 시대에 공부는 자발적으로 해야 하는 것이다. 모든 학습은 '자기주도학습'(Self-Directed-Learning)이다. 그렇지 않으면 공부할 이유가 없다. 아빠가 하라며, 엄마가 하라며. 이렇게 공부한 아이들은 커서도 엄마와 아빠만 찾는다. 마마보이, 파파보이. 자기 삶에 대해서 스스로 책임을 지려고 하지도 않는다. 책임의식이 없으니까 사회적 도덕개념도 상실된다. 책임지는 사회의 인재는 아니다. 더 이상 학교가 기여할 수 있는 영역이 없다.

학이시습지불역열호. 2천여 년 전 공자의 말씀이라고 했다. 공부는 즐거워야 한다. 즐겁지 않으면 그것은 공부가 아니라 '고문'이다. 자발적이고 자율적으로 하는 공부야말로 마찰열을 억제한다. 좋아서 하는 공부는 마찰열을 유용하게 쓰일 수 있도록 할 것이다. 사실 공부는 힘들다. 왜냐하면 주변에 공부보다 더 재미있는 것들이 많기 때문이다. 공부 자체만으로도 마찰열이 동반한다. 그러나 즐거움으로 하는 공부, 공부하면서 찾는 즐거움. 마찰열이 생산적이고 창조적으로 전환되는 기회가 된다. 전통적인 학교가 '평생학교'로 대체되어야 하는 이유이다. 평생 동안 아무 때나 들락날락하면서 배우는 학교. 물론 사이버 가상공간에 있다. 사이버 온라인 평생학교.

9
미세먼지가 주춤하고 있다

코로나19로 인해 각종 사회범죄가 줄어들고 있다고 한다. 하루도 빠짐없이 일어나던 강도 살인 사건도 거의 없다. 아니면 보도를 하지 않는 것인가? 하여간 사람들이 많이 모이지 않으니 빈도수도 줄어든 것은 사실이다. 교통사고도 많이 줄었다. 길거리에서 싸우는 사람들도 보기 어렵다. 한때 기승을 부리던 소위 사이코 패스의 '묻지마 살인'도 뉴스에 거의 나오지 않고 있다. 사람들은 지금 우리의 적(敵)은 사람이 아니고 코로나19라는 사실을 아는 듯하다. 역사적으로도 커다란 적이 나타나면 인간들은 뭉치곤 했다. 호랑이, 사자 같은 맹수가 나타나면 나약한 인간들은 뭉쳤다. 설령 서로 못마땅한 일이 있다고 해도 일단 함께 대적했다. 그 지겨운 중동지역의 포화도 멈췄다. 유전지대를 확보하기 위한 경제적 실익을 차지하기 위한 명분 없는 종교전쟁. 태양열, 풍력 같은 신재생에너지가 석유에너지를 대치하는 날 중동전쟁은 멈출 것이다. 그렇게 된다면 지긋지긋 거의 한 세기를 끌고 있는 중동포화는 코로나19가 잡는 셈인가? 어둠(暗)이 있으면 빛(明)도 있다.

코로나19 이후 사람들의 섹스도 급감했다고 한다. 자손번식의 욕망이나 섹스를 즐기는 것도 코로나19 앞에서는 모두 긴장하고 있다. 고성 방가 등으로 유치장에 오는 사람들도 줄었다고 한다. 경찰도 잡범도 치명적인 코로나19 앞에서는 모두 잠잠하다. 자고 일어나면 사건 사고로 도배하던 방송. 대신 오늘 코로나19 확진자가 몇 명이 나왔다는 뉴스만 보인다. 지진연구가들은 지구가 조용해졌다고 한다. 지진대국 일본도 잠잠하다. 지진예측도 쉬워졌다고 한다. 소위 '지구 지진'이 없어졌다는 것이다. 지구 지진이란 사람들이 내는 발자국 소리란다. 그러니까 지금까지 사람들이 지구 땅덩어리 위로 이동하는 소리 때문에 지진연구에 방해가 되었단다. 그만큼 지구 위에 사람들의 이동이 줄어들었다는 이야기이다.

그러나 뭐니뭐니 해도 가장 큰 변화는 미세먼지의 급감현상이다. 그렇게 골치 아프던 미세먼지, 초미세먼지가 주춤하고 있다는 사실이다. 아마 코로나19가 더 무서운가 보다. 그동안 우리의 건강을 위협하던 미세먼지, 초미세먼지 대신 이제 코로나19가 더 무섭다. 그래서 미세먼지도 잠시 몸을 피한 것인가? 지금까지 눈에 보일까 말까 하던 미세먼지, 그리고 눈에 안 보이는 초미세먼지가 우리 인간을 공격하더니 이제 그보다 수백 배 수천 배 더 작은 코로나19에 공격을 당하고 있다. 인간이 덩치 값도 못하고 있다. 그동안 미세먼지, 초미세먼지의 경보가 있는 날은 외출을 꺼렸다. 지금은 코로나19 때문에 외출하기가 겁이 난다. 초미세먼지는 뒷전이다. 이러나저러나 마찬가지인가? 물론 치명성은 코로나19가 더 크지만. 하여간 청명한 하늘도 돌아왔다. 물도 맑아졌다. 그러나 잠시였다. 처음 코로나19가 왔을 때만 해도 정말 믿기지 않을 정도로 미세먼지, 초미세먼지가 사라졌다. 다시 공장이 돌아가나 보다. 공장 재가동. 목구멍이 포도청. 일단 모두 살아야 하니까. 처음에는 정말 주춤했다. 올스톱. 덕분에 맑은 세상을 다시 찾았다. 그러나 잠시뿐.

자동차 매연도 여전하다. 거리에 자동차 대열이 다시 살아났다. 민생경제(民生經濟). 출근도 안하는데 도로에는 웬 차들이 이리 많은지. 자영업자 공화국 맞다. 코로나19도 안 끝나고 매연도 다시 온다? 정말 걱정이다. 하여간 공장과 자동차가 움직이는 한 미세먼지의 해결은 없다. 삶의 필요악. 테크놀로지에 기대해야 하나? 반(反)매연, 반(反)공해의 테크놀로지. 아마 그런 거 만들면 돈벌이도 될 텐데. 못 바꾸는 것인지 안 바꾸는 것인지. 그래도 아직은 매연 자동차를 파는 것이 더 이득이라는 판단이다. 계산이 빠른 인종. 인간은 영특하다. 알면서도 이해타산에 따라 결정하는 인간의 간교성. 이미 오래전에 철학자 헤겔(Georg Wilhelm Friedrich Hegel, 1770-1831)은 '이성의 간지'(奸智)로 설명한 바 있다.

지금까지 우리 인간들이 지구상에서 자행해 온 결과는 환경파괴, 생태재앙이다. 미세먼지 초미세먼지는 환경파괴의 결과이다. 천벌(天罰)인가? 처음부터 인류가 지구상에서 저질러 온 행위, 사필귀정(事必歸正). 인간이 지금까지 발전시켜 온 테크놀로지의 결과가 이 모양이니까. 이번 기회에 완전히 문명사적 대전환이 이루어져야 한다는 하늘의 경고다. 아마 기독교에서는 조물주께서 아담의 후예들에게 일(Work)을 해서 원죄를 속죄하라고 했더니, 결국 속죄의 결과가 미세먼지, 초미세먼지라는 자충수였다고 힐책할 것이다. 하늘이 개탄하고 분노한 것이다. 인간이라는 종자들을 만들어 놓았더니 스스로 자멸의 길을 가다니. 대량학살을 자행한 양차 세계대전도 모자라 이제는 스스로 초미세먼지 먹고 자결하겠다는 것인가? 하늘이 나선 것이다. 왜냐하면 하늘은 여전히 만물을 창조하신 조물주라고 자임하고 있기 때문이다. 결자해지(結者解之). 만들어 놓았으니 책임을 져야 하는 것. 보이지도 않는 코로나19가 모든 공장을 세워

놓았다. 그런데 인간들은 살살 눈치를 보면서 다시 공장을 가동하고 자동차를 굴리고 있다. 조물주가 이제 어떤 벌을 내릴까?

지금 우리는 또 다른 전쟁을 하고 있다. 물론 대상은 달라졌지만. 아마 이 전쟁이 끝나면 — 언제 끝날지도 미지수지만 — 아마 지구상에는 '새로운 문화'가 탄생할 것이다. 과거에는 큰 전쟁이 끝나면 신흥강국이 탄생했다. 함께 탄생하는 문명은 신세계를 만들기도 했다. 양차 세계대전을 통해 개발된 컴퓨터가 전후에는 일상을 바꾸어 놓았다. 인터넷으로 열리는 세상은 그야말로 인류가 단 한 번도 경험해 보지 못한 세상이었다. 가상공간의 사이버 세상. 이 새로운 세상이 탄생하는 과정에는 바로 큰 전쟁이 있었던 것이다. 사이버 가상세계의 발견은 16세기 콜럼버스의 신대륙 발견에 버금간다. 인터넷의 발명으로 완성된 사이버 가상세계는 제2의 신대륙 발견이다. 물론 가상공간의 신대륙이다.

지금 우리는 코로나19와 제3차 세계대전을 하고 있다. 아인슈타인이 예언한 핵전쟁 대신 바이러스와의 전쟁. 둘 다 치명적이다. 언제 종식될지 모르겠지만. 미증유의 이번 전쟁이 종식된다면, 정말 새로운 문명세계가 도래할 것이다. 문명사적 대전환. 코로나19 이후(Post-Corona)가 만든다.

미세먼지와 코로나19는 우리 인류에게 완전한 카오스의 세계를 안겨주었다. 카오스는 '창조적 카오스'라고 했다. 카오스는 반드시 창조적 카오스로 나타난다는 말이다. 그러나 우리가 창조적 카오스의 본질을 찾아내지 못한다면, 카오스는 영원한 카오스가 되고 만다. 바로 그걸 찾아내야만 하는 것이다. 지금의 카오스 속에서 창조적 카오스로 거듭날 수 있는 것이 뭘까? 문명화적 대전환. 반드시 이루어내야 한다. 카오스 속에서 창조적 카오스의 속성을 찾아내는 것. 그것만이 답이다. 엔트로피증가의 억제와 엔트로피의 창조적 전환이 그 어느 때보다도 시급한 이유이다. '죽느냐 사느냐 그것이 문제로다.' 영국의 대문호 셰익스피어(William Shakespeare, 1564-1616)가 한 말이다. 400년이 지난 지금 우리 앞에 놓인 문제는 '당장 죽느냐, 아니면 서서히 죽느냐 그것이 문제로다'. 문명사적 대전환. 우리의 목숨이다. 문명사적 대전환이 가능하지 않다면 우리는 그냥 죽는 것이다. 살아도 죽은 것과 같다. 문명사적 대전환. 이제 선택이 아니다. 100% 필수. 여유를 부리는 고상한 미사여구도 아니다. 그냥 현실이다. 그리고 바로 내 목숨이다. 그렇다면 이 상황에서 우리가 문명사적 대전환을 어떻게 해 낼 수 있을 것인가?

10
엔트로피의 증가가 급가속되고 있다

　물리학에서는 엔트로피의 법칙이 사람에게는 적용되지 않는다고
한다. 인간은 고립계(Isolated System)가 아니라 열린계(Open System)에 해당
되기 때문이란다. 즉 엔트로피의 법칙은 고립계에 국한되며, 고립계에서
증가하는 엔트로피가 연구의 대상이다. 물리현상 즉 물질이 움직이는 현
상에만 그것도 고립계 속에서만 해당된다는 뜻이다.

　물리학에서 우주(Galaxy)는 고립계로 간주된다. '고립계'란 외부와의
에너지 교환이나 이동이 없는 시스템을 말한다.[10] 갤럭시(Galaxy). 지구는
우주에 속한다. 우주에서 지구는 태양으로부터 에너지를 받고 있다. 그

---

10 "고립계란 주위와 상호 소통이 없는 물리적 계를 말한다. 에너지와 질량은 고립계 외부로
　　나갈 수도 없고 외부에서 들어올 수도 없으며 계(System) 내부에서만 순환한다. 따라서 고
　　립계 내에서는 에너지와 질량의 총합은 항상 보존된다. 완전히 고립된 물리적 계는, 지구
　　밖의 우주 전체를 제외한다면, 실제 세계에서는 존재하지 않는다. 그러나 실제 계는 거의
　　고립계와 비슷하게 행동한다. 고립계의 개념은 실제 세계에서 일어나는 일들을 추정하는
　　과학적 모델을 만드는 데에 도움이 되며, 어떤 자연 현상에 대한 이상적인 수학적 모델을
　　만드는 데에 사용된다. 열역학 제2법칙에서의 엔트로피 증가에 대한 가정을 증명하기 위해
　　서, 볼츠만의 H이론은 계가 고립계라고 가정하고 볼츠만 방정식을 사용하였다. 이것은 필
　　연적으로 로슈미트의 패러독스로 이어진다. 그러나 만약 주위의 복사열의 효과를 무작위
　　화하면서 원자들의 실제 벽에 대한 확률적인 행동을 고려하면, 볼츠만의 분자수준의 무질
　　서도에 대한 가설은 증명된다."(Daum백과)

러나 되돌려주지는 않는다. 일방적이다. 지구는 '닫힌계'(Closed System) 맞다. 닫힌계란 외부와의 에너지 교환이나 이동은 없지만 에너지를 받는 것은 가능한 시스템을 말한다. 일단 대기권 안으로 들어온 에너지는 밖으로 나가지 못한다. 그러니까 지구는 에너지를 태양으로부터 받기만 하는 것이다. 결국 지구는 우주시스템이라는 고립계 속에 있는 닫힌계가 된다. 그러나 태양을 중심으로 하는 우주 전체로 보면 고립계이다. 결국 지구는 고립계이자 닫힌계가 된다. 엔트로피 법칙은 고립계를 전제한다. 이렇게 본다면 지구시스템에서 발생하고 증가하는 엔트로피는 조금 다른 차원에서 해석될 수 있는 것은 아닐까? 왜냐하면 지구는 우주라는 고립계 속의 닫힌계이기 때문이다.

그러나 인간은 우주라는 고립계 속의 '열린계'이다. 지구를 기준으로 보면 닫힌계 속의 열린계이다. 열린계는 주변과 상호 교환하면서 생명을 유지한다. 세포막을 통하여 주변과 물질 및 정보를 교환하면서 살아간다. 그러나 엔트로피의 법칙은 고립계에서만 가능하다. 물리학의 결론이다. 따라서 인간과 엔트로피의 관계에 대한 물리학적 연구의 결과는 없다. 왜냐하면 물리학은 인간에 대해서 실험을 할 수 없기 때문이다. 또한 인간에 대한 실험은 물리학적으로는 의미가 없다고 여기기 때문이다.[11]

엔트로피 이론은 증기기관을 설명하는 과정에서 탄생했다. 열의 효율성으로 판가름이 나는 증기기관. 과연 열효율성을 떨어뜨리는 것의 정체는 무엇일까? 그걸 '엔트로피'라고 하자고 했던 것이다. 그런데 과연

---

11 물론 인간도 물리학적으로 설명될 수 있지만 이미 생물학 또는 의학의 영역으로 분과된 이상 지금은 인간이 물리학의 대상이 아니다. 이런 이유 때문에 융복합의 연구가 요청되기도 한다.

엔트로피는 항상 증가하는 것일까? 이를 입증하는 것이 물리학의 목표였다. 그렇다면 열효율성과 인간의 삶, 과연 무슨 관계가 있을까? 어떻게 보면 관계가 있을 수도 있고 없을 수도 있다. 그러나 물리학의 관심은 설령 관계가 있다고 해도 자기들의 연구영역은 아니라는 것이었다. 그들이 애용하는 '관측치'의 범위를 초과한다는 것이었다. 그러다가 고립계의 우주 안에 살고 있는 인간에 대해서 엔트로피 이론을 화장시킬 수 있다는 암시는 '화학'(Chemistry)에서 나왔다.

화학자들은 '전자의 이동으로 전류가 발생한다'는 사실을 알아냈다. 이때 전류의 이동에 의해 발생하는 '마찰열'이 엔트로피를 증가시킬 수 있다는 생각을 하게 된다. 옴(Georg Ohm)의 법칙. 전압과 전류의 관계를 알려주는 옴의 법칙에 의하면, 니크롬선 양 끝의 전압을 변화시키면서 니크롬선에 흐르는 전류를 측정하면 니크롬선에 흐르는 전류는 니크롬선 양끝에 걸린 전압에 비례하여 강해진다. '저항'이 발생한 것이다. 이로써 옴의 법칙은 전압과 전류를 측정하여 도체의 '저항'을 알아내는 데 이용된다. 한마디로 전류가 흐르면 반드시 저항이 생긴다. 여기서 저항은 '마찰열'(摩擦熱)을 발생시킨다.

한편, 화학적 엔트로피의 개념은 다시 물리학에서 원자의 핵 주변을 돌고 있는 전자의 경우에 적용될 수 있었다. 그러나 또 거기까지가 물리학의 관심이었다. 아직 관측치가 확대되지 않은 것이다. 반대로 화학에서 원소는 생물학에 영향을 주면서 화학적 엔트로피는 인간의 삶에도 적용될 수 있었다. 왜냐하면 인간도 원소의 집합이기 때문이다. 마침내 물리학에서도 전자기파 이론이 나오면서 엔트로피 이론은 다시 세간의 관심을 가질 수 있는 기회가 된다. 즉 전기가 흐르면 주변에 파동(波動)이 생긴다. 자기장(磁氣場)이다. 전자기파(電磁氣波). 이때 자기장은 전기가 흐르는 과정에서 발생한 마찰과 저항에 의한 열 즉 마찰열에 의해 발생한 것이다. 그러나 놀랍게도 이를 연구한 물리학자는 없었다. 심지어 이를 인간의 삶에 적용해 보고자 했던 물리학자는 더더욱 없었다. 그냥 엔트로피의 법칙은 인간의 삶에는 적용이 되지 않는다고 잘라 버렸던 것이다. 그것이 물리학이라는 학문의 고유성이자 동시에 한계였다고 할 수 있다.

심지어 우리가 살고 있는 사회(社會), 사회의 구성원, 인간 개개인에 의해 구성되는 사회공동체에 엔트로피 이론을 적용시키고자 하는 학문은 더욱더 없었다. 이때 경제학자 제레미 리프킨(Jeremy Rifkin)에 의한 과감한 시도가 있었다. 우리가 살고 있는 사회와 지구촌의 생태문제를 엔트로피 현상으로 설명한 것이다. 그는 엔트로피 현상을 열현상으로 풀어냈다. 열역학 이론이 주효했다. 결론은 열이 많이 발생하면 지구도 언젠가 엔트로피가 최대치가 되어서 열평형현상으로 멈추고 말 것이라는 주장이다. 엔트로피 이론을 경제사회 이론에 그대로 적용한 것이다. 따라서 우리 사회가 더 지속되기 위해서는 열의 발생을 최대한 억제해야 한다. 자동차를 폐기하고 공장을 멈춰야 한다. 그래야만 지구는 살아남을 수 있다. 인간의 운명도 마찬가지다. 결국 증가하는 엔트로피를 어쩔 수 없지만 최대한 억제한다면 생명을 연장시킬 수는 있는 것 아닐까? 그러나 이 역시 인간의 삶에 직접 엔트로피 이론을 적용한 것은 아니다.

이미 인간과 같은 인간을 만들어내고자 하는 '인공지능'을 연구하는 데에서도 엔트로피 이론이 적용되고 있다. 빅뱅 이론에서도 별을 포함한 우주의 모든 생명은 가장 질서가 있을 때 즉 엔트로피가 제로(0)에 가까울 때 탄생한다고 보았다. 그리고 엔트로피의 최대치가 되었을 때 소멸한다고 보고 있다. 다시 말하면, 난자와 정자가 만나서 배아세포가 만들어지는 순간이 엔트로피가 0이 되는 지점이고 사람이 죽는 순간이 엔트로피가 100이 되는 순간이다. 무질서에서 질서가 되었을 때 창조되는 것이고, 질서에서 무질서도가 증가하면서 사람은 노화하게 된다. 결국 무질서도가 100이 될 때 인간은 죽는 것이고 인간의 죽음과 함께 무질서도 즉 엔트로피는 100이 되는 것이다. 따라서 이들은 엔트로피를 '소멸하려는 경향'이라고 풀었다.

우리는 엔트로피를 '무질서의 척도'라고 한다. 무질서의 척도란 무질서한 정도 즉 '무질서도'(無秩序度)를 말한다. 무질서한 정도라는 것은 분자가 무질서하게 움직인다는 것이다. 분자의 운동이 그만큼 자유로운 것이다. 고체보다는 액체, 액체보다는 기체가 보다 자유롭다. 자유로움은 곧 무질서이다. 그런데 기체(氣體)는 무질서의 정도가 가장 높다. 그만큼 '자유의 정도' 즉 '자유도'(自由度)가 높은 것이다. 결국 무질서도와 자유도는 같은 개념이 된다. 이런 의미에서 기브스(Josiah Willard Gibbs)는 '자유에너지'(Free Energy)라는 말을 사용했다. 결국 무질서의 정도와 자유의 정도는 항상 증가한다. 통계역학에 의하면, 자유도가 가장 높은 기체는 경우의 수가 가장 많은 곳을 향해 먼저 퍼져간다. 기체가 골고루 퍼져서 균일하게 될 확률이 가장 높은 곳으로 자유롭게 몰려가는 것이다.

사람이 죽는 이유, 별이 초신성이 되는 이유는 모두 엔트로피가 최대치로 증가했기 때문이다. 빅뱅 이론 이후 이제 모든 과학은 융합과 복합을 요구하고 있다. 물리학의 태생적 한계 때문에 주저할 이유가 없다. 물리학과 화학, 생물학이 경계를 가질 이유가 없다. 이미 분자를 연구하는 영역에서는 융합이 이루어지고 있다. 분자물리학, 분자생물학, 분자화학의 융합학문적 접근이 바로 그것이다. 과학과 인문학. 융합학문의 최종 과제이다. 그러나 애초에 학문은 철학이라는 영역으로부터 시작했다. 철학이라는 학문은 이미 융합학문의 뿌리였다. 물론 철학은 신학의 시녀라고 한다. 신의 세계가 모든 것을 지배할 때의 이야기다.

결론은 '마찰열'(摩擦熱, Frictional Heat)이다. 마찰열의 개념은 물리세계, 화학세계, 생명세계, 사회현상 전반에 모두 적용된다. 우선 원자와 원소부터 시작하여 보자. 왜냐하면 원자와 원소는 만물의 최소단위이기 때문이다. 일단 무엇인가가 움직이면 마찰계수가 생기면서 저항과 마찰이 생긴다. 물체가 움직이든 사람이 움직이든 하여간 움직임(운동에너지)이 있는 곳에는 반드시 마찰과 저항이 함께한다. 이런 의미에서 1977년 노벨화학상 수상자인 일리야 프리고진(Ilya Romanovich Prigogine, 1917-2003)은 '우주에서는 질서와 무질서는 함께 발생한다'고 했다. 그런데 마찰과 저항은 반드시 열(Heat)로 나타난다. 따라서 '마찰열'이 엔트로피 발생의 근원지가 되는 것이다. 물론 마찰열은 '유용한 마찰열'이 있는가 하면 반대로 '무용한 즉 쓸모없는 마찰열'이 있다. 바로 후자가 '엔트로피'[12]인 것이다. 즉 열이 발생하면서 분자운동의 무질서도와 자유도가 증가한다. 이때 우리는 엔트로피가 증가했다고 한다. 그런데 우리의 삶에서 엔트로피의 증가는 피치 못할 일이다. 결국 본 연구가 추구하는 엔트로피 이론은 '쓸모없는 마찰열의 이론'이며, 엔트로피 법칙은 '쓸모없는 마찰열의 법칙'으로 귀결된다고 할 수 있다.

이제 엔트로피의 법칙을 인간의 삶에 적용해 보자. 우리는 호흡을 할 때 숨을 들이쉰다. 그러면 코로 들어온 숨은 기도(氣道)를 거쳐 폐(肺)로 들어간다. 기도와 폐에 있는 세포가 공기(숨) 분자와 부딪히면서 마모

---

12 물질의 변화 과정은 에너지의 종류가 형태나 성질이 변하면서 일부는 일할 수 없는 에너지로 변화된다. 이때 일할 수 있는 에너지를 엔탈피(H)라 하고, 일할 수 없는 에너지를 엔트로피(S)라 한다.

된다. 마찰열이 발생하는 것이다. 마찰열이 높아지면 염증(炎症)이 생긴다. 염증은 기관지염 그리고 폐렴이 될 수도 있다. 병이 나는 것이다. 염증이 오래되면 만성염증이다. 물론 세균이 마모된 곳으로 침투했기 때문이다. 이때 백혈구가 세균을 잡아먹는다. 백혈구의 분투의 정도는 발병의 가능성을 결정한다. 우리는 이를 면역력(免疫力)이라고 한다. 하여간 마모된 기도로 파고든 병균에 의해 기관지염, 폐렴이 발생할 수 있다. 문제는 마찰열인데, 여기서 특히 쓸모없는 마찰열을 우리는 엔트로피라고 한다. 그런데 에너지의 사용은 엔트로피를 항상 증가시킨다는 사실이다. 역으로 엔트로피의 증가량이 많다는 것은 그만큼 쓸모없는 마찰열이 많이 발생한 것이다.

또한 우리의 몸은 숨을 쉬면서 산화(酸化)된다. 산소가 다른 원소로부터 전자를 뺏어가기 때문이다. 산소는 다른 원소에 돌고 있는 전자를 뺏는 데 선수다. 아니면 남아 돌아가는 전자를 산소가 가장 잘 수용한다. 산소는 전자를 사랑한다. 전자를 많이 차지한 산소는 그만큼 이동하는 데 유리하다. 왜냐하면 전자의 이동은 전류의 흐름을 만들기 때문이다. 그런데 산소가 지나치면 세포의 산화작용이 발생한다. 전자를 뺏기는 곳에서 산화가 일어나기 시작하는 것이다. 또한 산소가 다른 원소로부터 전자를 강탈하는 과정에서 충돌과 마찰이 발생한다. 이것이 세포의 입장에서는 바로 염증(炎症)이 되는 것이다. 이러한 산화는 기계에 녹이 스는 것과 같다. 전자를 뺏긴 원자는 원자핵과 중성자만 남는다. 원자가 폐기물로 쌓이게 되는 것이다. 그것이 바로 녹이다. 자동차를 오랫동안 세워놓으면 고장이 난다. 계속 산화가 일어나면서 부품에 녹이 슬기 때문이다. 기계에 녹이 슬면 더 이상 돌아가지 않는다. 사과를 깎아 놓으면 금방 색깔이 변한다. 산화가 일어난 것이다. 공기 중에 노출된 원자들은 산소와 수소의 강한 전자흡인력으로 인해 산화가 발생한다. 산화작용이 심해지면 기계나 자동차나 사람이나 모두들 탈이 난다. 모든 것이 과도한 전자의 이탈현상 때문이다. 따라서 우리는 항산화제를 복용한다. 기계와 자동차의 녹을 제거하는 일은 윤활유가 한다. 산화물을 제거시켜 주는 것이다. 과일은 공기 중에서 산화되지 않기 위해 껍질을 가지고 있다.

우리는 산소가 없으면 살 수 없다. 그래서 유산소(有酸素) 운동이 필요하다. 그러나 산화는 오히려 생명을 단축시키는 주범이기도 하다. 왜냐하면 산화는 산소와 다른 원소와의 충돌과 마찰을 동반하기 때문이다. 분자생물학에서는 이를 '무질서한 산화'라고 한다. 무질서도의 증가. 즉 엔트로피가 증가한 것이다. 이런 의미에서 엔트로피는 '소멸하려는 경향'이 된다. 즉 산화로 인해 발생한 마찰과 마모를 통해 세포는 점점 소멸될 수 있다는 것이다.

결국 엔트로피가 증가하면 지구생명체들은 '소멸의 확률'이 높아진다. 사람도 엔트로피의 증가 때문에 죽는 것이다. 다시 말하면, 우리는 호흡을 하면서 생명에너지를 획득하지만 숨을 쉬면 쉴수록 죽음을 재촉하는 것이다. 아이러니한 일이 아닐 수 없다. 지구생태계도 마찬가지이다. 우주도 마찬가지이다. 이를 통계역학에서는 열 죽음(Heat Death)이라고 한다. 열 죽음 즉 열평형(熱平衡, Heat Equilibrium)의 상태가 되면 우주시스템도 멈춘다.

언택트 사회에서 등장한 생태환경의 새로운 문제는 가정의 쓰레기다. 엄청 늘었다고 한다. 모두들 집에서 보내는 시간이 늘어났기 때문이다. 특히 '택배·배달'의 증가는 '쓰레기 대란'의 주범이다. 집에서 보내는 시간이 많아지면서 전열기구 과잉 사용 등 가정의 안전문제도 급부상하고 있다.

"강화된 사회적 거리 두기로 인해 비접촉 활동이 증가하고 외부 활동이 현저하게 줄어들면서 실내, 특히 집에서 보내는 시간이 점점 늘어나고 있다. 이로 인해 가정 내 안전사고와 주택 화재의 위험성도 함께 증가하고 있다."(조창래, 2010/10/07)

그렇다면 우리는 이제 경제활동에서 유용하게 사용될 수 있는 마찰열과 쓸모없이 낭비되는 엔트로피를 구분할 수 있어야 한다. 과연 인간의 경제활동에서 전열기와 백열전등으로 전환될 수 있는 마찰열은 무엇일까? 아울러 우리가 살아남으려고 한다면, 쓸모없이 낭비되는 엔트로피가 발생하는 경제활동은 최대한 억제해야 한다. 과연 그것이 무엇일까? 즉 무엇이 쓸모없이 낭비되는 엔트로피인가? 나비효과(Butterfly Effect). 수없는 나비의 날갯짓은 계속 공기를 데운다. 데워진 공기는 대기권까지 올라간다. 온도가 높은 공기는 위로 올라가기 때문이다. 위로 올라간 공기는 추운 상공에서 다시 식으면서 찬 공기가 되어 대륙으로 내려온다. 바다로도 내려온다. 이러한 과정이 계속되고 반복되면서 마침내 큰 바람이 된다. 마찰열도 계속 발생한다. 나비의 날개와 공기와의 마찰, 더운 공기가 위로 올라가면서 주변 공기와의 마찰, 바람과의 마찰, 구름과의 마찰, 그리고 부피의 팽창으로 인한 대기권과의 마찰 등 결국 엔트로피가 계속 증가한다. 이때 엔트로피는 과연 쓸모없이 낭비되는 것인가? 아니면 대기(大氣)를 깨끗이 씻어주는 바람 때문에 쓸모가 있는 것인가? 쓰나미가 지나간 다음에 해안가가 청결해진다. 과연 뭐가 더 쓸모있는 것인지? 판단은 결코 쉽지 않다. 그렇다면 엔트로피를 무조건 쓸모없이 낭비되는 것으로만 간주할 수 있을까?

우리가 경제활동을 하기 위해 투입하는 운동에너지는 일을 통하여 경제성과를 낼 수도 있다. 그러나 완전하지는 않다. 왜냐하면 운동에너지에 의해 생기는 마찰열로 인해 엔트로피가 발생하기 때문이다. 물론 쓸모없는 마찰열이다. 이로써 자기가 바랐던 경제활동의 성과는 항상 2%가 부족하게 된다. 물론 최대한의 운동에너지를 투입했을 경우이다. 그러니까 최선을 다해도 성과는 완전하지는 않다. 그렇다면 2% 부족한 성과는 어디서 보충해야 할까? 아니면 영원히 보충되지 못하는 것일까? 이를테면 쓸모없는 마찰열을 전열기나 백열전등처럼 유용한 에너지로 활용할 수는 없는 것일까?

우리는 지금 이런저런 이유로 급격하게 가속화되고 있는 '언택트 사회'에 살고 있다. 사람과 사람이 만나고 접촉하면서 만들어가던 경제공동체에 비상이 생겼다. 물론 오프라인의 접촉이 온라인 접속으로 이동하면서 경제공동체의 양태가 달라지고 있다. 그럼에도 불구하고 경제지표에 의하면 모든 국가의 경제상황 전반이 크게 위축되고 있는 것으로 나타나고 있다. 일단 일자리가 급격하게 사라지고 있다. 물론 전통적인 일자리라고는 하지만. 혹자는 온라인 테크놀로지의 발달에 따라 새로운 일자리의 창출은 얼마든지 가능하다고 한다.

그런데 지금 온라인 테크놀로지로 인해 일자리는 급격하게 줄어들고 있지 않는가? 사람 대신 컴퓨터와 인공지능이 일을 하는 시대. 인터넷뱅킹의 확대로 금융기관의 전통적인 오프라인 일자리가 급격하게 사라지고 있다. 매장도 하룻밤 자고 나면 없어진다. 이제 은행직원들은 모두 임시직이다. 아니면 5년 치 월급을 받고 명예퇴직을 하란다. 백화점과 쇼핑몰 같은 거대시장도 텅텅 비고 있다. 지금은 안간힘을 쓰고 버티지만 이미 식물인간 상태다. 인터넷 화상강의가 자리매김을 하면서 학교에 갈 이유가 없다. 교직원들의 책상이 계속 사라지고 있다.

언택트 사회에서는 엔트로피의 증가가 억제된다고 할 수 있다. 왜냐하면 사람들이 서로 마찰을 할 확률이 줄어들기 때문이다. 물론 외형상이다. 그렇다면 언택트 사회는 엔트로피의 증가를 억제할 수 있는 바람직한 사회가 되는 것은 아닐까? 궁극적으로 사람을 소멸시키고 우주도 멈추고 만다는 '엔트로피의 법칙'에서 벗어날 수 있도록 해주는 사회. 그렇다면 언택트 사회는 오히려 이 우주에서 우리를 영원히 살 수 있도록 해주는 그야말로 '이상향'(理想鄉, Utopia)이 아닐까?

아쉽지만 일단 아닌 것 같다. 왜냐하면 고립계에서 엔트로피는 항상 증가하게 되어 있기 때문이다. 그렇다면 어떤 엔트로피가 증가한다는 것일까? 과연 쓸모없이 낭비되는 엔트로피가 어디에 숨어 있다는 것일까? 일단 서로 안 만나니까 마찰열이 준다. 그러니까 엔트로피도 줄어드는 것처럼 보인다. 그러나 전체적으로는 엔트로피는 계속 증가한다는 사실. 심지어 전보다 훨씬 빠른 속도로. 우리 인간은 기계의 시대에는 기계의 속도로 일을 했다. 마찬가지로 지금 우리는 인터넷의 속도로 일을 해야 한다. 운동에너지가 그렇게 빨라진 것이다. 그만큼 저항과 마찰은 더욱 많아진다. 같은 논리로 본다면, 엔트로피의 증가 속도 역시 그만큼 빨라졌다고 할 수 있지 않을까? 그렇다면 이를 가능하게 하는 것은 무엇일까? 바로 그걸 찾아내는 것이 우리의 새로운 과제다.

우리는 때로 사람을 만나고 싶지 않을 때가 있다. 그냥 조용히 살고 싶은 거다. 즉 인간관계의 스트레스 때문이다. 그냥 두문불출. 공동체가 가장 훌륭한 삶의 방식이라고 했다. 공동체는 가장 훌륭한 생존전략이라고 했다. 더 이상 인간관계가 힘들기 때문에 공동체를 피하는 것이다. '혼밥', '집콕', '혼술', '은둔형 외톨이' 등이 대표적이다. 어쩔 수 없기에 그럴 수도 있지만 자발적이기도 하다. 그냥 혼자 조용히 있고 싶은 거다.

쓸데없는 사람들과의 만남으로 인한 피로. 인간관계로 인한 권태감. 알고 보면 엔트로피를 최대한 억제하는 나만의 생존전략일 수 있다. 사람이 싫다. 공동체에서 서로 부딪히면서 발생하는 마찰열을 최대한 피하는 거다. 엔트로피의 발생을 최대한 억제하는 것이다. 그렇다면 우리 인류가 오랜 시간 동안 만들고 그 속에서 살아온 '공동체의 삶'은 정말 우리 인류가 선택한 최선이었다고 할 수 있을까? 아니면 누군가에 의해 인위적으로 강요된 계략이었을까? 의문점은 우리는 여전히 공동체를 아쉬워한다는 사실이다. 그 증거가 바로 온라인상에서 모이는 것이다. 온라인 공동체. '카톡'부터 시작하여 메신저로 대화하고 온라인 동호회, 온라인 카페, 온라인 블로그, 온라인 밴드, 온라인 장터 등 온라인으로 공동체의 삶을 유지하고 있는 것이다.

4차 산업혁명 시대의 화두는 연결, 초연결이다. 사람과 사람, 사람과 사물이 모두 연결된다. 테크놀로지의 위력이다. 첨단 테크놀로지는 세상을 하나로 모두 묶어 놓았다. 이제 우리는 초연결사회라는 그물망에 걸려 있다. 하나는 또 다른 하나에 영향을 미친다. 어쩌면 양자(量子, Quantum)의 세계를 세상에 구현해 놓았다는 느낌이다. 물리학에서 양자진동(量子振動)과 양자도약(量子跳躍)을 통해 양자는 다른 양자들과 자연스럽게 얽히면서 모든 양자들과 연결된다. 오늘날 양자컴퓨터를 기대하는 것도 같은 생각이다. 우주만물의 생성은 처음부터 연결, 초연결로 이루어져 있다. 명실공히 테크놀로지의 발달이 이를 입증해 주고 있다.

현실세계와 가상세계도 하나로 연결되었다. '클라우딩 시스템'(Cloud ing System). 현실과 가상세계를 넘나들면서 삶은 현실과 가상이 하나가 되었다. 특히 제4차 산업혁명을 대표하는 사물인터넷(IoT)은 현실과 가상을 하나로 통합시켜 초연결사회를 만든다. 정보통신혁명으로 사람과 사람이 연결되고, 인공지능으로 사람과 사물이 통합되는 세상. 명실공히 연결, 초연결 사회 맞다.

그런데 아이러니하게도 연결, 초연결의 사회가 오히려 인류에게 '재앙'(災殃)이 될 운명에 처하게 되었다. 코로나19의 급습. 모든 일상이 코로나 팬데믹으로 인해 도미노 현상(Domino Phenomenon)이 일어날 수밖에 없게 된 것이다. 하나의 사건이 사회 전체로 이어진다. 지금까지 우리는 모든 것을 연결시키는 작업을 하면서 세상을 새롭게 만들어 왔다. 그러나 이제 모든 일상이 코로나19의 지배를 받게 되었다. 이제 싫으나 좋으나 우리는 코로나19와 함께 살아가야 할 운명이다.

> "코로나19가 사회에 끼친 영향은 블랙 스완(Black Swans) 급으로 예상치 못한 극단적 상황과 경제적·사회적 파장을 불러일으켰고, (이제) 우리 시대는 B.C.(Before Corona)와 A.C.(After Corona)로 구분지어졌다. 그런데 코로나19가 장기화되면서 이제 WC(With Corona) 시대임을 염두에 두어야 하는 상황이 되었다."(황지영, 2020: 29)

연결, 초연결의 사회. 과연 이상적인 사회라고 할 수 있을까? 코로나19가 지배하는 연결, 초연결의 사회, 세상은 재부팅(Rebooting)되어야 한다. 지금까지 우리 인류가 만들어 놓은 공동체는 완전히 소멸될 수밖에 없다. 심지어 적극적으로 소멸시켜야 한다는 주장이다. 소위 뉴 노멀(New Normal), 또는 넥스트 노멀(Next Normal)의 사회. 처음부터 모든 것을 다시 써야 한다.

코로나19는 우리가 같은 공간에 사는 것을 금지시켰다. 사회적 거리 두기 1단계, 2단계, 3단계. 엘리베이터가 없는 고층아파트는 앙꼬 없는 찐빵이다. 하지만 누군가가 기침이라도 한다면 엘리베이터의 문을 열고 뛰어 나가고 싶을 것이다. 조마조마. 사회적 거리 두기가 안 된다. 1.5~2.5m. 엘리베이터는 1인용이어야 한다. 코로나19가 우리에게 안겨준 불안. 실제로 감염될 수도 있고. 해법은 두 가지이다. 걸어서 올라가든지 아니면 주택으로 이사를 가는 거다. 전자는 건강을 위해서도 좋다고 한다. 그러나 40층에 산다고 하면 생각은 달라질 것이다. 매일 40층 꼭대기를 최소한 두서너 번은 걸어서 오르고 내려야 한다. 다리 근육이 생기기 전에 관절염에 걸릴지도 모른다. 인공관절. 남은 생(生)을 고생하면서 살아야 한다. 비싼 아파트들은 대부분 고층아파트다. 엘리베이터를 꺼리는 사람들이 팔고 나가는 아파트. 가격이 떨어질 것이다. 도심지 비싼 아파트의 가격이 빠지면서 주변의 집값도 안정화될 것이다. 물론 언제 그런 일이 닥칠지는 모르겠지만. 사람들은 오늘도 엘리베이터를 타면서 긴장하고 있다. 결국 연결, 초연결이 긍정적인 것만은 아니다. 그렇게 오랫동안 공을 들여서 만들어 낸 연결, 초연결 사회. 결국은 '소멸의 도미노'의 주인공이 될 수 있다. 아이러니가 아닐 수 없다. 코로나19의 공격으로 연결, 초연결이 오히려 독이 되고 있다.

"베이징 상공에서 나비 한 마리가 퍼덕거리면 미국에 허리케인이 분다." 기상학자 로렌츠(Eduard Lorenz)경의 말이다. 나비효과(Butterfly Effect). 카오스 이론(Chaos Theory)은 이렇게 출범했다. 세상이 혼돈 그 자체가 되는 것이다. 그러나 카오스 이론에서 말하는 카오스는 창조적 카오스를 말한다고 했다. 카오스가 지나면 아니 카오스를 통과하면 새로운 세상이 창조되는 것이다. 달리 말하면, 카오스를 지나지 않으면 새로운 창조는 없다. 물은 고이면 썩는다. 신선한 물은 계속 카오스를 만들면서 흘러간다. 카오스를 거쳐야 새로워지는 것이다. 우주의 본질인 항상성(恒常性)

때문이다. 코로나19 사태로 빚어진 카오스의 세계는 언젠가 창조적 카오스로 거듭날 것이다. 쓰나미가 지나간 자리에 새로움이 있듯이. 물론 당장은 혼란이고 고통이다. 사실 우리 인류는 오랜 세월 동안 고통받을 짓들을 해왔다. 지금의 고통은 그동안 인간이 저질러온 짓에 대한 업보다. "새는 알을 깨고 나온다." 독일의 노벨문학상 수상자인 헤르만 헤세의 대표작 『데미안』의 첫 구절이다. 깨져야만 새로움이 탄생하는 것이다. 코로나19 사태로 깨지면서 카오스가 되는 지금의 세상. 너무 서글퍼할 필요만은 없다. 지금과는 전혀 다른 새로운 세상이 새롭게 창조될 것이니까.

그런데 과연 그런 일이 일어날까? 두고 볼 일이다. 시나리오대로 되지 않을지도 모른다. 문제는 엔트로피다. 엔트로피가 얼마나 증가하는가에 따라서 시나리오는 현실이 될 수도 있다. 그러나 전혀 예상이 빗나갈 수도 있다. 결국 미래 예언이나 예측의 정확도는 엔트로피의 방향과 정도에 따라 달라질 것이다. 온라인 공동체에서도 엔트로피가 증가하지 않을까? 에너지가 사용되는 한 엔트로피는 증가한다고 했다. 인터넷 가상공간에서 사용되는 에너지? 그렇다면 온라인 공동체에서 증가하고 있는 엔트로피의 정체는 무엇일까?

우선 일자리와 직결되는 디지털 문맹 또는 디지털 격차로 인해 발생하는 사회양극화의 현상이다. 사회적 갈등으로 인한 마찰열의 발생. 사회적 엔트로피의 총량이 증가하고 있는 것이다. 또한 코로나19 이후 사람들에게 나타난 코로나 블루. 우울증 환자의 수가 급증하면서 사회적 엔트로피가 급증하고 있다. 코로나19 치료, 우울증 치료를 위한 사회비용 등 국민의료비의 증가, 이로 인해 발생하는 사회적 엔트로피가 함께 증가하고 있는 것이다. 이제 우리에게 남겨진 과제는 이러한 사회적 엔트로피 증가의 억제를 위해 어떻게 사회적인 합의를 도출해 낼 수 있을 것인가 하는 질문이다. 무질서 즉 카오스는 창조적 카오스라고 했다. 그렇다면 무질서도의 증가를 의미하는 엔트로피는 창조적으로 전환될 수 있지 않을까? 그렇다면 과연 그것은 무엇일까?

II

언택트 사회의 속성

테크놀로지의 발달사에 근거하여

1. 산업혁명과 콘택트 대면 사회

2. 정보혁명과 언택트 비대면 사회

1
산업혁명과 콘택트 대면 사회[*]

신(神)이 인간과 자연을 창조했다면, 인간은 테크놀로지를 창조했다. 살아남기 위해 그리고 번성하기 위해 인간은 주변 환경과 투쟁해 왔으며, 이러한 투쟁 과정에서 조력(助力)으로서 테크놀로지를 사용해 왔다 (Ferkiss, 1993: 1). 인간은 '무엇인가를 만들 수 있는' 존재로 태어난다. 즉 인간은 도구(道具)를 만들어 내고 사용하게 되면서 살아남았다. 호모파베르 (Homo Faber). 도구인. 작업인(作業人), 공작인(工作人)으로 번역되기도 한다. 이들은 모두 '도구를 만들고 사용할 수 있는 존재'라는 의미이다. 도구는 인간이 살아남기 위해 궁여지책으로 만들어 낼 수밖에 없고 사용할 수밖에 없는 테크놀로지였다. 맹수들과의 경쟁에서 살아남기 위해서 그리고 삶의 편리함을 위해서 사람들은 도구 테크놀로지를 발전시켰다. 테크놀로지는 처음부터 '문제해결사'의 역할을 해왔던 것이다. 살아남아야 한다는 사실, 이것이 바로 인류에게 닥친 최대의 당면과제였다.

애초에 공격무기, 방어무기, 생활무기를 온몸에 가지고 태어나는 동

---

* 이 장은 본인의 저서 『상상력과 교육 - 인간과 테크놀로지의 만남(2014)』의 일부분(pp. 11~130)을 발췌 요약 재편집하여, 엔트로피 이론을 분석의 틀로 재해석 · 재구조화하였음.

물들. 인간은 생존능력 면에서 어림도 없다. 생물학자 아놀드 겔렌(Arnold Gehlen, 1904-1976)은 '인간은 결핍존재'로 태어난다고 했다. 인간은 완전하게 태어나지 못한다는 뜻이다. 무엇인가가 결핍된 채 태어나는 인간. 계속 결핍을 메꾸면서 살아가야 하는 운명이다.

동물은 태어날 때부터 공격무기, 방어무기, 생활무기 중 최소한 하나 이상 가지고 태어난다. 호랑이, 독수리 같은 맹수들은 온몸이 무기다. 인간과 체형이 비슷한 원숭이. 발바닥이 찰고무다. 나무에 올라가는 선수다. 바나나와 파인애플을 인간보다 먼저 따낼 수 있다. 온몸을 가시로 무장한 채 세상에 나오는 고슴도치. 천적으로부터 침으로 자신을 보호할 수 있다. 거북이는 등껍질이 방패다. 스컹크는 독가스로 적을 물리치고 카멜레온은 색깔로 헷갈리게 한다. 전갈은 작지만 꼬리의 독을 가지고 있다. 뱀은 보는 것조차 무섭고 징그럽다. 그냥 보는 순간 도망간다. 물론 땅꾼들은 다르겠지만. 그러나 인간의 몸은 어느 것 하나도 무기가 될 수 없다. 그럼에도 불구하고 인간은 수많은 맹수들과 살아가야 하는 운명. 무기를 후천적으로 만들어 내야만 했던 것이다. 그러니까 인간은 온몸이 무기인 호랑이, 사자, 독수리 같은 맹수의 공격을 피하기 위해서, 꼬리에 독을 묻히고 다니는 전갈이나 독사 무리 그리고 고슴도치의 독침으로부터 몸을 보호하기 위해서 그리고 찰고무 발바닥을 가진 원숭이와 나무 타기 경쟁을 하기 위해서 특단의 대책을 세워야 했다.

칼과 방패 그리고 독화살과 창의 발명. 무기를 만들어 낸 것이다. 살아남을 수 있는 확률과 생활수준이 월등해지면서 인간은 급기야 '만물의 영장'이 된다. '호모사피엔스'(Homo Sapiens)의 탄생. 인간은 생각하고 (Homo Sapience) 도구를 제작하고 사용하면서(Homo Faber) 주변 환경으로부터 살아남을 수 있었다. 테크놀로지의 발명. 테크놀로지가 인간을 살렸다. 이렇게 본다면, 테크놀로지의 역사는 인간생존의 역사이다: "인간은 늘 테크놀로지의 사용자로서 살아남았다."(Ferkiss, 1993: 2)

테크놀로지(Technology)는 '예술'(Arts), '기술'(Technique, Skill, Craft)을 의미하는 그리스어 '테크네(Techne)'와 '말'(語), '연설'을 나타내는 '로고스'(Logos)가 합쳐진 테크놀로지아(Technologia)에서 유래했다(미래를 준비하는 기술교사의 모임, 2010: 18). 사전적 정의로 테크놀로지는 '과학이론을 실제로 적용하여 자연의 사물을 인간 생활에 유용하도록 가공하는 수단'이다. 인간의 독창성 및 발명 능력과 관련된 창조적 과정을 말하기도 한다. 더 나아가 테크놀로지는 기술자, 기계 전문가, 발명가, 엔지니어, 설계자, 과학자들이 각종 도구와 기계, 지식으로 세상을 재창조하고 인간이 만든 이 세계를 통제하는 것과 관련되어 있다(토머스 휴즈, 2004/ 김정미 옮김, 2008: 20). 한마디로, 테크놀로지를 통한 인공세계의 구축은 "제2의 창조"(토머스 휴즈, 2004/ 김정미 옮김, 2008: 21)라고 할 수 있다.

테크놀로지는 매개체(媒介體)다. 인간은 누구나 대상(사물과 인간)에 대해 무엇인가 욕망하는 게 있다. 달을 보고 싶다는 욕망은 망원경이라는 테크놀로지를 낳았다. 뉴욕 사람들은 지금 무엇을 하고 사는지 알고 싶은 호기심은 텔레비전이라는 테크놀로지를 발명하게 했다. 테크놀로지는 인간의 욕망과 호기심을 해소시켜주는 수단이다. 지중해 바다 북쪽에 있다고 하는 잘사는 마을 아테네에 가서 물건을 팔고 온다면 부자가 될 것이라는 욕망. 처음 원거리무역을 가능하게 했다. 배 만드는 기술, 조선 테크놀로지의 시작이었다. 대륙과 대륙을 이어주는 철로 위를 달리는 증기기관차. 산업혁명을 가능하게 했다. 제1차 산업혁명. 인간의 욕망은 애초에 인간과 사물, 인간과 인간을 '연결'하는 방식으로 전개되었다. 테크놀로지 역시 '연결'을 목표로 발달하게 된다. 마침내 지구와 달나라까지 연결해 보겠다는 인간의 욕망은 우주개발 테크놀로지를 발전시켰다.

오늘날 우리는 초연결의 사회에 살고 있다.[13] 모든 테크놀로지를 매개로 하는 연결의 시대가 완성된 셈이다. 이제 현실세계에서의 연결로부터 가상세계 즉 사이버세계에서의 연결까지로 발전했다. 모두가 인터넷(Internet)의 발명 덕분이다. 인터넷으로 연결되는 세상. 명실공히 현실과 가상공간을 모두 섭렵하는 연결 그리고 초연결의 시대에 살아가는 우리는 연결하려는 욕망을 구현할 수 있었다. 지상에서의 연결을 넘어서 가상세계에서도 연결되고 초연결(Hyper-connected)되는 '면대면 접촉사회', '콘택트 사회'(Contact society)에 살게 된 것이다.

그런데 이제 우리는 언택트 사회(Un-contact Society)에 살아야 한다. 더 이상 서로 접촉하지 못하는 사회. 더 이상 만나지 않는 사회. 그런데 아이러니한 것은 지금까지 인간과 사물, 나와 타인 간의 연결을 욕망하면서 발전시켜 온 테크놀로지가 오히려 우리를 '은둔형 외톨이'로 만들어 놓고 있다는 사실이다. 사실 더 이상 우리는 직접 접촉을 하지 않고도 얼마든지 살아갈 수 있다. 첨단테크놀로지 덕분이다. 아니 홀로 살아가는 것이 보다 유리한 것은 아닐까? 코로나19도 있는데, 온라인상에서 모든 것이 해결되는데. 굳이 말을 해야 할까? 괜히 오해만 생기기도 하고, 귀찮기도 하고. 외출하려면 옷도 잘 입어야 하고 단장도 해야 하고. 낯선 사람들과 대면의 관계맺음도 쉽지가 않다. 딜레마가 아닐 수 없다. 도대체 어떻게 된 것일까? 물론 소통(疏通, Communication)은 여전하다. 다만 소통이 사이버 상에서 이루어지고 있을 뿐. 특히 온라인 문자소통. 이메일, 문자 메시지, 블로그, 채팅, '톡'이 대세다. 더 이상 말이 필요없는 세상.

---

13 초연결사회란 'ICT를 바탕으로 사람, 프로세스, 데이터, 사물이 서로 연결됨으로써 지능화된 네트워크를 구축해 이를 통해 새로운 가치와 혁신의 창출이 가능한 사회'를 말한다.

간혹 목소리가 궁금하다.

문자를 이용한 온라인 소통은 모두가 익명(匿名)이다. 서로의 신상이나 신체적 특징을 전혀 모른 채 그 내용에 집중할 수 있다는 이점도 있다. 인터넷에 접근이 가능한 대부분의 사람은 이메일을 한다. 이메일은 빠르고 쉽고 항상 전송이 가능하기 때문이다. 카카오톡, 페이스북, 트위터, 인스타그램도 한다. 그리고 서로에게 사적으로 개인만 볼 수 있도록 정보를 전송할 수 있다.

그렇다면 사이버상에서의 소통으로도 콘택트 사회는 여전히 가능한 것은 아닐까? 온라인상의 콘택트 즉 전통의 콘택트 사회를 계승하는 온택트 사회. 온라인상에서 연결하고 접촉하는 온택트 사회로 미래는 충분한 것 아닐까? 그런데 왜 사람들은 면대면 사회와 비(非)대면 사회를 굳이 구별하고, 이로 인해 직면하게 되는 각종 사회문제를 우려해야 하는 것일까? 면대면 사회에서의 소통과 비대면 사회에서의 소통은 과연 무엇이 다른 것일까? 비대면 사회가 정말 경제 불평등과 사회 부정의의 원인이 될 수 있을까? 이제 인간의 욕망은 비대면 소통으로도 충분한 것은 아닐까?

2,500년 전 아리스토텔레스가 선언한 '인간은 사회적 동물'. 진리라고 해도 무방하다. 정보사회에서도 온라인 가상세계에서도 마찬가지이다. 어떤 방식으로든 소통하는 동물. 앞으로 사이버상의 온라인 소통은 어떻게 전개될 것인가? 개인의 호기심에 따라서 이루어질 것이다. 개인의 취향에 맞는 소통. 입맛에 따라 달라진다. 그런데 문제는 같은 취향을 가진 사람들만이 모일지도 모른다는 사실이다. 취향이 다르면 강제 퇴출된다. 그리고 자기의 생각과 다른 곳에서는 스스로 나오면 그만이다. 서로 부딪힐 일이 없다. 로그아웃. 그냥 끝이다. 결국 '편 가르기'가 더 심해

질 수 있다. 획일성 사회. 그렇다면 사이버 인터넷 사회는 전체주의로 가는 것은 아닐까? 반대로 개인의 자유로운 취향과 의도로 인하여 다양성의 사회가 가속화될 수도 있다. 담론과 공론의 장이 형성된다면. 그러나 지금 댓글들을 보면 섬뜩하다. 친구와 동지가 분명하다. "무조건 무조건이야." 유행가 가사다. 'X빠'. '대깨X'. 과연 지금 우리는 어디로 가고 있는 것인지?

그동안 사람들은 테크놀로지로 '콘택트 사회'를 만들어 놓았다. 전통적 공동체 사회. 그러나 이제 사람들은 테크놀로지로 '언택트 사회'도 만들어 놓았다. 전통적 공동체의 소멸인가? 아니면 비대면의 언택트 사회는 대면의 콘택트 사회를 연장한 것인가? 그렇다면 온택트 사회는 뭔가? 만나야 하는 것인가, 만나지 말아야 하는 것인가? 아이러니도 이런 아이러니가 어디 있을까. 딜레마가 아닐 수 없다. 그래서 우리는 지금 오프라인에서도 만나고 온라인에서 또 만난다. 그렇다면 도대체 테크놀로지의 발달 과정에서 무슨 일이 있었던 것인가? 이런 아이러니 현상을 어떻게 설명할 수 있을까? 오히려 자연적 현상일 수도 있다는 건가?

본 장에서는 산업화시대의 테크놀로지 발달사를 추적해 볼 것이다. 특히 테크놀로지의 발달로 인해 증가하는 '마찰열'(摩擦熱)을 근거로 증가하는 엔트로피의 양태를 밝혀 낼 것이다. 과연 산업사회에서 발생한 마찰열은 무엇이었을까? 마찰열은 크게 유용한 마찰열과 무용한 마찰열로 구분된다. '쓸모없는 마찰열.' 바로 그것이 엔트로피의 증가로 이어진다. 과연 그게 무엇이었을까?

1) 돌(石)의 재발견

인간이 사용한 최초의 도구는 '돌'(石)이다. 주변에 널린 돌이 도구로서 재발견된 것이다. 손을 자유롭게 사용할 수 있었던 호모사피엔스가 돌멩이를 던졌는데 날아가던 새가 우연히 맞아 떨어졌다. 돌멩이로 사냥을 할 수 있다는 사실을 알게 된 것이다. 돌멩이 던지는 연습. 사냥연습이었다. 시합도 했다. 누가 누가 멀리 던지나? 돌멩이를 높이 던지자 밤송이가 떨어졌다. 돌멩이를 던졌더니 늑대가 도망쳤다. 돌을 던지면 된다는 것을 알게 된다. 호두는 돌로 깨서 먹으면 된다는 것도 알았다. 돌멩이와 단단한 껍질 사이에 발생한 '마찰열', 그것 때문에 깨진 것이다.

일반적으로 현대물리학에서 에너지는 운동에너지, 중력에너지, 전기에너지, 화학에너지 등으로 구분된다. 이들은 서로 어떤 작용 내지 활동과 연관된다. 그러나 전체의 에너지는 항상 보존된다. '에너지 보존법칙'은 물리학에서 불변의 진리가 되고 있다(Weyl, 2000: 229). 모든 에너지는 형태가 복잡하게 변할지라도 사라질 수는 없다. 고전물리학에서 질량은 결코 소실될 수 없는 실체이다. 에너지 역시 완전 보존된다. 질량이 에너지로 치환되는 이유이다. 질량은 에너지의 일시적 형태다. 질량이 에너지의 일시적 형태라면 이제 원자를 분석하고 분해하는 것은 의미가 없다. 오히려 질량이 어떤 형태의 에너지로 변형될 것인가에 대해서 묻는 것이 더 타당하다. 왜냐하면 서로 충돌함으로써 소립자들은 얼마든지 파괴될 수 있으며 그 질량과 함유되어 있던 에너지는 운동에너지로 변형되어 그 충돌에 관여하고 있던 다른 소립자들 사이에 분포될 수 있기 때문이다(프리쵸프 카프라, 1975/ 이성범 · 김용정 옮김, 1989: 226). 이러한 충돌과정 속에서 소립자들은 탄생과 파괴를 반복한다. 원자 속의 소립자들은 대부분 충돌 과정에서 생겨나 백만 분의 1초보다 짧은 시간 동안만 존재한다. 따라서 이들 소립자들의 탄생과 파괴는 질량과 에너지가 등가(等價)로 인식될 수 있다. 한마디로 충돌하는 소립자들은 얼마든지 파괴되어 다른 형태를 가질 수 있다. 중요한 것은 '에너지의 총량은 항상 보존된다'는 사실이다.

원자들은 입자들로 구성된다. 그러나 이러한 원자 입자들은 역동적으로 생성되는 에너지의 뭉치인 셈이며, 이들은 찰나적으로 존재하는 소립자들로서 일시적으로 나타날 뿐이다(Weyl, 2000: 229-230). 뭉치면 물질(입자)이요 흩어지면 에너지다. 즉 입자는 에너지로 존재하다가 다시 소립자로 관찰되는 것이다. 이렇게 하여 물리학은 대상을 관찰하는 입장에서 주관적 요소를 배제할 수 없게 된다. 이로써 '질량불변의 법칙'과 '에너지보존의 법칙'을 구분하지 않고 하나로 종합하였다. 일명 '질량-에너지 보존의 법칙'이다. 이는 관찰자의 입장에 따라 '관측치의 차이'가 생겨나기 때문이다. 우리가 그것을 질량으로 볼 수도 있고 에너지로 느낄 수도 있기 때문이다. 슈뢰딩거(Erwin Schrödinger, 1887-1961) 등에 의해 실시된 유명한 이중슬릿실험에서도 전자가 입자냐 파동이냐 하는 것은 관측 내지 관찰자의 유무에 따라 달라진다. 즉 관측이 이루어지는 순간은 입자다. 그러나 관측치를 넘어서면 파동 즉 에너지가 된다. 이는 원자력 발전의 이론적 토대이기도 하다. 하여간 이때 질량이 깨지게 되면 그것은 에너지로 전환된다는 사실. 한마디로 질량과 에너지는 맞교환된다.

결국 돌멩이라는 질량과 호두라는 질량이 부딪히는 순간 에너지로 변한다. 그게 '마찰열'이다. 물론 당시 사람들은 이런 사실을 알지는 못했겠지만. 하여간 마찰열로 인하여 호두가 깨지면서 알갱이가 맛있다는 사실을 알게 된다. 영양가도 만점이다. 마찰열을 이용하여 삶에 유용한 에너지를 얻는 것이다. 마찰열이라는 열에너지는 몸속에서 화학에너지로 축적되었다가 운동에너지로 다시 밖으로 나온다. 운동에너지는 일을 하도록 힘(力)을 만들어 주는 것이다. 에너지가 순환되는 것이다. 이 과정에서 쓸모없이 낭비되는 에너지가 있다. 그것이 바로 엔트로피다.

마찰열은 기체의 온도(溫度)를 높여준다. 높은 온도로 기체는 부피 팽창이 이루어짐으로써 압력이 높아진다. 고압으로 팽창된 기체는 분자들을 밀쳐낸다. 분자들의 압력으로 분자구조가 무질서해지면서 물체가 와해된다. 결국 (마찰)열에 의한 기체분자의 부피팽창으로 인해 분자구조를 무질서하게 만드는 일을 함으로써 물체를 이동시키는 것이다. 한마디로 열에너지가 운동에너지로, 운동에너지가 열에너지로 전환되면서 일이 발생한다. 열에너지가 마침내 일을 하게 하는 일에너지가 되는 것이다. 물론 열이 일로 직접 이동되는 것은 아니다. 그렇다면 엔트로피 법칙은 깨진다. 간접적이다. 호두껍질이 돌멩이에 의해 깨어지는 원리. 이때 엔트로피도 함께 발생한다. 왜냐하면 모든 에너지가 일(Work)로 완전히 바뀌는 것은 아니기 때문이다. 왜 그럴까? 바로 '저항'(抵抗, Resistance) 때문이다.

전류가 흐를 때, 물이 흐를 때에도 반드시 저항이 생긴다. 전류가 흐를 때 전류를 운반하는 전하입자와 도체구조를 이루는 고정된 입자 사이의 충돌. 이 때문에 저항이 발생한다. 또한 전기가 흐를 때 운동에너지가 순간적으로 위치에너지로 전환될 때 저항이 발생한다. 그래서 전열상태가 가능한 것이다. 그전열상태는 바로 마찰열로 나타난다. 이때 마찰열은 니크롬전열코일로 모여서 전열기로 사용되기도 한다. 난방히터로 활용되기도 한다. 또한 열을 텅스텐전열코일로 모아서 등잔불을 밝힌다. 백열전등이다. 전열기와 백열전등은 마찰열이 일로 전환된 것이다. 반대로 마찰열 중에 일로 전환되지 않고 대기 중으로 그냥 사라지는 에너지가 있다. 기체분자의 자유도가 높아졌기 때문이다. 말 그대로 자유롭게 훨훨 대기 중으로 사라지는 에너지. 이를 우리는 쓸모없이 낭비되는 엔트로피라고 한다. 신기한 것은 마찰열은 저항이 없으면 생겨나지도 못한다는 사실이다. 그런데 마찰열은 반드시 엔트로피의 증가를 동반한다. 엔트로피의 증가는 궁극적으로 우주를 멈추게 한다. 그러면 우리의 생명도 끝이 난다. 그렇다면 엔트로피의 증가를 동반하는 마찰열 그 자체는 과연 우리에게 유익할 수도 있고 해로울 수도 있는 셈이다.[14]

인간은 주변에 널린 돌멩이로 당면 문제(Problem)를 해결해 나갔다. 돌멩이가 최초의 '도구'로 사용된 것이다. 돌멩이를 갈아서 돌칼을 만들고 곡식을 으깨기 위한 돌도끼, 돌망치 그리고 화살을 만들어 냈다. 돌멩이의 '효율성'을 생각해 낸 것이다. 돌멩이를 갈아서 사용한다면 일을 보다 효율적으로 할 수 있다. '효율성'의 욕구는 테크놀로지를 발달시킨다. 석기시대(石器時代, The Stone Age). 이 시기를 인간이 만들어 낸 최초의 문명시대(文明時代)로 기록하고 있다. 석기시대란 말 그대로 돌로 기구(器具)를 만들어 내고, 이를 도구로 사용하면서 인류가 살았던 — 또는 살아남았던 — 시기를 말한다. 한마디로 인간이 돌로 도구를 만듦으로써 문명은 시작되었다(Ferkiss, 1993: 2).

당시 돌로만 도구를 만들지는 않았다. 나무도 있었고 조개껍질도 있었다. 동물의 뼈도 있었다. 그러나 대부분 돌로 만들었다. 물론 돌이 다른 것보다 효율적이기 때문이다. 그래서 석기시대라고 한다. 그런데 혼자서 호두를 깨는 것은 고역(苦役)이었다. 혼자 하니까 힘도 들고 효율

---

14 이에 대해서는 제III장 "언택트 사회의 딜레마"에서 좀 더 구체적으로 다룰 것이다.

적이지도 않다. 가족과 일을 나누기로 한다. 분업(分業)이 시작된 것이다. 분업을 하였다는 것은 혼자 살지는 않았다는 뜻이다. 이들은 공동체 생활을 했던 것이다. 석기시대는 공동체와 함께한다. 결국 인류의 문명은 '공동체'(共同體, Community)와 함께 시작된 것이다. 공동체의 탄생.

테크놀로지란 인간이 도구를 만들어 내는 과정과 그 도구를 사용하는 과정에서 발생하는 제반 기술(技術) 내지 기술 활동을 말한다.[15] 도구를 만드는 기술(Technic)과 도구를 사용하는 기술(Skill). 모두가 테크놀로지다. 따라서 석기시대의 테크놀로지라고 하면, 돌로 도구를 만들어 내는 과정과 돌로 만든 도구 즉 '석기'를 사용하는 과정에서 발생했던 '기술의 총칭'(技術, Technique & Skill)을 의미한다.

학술적으로는 '호모하빌리스'(Homo Habilis)를 최초의 인류로 본다. 호모하빌리스는 '손재주를 가지고 태어나는 동물'이라는 뜻이다.[16] 선천적인 손재주 덕분에 인간은 도구를 만들고 사용할 수 있었다. 그러나 인간이 처음부터 도구를 만들어 사용할 수 있었을까? 구석기시대 이전에는 인간이 어떻게 살았을까? 도구가 없는데도 살아남을 수나 있었던 것일까? 그런데 살아남았지 않나. 그렇다면 그전에도 도구가 있었다는 말인가?

아마도 도구가 있기 이전에 인간은 맹수가 나타나면 멀리 도망가거

---

15 테크놀로지(Technology)라는 개념을 한마디로 정의하는 것은 결코 만만치 않다. 우리말로 번역하면 '기술'(技術)이다. 그러나 현대에는 '과학기술'(科學技術)의 총칭으로 사용되는 경우가 일반적이다. 사전적 정의(브리태니커)에 의하면, 테크놀로지란 어떤 것을 어떤 것을 만들거나 어떤 것을 하는데 필요한 기법에 대한 '체계적인 연구'를 말한다. 따라서 본 연구는 이러한 브리태니커의 정의를 기준으로 역사적인 맥락에서 테크놀로지를 해석하고 있다.

16 도구를 만들어 쓰는 동물, 즉 호모하빌리스로서 인간은 기원전 약 200만 년을 전후로 여러 대륙에서 출현한 것으로 여겨지며 기원전 약 9000~8000년에 석기시대는 끝을 맺은 것으로 고고학계에서는 추측하고 있다(위키백과, '석기시대').

나 나무 위로 올라갔을 것이다. 물론 그러는 과정에서 수없이 잡아 먹히기도 하였을 것이다. 시행착오(試行錯誤)의 연속. 인간은 동물과 거의 같은 생활을 해나갔을 것이다. 주로 나무의 열매나 과일을 따 먹거나 아니면 무엇이든 주워 먹으면서 살았을 것이다. 풀을 뜯어 먹기도 하고 강가나 물가에서는 작은 물고기도 잡아먹었을 것이다. 바닷가에서 조개를 줍는 일은 좀 더 쉬웠을 것이다. 곰이 물살을 거슬러 올라오는 연어를 앞발로 낚아 채는 것을 모방했을 것이다. 아니면 오리가 긴 부리를 사용하듯 엉성하게 강물에 손을 넣어 잡아내기도 했을 것이다. 그러다가 점차 솜씨가 늘었을 것이다. 발전된 테크닉. 인간은 도구로써 진정 인간이 된다: "실제로 많은 인간학자들에게 도구의 제작과 사용은 다른 종족으로부터 원시 인류를 구분하는 최초의 수단이다."(Ferkiss, 1993: 2)

한편, 19세기 독일의 기술철학자 에른스트 캅(Ernst Kapp, 1808-1896)은 모든 테크놀로지는 인간 몸 즉 '육체(Body)의 연장'이라고 했다(홍성욱, 2009: 14). 신체의 연장. 이것은 최초의 연결(連結)이다. 인간은 이러한 최초의 연결을 원했던 것이다. 인간들은 타고난 신체를 연장시켜 연결해 보기 위해 허공에 돌을 던졌다. 허공에 나를 연결시키고자 했던 것이다. 하늘 꼭대기까지 날아가 보고 싶은 욕망. 날아가는 새가 되고 싶었을 것이다. 바벨탑을 쌓을 정도인 미지의 세계에 대한 동경. 사람이라면 늘 상상한다. 그러나 팔이 안 닿고 키도 작아 올라갈 수도 없다. 물론 날개도 없다. 그냥 돌멩이라도 허공에 던져 본다. 무엇인가와 내가 연결되고 있다는 느낌.

결국 인간에게 테크놀로지의 발달은 '손의 사용'과 직접적으로 결부된다: "네 발로 땅 위를 걸어 다니다가 두 발로 서면서 손을 자유롭게 사용할 수 있게 된 인간은 생각을 하거나 연장(鍊匠)을 만들고 사용하는 능력에서 다른 동물과 큰 차이를 보이게 되었다."(루카 프라이올라, 1999/ 이충호 옮김, 2004: 6) 우리는 예나 지금이나 높은 나뭇가지 위에 매달린 열매를 따 먹기 위해 '손과 팔의 연장'(延長)으로 긴 막대를 사용하고 있다. 높은 나무 위에 앉아 있거나 날아가는 새를 사냥하고 도망가는 들짐승을 쏘기 위해서 돌로 만든 활과 화살을 고안해 냈을 것이다. 기다란 돌창으로 멀리 있는 동물을 공격할 수 있었을 것이며, 맨주먹으로 방어하기 어렵기 때문에 방패(防牌)를 고안해 냈을 것이다. 결국 모든 도구의 제작과 사용 즉 테크놀로지의 탄생은 '신체의 연장'에서 비롯된 셈이다.

그렇다면 신체를 연장하겠다는 인간의 욕망은 왜 생겨나는 것일까? 우선 움직임은 사람을 피곤하게 한다. 그러나 움직이지 않으면 아무 일도 되는 건 없다. 필요악. 나무에 올라가지 않고는 열매를 따 먹을 수 없다. 사냥을 하지 못하면 밤새 굶어야 한다. 움직이지 않으면 굶어 죽는 것이다. 그런데 사냥을 하고 나무를 타고 나면 힘이 들고 피곤하다. 먹고 살려고 하다 보니 힘이 들고 피곤해지는 것이다. 그렇다면 피곤하지 않고 쉽게 일을 할 수는 없는 것일까? 아니면 좀 덜 피곤하게 살 수는 없는 것일까? 나무 꼭대기 열매를 따 먹기 위해서 긴 나뭇가지를 장대로 만들어 사용한다. 직접 손으로 동물을 때려잡는 대신 돌칼과 돌화살을 사용하기로 한다. 인간은 신체의 연장을 통하여 접촉을 함으로써 소기의 목적을 달성한다. 신체의 한계를 넘어서는 접촉. 콘택트 사회(Contact Society)의 시작이다. 접촉을 통했을 때 비로소 무엇인가를 얻는다.

움직임은 역학(力學)의 연구대상이다. 모든 것을 에너지의 이동과 치환으로 풀고 있는 역학에서 움직임은 운동에너지(Kinetic Energy)로 표현된다. 운동에너지는 '운동하는 물체가 가지는 에너지'다. 역학에서 말하는 에너지는 형태로는 운동에너지, 위치에너지 그리고 열에너지로 구분된다. 에너지 보존의 법칙 또는 에너지 총량 불변의 법칙은 열역학 제1, 2 법칙에서 완성된다. 즉 에너지 보존 법칙은 운동에너지, 위치에너지, 열에너지의 합은 일정하게 보존된다는 것을 말해준다. 그런데 이때 쓸모없이 낭비되는 엔트로피도 보존의 범주에 들어가는 것이다. 물론 내용적으로 에너지는 전기, 화학, 광양자 등으로 구성되지만.

한편, 우리 인간은 움직일 때 운동에너지를 사용한다. 만약 우리가 운동에너지를 적게 사용하면서 일의 성과를 극대화시킬 수 있다면 그만큼 삶은 풍요롭게 되는 것이다. 여유도 생길 것이다. 일단 피곤하지도 않다. 인간은 '피곤함'을 극소화시키기 위해서 테크놀로지를 발전시켰다고 할 수 있다. 즉 효율적인 에너지의 사용이 필요했다. 물론 '편리함'도 중요한 이유다. 그게 바로 테크놀로지의 시작. 인간이 움직이면 피곤해진다는 신체적 한계를 극복하기 위해서 또 삶을 편리하게 해준다는 점에서 테크놀로지는 만들어지기 시작했다. 이렇게 본다면, 테크놀로지는 인간의 본능이다. 본능적으로 피곤하게 살고 싶지 않고 편리하게 살고 싶은 인간의 욕망은 테크놀로지를 만들어 내기 시작했다.

그러나 중요한 것은 운동에너지가 없으면 일도 없다는 사실이다. 일이 없으면 인간은 굶어 죽는다. 따라서 운동을 통해서 일을 만들어 내야 하는 것. 그것이 인간의 운명이다. 인간에게 운동에너지는 일을 위한 전제조건이다. 그런데 인간은 약아빠지게도 자기 대신 일을 해줄 수 있는 것을 찾기 시작했던 것이다. 석기 테크놀로지의 발명. 인간은 사용해야 할 운동에너지를 절약할 수 있다는 사실을 처음으로 알게 된다. 인간에게 삶의 시작은 움직임 즉 운동에너지로부터 시작된다. 이런 의미에서 2,500년 전에 아리스토텔레스는 인간을 '운동-내-존재'라고 규정했다.

인간은 움직이면서 인간이 된다. 다시 말하면 인간은 운동에너지를 사용하면서 인간이 된다. 인간에게 움직임은 본능이다. 움직이지 않으면 인간은 온전한 인간이 되지 않는다. 왜냐하면 운동에너지를 사용함으로써 인간은 일을 하게 되고 일을 함으로써 인간은 자아실현도 할 수 있기 때문이다. 일을 통한 자아실현. 그런데 운동에너지를 사용할 때 인간은 저항을 받고 마찰열이 발생한다. 저항과 마찰열이 일로 전환된다면 유용하다. 그러나 그렇지 못하면 이는 고스란히 엔트로피의 증가로 남는다. 인간은 엔트로피의 증가를 최대한 억제시키기 위해 테크놀로지를 발전시켰다. 즉 쓸모없이 낭비되는 에너지를 최대한 억제하기 위해서였다. 그러나 과연 석기 테크놀로지는 결과적으로 엔트로피의 증가에 가속도를 붙여 놓은 것인가? 아니면 엔트로피를 억제하는 데 더 많이 공헌한 것일까?

만약 석기를 만들고 사용하는 과정에서 쓸모없는 마찰열이 더 많이 발생했다면 엔트로피의 증가에 기여했을 것이다. 이를테면 부족과 부족 간의 싸움을 위해 석기 테크놀로지가 투입되어 큰 인명살상 같은 것들이 발생했다면 이것은 엔트로피를 증가시킨 것인가 아닌가? 우리의 공동체를 사수하기 위하여 남들의 공동체를 파괴시켰다. 역사가 심판할 대목이다. 반대로 석기의 사용으로 어쩔 수 없이 발생하는 마찰열을 '삶에 유용하게' 전용하였다면, 마찰열은 생산적으로 활용된 것이다. 마찰열의 창조적 전환이다. 이때 삶에 유용한 것은 도대체 무엇일까? 유용성의 기준은? 이 역시 역사만이 말해 줄 것이다.

2) 불의 발명

　구석기 시대의 중요한 기술변화 중의 하나는 불의 발견이다(송성수, 2009: 15). 우연히 인간은 불(火)을 발견하게 된다. 사람들은 어느 날 하늘에서 천둥과 번개가 내리칠 때 울창한 숲속에서 발생하는 불로 인해 주변이 재(災)가 되는 현상을 목도했다. 화산(火山)이 폭발하고 갑자기 땅이 갈라지는 지진. 온 동네가 잿더미가 되는 것도 목격했을 것이다. 모두가 재앙이었다. 그러나 타다 만 '불씨'가 밤의 추위로부터 따뜻하게 해 줄 수 있었으며, 아무리 강하고 포악한 맹수들도 산불에 타 죽는다는 사실을 알게 된다: "호모 에렉투스는 약 100만 년 전에 최초로 불을 정복함으로써 두려움의 대상이었던 동물과 추위를 물리치는 데 이용하게 되었다."(루카 프라이올라, 1999/ 이충호 옮김, 2004: 8-9) 신석기 시대의 인간들은 음식물을 채집하던 방식에서 벗어나 불을 사용하여 음식을 조리할 수 있는 능력을 얻게 되기도 한다(Derry and Williams, 2000: 45). 인류는 조리음식을 먹으면서 평균수명도 급격하게 늘어났다고 한다. 날것을 소화시키기 위해 위장, 간장 등 소화기 계통의 내장기관에서 발생하는 마찰열이 그만큼 줄어든 것이다. 쓸모없는 마찰열. 엔트로피의 증가가 억제되면서 '소멸하려는 경향'이 줄어든 것이다. 인류가 최초로 수명을 연장시킨 사건이었다.

　인간들은 불이 자신들의 삶에 유익하다는 사실을 알게 된다. 고마운 불씨. 비록 천재지변의 과정에서 우연히 얻게 된 불씨였지만. 그러나 그 고마운 불씨가 영원히 지속되지 않는다는 것도 알게 된다. 바람에 금방 꺼져 버린다. 인간들은 이를 어떻게든 오래 보전하고 말겠다는 생각을 하게 되었을 것이다. 그럼에도 불구하고 불씨의 보존은 그리 쉬운 일은 아니다. 항간에는 태초부터 지금까지 단 한 번도 불씨를 꺼뜨리지 않고 있는 종족이 아프리카 어딘가에 있다는 말이 있다. 믿기 어려운 말이다. 그러나 태초에 인간들이 불씨를 보존해야 한다는 생각을 하고 있었다는 증거일지도 모른다. 올림픽의 성화가 주자와 주자에게 전달되면서 올림픽 경기 내내 타오르도록 보존하는 근거도 여기에 있다. 아니면 인류 최초의 진화가 불로 시작되었다는 일련의 '상징'(象徵) 때문일지도 모른다.

하여간 인간은 직접 불을 만들어 낼 것을 생각하게 된다.[17] 타다가 만 불씨만으로도 열기와 온기를 경험했기 때문이다. 그러나 우연히 얻은 불씨를 영원히 꺼지지 않게 잘 보관하는 것은 거의 불가능한 일이다. 결국 인간들은 스스로 불을 만들어 낼 생각을 하게 되었을 것이다. 당시 상황을 상상해 보자. 번개 맞은 나무에 불이 옮겨 붙는 현상을 목격한 사람도 있었을 것이다. 강하게 부는 바람 때문에 나무들이 서로 스치다가 불이 발생하는 상황을 목격한 사람도 있었을 것이다. 이러한 경험으로부터 인간은 스스로 불을 직접 만들어 내는 방법을 궁리하게 되었을 것이다. 지금도 아프리카 지역에 일부 남아 있는 원주민들 중에는 미리 파낸 나무의 구멍 속에다 바짝 마른 뾰족한 나뭇가지를 꽂아 넣고 양 손바닥으로 막대를 계속 비벼대면서 불씨를 지펴내는 방식을 사용하고 있다. 이러한 사실은 태초에 인간이 불을 만들어 냈다는 결정적인 단서를 제공한다. 훗날 보다 견고한 '부싯돌'을 사용하여 불씨를 얻어내는 방식도 알려진다. 모두 다 원리 면에서는 다를 바 없다.

---

[17] 이러한 의미에서 그리스인들은 창조성을 그림이나 캔버스가 아니라 프로메테우스(Prometheus)가 신에게서 불을 훔쳤다는 이야기로 상징화했다(토머즈 휴즈, 2004/ 김정미 옮김, 2008: 22).

물건을 서로 마찰시킴으로써 얻어지는 '마찰열'. 불을 만들어 내는 원리였던 것이다. 불의 발명. 인류 최대의 사건. 마찰열의 발생으로 이루어졌다. 마찰열이 쓸모없이 사용되면 엔트로피의 증가로 이어진다고 했다. 그런데 불의 발명은 마찰열을 완전히 유용하게 사용하는 획기적인 사건이었다. 그렇다면 이들은 이미 '열역학 법칙'을 알고 있었던 것인가? 전혀 그럴 리는 없다. 하여간 나무와 나무의 마찰을 통해서 발생하는 불씨, 부싯돌을 마찰시켜서 얻어내는 불씨는 인류 최초로 불의 역사를 만들어 내고 말았다. 물리학적으로 마찰열은 일련의 '열에너지'(Thermal Energy)이다. 열에너지는 열의 형태를 취하는 에너지로서 물체의 온도나 상태를 변화시키는 작용을 한다.

이제 불을 소유하게 된 인류는 — 추측하건대 대략 호모사피엔스 시절부터 — 이곳에서 저곳으로 이동(移動)하는 삶을 시작할 수 있게 되었다. 다른 지역으로 이동. 이유는 여러 가지로 추정될 수 있다. 그 하나는 먹이(식량)의 부족 때문일 것이다. 모두들 따뜻한 적도(適度) 근처 같은 곳에 옹기종기 모여 살았다. 그 때문에 계속 줄어드는 식량(食糧)은 고민거리가 되었을 것이다. 제한된 구역 안에서의 한정된 먹이. 그리고 식량 부족으로 인한 인간들끼리 크고 작은 '다툼'. 마찰열이 발생하고 만다. 마찰열을 피하기 위해 결국 힘이 약한 자들부터 영토를 벗어난다. 아니면 쫓겨난 것이다. 어쩔 수 없이 다른 지역으로 이주해 가는 사람들. 쓸모없이 낭비되는 마찰열의 발생이 싫었던 것이다. 마찰열은 이들에게 새로운 이동을 부추기는 자극제가 된다.

오늘날 현대인들도 먹이를 구하기 위하여 일터로 이동한다. 지옥같은 출퇴근 전쟁, 이를 불사하면서도 일터로 이동하는 것은 먹을 것을 구하기 위함이다. 물론 다른 이유도 있다. 하여간 운동에너지가 일에너지로 전환되는 것이다. 그런데 이때 운동에너지가 이동하는 과정에서 수많은 저항과 마찰로 열이 발생한다. 유용하게 일로 전용되는 열에너지가 있는 반면, 쓸모없이 낭비되는 엔트로피도 있다. 잘못된 이동 아니면 운동에너지의 잘못된 전용은 엔트로피만 증가시킨다. 엔트로피의 증가는 소멸하려는 경향의 증가다. 도봉산을 올라가야 하는데, 수락산을 올랐다. 다시 내려와야 한다. 쓸모없는 마찰열의 발생. 엔트로피의 증가만을 재촉한다. 물론 등산을 했으니 건강해질 수는 있다. 마찰열의 발생이 아주 무모하지는 않은 것일까?

한편, 인간은 호기심의 동물이다. 혹시 다른 세상에 사는 것이 지금보다 더 나을 수도 있지 않을까? 아니면 무척 사치스러운 생각일 수 있겠지만, 자기만의 공간 즉 별천지를 꿈꾸는 사람들도 있지 않았을까? 이유야 어쨌건 인류의 이동은 테크놀로지의 발달에 또 다른 영향을 주었다고 할 수 있다. 오늘날 현대인들은 여행을 한다. 호기심으로 여행을 떠나기도 하지만 사람을 만나고 일을 하기 위한 목적을 달성하기 위해 이동을 한다. 여행하는 인간. 이동하는 인간. 호모 노마드(Homo Nomad). 이미 인류는 처음부터 다른 곳으로 여행하면서 살았다.

오늘날 코로나19 사태로 해외여행이 멈췄다. 여행하는 인간으로서의 본능이 제거된 것이다. 이동하는 운동에너지가 더 이상 여행하지 않는다. 여행하면서 이동하게 하는 운동에너지가 없는 이상 엔트로피의 증가도 없다. 그렇다면 여행 금지는 오히려 엔트로피의 증가로 인한 사회 소멸을 억제해 주는 것이 아닐까? 그렇다면 코로나19 사태는 오히려 우리에게 나은 세상을 만들어준 게 아닌가? 그러나 여행은 쓸모없는 마찰열만 발생시키는 것은 아닐지도 모른다. 여행은 최고의 교육이라는 말도 있지 않은가? 집 떠나서 고생을 해보아야 사람이 된다는 말도 있다. 여행을 통해서 많은 힌트를 얻어서 사업아이템을 얻었다는 사람도 있다. 세계여행이 꿈이라는 사람도 있다. 그만큼 여행은 우리의 삶에 활력소가 되기도 하고 꿈이 되기도 한다. 하여간 여행의 자유가 사라진 지금 우리는 그만큼 자유롭지 않다. 여행하는 자유로움을 통해 얻을 수 있는 이득과 기쁨. 여행 금지로 잃고 있는지도 모른다. 그런데 놀라운 것은 여행의 자유가 막히면 인류의 진화도 멈출 수 있다는 사실이다. 인간은 태초부터 여행하면서 살아남았다. 신대륙의 발견. 신세계의 탄생. 이제 여행의 멈춤으로 쓸모없는 저항이나 마찰도 없다. 엔트로피는 억제될 수 있겠지만 그만큼 인류의 진화도 멈춘다.

"5백만 년 전 '오스트랄로피테쿠스'라는 특별한 종이 나무에서 내려와 두 발로 서서 동남아프리카의 풍경들을 유심히 바라보았다. 3백만 년 뒤, 오스트랄로피테쿠스의 후손인 '호모 하빌리스'와 '호모 루톨펜시스'는 걸을 수 있었기에 존속할 수 있었다. 이들은 돌을 도구로 사용했고 아프리카 전역을 돌아다녔다. 그들의 주거지는 그들의 삶과 마찬가지로 불안정했다. … 1백만 년 뒤에 최초의 인간인 '호모 에르카스테르'가 생겨났다. 이들은 여행에 더욱 적응을 잘했다. … 호모 에르카스테르의 후손이면서 다른 종인 '호모 에렉투스'는 살던 곳을 떠났다. 그로부터 몇만 년 동안에 이들은 아프리카의 나머지 지역, 유럽, 중앙아시아, 인도, 인도네시아, 중국 등지를 발견하였다. … 적어도 1백만 년 전에 아프리카에서 '호모 사피엔스'가 생겨났듯이, 이어서 선조들보다 더 잘 걷는 하이델베르크인이 나타났다. 그들은 더 똑바로 섰고 뇌도 더 커졌다. … 이렇게 오랜 시간이 흐르는 사이에 살아남은 종들은 유랑 생활에 가장 잘 적응한 종들뿐이다. 그리고 이동

하면서 할 수 있는 사냥과 채취 기술이 진보했으며 … "(자크 아탈리/
이효숙 옮김, 2005: 19-20)

　여행을 통한 유동인구가 줄면서 교역과 거래가 급감했다. 여행지가
한산하다. 여행객들이 뿌리고 가는 돈도 없다. 돈이 돌지 않으니 지역경
제가 타격이다. 매년 전국적으로 유명한 '산천어 축제'로 지역경제를 보
태왔던 화천군이 2020년 겨울에는 '산천어 통조림'을 만들어 팔면서 축
제를 대신했다. 거래가 중단되면서 사고파는 일도 없으니 테크놀로지의
쓰임새도 작아지고 있다. 테크놀로지를 사고팔 일도 없다. 비행기 테크놀
로지도 더 이상 진전이 없다. 문명의 발달은 거주이동의 자유가 금지되
는 동안은 유보될 수밖에 없다. 기술문명의 세계가 모두 주춤하게 된다.
　다시 말하면, 인류가 이동(移動)을 하면서 '보다 똑똑하게' 진화했다
는 사실이다. 일단 낯선 환경에 적응하기 위해 손과 머리의 사용을 정교
하게 발전시켰을 것이다. 사람은 생각하면서 머리가 좋아지고 머리가 좋
아지면서 많은 생각을 한다. 머리는 쓰면 쓸수록 좋아지는 이유이다. 사
람은 생각하지 않으면 뇌가 녹슨다. 레오나르도 다빈치의 말이다. 용불
용설(用不用說). 아마도 사람들은 악천후 주변 환경과의 싸움을 위해서 보
다 현명해질 수도 있었을 것이다. 문제를 해결하는 삶의 지혜도 늘었을
것이다. 뛰거나 걷는 시간이 늘어나면서 육체도 건강해졌을 것이다. 건
강한 육체에 건장한 정신. 이동과 여행은 사람을 똑똑하게 한다. 치매와
관련된 '해마' 연구로 잘 알려진 일본의 의학자 이케가와 유지(池谷 裕二)
는 사람이 여행할 때 뇌가 가장 많이 진화한다고 주장한 바 있다.
　끝없이 유랑하는 호모 노마드(Homo Nomad). 그런데 이들은 반드시
장벽을 만난다. 새로운 맹수를 만날 수도 있고 새로운 문화를 만난다. 아

마 사람과 사람이 만나는 것이 가장 큰 문제였을 것이다. 새롭게 만나는 사람들과는 우선 말이 안 통한다. 물론 동물들처럼 말이 필요 없을 수도 있다. 말을 할 수 있는 능력은 가지고 있지만 서로 통하지 않는 말. 아무 소용이 없다. 결국 말이 안 통하면 충돌이 있게 마련이다. 이로써 마찰(摩擦)도 발생한다. 네안데르탈인과 크노마뇽인 간의 충돌이 대표적이다. 서로 말이 안 통했다. 말이 안 통하면 오해가 쌓인다. 오해가 쌓이면 충돌과 마찰은 기정사실. 쌓인 오해와 오해는 결국 한 종족이 몰살당하는 싸움으로 마감되었다. 오해로 시작된 마찰. 마침내 한 종족을 역사에서 사라지게 만든 것이다. 결국 새로운 인간들과의 만남은 인류에게 언어(言語)를 진화시켰다. 마찰을 불러오는 오해를 해소시키기 위해서, 서로는 진정한 소통(疏通)을 해야 했기 때문이다.

"이들은 불, 도구, 무기, 기억들처럼 갖고 다닐 수 있는 것 빼고는 아무것도 소유하지 않았다. 세상을 보는 방법도 모두 유랑의 필요성과 연결되어 있었다. … 언어들이 생겨나고 분화되었다. 인간과 마찬가지로 언어도 여행에 의해 진화되었다."(자크 아탈리 / 이효숙 옮김, 2005: 21)

불의 발명은 추운 지방에서도 인간이 살아남을 수 있게 했다. 인류는 따뜻한 적도를 떠나 추운 북반구 남반구로 퍼져 나갈 수 있었다. 반면, 불의 발명은 사람들이 한곳에 모여 살게 했다. 불은 공동체의 삶과 농경생활을 부추긴 장본인이다. 불은 한편에서는 인류를 다른 지역으로 유랑하도록 했고, 다른 한편으로는 사람들이 한 군데 모여 살도록 했다. 유랑민(流浪民)과 정주민(定住民)의 동시적 탄생. 한편에서는 유랑으로 자유롭게 종족을 세상 각지로 퍼지게 하고, 다른 한편에서는 한곳에 모여서 살게 한다. 놀라운 일이다. 산토끼와 집토끼가 동시에 생긴 것이다.

그런데 사람들은 혼자 유랑하지는 않는다. 떼로 모여서 다닌다. 호랑이 같은 맹수는 혼자 돌아다니지만 아프리카 꽃사슴 같은 약자들은 뭉쳐서 다닌다. 인간도 육체적으로는 최고의 약자층이다. 따라서 인간들은 우르르 몰려다니면서 함께 유목한다. 반대로 한 곳에 정착하는 정주민들도 서로 뭉쳐서 집단을 만들어 살아간다. 이들은 맹수의 침입을 막기 위해서 뭉친다. 이들이 살아가는 방법이다. 불의 발명은 이 모두를 가능하게 해주었다.

하여간 유목민이건 정주민이건 불의 발견 이후 공동체(共同體, Community)는 보다 공고해지기 시작했다. 즉 불을 사용하게 되면서 인간은 화로(火爐)를 중심으로 일정한 장소에 모이기 시작했으며, 이에 따라 '공동체'의 형성이 더욱 촉진되었다(송성수, 2009: 14-15). 이는 유목민이나 정주민이나 대동소이하다. 유목을 하다가도 밤이 되거나 먹어야 할 때에는 모든 인간들이 불 주변으로 모인다. 정주민은 말할 것도 없다. 반대로 공동체의 형성은 '불의 보존'에 기여했다는 기록도 나온다.

"유용한 불을 꺼지지 않게 잘 보관하면서 운반하는 것은 대단히 어려운 일이어서 점차 인간은 불이 있는 근처에 정착하는 생활 형태를 갖게 되었다. 일정한 곳에 정착하게 된 인류는 식량 확보를 위한 노력으로 수렵·채취 수준에서 벗어나 농경생활을 시작했으며 보다 더 용이한 경작을 위하여 도구를 발명하게 되었다."(기술사랑연구회, 2007: 10)

이렇게 농경사회(農耕社會)가 탄생한다. 정착민들의 작품이었다.

"약 1만 년 전에 마지막 빙하기가 끝났다. 빙하가 뒤로 크게 물러나면서 강물의 수위가 높아졌고, 이전의 스텝(나무가 없는 초원지대)과 툰드라 지대(동토대)는 숲으로 변했다. 기후가 따뜻해지자 사람들의 생활방식에도 변화가 나타나기 시작했다. 신석기 혁명이라 일컫는 이 변화를 통해 사람들은 수렵채취인에서 농부와 목축업자로 바뀌었다. 그것은 인류의 역사에서 하나의 전환점이었다. 사람들은 밭을 갈고 동물을 우리에 가두어 기르면서 방랑생활을 끝내고 정착생활을 하게 되었다. 땅에서 얻는 산물에 의존해 살아가는 생활방식은 18세기 산업혁명기까지 이어졌다."(루카 프라이올라, 1999/ 이충호 옮김, 2004: 11-12)

정착민이 만들어낸 농경사회. 유랑민들도 정착민으로서 살아가게 하는 촉매가 되기도 했을 것이다. 유랑보다는 정착생활이 유리하다는 판단. 유목민들이 유랑하면서 만나는 새로운 세상에서 경험하는 충돌과 마찰. 결코 장난이 아니다. 정착민들이 경험하는 충돌과 마찰보다 훨씬 험하다는 판단. 하여간 정착민이 대폭 늘게 되면서 마침내 인류는 농경혁명(農耕革命)의 시대를 맞게 된다. 어쩌면 유랑생활에서 빚어지는 마찰열의 발생을 최대한 억제하고자 하는 인류의 선택이라고 할 수 있을 것이다.

초기 농경사회는 간단한 '경작'(耕作) 즉 '농경'(農耕)에서 시작된다. 채집과 원시수렵어로 중심의 유목과 이동의 생활 대신 점점 공동체와 함께 정주(定住)하는 방식으로 생활양식이 바뀐다. 이 과정에서 농경사회는 가속화된다. 농업혁명(Agricultural Revolution). 속도를 얻게 된 것이다. 이렇게 탄생한 농경사회는 석기시대의 중요한 유산으로서 '산업혁명' 이전까지 지속되었다.

특히 '볍씨의 발견'은 농경혁명의 장본인이다. 오늘날 최고(最古)의 볍씨들은 서양권이 아닌 동양권에서 발견되고 있다. 중국의 황화권과 양자강 근처가 대표적이다. 이는 정주민의 정착생활이 아시아에서 먼저 이루어졌다는 주장의 근거이기도 하다. 우리나라에서도 청원군 옥산면 소호리 지역에서 구석기 유물과 함께 볍씨(추정: 약 10만 년 전)가 출토되어 학계에 보고된 바 있다.[18] 아울러 볍씨를 보관했던 각종 토기들도 발견된다. 물론 토기들은 수렵, 어로, 채집 시대에도 존재했던 것으로 추정된다.[19] 처음에는 곡식을 담기 위해서 주변의 돌덩이를 주워다가 가운데를 파내어서 사용하였다고 한다. 이것이 점차 토기 즉 모양을 다양하게 만들 수 있는 '흙'이라는 재료로 전환된 것이다. 말 그대로 토기(土器)이다.

석기시대가 농경사회였다는 사실은 당시의 예술작품에서도 나타난다. 기원전 30,000~25,000년경에 제작된 것으로 추정되며 인류 최초의 예술작품으로 알려진 '빌렌도르프의 비너스'(Venus of Willendorf)는 구석기시대의 조각 작품이다. 오스트리아 다뉴브 강가에 자리 잡고 있는

---

18 사실, 2003년 10월 22일 영국의 BBC 방송은 "세계에서 가장 오래된 볍씨가 한국의 청원군 소호리에서 발견되었다"는 방송을 내보냄으로써 소호리 볍씨가 세계 최고의 볍씨로 잠정적 공인을 받은 셈이라고 할 수도 있다. 이러한 사건은 지금까지 중국에서 발굴된 볍씨들은 주로 1만여 년 전의 것들로 추정되는 데 비해, 훨씬 더 먼저의 것으로 평가되기 때문에 결국 알려진 바대로 아시아의 농경문화는 한반도에서 시작되어 나중에 중국대륙으로 전수된 것이 역사적 사실이라고 할 수 있는 정황근거가 될 수 있다.

19 신석기시대에 가장 전형적인 토기는 빗살무늬토기이다. 이러한 토기는 우리나라에서도 발굴되었는데 서울의 암사동에서 출토된 것으로서 바닥이 뾰족하며 마치 거꾸로 세워진 윗부분이 없는 달걀모양이다. 높이는 약 30~50cm의 비교적 큰 것이 많은 것으로 보아서 다량의 물품을 보관한 것으로 보인다.

빌렌도르프 지역에서 1909년 철도 공사 때 고고학자 요셉 좀바티(Josep Szombathy)에 의해 발견된 돌로 만든 여인상(女人象)인 이 조각상은 높이 11cm의 조그만 계란형 돌에 유방, 배(腹), 둔부, 성기(性器)가 지나치게 과장되게 표현되어 있다. 출산(出産)과 풍요를 기원하는 주술적 의미를 담고 있는 것으로 알려진 이 여인상은 '출산의 비너스'라고도 불린다. 동서양의 역사에서 다산(多産)은 농경사회를 상징한다. 따라서 당시는 농경사회였다는 해석이 가능하다. 농경사회에서는 한 곳에 정착하여 농사일을 해내기 위해서는 무엇보다도 많은 일꾼이 필요하다. 따라서 출산의 능력을 가지고 태어나는 여성들에게는 다산의 사명이 부여되었을 것이다. 다산의 여왕이 될 때 비로소 여성은 ─ 훗날 마치 비너스처럼 ─ 가장 아름다운 사람이었다. 결국 농경사회의 출현은 모계사회(母系社會)를 더욱 강화시켜 준 결과를 초래했다고 할 수 있다.

농경사회의 출현은 인간이 운동에너지를 매우 효율적인 일로 전환시킨 최초의 쾌거였다. 농경시대에는 그전의 수렵어로 시대 그리고 유목민의 시대에 떠돌이 생활을 통하여 인류가 운동에너지를 일에너지로 전환시키면서 삶을 연명했던 때보다는 훨씬 효율적이었다. 그전까지 인류는 혼자서 가파른 산을 오르면서 버섯이나 나물을 뜯으면서 수많은 운동에너지를 써야 했다. 높은 나무에 올라가 열매를 따고 과일을 따기 위해서도 많은 운동에너지가 필요했다. 들판에 나가서 멧돼지, 노루 등을 사냥하기 위해서는 온 동네 사람들의 운동에너지가 집결되어야 했다. 정착하여 가족이 함께 모여 살지 않으면 거의 불가능한 일이다. 서로 협심해야만 겨우 멧돼지에게 당하지 않는다. 정착을 통한 농경사회가 시작되면서 사람들은 먹잇감을 구하기 위해서 쓸데없이 길거리에서 방황하는 시간을 줄일 수 있었다. 쓸모없이 낭비되는 운동에너지를 줄일 수 있었던 것이다. 엔트로피의 증가가 억제된 것이다. 더 이상 버섯과 상추를 먹기 위해서 산속을 돌아다닐 필요가 없다. 종자를 받아서 집 안마당에서 재배하면 된다. 경작(Culture). 그만큼 운동에너지가 절약되는 셈이다. 전보다 훨씬 운동에너지가 유용한 운동에너지로 전환되면서 엔트로피의 증가는 상당량 억제될 수 있었다. 또한 아이들을 많이 낳는 것은 당연하였다. 다산의 여신이 대우를 받는다. 일손이 그만큼 많이 생기면 풍요로운 것이다. 많은 일손은 엔트로피의 증가를 억제시킨다. 물론 아이들이 싸우고 어른들의 속을 썩이기만 한다면 오히려 엔트로피는 계속 더 많이 증가될 것이다.

농경 테크놀로지의 발달은 신석기시대를 보다 다양하게 발전시켰다. 부싯돌(Flint)로 불을 지피는 방식이 일반화되면서 부싯돌로 쓸 돌멩이가 필요했다. 옥(Jade), 경옥(Jadites) 그리고 녹암(Green Stone) 같은 단단하고 다양한 바위들로부터 보다 세련되고 단단한 석기들이 만들어졌다. 그런데 문제는 이들 특수한 돌들은 주로 땅에 묻혀 있었다는 사실이다. 결국 땅 속에서 돌들을 끄집어내는 채석작업(採石作業)이 발달하게 된다. 보다 가치 있는 돌들을 얻기 위한 채광기술(採鑛技術)의 발달로 이어지게 된다. 이렇게 하여 점차 테크놀로지의 범위와 양태가 진화하게 되는 것이다. 이로써 돌을 캐내고 돌로부터 광물을 뽑아내는 채석 · 채광 테크놀로지가 탄생한다. 채광 테크놀로지의 발달은 농경생활의 기계화를 촉진시키면서 농경사회는 급속도로 발달한다. 그만큼 인간들에게 운동에너지는 절약되고 대신 '기계의 사용' 또는 '테크놀로지의 활용'을 통해 일에너지의 효율성을 얻어내게 된다. 일의 효율성. 엔트로피의 증가를 억제하면서 가능하다. 반대로 쓸모없이 낭비되는 엔트로피의 억제는 일의 효율성을 높여준다.

결국 인류가 모든 문명을 만들어 낼 수 있는 동력이 바로 불의 발명 즉 마찰열의 재발견에서 시작되었다고 할 수 있다. 물론 불을 엉뚱한 데 사용하면 엔트로피의 증가도 명약관화하다. 자나 깨나 불조심, 꺼진 불도 다시 보자. 지금도 전 세계에서 가장 바쁘고 가장 위험한 직업은 소방관이다. 불이 나면 치명적이다. 산불조심. 가을 산을 오르다 보면 사방팔방에서 볼 수 있는 플래카드. 불이 나면 엄청난 엔트로피의 증가가 초래될 것이다. 불의 양면성. 쓸모없는 마찰열의 억제와 마찰열의 창조적 전환을 통한 엔트로피의 억제 그리고 증가하는 엔트로피를 수수방관하는 것은 모두 가능하다.

3) 공동체의 발달

최초의 공동체는 석기시대에 시작된 농경·정주사회로부터 탄생되었다고 했다. 공동체의 탄생은 동물의 순치(馴致)와 함께 시작된다. 인간은 야생동물을 잡아다 길들여서 자신들의 수족처럼 부렸다. 동물을 가축(家畜) 즉 집짐승으로 바꾸기 시작한 것이다. 들소가 일소가 되고 야생마가 경주마가 된다. 돌을 무기화하면서 야생동물의 포획과 수치는 훨씬 수월해졌다. 저렇게 힘센 들소와 야생마를 잡아서 무거운 돌을 나르게 하고 농사를 짓게 하면 어떨까? 인간의 상상력이 '노예'(奴隸)를 만들어낸 것이다. 가축을 수족처럼 부릴 수 있었다는 것은 '신체의 연장'이었다. 소와 말의 운동에너지가 대신 사용되는 것이다. 힘도 덜 들고 여러 모로 편리해졌다. 일을 대신 해주니 내가 그렇게 많이 움직이지 않아도 된다.

쓸모없이 낭비되는 운동에너지가 절약된 셈이다.

　이제 야생동물을 잡으려고 숨 가쁘게 뛰어다닐 필요가 없다. 이들의 공격을 피해 도망치지 않아도 된다. 사람들은 운동에너지를 최대한 억제하면서 효율적으로 일을 해낼 수 있었던 것이다. 그러나 지금 우리의 목숨을 위협하고 있는 코로나19는 야생동물과 인간이 지나치게 가깝게 붙어 살게 되면서 옮겨졌다는 설도 있다. 수인성 감염. 앞으로도 이런 일들은 더 많이 발생할 수 있다고도 한다. 예전 같으면 사람에게는 전염되지 않던 야생동물의 바이러스란다. 물론 코로나19가 가축으로부터 전염된다는 근거가 아직은 없다. 소문으로는 야생박쥐로부터 온 것이 아닌가 하는데. 어쨌건 야생으로부터 인간에게 전염될 수 있다는 사실. 지금 인간들은 바짝 긴장하고 있다. 앞으로 무슨 일이 또 벌어질지 아무도 모른다. 불확실성의 시대.

　들소와 야생마를 다루는 것은 혼자의 힘으로는 어렵다. 친구와 함께 하기도 하고 가족과 함께 하기도 한다. 야생동물을 가축으로 순치하는 일은 공동체가 아니면 불가능하다. 만약 혼자 산다면 굳이 그럴 필요도 없다. 그리고 그렇게 하기도 어렵다. 하여간 공동체가 좀 더 돈독해진다. 공동체의 밀도도 촘촘해진다. 결국 공동체는 혼자가 아닌 남들과의 '협력과 협업'의 터전이 된다. 이로써 인류에게는 처음으로 진정한 의미에서의 '콘택트 사회'가 탄생한 셈이다. 서로 만나고 접촉하고 연합하는 것이 운동에너지를 유용하게 전용하는 데 유리하다. 바로 그 사실을 알게 된 것이다. 한마디로 콘택트 사회는 나 홀로 사회에서 보다 엔트로피의 증가를 억제할 수 있다는 사실이었다. 인간의 본능적 판단이 엔트로피의 증가를 억제시키는 방향으로 발전하여 왔다. 아마도 이를 말하는 것인지도 모른다. 왜냐하면 인간은 가능한한 살아남기 위한 본능을 가지고 태어나기 때문이다. 물론 언젠가는 죽겠지만. 그러나 중요한 것은 '삶의 질'이다. 엔트로피가 증가하면 그만큼 삶의 질도 낮아진다. 하여간 살아 있는 동안에는 가능한한 엔트로피의 증가를 억제해야만 한다. 아마도 인간은 이러한 사실을 본능적으로 알고 있는 모양이다.

고고학계에서는 공동체 속에서의 본격적인 정착생활이 마지막 빙하기가 끝난 신석기시대 이후로 추정하고 있다. 인간에게 공동체의 삶은 본능이라고 했다. 세상에 최고의 약자로 태어나는 인간. 공동체만이 가장 안전하다. 약자는 강자의 공격으로부터 힘을 합쳐 대항해야 한다. 사람들은 본능적으로 사자, 호랑이 같은 야생의 강자들과의 싸움에서 어쩔 수 없는 마찰열을 최대한 유용하게 전용한 것이다. 무수한 시행착오를 통해 볼 때 약자들은 함께 모여 살 때 가장 살아남을 수 있는 확률이 높다. 역사적으로 살아남은 종족은 모두 농업사회의 정착민들이었다. 아직도 남아 있는 대표적인 유목민은 몽고족이다. 사하라 사막 지역에도 더러 있다. 낙타 타고 유랑하는 민족. 아직도 있다. 그런데 이들도 한군데서 몇 달씩은 정착한다. 오아시스 곁에서. 아니면 계절적으로 유리한 곳에서. 이 외에 유랑민들의 흔적이 그렇게 많이 남아 있지는 않다. 고대 아테네 시절에 소아시아 계통 출신의 소피스트들은 낙타 타고 다니던 유목민들의 후예들이었다. 그들이 당시 아테네라는 부유한 공동체에 정착하게 된 것이다.

인류의 역사 대부분은 정착민의 역사다. 농업혁명, 그래서 혁명이라고 하지 않는가? 그만큼 유목에서 농경으로, 유목에서 정착으로의 변화는 가히 '혁명적'이었다. 엔트로피의 증가는 불안정보다는 안정상태에서 보다 억제된다. 왜냐하면 안정은 '질서'와 통하기 때문이다. 물론 불안정은 무질서 그리고 혼란이다. 또한 불안정은 자유도가 높은 것. 결국 자유롭게 방랑하는 사람들은 불안정하다. 불안정은 혼란과 혼돈을 가져온다. 혼란과 혼돈이 너무 오래가면 영원한 카오스로 된다. 종족이 멸망하는 것이다. 소피스트라는 유목민들의 자유로운 사고가 정착민이었던 아테네 사회를 혼란으로 몰아넣으면서 마침내 아테네는 붕괴하게 된다. 물론 전쟁에서 진 것이 결정적인 이유였지만. 엔트로피 증가의 억제는 인류가 살아남을 수 있는 확률을 높여준다. 그래서 안정되고 질서도가 높은 농업사회는 영원한 카오스로 가지는 않았다. 이로써 인류의 역사는 농업사회가 계승했다.

공동체 사수(共同體死守). 이제 농경사회가 해야 할 일이었다. 죽음을 무릅쓰고 공동체를 지켜야 한다. 무기로 무장한 채 밤새 경계를 서야 했다. 가능한 모든 테크놀로지가 동원된다. 애초에 동물을 잡기 위해 만들어진 무기들이 이제 공동체 사수를 위한 전쟁 테크놀로지로 전환된다. 결국 공동체의 문제를 해결하려다 보니 테크놀로지도 발달하는 것이다. 동물과의 싸움에서 우위를 점하게 된 인간들. 이제 다른 부족들이 싸움의 대상이다. 결국 공동체의 사수는 테크놀로지의 진화와 함께한다. 보다 안정된 사회를 만들고 이를 수호하기 위한 목적으로 진화하는 테크놀로지, 엔트로피의 증가를 억제하는 데 기여한다. 반대로 엔트로피의 억제를 위해 테크놀로지는 그 방향으로 발전한다.

그런데 공동체의 문제는 공동체의 사수로만 끝나는 것은 아니었다. 공동체를 위협하는 외적(外敵)도 무섭지만, 공동체 내부에서도 문제는 끊임없이 발생한다. 구성원들 간의 갈등과 반목, 그리고 싸움과 대립 등이다. 그렇다면 공동체에서 구성원들 간의 알력과 마찰 그리고 대립은 왜 발생하는 것일까? '자유'(自由)에 대한 갈망 때문이다. 욕망의 동물. 인간의 욕망은 테크놀로지를 발전시키는 원동력이기도 하다. 욕망은 자유롭다. 개인의 욕망이 다른 사람의 욕망과 조화를 이루면 공동체는 발전할 것이다. 반대로 욕망과 욕망이 부딪히면 공동체는 위기에 처하게 된다. 욕망의 부딪힘은 '자유의 부딪힘'이다. 개인의 자유와 자유가 부딪히면서 공동체는 위태로워진다. 마찰열의 발생. 인간의 욕망은 끝이 없다. 자유도 무한정의 자유를 추구한다. 공동체에서 마찰열이 발생하는 원인이다.

갈등이 노면에 나오지 않고 잠재적으로 축적되는 경우도 있다. 휴화산. 공동체는 화산의 분화구를 닮았다. 언제 터질지는 아무도 모른다. 그러나 반드시 터질 것이다. 오랫동안 응축된 용암(鎔岩, Lava)이 분화구로 터져 나오듯이 말이다. 결과는 두 가지로 나타난다. 하나는 온 세상을 용암으로 뒤덮을 것이다. 완전한 몰살. 모든 것이 뜨거워서 타 죽는다. 식물이건 동물이건 용암이 흐르는 곳에 있는 것들은 모두 용광로의 액체로 변한다. 액체가 식으면서 고체가 되고 나머지는 화산재로 온 세상을 암흑으로 덮는다. 세상이 모두 죽는 것이다. 마찰열이 엔트로피의 최대치로 전환된 것이다. 그러데 인간은 살게 마련인가 보다. 화산이 폭발하면 지하에 있던 광물들이 지표면으로 흘러나온다. 암석을 캐는 것이 수월해진 것이다. 용암분출로 인한 아름다운 풍광은 덤이다. 용암분출은 마찰열의 발생인가 했더니 동시에 마찰열의 생산적 전환이다. 공동체 내에서의 갈등과 알력 그리고 반목과 대립은 엔트로피의 증가이기도 하지만 마찰열의 창조적 전환이 될 수도 있다.

아직 분출되지 못한 용암도 있다. 지하에서 부글부글 대기만 하는 그런 용암. 언젠가는 분출될 것이다. 항상 조마조마하다. 그러나 속수무책. 우리가 할 수 있는 것은 없다. 공동체도 비슷하다. 공동체 내에는 부글부글 끓는 인간들은 항상 있다. 왜냐하면 서로 의견이 다를 수 있기 때문이다. 그러나 언젠가는 분출될지도 모른다. 용암이 분출되면 모든 세상이 변한다. 마찬가지로 부글부글 끓던 구성원들이 폭발하면 공동체는 변화할 것이다. 엔트로피의 증가가 항상 고민거리가 되어야 하는 이유이기도 하다. 공동체가 바뀌든지 아니면 소멸하든지. 그렇다면 우리가 할 수 있는 것은 뭘까? 속수무책? 아니면 혹시 사전에 방지할 수 있는 것은 없을까? 있다면 그게 과연 뭘까? 달리 말하면 엔트로피의 증가를 억제할 수 있는 방안은 무엇일까?

공동체는 영어로 커뮤니티(Community)이다. 커뮤니티는 커뮤니케이션(Communication)과 어원이 같다. 따라서 공동체에 발생하는 문제는 커뮤니케이션의 문제와 통한다. 실제로 공동체 내분의 문제는 소통의 문제, 소통의 단절 내지 소통의 부재 즉 불통(不通)으로부터 발생한다. 결국 문제는 소통(疏通)이다. 공동체에서는 소통이 관건이다.

오늘날 우리는 소통을 말하고 있다. '불통'이라는 공격을 받다가 대통령도 감옥에 간다. 이는 어제오늘의 이야기가 아니다. 태초부터 지금까지 우리 인류가 결코 극복하지 못한 것. 바로 소통의 문제다. 지금도 힘들다. 역사적으로도 많은 인종들이 사라졌다. 소통 부재로. 가정에서도 소통이 문제다. 소통이 잘되는 집안은 평안하다. 그러나 소통이 없고 소통이 안 되는 집안은 항상 불란이다. 과연 뭐가 올바른 소통인지? 아직 명확한 답은 없다. 사실 이런 소통의 문제를 해결하기 위해 태초부터 인류는 테크놀로지를 발전시켜 왔다. 석기시대에도 예외는 아니다. 그렇다면 석기시대에 공동체의 소통문제를 해결하기 위해 발전시킨 테크놀로지는 무엇이었을까?

바로 언어(言語)다. 언어의 발명. 그러나 언어소통은 문법체계(文法體系, Grammar)를 요한다. 5형식. 문법체계는 하나의 약속(約束)이다. 약속에 따라 말을 해야 알아듣는다. 문법에 안 맞으면 잘 알아듣지 못한다. 이해

(理解, Understand)하지 못하는 것이다. 처음 원시인들은 그냥 입으로 나오는 대로 소리를 냈을 것이다. 여느 동물들이나 그러듯이 그냥 소리도 질렀을 것이다. 그러다가 우연히 어떤 소리에 동일한 반응을 보이는 사람들과 어울렸을 것이다. 무엇인가를 가리키고 소리를 지르면서 깔깔대기도 하면서 다음에도 똑같은 괴성을 내기도 하고. 그러면 그게 그거를 가리키는 것이고 또한 그렇게 하라는 뜻이다. 거시기. 사람들은 춤으로 해돋이를 맞고 춤으로 하루 일과를 마감했을 것이다. 남자들이 잡아 온 멧돼지를 중심으로 모두 군무를 하면서 축제의 밤을 함께한다. 모든 사람들은 이리 뛰고 저리 뛰고 하면서 소리도 지르고 하면서 무엇인가에 공감하게 된다. 몸의 언어가 몸의 신호가 되면서 서로 소통하게 된다. 점점 소리와 행위가 일치되면서 말은 체계를 잡아간다. 많은 시간이 흘렀을 것이다. 그 와중에 서로 다투기도 하고 급기야 목숨을 잃기도 했을 것이다. 서로 오해(Misunderstand)하는 바람에. 마찰열로 인해 쓸모없이 발생하는 엔트로피가 증가한 것이다. 결국 인간에게는 공동체의 삶에서 '제대로 된 소통'만이 엔트로피 증가를 억제하는 방법이다.

드디어 문자(文字)가 발명된다. 불충분한 의사소통을 보완하기 위한 장치. 문자의 발명은 사회적 엔트로피의 증가를 억제하기 시작했다. 석기시대로 추측되는 문자의 발명은 신체언어에서 크게 벗어나지 않았다. 바디랭귀지(Body Language). 바디랭귀지가 글자로 치환되는 과정도 엄청난 시간이 지났을 것이다. 문자의 발명으로 인류는 또다시 엔트로피 총량의 증가를 억제시킨 셈이다.

지금도 공동체에서 인간은 소통한다. 언어소통이든 문자소통이든. 소통하는 인간은 서로 접촉하고 연결된다. 소통하는 공동체는 서로 접촉하면서 살 수밖에 없는 사회 즉 콘택트 사회였다. 이렇게 본다면, 우리 인류는 처음부터 콘택트 사회에 살고자 했던 것이다. 어떻게든 원활한 소통, 원만한 소통, 충분한 소통을 통하여 서로 합심하여 공동체 속에 함께 살고자 했던 것이다. 공동체는 인류가 살아남을 수 있는 최고의 생존전략이었다고 했다. 콘택트 사회가 바로 우리가 살아남은 최고의 생존전략이었던 것이다.

그런데 지금 우리는 싫으나 좋으나 비대면(非對面) 언택트 사회에 살게 되었다. 지금까지의 콘택트 사회 즉 최고의 생존전략은 어떻게 되는 것인가? 생존을 위해서는 다시 콘택트 사회로 돌아가야 하나? 전통의 공동체 아니면 언택트로 생존전략을 바꾸어야 한다는 말인가? 학교에서도 공동체의 중요성에 대해서 항상 강조해 왔다. 공동체 생활에서는 도덕심이 가장 중요하다고 하면서 동서양을 막론하고 학교 커리큘럼에서도 도덕교육이 빠진 적은 없다. 물론 점수로 치환되는 도덕교육이지만. 갑자기 코로나19 사태가 발발하자 우리는 이제 콘택트보다는 언택트 즉 비대면으로 살아가야 한다고 한다. 물론 코로나19 사태와 무관하게 이미 우리는 오래전부터 온라인 디지털을 통해 때로는 불편한 소통 대신 선택적 단절을 하면서 언택트 사회에서 살아가고 있다. 그러나 이제 코로나19로 인해 우리는 강제적으로 언택트 사회에 살아가야 하는 운명이 되고 말았다.

면대면이 싫으면 공동체를 떠나면 된다. 그러나 공동체를 떠난 삶은 험난하다. 때로는 외롭다. 이미 수차례 언급한 것처럼 세상에서 가장 약자로 태어나는 인간에게 공동체생활은 최선의 삶의 선택이었다. 지금까지 싫으나 좋으나 공동체의 삶에서는 면대면의 삶에 전력을 다해야 했다. 그렇지 않으면 외톨이가 된다. 공동체에서는 외톨이로 살아가는 것은 결코 쉽지 않다. 오늘날 사회에서 학교에서 '따돌림'의 문제가 심각한 것도 이런 이유다. 왕따. 은근한 따돌림, 은따. 완전한 따돌림, 완따. 하여간 공동체 속에서 잘 살아남기 위해서 인간은 면대면의 소통을 잘할 수 있어야 하는 것이다.

콘택트 사회를 향해 내디딘 진일보(進一步). 그것이 인류 문화의 진보였다. 그러나 태초에 콘택트 사회의 초석으로 출현한 '공동체'의 개념은 정말 인간이 살아남는 최적의 방안이었을까? 왜냐하면 인간이 만들어낸 공동체는 항상 위태위태하였기 때문이다. 겉으로는 늘 질서가 잡혀 있고 평화롭게 보여도 그 속에는 알력과 갈등, 충돌과 마찰, 반목과 대립이 잠복해 있는 공동체. 과연 인류가 선택할 수밖에 없는 최적의 생존전략이었을까? 아니면 그것만이 유일한 삶의 방법이었을까? 혹시 당시 권력을 가진 힘 있는 지배자, 기득권자들의 기막힌 농간은 아니었을까? 세상에는 공동체를 이끌 리더(Leader)가 필요하다는 둥 그럴듯한 말들을 늘어놓으면서 권력의 맛을 만끽하고 싶은 인간의 욕심이 낳은 인위적 계략은 아니었을까?

4) 철(鐵)의 발견

인류는 6,000여 년 전에 이집트의 시나이 사막에서 구리 광산을 처음 발견했다(루카 프라이올라, 1999/ 이충호 옮김, 2004: 16-17). 그러니까 인류가 최초로 사용한 금속은 '구리'였다. 동기시대(銅器時代, Chalcolithic: Copper Age). 물론 구리나 금, 은과 같은 금속도 병행된 시대였다. 석기도 사용되었다. 금석병용시대(金石倂用時代). 이 시대의 유물은 지금도 유럽의 동남부와 서아시아 등지에서 발견된다. 대표적인 유적으로는 알프스에서 기원전 3300년경에 살았을 것으로 추정되는 '외찌'(Otzi)라는 이름의 '아이스맨'(Iceman)과 함께 발굴된 순구리로 된 도끼와 칼을 들 수 있다(Parpola, 2005).

그러나 구리는 재질이 물렀다. 일상생활에서 응용되는 데에는 한계가 있었다. 따라서 구리보다는 주석(朱錫, Tin)과의 합금으로 가능해진 '단단한 푸른 구리' 즉 '청동'(靑銅)이 만들어지면서 본격적으로 청동기시대가 열렸다(루카 프라이올라, 1999/ 이충호 옮김, 2004: 17). 주석은 당시 소량으로만 채광되었다. 아예 주석이 나지 않는 지역들도 많았다. 또한 주석을 제련하는 야금술(冶金術)[20]은 구리의 경우보다 어려웠다.[21] 따라서 결과적으로 '합금 테크놀로지'가 발달하였다. 그러나 대다수의 문헌기록에 의하면 당시 청동기(靑銅器)는 부족장이나 왕, 영주나 귀족 등 소위 상위계층들만이 소유할 정도로 생산량과 쓰임새는 많지 않았다.[22] 청동기시대에는 구리와 주석만 있었던 것은 아니다. 금(Gold), 은(Silver) 그리고 납(Lead) 같은 다른 금속들도 있었다. 다만 이들 역시 재질이 무른 관계로 특수한 용도로 사용되었다. 생산량도 많지 않았다고 한다. 특히 금은 기원전 2000년경 유럽지역에서 부족장이나 왕이 쓰고 있던 금 모자(Golden Hats) 또는 장

---

20 야금술이 존재하지 못했던 시대를 우리는 선사시대(先史時代)라고 한다. 따라서 인류의 역사시대(歷史時代, Recorded History)는 야금술의 발달과 함께한다고 할 수 있다. 물론 선사시대와 역사시대의 구분을 문자(문자)의 사용 여부로 가르는 경우가 일반적이다.

21 "청동은 동 90%, 주석 10%를 기준으로 하는 합금이다. 주석의 양이 10%를 넘으면, 합금은 흰빛을 띠는 백동(白銅)이 되므로 거울의 재료로 쓰였다. 인간이 지표상 도처에 널리 존재하는 철이 아니고, 합금인 청동의 야금술을 개발한 이유는 분명하지가 않다. 오늘날까지 알려진 바로는 청동 야금술은 메소포타미아 북부나 시리아 방면에서 B.C. 31세기경에 발명된 것으로 보인다."(네이버 지식백과, '청동야금술발명').

22 이러한 연유로 동서양을 막론하고 청동기 제품들은 양이 많지 않았기에 거의 대부분 왕, 족장, 귀족, 영주 등 상류층 인사들의 분묘에서 발굴된다.

식, 문양(Nebara Sky Disk), 다른 쇠에 덧씌우는 도금용 아니면 다른 금속과의 합금으로 사용된 듯하다: "다양한 종류의 청동이 사용되었는데, 구리에다가 납이나 비소를 섞은 것도 있었다. 그러나 가장 많이 사용된 것은 구리와 주석을 10 대 1의 비율로 섞은 것이었다."(루카 프라이올라, 1999/ 이충호, 2004: 17-18)

한반도에서도 청동기문화의 흔적은 여기저기에 있다. 국보 제141호로 지정되어 보관되어 있는 '다뉴세문경'(多紐細文鏡)은 청동기시대의 대표적 유물이다. 이는 청동으로 제작된 거울로서 '잔무늬거울'이라고 한다. 거울의 뒷면에는 거울 고리인 뉴(紐)가 2~3개 있다. 이는 석기시대의 거친무늬거울에 비하면 작은 삼각형 모양의 기하학적 무늬를 세밀하게 새겨 넣었다. 얼굴의 용모(容貌)가 잘 보일 수 있도록 고안된 것이 특징이다.

이 밖에도 각종 청동거울을 비롯하여 간석기 즉 마제석기(磨製石器)가 있다. 곡식을 모으거나 자르는 반달돌칼, 청동도끼, 홈자귀가 그것들이다. 전쟁용 검(劍)의 종류로서는 비파형동검, 세형동검, 제사도구 팔주령이 있다. 토기로서는 민무늬토기와 미송리식 토기가 있다. 유적으로는 고인돌, 선돌, 들넘무덤, 돌무지무덤, 집터 등이 꼽힌다. 당시 사람들은 농사를 짓고 가축을 길렀다. 농사짓기 좋은 평야나 하천에 집을 짓고 마을을 이루고 살았다. 땅 위에 기둥을 세운 집을 짓고 살기도 했던 것으로 추정된다. 따라서 사람들은 일상생활을 영위하는 데 필요한 각종 도구나 무기 또는 제기 등을 가능한 한 청동기로 만들어서 사용할 생각을 했을 것이다. 물론 모든 일상이 청동기제품으로 바뀐 것은 아니었다. 금석병용 그리고 심지어는 석기시대의 유물을 그대로 사용하기도 했던 것으로 추정된다.

청동기시대를 건너뛴 문화도 있다. 고대 이집트의 제4왕조 시대에는 주석을 입수할 수 없었기 때문에 제12왕조 무렵까지 청동기를 만들지 못했다고 전해진다(네이버 지식백과, '청동기시대'). 그런가 하면, 기원전 14세기 유물로 추정되는 칼날에 철로 도금된 청동도끼가 중국 북부 지역인 허베이성(河北)지역에 있는 가오청 시(藁城) 근처에서 출토되기도 했다(위키백과, '철기시대').

한편, 철기사회는 '청동기시대의 붕괴'(B.C. 1206~1150)로 갑작스럽게 왔다고 알려져 있다. 그러나 청동기시대와 철기시대는 명확하게 구분되는 시대가 아니다. 강에서 잡아온 물고기와 채집해온 열매들 아니면 새나 들짐승 등을 불에 구워내는 과정에서, 사람들은 우연히 불에 달구어진 돌멩이에서 흘러나오는 액체를 보게 되었을 것이다. 그런데 다음날 아침에 ─ 이 역시 우연히 ─ 이 용액이 굳어져 돌멩이에 달라붙어 있는 것을 보았을 것이다. 아니면 흙바닥에 엉겨 붙은 채로 때로는 햇빛에 반짝이는 것을 보았을 것이다. 또 아니면 산불이 난 잿더미 속에서 타고난 돌덩이에서 액체가 흘러나와 굳어 버린 무엇인가를 발견했을 것이다. 바로 그것이 구리이고 주석이고 납이고 철 같은 금속들이었던 것이다.

길가에 널린 돌멩이를 주워다가 불로 달구면 물 같은 액체가 흘러나온다. 그리고 이것이 굳어버리기 전에 나무꼬챙이 끝에 묻혀서 강한 화살촉을 만들어 낸다. 액체를 길쭉한 모양으로 굳도록 하여 이를 망치나 도끼로 사용한다. 아직 액체 상태일 때 여러 번 때려서 날을 세우고 나면 뾰족한 칼이 된다. 이렇게 하여 호미가 만들어지고 낫, 쟁기도 만들어진다. 예나 지금이나 지구상에는 돌과 흙에 철 성분이 가장 많다.[23] 세상에 흔한 게 철이다. 따라서 철제품은 청동제품보다 희소가치도 높지

---

23 철은 항성 핵 합성으로 생성되는 최종 원소로서 초신성 등의 격변적인 사건을 필요로 하지 않는 가장 무거운 원소이다. 따라서 철은 지금도 우주에 가장 많이 퍼져 있는 중금속이다.

않았다. 청동기문화가 오래 지속된 이유였다. 그러나 철이 일반화되면서 전쟁터에서는 철제품이 사용되었다. 전쟁터에서 철제 무기가 압도하면서 청동기시대는 자연스럽게 철기시대로 대치될 수밖에 없었던 것이다.

말 그대로 철기시대(B.C. 1200~586년경)는 철(Iron)을 사용하여 도구나 무기를 만들어 사용하던 시대다. 지금도 철(鐵)의 시대이다. 철은 지금까지 가장 유용한 인간의 문화유산 중의 하나다. 결국 사람들은 석기나 구리보다 더 강력한 철(鐵)을 생산할 수 있는 새로운 제련(製鍊) 테크놀로지를 발달시킬 수 있었다(송성수, 2005).

따라서 철기(鐵器)제품들은 일상에서 쉽게 활용될 수 있었다. 특히 강철은 무기로 적격이었다.

> "청동기는 융점이 낮기 때문에 철기 이전에 사용되었던 도구이다. 철기시대는 보다 높은 온도에서 녹는 기술이 개발되어 시작되었다. 철기시대에는 가장 좋은 도구와 무기는 강철로 만들어졌다. 이것은 철에 탄소 내용물이 0.02%에서 1.7% 정도 섞이게 된다. 강철 무기와 도구는 거의 청동기와 거의 같은 무게지만 더욱 강했다. 그러나 강철은 생산하기가 쉽지가 않았다. 그러므로 많은 철기 도구는 제련한 철기이다. 제련된 철기는 청동기보다 약했지만, 덜 비싸고 조작하기 쉬워서 사람들이 많이 사용하였다."(위키백과, '철기시대')

결국, 금속의 발견과 금속 테크놀로지의 발달은 '우연하게' 이루어졌다. 그러나 우연은 필연이 된다. 놀라운 것은 우연한 발견이 인간을 살아남게 했다는 사실이다. 질량-에너지 보존의 법칙에 의하면, 질량은 곧 에너지이다. 청동기나 철 같은 금속은 석기보다는 질량이 더 나간다. 보다 무거운 질량으로 보관되는 금속 테크놀로지는 석기 테크놀로지를 가진 부족을 능가한다. 그러나 질량이 높은 금속 테크놀로지의 시대는 그만큼 에너지의 사용이 더 많아지는 시대이다.

한마디로 인간은 농경도구인 칼, 도끼, 낫 그리고 부삽, 호미, 도끼, 쟁기 등 철기제품으로 만들어 낼 수 있게 되었다. 강력한 철제 농경 기구를 만들어 내면서 농사일은 보다 수월해졌다. 철제제품을 만들어 내면서 전용된 마찰열은 철제 농기구가 얼마나 유용하게 활용될 수 있는가에 따라서 결과가 달라진다. 농기구가 유용하게 사용된다면 마찰열로 전이된 운동에너지는 유용한 것이다. 반대로 농기구의 활용이 유용하지 않다면 마찰열은 엔트로피만 증가시킨다. 쓸모없는 마찰열. 칼, 도끼, 낫 등이 사람을 해치는 데 사용된다면, 포텐셜 에너지로 전환된 운동에너지는 엔트로피 증가의 주범이 된다. 그럼에도 불구하고 철의 탄생, 철제 농기구의 탄생은 문명의 이기(利器)였다고 한다. 그렇다면 제련 테크놀로지의 탄생은 마찰열의 유용한 활용이었다고 할 수 있다.

제련 테크놀로지가 발전함에 따라 불의 사용은 전보다 훨씬 더 많아졌다고 할 수 있다. 제련을 위해 돌덩이에 열을 가해야 한다. 그만큼 엔트로피가 증가하는 셈이다. 왜냐하면 에너지의 사용이 많아지면 엔트로피는 계속 증가하기 때문이다. 금속 테크놀로지의 시대에 사용되는 역학적 에너지의 증가로 인하여 엔트로피 즉 무질서도는 계속 증가한다. 이를 인간의 삶에 적용한다면, 금속 테크놀로지 특히 제련 테크놀로지에 종사하는 사람들이 사용하는 운동에너지가 위치에너지로 전환되는 과정에서 발생하는 열에너지는 계속 증가할 수밖에 없다.

제련을 위해 애를 쓰는 수많은 사람들. 수많은 운동에너지가 일(에너지)로 전환되는 것이다. 뜨거운 열가마 앞에서 이들은 무수한 구슬땀을 흘려댈 것이다. 여기서 사람들이 쏟아내는 구슬땀이 별 가치가 없는 것으로 끝난다면 엔트로피만 증가하는 것이다. 그러나 이들이 흘린 구슬땀이 의미가 있고 가치 있는 것으로 평가된다면 마찰열이 창조적으로 전환된 것이다.

테크놀로지의 발달은 에너지의 발생과 함께한다. 에너지의 발생이 많은 시대에 문명이 더 발달했다고 할 수도 있다. 우리는 석기시대보다 철기시대가 문명의 시대라고 한다. 물론 진화론적 사고이다. 세상은 진보한다. 그러나 이면에는 엔트로피가 더 많이 증가할 수도 있다는 뜻이기도 하다. 그만큼 에너지의 사용이 유실해야 한다. 일단 사람들이 일을 할 때 '스트레스'를 더 많이 받을 수 있다. 일이 어려우면 어려울수록 스트레스뿐만 아리라 엔트로피도 더 많이 증가할 수 있다. 일이 어렵다는 것은 그만큼 일의 효율성이 떨어진다는 것이기도 하다. 마찰열이 엔트로피로 이어질 가능성이 높다. 일의 효율이 떨어진다는 것은 열효율이 낮다는 것이다. 이는 쓸모없이 낭비되는 엔트로피의 증가가 더 많다는 것이다.

이렇게 본다면, 엔트로피의 증가는 스트레스의 증가와 상관이 있다고도 할 수 있다. 물론 개인적으로 '적당한 스트레스'는 긍정적으로 작용할 수 있다고 한다. 어느 정도의 자극은 일의 활력소가 된다. 그러나 '적당한 스트레스'가 어느 정도인가? 이럴 경우 개인적으로는 스트레스지만 사회적으로는 엔트로피의 증가에 중요한 지표가 될 수 있다. 반대로 스트레스는 암 발병이나 온갖 병의 주범이라고도 한다. 스트레스가 지나친 경우이다. 코티졸이라는 호르몬의 분비가 과도해질수록 스트레스는 엔트로피 증가의 촉매가 된다.

스트레스와 엔트로피가 동일한 것은 아니다. 스트레스는 외부환경이나 외부로부터의 자극에 의해 유발되는 질병 또는 질병의 원인이 될 수 있다. 그러나 엔트로피는 우주만물이 타고나는 선천적인 운명이다. 태어나는 순간 당연히 죽기 시작한다. 당위성? 또한 스트레스는 발생하는 것이지만, 엔트로피는 증가하는 것이다. 엔트로피는 원인규명이 비교적 정확하지만 스트레스는 원인이 불분명하다. 또한 엔트로피의 원인은 (과학적) 분석이 가능하지만 스트레스는 분석이 복잡하다. 심지어 심정적이기까지 하다. 성격상의 문제도 있다. 자기 성향이나 스타일이 아니거나 맞지 않을 수도 있다. 아니면 선천적으로 비위가 약한 관계로 남들에게는 스트레스가 아닌 것도 자기에게는 스트레스가 되는 경우도 있다. 스트레스에 취약한 사람들. 하여간 스트레스의 원인 분석은 어렵다. 그럼에도 불구하고 양자는 동일한 범주에서 생각해도 무방할 정도로 결과는 거의 비슷하다. 즉 엔트로피가 증가와 스트레스의 증가는 마침내 소멸하려는 경향을 높여줌으로써 소멸의 속도를 빠르게 해준다.

이미 우주의 시작은 엔트로피의 발생과 함께 시작되었다. 엔트로피는 오로지 증가만 있다. 세상의 모든 생명은 죽어야 한다. 세상의 만물은 마모(磨耗)될 수밖에 없다. 태어남도 운명이요 죽음도 운명이다. 거역할 수 없는 운명. 엔트로피의 특성이다. 스트레스에서는 해방될 수도 있다. 물론 쉽지는 않지만. 스트레스는 풀 수도 있다. 과연 그런가? 하여간 우리는 종종 스트레스를 푼다고 말한다. 노래방에서 고래고래 소리를 지르는 이유도 여기에 있다. 그러나 엔트로피로부터는 어느 누구도 해방될 수 없다. 생명이 유지되는 한 피치 못할 마찰열 때문이다. 이제 남은 질문은 '선천적인 엔트로피의 증가를 어떻게 하면 억제할 수 있을까?', '이를 넘어서 어떻게 하면 엔트로피를 유용하게 — 달리 말하면 슬기롭게 — 전용할 수 있을 것인가?'이다. 엔트로피의 창조적 전환. 마찰열의 창조적 전환이다.

5) 야금술과 용범의 발명

청동기시대부터 시작된 야금술(冶金術)은 제련 테크놀로지를 발전시킴으로써 인류의 문명발달에 크게 기여했다.

"청동기시대에는 돌을 이용한 석기 대신에 청동기가 주요한 도구로 사용되는 시대를 말하여, 이후에 철기를 사용한 철기시대로 연결된다. 청동을 만들기 위해서는 구리와 주석이 필요하며, 이런 광물자원의 확보와 불을 이용한 '야금법'(冶金法)이 주요한 제작 수단이 된다. 청동기의 획득으로 인류는 석기시대에 비해 농업 생산의 효율을 향상시키고, 군사적 우위를 확보하였고, 사회의 비약적인 발달과 더불어 직업의 분화, 문화 수준의 향상이 일어났다."(위키백과, '청동기시대')

사실 야금법 내지 야금술은 인류문명사에서 예전과는 전혀 다른 차원의 테크놀로지의 탄생이었다. 즉 기술 패러다임의 혁신을 이룬 역사적 사건이라고 해도 과언이 아니다.

"기원전 4000년경에 사람들은 땅 속에 묻힌 금속 광석을 캐내 제련하여 연장이나 무기를 만드는 방법을 알아냈다. 그것은 일찍이 유례가 없는 혁신(Innovation)이었다. 돌로 만든 도구는 금속 도구에 못지않게 작업을 하는 데 지장이 없었지만, 금속은 쉽게 닳지 않고 계속해서 날을 갈아서 쓸 수 있을 뿐만 아니라, 무엇보다도 원하는 모양으로 만들 수가 있었다."(루카 프라이올라, 1999/ 이충호 옮김, 2004: 16-17)

야금술의 역사적 공훈은 우리가 원하는 또는 욕망하는 모양을 보다 용이하고 정확하게 만들어 낼 수 있었다는 사실이다. 주물(鑄物)의 제작에서 시작되는 금속시대. 제련 테크놀로지에 의해 급속하게 발전한다. 물론 모양제작의 용이성이란 생각하기에 따라 달라지겠지만. 돌이라는 고체를 조각하는 것보다는 금속의 액체를 가지고 가능한 마음대로 그려낼 수 있는 야금술. 한층 더 자유로울 수 있었을 것이다.

야금술은 '용범'(容範)을 활용하여 도구를 제작하는 방법과 조우하면서 문명은 보다 빨리 발전하게 되었다. 단순히 돌이나 나무를 직접 갈거나 쪼면서 도구를 만드는 대신, 먼저 원하는 형태(Form)를 '거푸집'으로 만들어 낸다. 그 안에다 용해된 금속(구리, 주석, 철 등)의 액체를 부어서 주조(鑄造)해 내는 방식이 고안된 것이다.

"구리가 발견되어 도구를 만들기 시작하면서 그 제작에 일찍부터 각종 '용범'이 사용되었다. 유럽에서는 돌로 만든 용범과 함께 점토로도 만들었고, 이집트와 인도에서는 밀랍(蜜蠟)으로 만든 용범이 발명되어 동물과 인물의 형상 등을 주조하였다. 중국에서는 용산문화기(龍山文化期)부터 청동기 제조에 사질토(砂質土)를 주로 사용하여 용범이 만들어졌다. 은대(殷代)까지는 주로 흙이나 돌로 만든 용범이 많이 이용되었으나, 주대(周代)에는 역시 밀랍으로 만든 것도 사용되었다. 청동기시대의 한반도에서는 돌로 만든 용범이 주로 사용되었고, 이것을 이용하여 만들어진 다뉴세문경(多鈕細文鏡), 동검(銅劍), 동과(銅戈), 동모(銅矛), 동부(銅斧), 동포(銅泡), 동조침(銅釣針) 등이 만들어져 발견되고 있다. 해방 후 전라남도 영암군에서 청동기를 주조하였던 활석으로 만든 용범이 일괄적으로 출토되어 현재 숭실대학교 박물관에 소장되어 있다. 모두 청동기시대 후기에 해당되는 것으로 그 출토지는 영암군 서호면 독천리라고 전하여 오고 있으나, 최근 영암군 내 다른 곳에서 출토하였을 것이란 주장도 있어 앞으로 좀 더 검토되어야 할 것이다."(위키백과, '용범')

용범에 의한 테크놀로지의 발달은 인류 문명기술사에서 중요한 의미로 해석될 수 있다. 이른바 '대량생산'(大量生産)이 가능해진 것이다. 인류최초의 대량생산. 동일한 무기와 도구를 빠른 시간 내에 만들어 낼 수 있었다. 당시 사람들이 공동체를 이루어 살고 있었다는 증거일 것이다. 왜냐하면 많은 사람들이 한 군데 모여 살지 않는다면 굳이 대량으로 모양이 같은 것을 생산할 필요는 없었을 것이기 때문이다.

야금술과 용범의 등장은 인간의 공동체 생활을 보다 공고히 하는 데에도 크게 기여했다. 일단 일이 복잡해지고 많아진 것이 커다란 이유가 된다. 돌멩이를 구워서 액체 금속을 추출해 내고 이를 야금하는 일은 혼자서 할 수 있는 일이 아니다. 물론 혼자도 할 수는 있겠지만 철제품 하나 만들다가 지나가는 맹수에게 잡아먹힐 것이다. 망을 봐주는 사람이 없기 때문이다. 그만큼 혼자 이 일을 한다면 시간도 너무 걸릴 것이다. 결국 혼자서 모든 것을 한다는 것은 어불성설이다. 십시일반(十匙一飯). 백지장도 마주 들면 낫다. 아마 이때부터 분업, 협업의 개념도 생겼을 것이다. 이렇게 본다면, 오늘날 분업사회는 공동체생활로부터 출발했다고 할 수 있다. 일단 사람들이 모여 사니까 일이 많아지고 복잡해지고 어려워진다. 함께 나누어서 하는 것이 유리하다. 이렇게 하여 공동체는 보다 공고하게 유지될 수 있었다. 여기서 분업과 협업의 경우 역시 엔트로피의 증가를 최대한 억제하기 위한 방향으로 전개되었다고 할 수 있다. 왜냐하면 분업과 협업은 일의 효율성을 최대한 목표하기 위해 인간이 고안해 낸 삶의 방식이기 때문이다. 운동에너지를 효율적인 일에너지로 전환시킬 수 있는 한 우리는 엔트로피의 증가를 억제시킬 수 있다고 보는 것이다.

마지막으로 용범의 등장은 규격화, 표준화, 획일화를 의미한다. 당시 공동체에는 저마다 규범과 규칙이 정해지기 시작했을 것이다. 왜냐하면 '무질서와 혼란'은 공동체를 와해시킬 수 있는 주범이기 때문이다. 대표적인 것이 바로 법(法)의 제정이다. 법치국가의 탄생이다. 법은 공동체의 규율이다. 법을 준수하는 것이 곧 공동체를 사수하는 것이었다. 용법이라는 틀이 정형화되면서 삶의 방식도 정형화되기 시작했을 것이다. 이이 따라 공동체의 규범과 규칙도 정형화되어야 했던 것이다. 기원전 450년경에 만들어진 로마12표법은 인류 최초의 성문법(成文法)으로서, 동판(銅版)에 법조항을 새겼기 때문에 '12동판법'이라고도 한다.[24] 그러니까 금속시대에 인류 최초로 체계화된 성문법이 탄생한 것이다. 이제 공동체의 구성원들은 법과 규범의 테두리 속에서 살아야 했다. 이로써 우리는 무질서한 무법천지의 사회를 면했다. 엔트로피의 증가가 억제된 셈이다. 그런데 문제는 법질서 준수로 공동체는 무법천지를 면했지만 이제 법적인 제약 하에서 살게 된 사람들은 그만큼 자유에 구속을 받게 된 것이다. 각종 규제와 통제에 개인적으로는 스트레스가 보다 높아진다. 사회적 엔트

---

24 물론 이전에도 성문법전은 있었다고 전해진다. 세계최초의 성문법전으로 알려진 우르남무의 법전(Code of Ur-Nammu)은 기원전 2100~2050년 사이에 수메르어로 점토판에 기록되었다고 전해진다. 두 번째는 함무라비 법전(기원전 1810~1750년경)으로 고대 바빌로니아 제국에서 제정되었다고 전해진다. 인류가 남긴 세 번째 성문법이라고 할 수 있는 12표법은 고대 로마에서 제정된 법전으로, 공화제 도시국가 로마의 귀족과 평민의 투쟁과정에서 타협의 성과로 얻어진 평등법으로서 귀족과 평민은 차별되지 않아야 한다는 사실이 최초로 인정된 만민평등법이다.

로피도 크게 증가하게 된다. 이때부터 법은 삶에 '필요악'(必要惡)이 되었다. 법이 없으면 무법천지로 마치 정글의 야수처럼 되고 법이 있으면 그만큼 개인의 자유는 제약을 받는다.

세상의 만물은 고체, 액체, 기체로 되어 있다. 고체를 가열하면 액체가 되고 액체를 가열하면 기체가 된다. 기체를 식히면 즉 열을 빼앗으면 액체가 되고 액체를 식히면 고체가 된다. 결국 물질의 상태 변화의 매개체는 '열'(熱)이다. 열을 받으면 기체가 되고 열이 식으면 고체가 된다. 분출된 용암이 흘러내리다가 식으면서 흙이 되고 바윗돌이 된다. 액체가 고체가 되는 것이다. 용암이 분출하기 전까지는 땅 속에 뜨거운 기체로 가득 차 있다. 뜨거워진 기체가 지반을 뚫고 나와 식으면서 용암이라는 액체가 되고 용암은 다시 지상에서 식으면서 고체가 되는 것이다. 그러나 바위가 깨지면서 기체가 된다. 깨진다는 것은 외부로부터 압력을 받았기 때문이다. 사람이 채굴을 할 때 압력이 가해지면서 바윗돌이 쪼개질 수도 있겠지만, 천재지변에 의해서도 바윗돌은 깨진다. 물론 시간이 걸릴 뿐이다. 빗물에 의해서도 깨지고 심지어 풍화를 통해서도 깨진다.

역학적으로 볼 때, 이러한 상태의 변화는 '자유도'(自由度)의 증감 때문에 발생한다고 설명하고 있다. 현대물리학에서 복잡계 이론은 모든 시스템들이 "자유의 정도" 즉 자유도에 의해 좌우된다는 사실을 잘 알려주고 있다(Mainzer, 1997: 65). 온도가 올라가면 모든 물체의 분자운동은 자유로워진다. 기체는 '자유도'가 가장 높은 상태이다. 자유도가 높다는 것은 분자와 분자 사이, 또는 원자와 원자 사이의 공간이 넓어서 물질이동이 상대적으로 자유롭다는 이야기이다. 자유도가 높다는 것은 '무질서도'가 높다는 말이다. 따라서 기체의 자유도가 높아질수록 엔트로피는 계속 증가한다. 열에너지는 기체 상태이다. 확률역학을 창시한 볼츠만은 모든 시스템이 고체 상태에서보다 기체 상태에서 분자배열이 자유롭게 흩어질 확률은 높아지고 고체 상태에서는 상대적으로 자유롭게 흩어질 확률이 낮아진다는 사실을 알아냈다.[25] 이를 클라우지스의 무질서도라고 해도 무방할 것이다. 다만 분자가 자유롭게 흩어진다는 것은 경우의 수가 가장 많은 방향으로 즉 확률이 높은 방향으로 흩어진다는 것이다. 결국은 질서가 무질서하게 된다는 것은 확률이 높은 방향으로 흩어지는 것을 말한다. 즉 기체 상태에서 분자들은 시간이 흘러감에 따라 질서 있는 배열에서 점점 무질서한 상태로 변한다. 다시 말하면, 고체는 자유도가 가장 낮은 물질상태를 말하는 것이고 액체는 중간 정도이다. 결국 물체는 자유도의 수준에 따라서 상태변화가 가능하다는 말이다. 아니면 물체의 상태변화는 자유도의 조절을 통해 가능해진다는 말이다. 따라서 자유도를 없애면 고체가 되는 것이고 자유도를 확장시키면 기체가 되는 것이다. 바로 이러한 과정에 '열에너지'가 작용하는 것이다.

이를 인간의 삶에 적용한다면, 자유를 찾고 싶은 욕망이 강한 사람일수록 기체와 같다. 기체와 같은 사람에게 공동체의 법적 규제와 통제는 자유도를 규제하고 통제하는 것이다. 즉 인간을 고체로 만드는 것이다. 고체화된 인간은 규격화, 표준화, 획일화, 정형화의 대상이 된다. 통제사회, 관리사회의 결산인 대중사회(大衆社會)가 바로 이렇게 탄생한다. 그러나 이렇게 획일화된 대중사회에 대해 '저항'하는 사람들은 반드시 생겨난다. 이럴 경우 자유를 갈망하는 사람들이 앞장을 선다. 민주주의

---

25 볼츠만에 의하면, 살아있는 유기체는 닫힌 시스템의 제2법칙을 어기지 않는 환경과의 교환 속에 있는 흩어지는 열린 시스템이다(Mainzer, 1997: 5; 79). 그러나 볼츠만의 열역학은 생명의 기원에 대해 결정적으로 설명하지 못했다(Mainzer, 1997: 89). 이러한 의미에서 우리는 볼츠만의 주장을 다윈의 진화론과 같은 맥락으로 이해한다. 구체적으로 볼츠만의 열역학 제2법칙에 대한 통계적 해석은 다윈의 진화론과 대치되지 않는다(Mainzer, 1997: 89).

를 갈망하는 사람들이 나섰다. "촛불혁명". 거의 모든 국민들이 그 추운 야밤에 촛불을 들고 광화문 광장에 모였다. 결국 대통령이 내려왔다. 이들은 기체같이 훨훨 날아다니면서 즉 자유를 만끽하면서 최대한의 자유도를 가지고 살고 싶은 사람들이다.

그러나 공동체는 사람들에게 모든 자유를 허락할 수는 없다. 구성원들에게 모든 자유를 허락한다면 공동체는 당장 '무법천지'로 변할지도 모른다. 이들이 추구하는 자유가 남의 자유를 침범하여 공동체가 지켜야 할 것조차 무시하는 방종(放縱)이 된다면, 어떤 공동체라도 쉽게 붕괴되고 말 것이다. 공동체가 법이라는 강력한 규범과 규약을 정한 이상 방종과 구분이 안 되는 자유를 외치는 사람들은 법적 규제와 통제의 대상이 되고 말 것이다.

결국 인간 개개인의 자유는 타자의 자유와 부딪히고 동시에 공동체의 법적 테두리와도 부딪히게 된다. 서로 부딪힌다는 것은 마찰이다. 이때 마찰열이 발생한다. 무모한 마찰열은 엔트로피의 증가를 촉진시킨다. 금속시대에 복잡해진 일을 영위하기 위해 금속 테크놀로지를 발전시키면서 공동체에서의 분업과 협업이 삶의 최대한으로 등장했던 이 시대의 공동체. 서로 접촉해서 의기투합해야만 최적의 삶을 유지 · 발전시킬 수 있었다. 운동에너지와 위치에너지가 일정하게 보존하면서 즉 에너지의 총량을 보존하면서 에너지를 쏟아 부을 때 삶은 최적화된다. 최적의 삶의 수단으로서 고안된 공동체는 엔트로피의 증가를 억제시킨다. 특히 질서화된 공동체, 규격화되고 표준화된 공동체가 일의 효율성과 생산성에서 빛을 발할 수도 있다. 그러나 공동체 생활 속에서 벌어지는 엔트로피는 증가할 수도 있다. 공동체 속에서 구성원들 간에 의견이 분분할 수 있기 때문이다. 의견의 충돌과 대립으로 발생하는 마찰과 저항, 어쩔 수 없는 노릇이다. 이때 발생하는 마찰열은 과거보다 더욱 복잡하고 다양하며 속도 또한 급격하게 빨라질 수 있다. 공동체의 구성원의 숫자가 늘수록 엔트로피의 증가는 기하급수적으로 빨리질 수 있다. 이때 개인의 스트레스 증가는 엔트로피의 증가에 비례한다.

그렇다면 공동체는 서로서로 접촉과 연결을 통한 콘택트 사회의 속성을 유지할 때 바람직한 것인가. 아니면 엔트로피의 증가로 인한 마찰을 피하기 위해 언택트 사회로 가는 것이 맞는 것인가. 그러나 당시 사람들은 이러한 사실에 별 관심도 없이 살았을 것이다. 물론 공동체의 억압과 통제에 대한 자유에의 항거를 위해 수많은 희생도 있었을 것이다. 그러나 에너지의 사용에 따른 엔트로피의 역학에 대한 근거를 찾기보다는, 자유억압의 부당성에 대한 항거와 저항으로 일관했을 것이다. 결국 저항과 마찰로 인해 발생하는 사회적 엔트로피는 계속 증가할 뿐이다. 물론 자유항거로 인해 보다 바람직한 사회가 만들어진다면 이는 마찰열의 창조적 전환에 해당된다. 따라서 공동체는 한편으로는 삶에 유용한 에너지의 집합체로서의 역할을 할 수도 있지만, 다른 한편에서는 사회적 엔트로피를 증가시키는 원인이기도 하다.

6) 도시의 탄생

고대(古代)의 부족국가는 부족과 부족 간의 전쟁이 중단된 휴전상태에서 공고해진다. 부족들은 국가체제를 만들어 언젠가 재개될지도 모를 전쟁을 다시 준비한다. 전쟁 테크놀로지도 보다 정교해진다. 이렇게 휴전 상태인 부족국가는 도시국가(都市國家)로 발전한다. 고대 그리스 아테네의 폴리스(Polis)의 탄생이 대표적이다. 폴리스는 다양한 테크놀로지의 결집체였다. 일명 도시 테크놀로지의 탄생. 도시 테크놀로지가 복합적으로 발전한 것이다. 아니면 복합적인 테크놀로지의 발전이 도시국가를 가능하게 했다.

우선 주거 테크놀로지의 발전을 들 수 있다. 당시 1,000여 개의 군소 폴리스가 생겨났던 그리스 반도 이외에도 이집트, 인도 등지에서 발생한 도시국가에서도 주거 테크놀로지의 발전은 경이적이었던 것으로 기록되어 있다. 문헌상으로는 기원전 2600년경 인도의 신드(Sindh) 지역(지금은 파키스탄 지역)은 세계 최초의 도시 정착촌(Urban Settlement)이었다. 고대 이집트의 메소포타미아(Mesopotamia)나 크레테(Crete)와 거의 동시대에 건설되었다고 전해지기도 한다. 하나의 도시가 형성되기 위해서 필요한 것은 주민들의 의식주 문제를 우선 해결하는 것이다. 따라서 도시국가의 테크놀로지는 의복을 만들어 내는 베틀, 직조기 등의 테크놀로지를 발전시켰고, 편리하고 효율적인 물레방아 수차 테크놀로지를 발전시켰다. 물론 외부침입으로부터 도시국가 즉 폴리스를 방어하기 위한 전쟁테크놀로지는 여전히 중요했다. 한마디로 도시국가는 수많은 다양한 영역의 테크놀로지에 의해 건설되고 유지 발전된다.

당시 전쟁 테크놀로지는 평화 시에 '기계 테크놀로지'(Mechanical Technology)로 발전하였다.[26] 여기서 기계 테크놀로지는 생활 테크놀로지이다. 전쟁 테크놀로지가 생활 테크놀로지로 전용되는 것이다. 수력(水

---

26 고대시대에 이미 기계(Machine)의 개념이 등장했다: "아리스토텔레스(B.C. 384-322)가 쓴 『기계 장치의 문제』(*Mechanica Problemata*)라는 책에는 '기계가 있으면 우리에게서 자연을 빼앗으려는 것들과의 싸움에서 이길 수 있다'라고 적혀 있다."(에도아르도 본치넬리, 2006/ 김현주 옮김, 2011: 6)

力)을 이용하는 수차 테크놀로지, 풍력(風力)을 활용한 풍력 테크놀로지가 대표적이다. 산업혁명의 주역 증기기관(Steam Engine)의 원조 격인 '영웅엔진'(Hero Engine)이라는 이름을 가진 로켓 스타일의 제트엔진, 직각의 기어(Gear), 스크류(Screw), 터빈(Turbine), 각종 펌프(Force Pump, Suction Pump, Piston Pump, Chain Pump)들도 이때 발명되었다. 전쟁 테크놀로지의 발달은 전쟁이라는 대혼란과 무질서를 만들어 내면서 엔트로피의 증가를 유발했다면, 질서화된 도시에서 생활 테크놀로지로 전용되면서 엔트로피의 증가가 억제되었다고 할 수도 있다. 아니면 엔트로피의 창조적 전환이 이루어졌다고도 할 수 있다.

　도시국가에서의 생활은 문화적 차원에서도 풍부해졌다. 아테네의 도시민들은 콜로세움 같은 웅장한 극장들을 세워 고급의 문화생활도 영위했다. 물풍금(Water Organ)을 비롯하여 다양한 건반악기들도 출현했다. 이는 당시 아테네 시민들의 여유로운 도시민의 삶을 반영해 준다. 여유와 여가를 즐기다 보면 시간개념이 중요하다. '크렙시드라'(Crepsydra)라는 이름을 가진 물시계(Water Clock)가 사용되었다. 시계 테크놀로지가 시작된 것이다. 천문학의 영역에서는 '안티키테라'(Antikythera)라는 이름을 가진 아날로그 컴퓨터 계산기가 발명되었다. 이는 별자리의 위치를 계산해 내기 위해 디자인된 고안품이다. 당시 천수답으로 영위되는 농경사회에서 필수품이 될 수 있었다. 이 밖에도 무엇인가를 멀리 날려 보낼 수 있는 사출기(Catapult), 손으로 쏘는 석궁인 게스트라페트(Gastraphets), 밧줄 같은 것을 감아올리는 크랭크(Winch), 측량분도기(Dioptra), 등대(Lighthouse), 중앙난방, 터널, 운하, 해협, 배관설비, 기중기, 외바퀴 손수레(Wheelbarrow)[27], 거리측정기, 나선형 계단, 힘을 전달하는 체인드라이브, 컴퍼스(Compass), 칼리퍼(Caliper, 외각을 재는 컴퍼스), 샤워기 등의 테크놀로지가 탄생하였다. 이렇게 본다면, 고대 그리스라는 국가공동체의 형성과 함께 이루어진 테크놀로지의 발전은 오로지 전쟁 테크놀로지의 범위에만 국한된 것이 아니다. 일상에서 삶의 유용성과 용이성 그리고 편리성을 획득하기 위해 이루어지기도 했던 것이다.

한편, 로마 시대의 대표적인 테크놀로지는 기원전 500년 전부터 시작된 도로(Roman Roads) 건설 테크놀로지였다. 군사들을 빨리 이동시키고 "교역(交易)하는"[28] 상인들에게 유통통로를 제공하고 왕래를 용이하게 해주는 도로의 건설. "모든 길은 로마로"라는 구호에 걸맞게 이루어졌다. 이는 마침내 로마로 하여금 유럽 전역을 정복할 수 있도록 해준 전쟁 테크놀로지의 연장이었다. 그러나 로마라는 제국 건설과 함께 삶의 안정권을 획득한 로마 사람들은 철기시대에 발달한 철제품들을 당시의 '농경 정착생활'에 맞도록 정교하게 변형시키는 일에 주력했다. 가을에 이삭을 모아서 쌓아주는 자동수확기(Reaper), 방적기와 평직기(Spinning and Weaving Machines), 원형경기장 콜로세움을 비롯한 다양한 극장건물들, 멀리 있는

---

27 "선사시대의 우리 조상들이 일찍부터 돌을 깎거나 갈아 도구를 만들고 불을 정복하고, 금속을 추출하고, 식물을 재배하고, 동물을 길렀지만, 회전 운동의 효율성을 깨달은 것은 겨우 6,000년 전이다. 오늘날 우리는 바퀴를 아주 당연한 것으로 여기지만, 그것이 처음 만들어졌을 때에는 정말 획기적인 발명품이었다. 실제로 도공의 녹로는 기원전 3500~3000년에 메소포타미아에서 처음 사용되었지만, 바퀴가 달린 수레는 그로부터 1,000년이 지난 뒤에야 등장했다. 처음으로 바퀴가 달린 탈것을 타고 이동한 사람은 메소포타미아 지역에 살던 수메르의 병사들로 여겨진다. 바퀴의 발명은 전쟁 방법과 운송방법에 큰 혁명을 가져왔다. 사실, 그때까지만 해도 육상 운송수단은 동물이 끄는 썰매가 전부였다. 그런데 바퀴가 발명된 후, 두 개의 바퀴 위에 썰매를 올려놓자 간단한 '수레'가 만들어졌다."(루카 프라이올라, 1999/ 이충호 옮김, 2004: 18)

28 인류 최초의 무역행위는 신석기시대 말기의 유적에서 확인될 수 있다(루카 프라이올라, 1999/ 이충호 옮김, 2004: 16).

물줄기를 도심지와 타운으로 항상 끌어 들여 주는 수도교(Aqueduct), 공중목욕탕(Thermae), 원형 교각을 가진 교량(Roman Bridge), 항만시설, 댐, 저수지, 돔형 건축, 코덱스(Codex, 양피가죽 양장의 책), 유리공예, 콘크리트 등의 기술이 있었다. 특히 콘크리트 테크놀로지가 발달한 것은 로마가 있는 이탈리아 반도가 화산대에 속해 있었기 때문이다. 화산폭발에 어느 정도 대비할 수 있도록 견고한 건물을 짓기 위해서는 콘크리트 양생(養生) 테크놀로지가 요청되었다.

에너지 보존의 법칙에 의하면 에너지 총량의 합은 일정하다. 따라서 전쟁 테크놀로지는 휴전과 함께 일상을 위한 생활 테크놀로지로 전환된다. 여기서 표면적으로는 에너지의 유실은 없다. 다만 이러한 에너지의 이동과 전환과정에서 증가하는 엔트로피가 있을 뿐이다. 쓸모없이 낭비되는 에너지. 만약 테크놀로지로 전환되는 과정에서 해(害)가 발생한다면, 쓸모없이 낭비되는 에너지 즉 엔트로피가 증가한 것이다. 따라서 우리는 에너지의 이동과 전환 과정에서 증가하는 엔트로피에 대해서 철저하게 고민할 필요가 있다.

지금까지 인류에 의한 테크놀로지의 발달은 에너지의 이동과 전환만을 고려했다. 어떠한 엔트로피가 증가했는지에 대해서는 고민한 흔적이 없다. 이를테면 공동체를 기반으로 하는 콘택트 사회가 발전하는 과정에서 우리는 공동체에서 증가하고 있는 엔트로피의 실체에 대해 아무것도 물은 적이 없다. 따라서 오늘날 왜 우리는 콘택트 사회 대신 언택트 사회를 언급해야 하는지에 대해서도 잘 모른다. 지금까지 콘택트 사회에서 쓸모없이 낭비되는 엔트로피의 실체는 과연 무엇이었을까? 콘택트 사회에서 증가하는 엔트로피 때문에 비대면의 언택트 사회가 나타난 것은 아닐까? 아니면 우연인가? 언택트 사회는 콘택트 사회의 새로운 대안인가? 아니면 오히려 언택트 사회에서 경험할 엔트로피의 증가는 더욱 위험한 것은 아닐까? 그렇다면 언택트 사회가 증가시킬 엔트로피는 과연 무엇인가? 코로나19의 공격으로 급격하게 닥친 언택트 사회에서는 과연 엔트로피가 어떤 모습으로 증가될 것인가? 아니면 새롭게 등장하는 언택트 사회 또는 온택트 사회는 엔트로피의 증가를 억제할 수 있는 이상적 사회가 될 수 있을 것인가? 만약 그렇다면 어떻게 그게 가능할까?

당시 유럽 이외의 지역도 비슷한 흔적들이 기록되어 있다. 잉카 및 마야 문명에서도 농사의 효율성을 높여주는 관계시설 및 배수시설을 위한 테크놀로지, 농사철과 적합한 농사기법을 예측하는 점성술체계가 정교하게 발전되었으며, 수경재배법(Hydroponics)도 잉카, 마야 문명에서 발명되었다. 그러나 이들 지역에서 제철 테크놀로지의 발달은 미약했던 것 같다. 이런 연유로 이들에게는 철기문화가 없었던 것으로 추측되기도 한다. 여전히 돌이나 나무에 조각을 하는 기술이 정교하게 발달하였다. 무기 역시 이 수준에서 크게 벗어나지 않았던 것으로 추정된다. 이 때문에 세기의 미증유로 남아 있는 마야와 잉카 문명의 소멸은 철기문화의 부재가 그 원인이 아닌가 하는 추측을 불러일으키기도 한다.

그렇다면 마야와 잉카 문화의 소멸은 어떻게 엔트로피 이론으로 설명될 수 있을까? 청동기는 철기보다 무르다. 따라서 청동기는 철기에 비해 효율성 면에서 떨어진다. 또한 철기는 청동기보다 구하기도 쉽다. 이미 서구에서는 쉽게 구하고 쉽게 만든다. 구하기 힘들고 재질이 무른 청동기로 무장하고 있던 잉카, 마야족들이 침입자들에게 대항하는 것은 역부족이었다. 이미 침입자들은 철제무기를 만드는 데 엄청난 엔트로피를 증가시켜 왔다. 철제 대량무기의 제작. 이미 일반화된 무기제작에 사용된 사회적 엔트로피의 증가는 엄청나다. 따라서 철기문화가 부재했던 마야, 잉카 문화를 소멸시켰던 철기문화의 소유자들은 생존에서 유리했다고 할 수 있다. 그렇다면 엔트로피의 증가가 오히려 인류가 살아남는 데에는 유리한 것은 아닐까? 분명한 것은 종족 상잔을 위해 사용되는 엔트로피의 증가는 잘못된 것이다. 왜냐하면 우리 인류는 이미 수천만 명의 사람을 죽이고 자연생태 재앙을 몰고 온 양차 세계대전의 악몽을 가지고 있지 않은가? 엔트로피의 증가는 결국 인류 전체의 삶을 위협한다.

한편, 오늘날도 여전히 도시는 사람들이 도시생활을 잘할 수 있도록 다양한 영역에서 끊임없이 테크놀로지를 발전시키고 있다. 전쟁을 위해 고안된 정교한 테크놀로지들이 일상생활을 위한 도구로 전환된다. 반대로 다양한 영역에서 테크놀로지가 발전하다 보니 도시가 발달된다. 사람들은 전쟁에너지를 일상에너지로 활용하는 과정에서 엔트로피를 증가시킨다. 테크놀로지를 발전시키기 위해 필요한 것은 노동력과 재료(材料)이다. 노동력은 에너지이다. 돌, 흙(화산재), 금속 재료는 질량으로서 위치에너지에 해당된다. 운동에너지가 위치에너지로 전환되고 반대로 위치에너지가 운동에너지로 전환되는 과정에서 엔트로피는 증가한다. 왜냐하면 쓸모없이 낭비되는 마찰열이 발생하기 때문이다. 노동력을 제공하는 노예와 농노들은 운동에너지를 위치에너지(포텐셜 에너지)로 전환시켜주는 장본인들이었다. 이들의 희생은 훗날 사회적 에너지의 뿌리가 된다. 반대로 이러한 노동력은 사회적 엔트로피로 축적되기도 한다. 이를테면 오늘날 이들은 노동으로부터의 소외를 주장하면서 노동조합을 결성하여 사용자 측에 대해 잉여착취를 호소한다. 급기야 노사갈등으로 발전하면서 사회갈등, 사회마찰은 결국 사회적 엔트로피의 증가를 심화시킨다. 사회적 엔트로피의 증가. 마침내 사회공멸을 자초할 수 있다. 우리가 사전에 사회적 엔트로피의 증가를 억제함으로써 공멸을 피하고 '함께 사는 사회'로의 발전을 심도 있게 고려해야 하는 이유이다.

7) 시장의 탄생

도시국가의 두드러진 특징은 시장(市場)의 탄생이다. '아고라'(Agora). 고대 아테네의 거대 시장. 아고라에는 항상 사람들로 바글거린다. 그곳에 먹을 것이 있었기 때문이다. 물물거래도 이루어지고 외부 지역과의 교역도 이루어졌다. 크고 작은 정치활동도 이루어지고, 철학자들이 서로 모여서 대화하고 토론하던 곳. 치열한 논쟁도 난무했다. 공론의 장(公論場). 시장은 모든 세상사가 다루어지는 곳이었다. 달리 말하면, 아고라는 모든 삶의 에너지가 모이는 곳. 에너지가 사용되면 될수록 엔트로피는 계속 증가된다. 물론 에너지는 일로 전환된다. 그러나 에너지의 흐름에 저항과 마찰이 동반되는 한 어떠한 경우라도 엔트로피의 증가는 막을 수 없다. 물론 엔트로피의 증가는 어느 정도 억제될 수는 있다. 물론 효율적인 에너지의 사용이 전제조건이다.

아고라에서는 현물 거래도 했다. 갑론을박으로 언쟁이 높아지기도 하고, 소크라테스가 지혜를 찾아 돌아다니던 곳. 아고라 위 편에 아크로폴리스라는 의회가 자리 잡고 있었던 것도 다 이유가 있었다. 아고라에서 서로 떠들고 대화하고 논쟁하다가 문제가 제시되면 아크로폴리스에서 의정활동에 반영될 수 있었던 것이다. 시장은 여론이 형성되고 여론은 국정에 반영된다. 사람이 안 모일 수가 없다. 그러나 서로 대화하고 토론하고 논쟁하다 보면 몸싸움까지도 발생한다. 만약 토론과 논쟁이 유실하지 못하다면 엔트로피의 증가는 어쩔 수 없다. 반대로 토론과 논쟁 그리고 공론이 민주사회 건설에 유실하다면 엔트로피의 증가는 어느 정도 억제될 수 있다. 아니면 엔트로피의 증가가 오히려 유용하다. 에너지의 흐름은 엔트로피를 유발시킴으로써 에너지를 낭비하기도 하지만, 갈등과 마찰을 통해 나오는 새로운 아이디어는 민의(民意)로 국정에 반영되기도 한다. 이런 의미에서 우리는 이곳을 민주정(民主政)의 요람이라고 한다. 그러나 시장은 당시 일반 시민들이 모여서 살아가는 당면 문제를 해결해야 하는 장소였다. 대부분은 이곳에서 경제활동을 했다. 즉 정치적, 철학적 역량을 가진 귀족층보다는 생계와 경제를 직접 챙겨야 하는 일반 서민들이 주로 모여 들었다.

테크놀로지의 발달은 도시민의 생활을 편리하게 해주었다. 에너지의 이동은 인간의 삶을 풍족하게 해줄 수도 있다. 그러나 엔트로피의 증가는 에너지의 효율을 저해한다. 효율성은 구매자가 제품을 구입하는 중요한 기준이다. 팔리는 상품은 질량으로서 에너지가 된다. 질량은 위치에너지 즉 포텐셜 에너지이다. 위치에너지가 운동에너지로 전환되면서 엔트로피도 함께 증가한다. 엔트로피가 최소화되는 제품이 시장에서 선택되는 것이다.

시장은 접촉과 연결 즉 콘택트 사회의 주역이다.[29] 고대 도시국가는 콘택트사회를 가속화시킨다. 시장경제는 예나 지금이나 우리의 삶에서

---

29 인류 최초의 도시는 약 4,600년 전에 남미의 페루에서 만들어졌다는 기록도 있다. 발굴학자들이 밝혀낸 도시 탄생의 이유는 인류가 생존의 기회를 높이고 즐겁게 놀기 위해서였다는 것이었다. 한마디로 잘살기 위해 만들어진 도시를 이제는 잘살기 위해 흩어져야 한다. 그렇다면 그냥 이제는 흩어지면 된다. 과거에는 뭉치면 살고 흩어지면 죽는다고 했는데, 이제는 뭉치면 죽고 흩어지면 산다는 것이다. 딜레마가 아닐 수 없다.

가장 중요한 영역이다. 먹어야 살기 때문이다. 특히 자본주의사회의 운명은 시장에 달려 있다고 해도 과언이 아니다. 시장이 어떻게 발전하는가에 따라서 국가 사회의 운명도 결정된다. 시장에 모이는 사람들은 거래관계로 모인다. 그러한 거래관계는 곧 인간관계로 발전된다. 시장에서는 서로서로 돈과 제품을 매개로 만나고 연결되지만, 결국 인간과 인간이 여기서 만나고 연결되는 것이다. 테크놀로지의 신제품은 호기심이 많은 사람들을 계속 시장으로 불러 모은다. 결국 시장은 예나 지금이나 콘택트 사회의 전당이다.

시장을 중심으로 형성되는 도시국가의 콘택트 사회는 '거래'(去來)에 의해 만들어진다고 했다. 원칙적으로 거래는 개인의 이득을 반영한다. 시장에서 이루어지는 '물건 값의 흥정'은 '이해관계'(利害關係)에서 비롯된다. 다시 말하면, 시장에서의 만남과 접촉 그리고 연결은 과연 누구에게 더 이로운가를 따지는 이해관계에 의존한다. 이렇게 본다면, 도시국가에서 시장을 중심으로 이루어진 콘택트 사회는 이해관계를 기반으로 하는 사회공동체로 시작되는 것이다. 거래관계를 통한 개인의 득과 실을 떠나서 시장에서도 순수한 인간관계로 발전할 수도 있다. 그러나 먹고사는 생활필수품이 거래되는 시장에서는 원칙적으로 만남, 접촉, 연결은 다분히 계산적일 수밖에 없다.

그렇다면 지금 우리가 거론하고 있는 콘택트 사회는 속성상 처음부터 이해타산 관계에 따라 계산적으로 형성되고 발전된 것이라고 할 수 있을까? 시골의 5일장, 7일장은 정겹다고 한다. 혹자는 정겹다기보다는 어수룩하다고 한다. 하여간 도시의 시장이나 거대도시의 백화점과는 분위기가 사뭇 다르다. 그럼에도 불구하고 시장의 가장 중요한 기능은 거래다. 거래로 만나고 거래로 마무리되는 시장. 우리의 관심은 '거래관계에서 증가하는 엔트로피는 과연 무엇일까?', '우리는 과연 증가하는 엔트로피에 어떻게 대처하여 왔던 것일까?'이다.

오늘날 시장이 발달하면서 시장의 경제 질서는 보다 체계화되고 조직화되었다. 물론 지금도 동네의 재래시장에서는 물건 값 흥정이 여전하다. 그러나 도시의 시장은 원칙적으로 정찰제(正札制)가 된 지 오래이다. 시장이 보다 합리적으로 발전하고 있다는 증거이다. 이제 우리는 시장에서 가격표(價格票)를 매개로 사람과 사람이 만난다. 가격 흥정을 하다가 서로 부딪힐 일도 없다. 더 이상 에너지의 낭비가 없다. 운동에너지도 없고 위치에너지도 없으니 다시 말해서 에너지의 이동이 없는 것이다. 그러니 정찰제에서는 더 이상의 엔트로피도 증가하지 않는다. 굳이 시장에서 만남, 접촉 즉 콘택트를 고집할 이유가 없어진 것이다. 가격표만 읽을 줄 알면 된다.

지금 우리는 온라인으로 쇼핑한다. 역시 가격표만 읽을 줄 알면 된다. 언택트 사회에 살고 있다는 뜻이다. 다만 하자 있는 물건은 반품(返品)을 하면 된다. 현장에서 확인하지 못하니까 차선책이다. 대신 급격하게 반품문화가 활성화되었다. 반품시스템은 비즈니스를 좌우한다. 주문하면 가지고 왔다가 반품신청하면 다시 가져간다. 소비자의 운동에너지가 절약되는 대신 배송하는 사람들의 운동에너지가 증가한다. 에너지가 절약되는 것이 아니라 에너지가 이동한 것이다. 에너지를 사용하고 엔트로피가 증가하는 곳에 쏠림현상이 발생한다. 이렇게 본다면 사회적 엔트로피의 증가는 특정 계층에서 강하게 나타난다. 증가된 사회적 엔트로피는 세상으로 퍼진다. 엔트로피가 퍼지면서 사회 전체는 무질서한 정도가 높아진다. 무질서는 사회혼란을 야기할 수 있다.

카오스 이론(chaos theory)에 의하면 무질서는 새로운 질서의 조건이다. 창조적 파괴. 새로운 질서란 새로운 창조를 의미한다. 아침에 잘 정돈되었던 도심의 시장은 저녁이면 무질서하게 된다. 엔트로피가 증가한 것이다. 그러나 아침이 되면 시장은 또 다른 새로움으로 바뀐다. 새로운 사람들, 새로운 물건들. 무질서를 통한 새로움. 물론 무질서가 새로운 질서로 탈바꿈하는 것은 밤새 애를 쓰는 청소요원 등 수많은 사람들의 운동에너지와 일에너지 덕분이다. 시장은 항상 무질서하고 혼란스럽게 보인다. 그러나 시장에는 안 보이는 질서가 존재한다. 상도덕(商道德), 정찰제, 고객 등이 대표적이다. 이런 의미에서 프리고진은 "세상에는 질서와 무질서가 함께 발생한다"고 했는지도 모른다.

이런 관점에서 본다면 엔트로피의 총량은 증가한다고 단언할 수 없는 것은 아닐까? 왜냐하면 질서와 무질서가 명확한 구분 없이 뒤섞여 발생하면서 엔트로피의 증가 역시 구분할 수 없기 때문이다. 다만 물리학에서 엔트로피 이론은 고립계를 전제하기 때문에 엔트로피의 총량은 증가한다고 할 수 있다. 물리학적 측정치가 확장된다면 과연 엔트로피 이론은 건재할 것인가? 하여간 사람이 가장 많이 몰려 사는 도시국가의 시장은 기이한 장소라고 할 수 있다. 왜냐하면 시장에는 희로애락(喜怒哀樂)이 함께 있기 때문이다. 거래가 잘되면 기쁘고 거래가 잘못되면 우울한 곳. 바로 시장이다. 거래하는 과정에서 즐거움이 있기도 하고 시비와 싸움도 있다. 엔트로피의 증가가 우리에게는 무조건 해롭다고 할 수만 없는 이유이다.

8) 이단논쟁과 종교전쟁

중세 1,000년은 이단(異端) 종교에 대한 논쟁의 시대였다. 아이러니하게도 예수를 십자가에 못 박은 로마 땅에서 기독교가 다시 세상에 공인(共認)되는 역사. 대반전이었다. 예수가 죽은 지 약 280여 년 만의 일. 기독교 세력을 탄압하면서 증가되던 사회적 엔트로피가 반대로 기독교 사회가 되는 순간 엔트로피의 증가는 오히려 반전의 계기를 마련하게 된 셈이다. 서기 313년 당시 서로마 황제였던 콘스탄티누스(Flavius Valerius Constantinus) 황제는 밀라노칙령을 발표하였다. 당시 박해받던 기독교인들에게 관용을 베풀 것을 선포한 것이다. 황제의 선언은 당시 갈려있던 로마를 규합하는 것. 그러나 사실은 그가 스스로 로마제국의 유일한 황제가 되고 싶다는 욕망의 발로였다. 하여간 기독교 교회를 박해하던 곳에서 교회가 다시 부활하게 된다. 기독교로 재빨리 귀의하는 사람들. 기독교 교회가 새로운 세력을 얻게 되었기 때문이다. 교회가 다시 권력화, 세력화가 된다. 너도나도 욕심을 부리게 된다. 결국 기독교인들 사이에서 다양한 종파와 파벌이 생겨나면서 정교(正敎)로부터 벗어나는 일들이 생겨났다. 이때부터 초대교회의 전통을 이어 온 사람들은 소위 사이비 교회 즉 이단(異端)을 골라내는 작업을 하게 된다. 이단논쟁(異端論爭)이 시작된 것이다. 이단논쟁은 각종 크고 작은 종교분쟁을 야기했으며, 마침내 12세기 십자군 전쟁의 도화선이 되고 말았다. 결국 이단논쟁은 중세의 기독교(가톨릭)가 스스로 멸망하는 계기를 제공한 셈이다. 반전과 반전의 역사가 아닐 수 없다. 기사회생의 기독교가 세력을 얻으면서 기독교 아류 세력 즉 이단들과의 알력과 반목 그리고 마찰이 발생하면서 사회적 엔트로피는 또다시 증가하게 된다.

중세 내내 계속된 이단 논쟁은 '신존재증명'(神存在證明)이었다. 이는 신이 진짜 존재했나 아닌가에 대한 유명론(唯名論)과 실재론(實在論) 간의 논쟁으로 발전했다. 신은 이름뿐인가 아니면 진짜 존재하는가? 급기야 이슬람과 기독교라는 이단종교에 대한 논쟁으로까지 비화되었다. 100년 전쟁, 30년 전쟁, 장미전쟁 등 크고 작은 종교전쟁은 중단되지 않았다. 심지어 이슬람과 기독교의 대립은 서방문화권과 오리엔탈문화권을 양분시켜 놓고 말았다. 지금도 중단되지 않는 중동전쟁. 종교전쟁의 연장전이다.

결과적으로 중세시대의 종교 이단논쟁은 역사적으로 인류에게 사회적 엔트로피를 획기적으로 증가시킨 사건이었다. 지금도 끊임없이 이어지는 동서 간 문명의 대충돌. 사회적 엔트로피의 증가는 여전하다. 만약 이단논쟁이 생산적인 결과를 초래했다면. 이로써 오히려 사회적 엔트로피의 증가는 억제되거나 새로운 창조를 만들어 낼 수도 있었을 것이다.

중세시대 내내 발생했던 이단논쟁. 사회적 엔트로피는 항상 증가한다는 사실을 재확인시켜 주었다. 이단에 대한 논쟁. 계속하면 할수록 에너지는 한쪽으로 쏠린다. 이단을 공격하는 에너지. 공격받는 교회의 에너지와 충돌한다. 에너지는 이동할 때 저항에 부딪힌다. 운동에너지가 위치에너지에 의해 제지를 받게 되는 것이다. 저항이 발생하기 때문이다. 이때 저항 때문에 마찰열이 발생한다. 이단논쟁은 에너지가 마주치기 때문에 마찰열이 보다 커진다. 따라서 엔트로피는 더욱 증가한다. 엔트로피의 증가는 에너지의 쓸모없는 낭비가 된다. 이단논쟁이 무섭게 발전하는 이유이다. 십자군전쟁 이후 소위 '마녀사냥'(Witch-Hunt)으로 수많은 사람들이 죄 없이 죽어가야 했다. 수많은 종교전쟁으로 무고한 사람들이 희생되었다. 사회적 엔트로피의 증가. 인명에 대한 살상으로 이어질 정도였으니 당시 사회공동체에 발생한 마찰열은 치명적이었다고 할수 있다.

오늘날 이단논쟁이 남긴 최고의 후유증은 이분법적 사고라고 할 수 있다. 상대를 적(敵)이 아니면 동지(同志)로 보는 것이다. 아군이냐 적군이냐? 흑백논리. 그런데 이분법과 흑백논리의 기준은 명확하지 않다. 기준은 오로지 자기 쪽이다. 이분법적 사고의 결말은 치명적이다. 그리고 모순이다. 자기 기준으로 남을 비판한다? '아시타비'(我是他非). 나는 옳고 남은 그르다는 신조어. 속어로는 '내로남불'. 그럼 자기가 기준인가? 자기 기준이 진리인가? 자기가 무소불위 전지전능하신 신인가? 기준이 극히 주관적이다. 객관적이지 않다. 파당적이다. 따라서 이분법적 논리대결이나 흑백논리는 정당한 비판이 아니다. 비난이고 비방이다. 상대방이 없어지지 않는 한 이분법 논쟁은 중단되지 않는다. 허무할 뿐이다. 아무 의미도 없다. 그냥 시간 낭비일 뿐. 그런데도 불구하고 누군가 한쪽이 죽어야만 끝나는 이단논쟁. 무모한 에너지의 낭비. 쓸모없이 낭비되는 엔트로피만이 폭증하게 된다.

이분법적 사고는 오늘날도 여전히 지배적이다. 정말 끈질기다. 결국 사회적 엔트로피의 증가가 극대화되는 이면에는 이분법적 사고, 흑백논리가 숨어 있다. 미국, 호주 등 서구사회에서 지금도 종식되지 않는 인종차별의 문제는 대표적인 이단논쟁의 결과다. 이분법적 사고의 정점. 한쪽이 죽어 없어지지 않고는 결코 끝나지 않는 전쟁. 엔트로피를 증가시키면서 살고 있는 셈이다. 그냥 가만히 있어도 숨만 쉬고 있어도 엔트로피는 증가하는데.

그러나 사실 중세시대를 관통했던 '신존재증명'의 논쟁은 오히려 평화스럽게 끝났다. 페터 아벨라르두스(Peter Abelardus), 둔스 스코투스

(Duns Scotus) 같은 학자들은 '세상에는 신이 존재할 수도 있고, 존재하지 않을 수도 있다'는 양면성의 논리를 세우고 이를 논증한다. 결국 마이스터 에크하르트(Meister Eckhart)라는 사제에게서 종료된다. 그는 '우리는 오로지 신을 체험(體驗)함으로써만 알 수 있다'고 선언했다. 신비주의(神秘主義). 그가 제시한 신비체험은 바로 '기도'(祈禱)였다. 기도함으로써 우리는 신을 만나게 되고 기도하지 않으면 신은 없는 거다. 신을 체험하기 위해서는 열심히 기도하면 된다. 에크하르트의 처방은 현실적이고 확실했다. 그러나 이로 인해 중세 기독교 사회는 붕괴의 길을 걷게 된다. 왜냐하면 그동안 전지전능하다고 여겨졌던 신의 권위가 흐지부지되면서 인간은 점점 신의 품을 떠나기 시작했기 때문이다. 에크하르트의 처방은 이단논쟁으로 발생하는 사회적 마찰열을 억제시킴으로써 사회적 엔트로피를 억제할 수 있는 계기를 마련한 것도 사실이지만, 기독교 교회의 입장에서는 엔트로피의 증가를 촉발시킨 결과로 볼 수도 있는 것이다.

하나님의 독생자 예수가 십자가에 못 박혀서 죽고 나서 장사한 지 사흘 만에 부활하는 것을 직접 목격했던 초대교회의 사람들은 신의 존재를 확실히 믿었다. 신의 전지전능함을 직접 눈으로 본 것이었다. 그런데 시간이 흐르고 목격자가 다 죽고 나서, 사람들은 신의 존재 유무에 대해 의문을 가지게 됐다. "너 봤냐? 예수가 부활하는 것을." 시간은 계속 흘러 증거할 수 있는 사람이 점점 없어지면서 신존재증명은 학자들의 논리대결로 대체될 수밖에 없었다. 급기야 중세시대의 신존재증명을 위한 논리대결은 '이럴 수도 있고 저럴 수도 있다'는 식으로 애매하게 종결되었다.

결국 이러한 논리대결의 애매모호한 종결은 이단논쟁과는 달리 오히려 사회적 엔트로피의 증가를 억제시켰다고 할 수도 있다. 이렇게 본다면 중세시대의 이단논쟁은 양면성을 함께 가지고 있었다. 한편에서는 이단논쟁을 통해 엔트로피가 계속 증가하는 사회였다고 한다면, 다른 한 편에서는 신존재증명을 위한 논쟁에서는 엔트로피를 억제하는 사회를 구축했다고 할 수 있다. 즉 이단논쟁으로 사회에서는 무질서한 정도 즉 무질서도가 높아진 반면, 신존재증명에 대한 논쟁을 통하여 사회는 '질 서도'를 어느 정도 회복할 수 있었다. 근 1,000년 이상 중세사회가 유지 될 수 있었던 것이다. 물론 중세사회의 엄격한 신적 통제와 억압에 순응, 적응하지 못하고 심지어는 이에 저항하고 마찰을 갖는 사람들에게 아 니면 소위 이단으로 몰리는 사람들에게 발생하는 엔트로피는 강제적으 로 억제된다. 엔트로피가 잠재 가능성으로 수면 아래로 숨은 것이다. 마 치 용수철을 눌러 놓는 것처럼. 통제가 사라지면 또는 통제가 느슨해지 면 언젠가는 튀어나올 엔트로피이다. 잠재된 엔트로피가 현실로 발산되 는 순간 사람들에게 자유의 정도 즉 '자유도'는 증가할 것이다. 자유도의 발생으로 사회는 무질서와 혼란의 사회가 될 가능성도 얼마든지 존재한 다. 무질서도가 증가할 수 있기 때문이다.

한편, 중세시대에는 하늘의 신에게 잘 보이기 위한 술수로 테크놀 로지의 영역에서는 '연금술'(鍊金術)이 탄생한다. 사실 연금술은 현실화될 수 있는 테크놀로지가 아니었다. 왜냐하면 연금술은 실제로는 허구였기 때문이다. 그냥 상상의 세계였던 것이다. 즉 연금술은 오로지 신존재를 믿는 사람들이 신을 기쁘게 하기 위해 상상했던 테크놀로지였던 것이다.

"연금술은 과학자, 신학자, 철학자들의 상상력을 자극했으며, 전
세계적으로 퍼져나갔다. … 연금술의 과학사적 업적 가운데 하나는
수은에 관한 연구이다. 연금술사들은 수은을 집요하게 연구했는데,

이는 수은이 영과 육의 합일을 드러내는 물질이라고 믿었기 때문이다. 수은은 상온에서 액체 상태를 유지하는 유일한 금속으로 영과 육이 합일이라는 믿음을 투사하기에 안성맞춤인 물질이었으며, 연금술사들은 상상력을 동원하여 여러 가지 방법으로 실험하면서 수많은 과학적 성과를 거두었다. 무기산과 알코올의 발견은 바로 이런 연금술적 상상력의 유산이었다. 연금술의 핵심적인 이론은 모든 금속이 황과 수은으로 만들어졌다는 '황-수은이론'(Sulfur-Mercury Theory)인데, 이 이론 또한 다분히 시적이며 상상적이다. … 연금술의 흥미진진한 상상력을 드러내주는 예가 '제2의 아담'을 창조하기 위한 연금술사들의 분투이다. 연금술사들은 수은으로 완전한 인간을 창조할 수 있다고 확신했다. 연금술사들은 금속이나 광물을 인간과 마찬가지로 영혼과 감정을 가진 생명체로 보았다. 그들은 모든 금속의 부모인 유황과 수은이 결혼하면 '현자의 돌'이란 자식이 탄생된다고 믿었다. 코렐리우스 아그리파라는 연금술사는 식물 뿌리에서 인간이 자라날 수 있다고 믿었으며, 필리푸스 파라셀수스는 '호문쿨루스'라는 인조인간을 만들기 위한 비법서를 작성했다."(임정택, 2011: 29-32)

사실 신비주의적 연금술은 실제 가능한 테크놀로지는 아니다. 그럼에도 불구하고 신의 세계에 도달해야 하는 테크놀로지에의 열망은 유한자로서의 인간의 한계만을 확인해 주는 역사를 낳고 말았다. 쓸모없이 낭비되는 엔트로피가 증가하게 된 것이다. 에너지 사용의 쏠림 현상도 상상을 초월할 정도였다. 특히 모든 기술노동을 담당했던 노예계층에서 발산되는 사회적 엔트로피, 이러한 엔트로피는 사회적 저항으로부터 나온다. 하나는 작품에 모든 에너지를 쏟음으로써 엔트로피의 증가를 최대한 억제하는 방법이었을 것이다. 다른 하나는 교황과 국왕 또는 교회와 왕궁의 권위적 통제가 잠재적인 사회적 엔트로피로 축적되었다고 할 수 있다. 나중에 발발한 르네상스, 종교개혁 그리고 계몽주의 운동 등은 권위주의 사회에 대한 저항으로 잠재되었던 마찰열의 발현이라고 할 수 있다. 사회적 엔트로피가 폭발적으로 증가한 것이다. 그러나 르네상스, 종교개혁, 계몽운동 등으로 사회가 개혁되었다고 한다면, 사회적 엔트로피의 증가는 새로움을 창조하는 동력으로 작용했다고 할 수 있다. 역사의 심판만이 엔트로피 증가의 유무익성을 알려 줄 수 있을 것이다.

중세시대 내내 신의 관리 하에서는 모든 것을 무소불위(無所不爲)의 신이 해결해 줄 것으로 믿었다. 그러나 신의 존재가 불확실해지고 신에 대한 믿음만으로는 자신의 삶을 보장하지 못한다는 사실을 인식하게 된 인간들. 신의 손아귀를 벗어나려고 안간힘을 쓰게 된다. 사람들은 신의 압제로부터 해방을 외치면서 길거리로 튀어나온다. 신이성(神理性) 대신 인간 자신의 이성을 믿는 사회. 르네상스와 계몽주의의 탄생. 이러한 와중에 세계인구의 1/3 이상을 죽게 하는 '페스트 전염병'(Yersinia Pestis)이 유럽대륙을 휩쓸게 된다. 과연 신은 존재하는가? 신은 무엇을 하고 계신 것인가? 신의 저주(咀呪)인가? 하여간 이제 더 이상 신은 무소불위의 존재가 아닌 것이다.

정말 페스트는 무소불위의 신이 내린 저주였을까? 엔트로피의 증가가 이단논쟁과 종교전쟁으로 얼룩지면서 이를 보다 못한 신께서 인간들에게 벌을 내린 것은 아닐까? 왜 하필이면 그 많은 동물들 중에서 쥐들의 공격에 의해 감염되었던 것일까? 당시에도 개도 있고 고양이도 있었는데. 지금 코로나19는 박쥐가 매개했다고 하는데. 이들이 모두 같은 쥐과라는 사실에 혹시 연관성은 있는 것은 아닐까? 물론 페스트는 세균이고 코로나19는 바이러스다. 전혀 다른 이야기. 그럼에도 불구하고 역사상에는 간혹 이런 대재앙이 발생하는 이유는 무엇일까? 이를테면, 수억 명의 인명을 앗아간 천연두가 그렇고 지금까지 누적 환자나 사망자가 가장 많다는 말라리아가 그렇고 전쟁 중 발생하여 전사자보다 훨씬 많은 사람들을 죽게 한 스페인독감, 이 밖에도 홍콩 독감, 사스, 메르스 등도 마찬가지다. 세상에 수많은 인명을 앗아간 불가사의의 사건들. 과연 신의 노여움과 무관한 일들일까? 우리 인류 모두가 반성과 성찰의 기회를 가져야 할 분명한 이유이다.

9) 파리의 부활

르네상스 운동은 '로마의 나라 이탈리아'에서 시작되었다. 그러나 르네상스는 프랑스의 파리시에서 가장 화려한 꽃을 피웠다. 당시에 파리(Paris)에 예술가들이 모여들기 시작했던 것이다. 거리의 예술가들이었다. 이들이 길거리에 모이면서 파리 르네상스는 시작되었다. 그렇다면 어떻게 이들이 파리의 길거리에서 그림을 그리게 된 것일까? 14세기 인류 최대의 참사 사건으로 기록되는 페스트 흑사병이 유럽 전력을 휩쓸었을 때 프랑스의 파리시(市)는 다른 지역에서보다 탁월한 테크놀로지를 활용하여 '하수도 정비 시스템'을 성공적으로 이루어내었다. 급격하게 번지는 페스트 전염병을 막아보겠다는 처방이었다. 파리가 유럽에서는 비교적 안전한 도시로 재탄생되었던 것이다. 그랬더니 유럽에서 돈 많은 부자들이 모여들게 된다. 안전한 도시의 이미지. 세상의 부(富)를 끌어들이게 된 것이다. 부자들은 굳이 자신들이 경제활동에 종사할 필요는 없다. 그래서 이들은 여가와 여유를 즐길 수 있는 것을 찾게 된다. 문화생활이다. 파리가 문화의 도시로 거듭나게 되면서 길거리 화가들이 모이게 된 것이다. 지나가는 부자를 의자에 앉히고 초상화를 그려주기 시작했다. 부자들에게 초상화가 유행되면서 거리의 화가들은 문화도시 파리의 상징이 되었다. 지금 세계의 여행자들을 불러 모으는 몽마르트 언덕이 바로 그때 문화의 거리로 탄생한 것이다. 지금도 파리 하면 우리는 거리의 화가를 떠올린다. 테크놀로지의 발전이 문화를 창조해 낸 것이다.

　페스트는 치명적인 전염병이다. 직간접 접촉, 기침 등 비말감염, 오염된 음식물 등 경구감염, 매개감염 등으로 전염된다. 1347년 이탈리아 남부 시칠리아섬을 시작으로 페스트는 약 3년 만에 전 유럽을 덮쳤다. 1348년 우크라이나 남쪽 크림반도에서 검게 변한 시체를 만졌던 사람들이 같은 방식으로 죽었다. 살아남은 사람들이 황급히 유럽으로 귀환하면서 페스트는 유럽 전역으로 급격히 확산되었다. 당시 유럽은 국가와 국가 간의 교역이 크게 발달해 있었다. 도시끼리 왕래가 잦아 병균이 이동하기 쉬운 상태였던 것이다. 이 병으로 1340년대 유럽에서 2,000~3,000만 명의 사람들이 한꺼번에 목숨을 잃었다고 전해진다. 당시 유럽 인구의 5분의 1 내지 3분의 1이 희생된 것이다. 1억 명 정도가 희생되었다는 기록도 있다. 페스트가 휩쓸고 간 유럽은 공포 그 자체였다. 처참했다. 인구가 급격하게 줄면서 중세 봉건제도가 무너졌다. 경제 체제도 일대 변혁을 맞게 되었다. 로마시대부터 전 유럽에 생긴 목욕탕 문화도 페스트로 인해 사라졌다. 목욕탕은 많은 사람들이 모이던 곳이기 때문이다. 페스트 창궐로 인해 사람과 사람 간의 접촉은 목숨을 걸어야 한다는 생각. 혹시 이때에 언택트 사회가 시작된 것은 아닌가?

페스트균의 발생으로 전 지구촌에 엔트로피가 폭발적으로 증가했다. 소멸. 세균의 자유도가 높아지면서 사회는 혼란해졌다. 무질서의 세계. 엔트로피가 증가되면서 세상은 혼돈과 무질서로 빠져들었다. 사람들은 치명적인 페스트균을 보고도 이를 제거하지 못하는 신을 원망했다. 신의 무소불위를 더 이상 믿지 못하게 된 것이다. 결국 페스트 정국은 중세 기독교 사회를 와해시키고 인간중심의 르네상스를 탄생하게 했다. 결국 페스트 전염병으로 노동인구가 대폭 감소하면서 봉건영주세력의 와해 그리고 제3의 상공시민계급이 급부상하면서 자본주의가 탄생하게 되었다. 펜데믹으로 문명사적 대전환이 일어난 것이다.

지구는 고립계(孤立界)라고 했다. 고립계는 그 자체적으로 고립이 되어 있지만 그 안에 살고 있는 생명체는 열린계에 살고 있다. 인간은 고립계 속에서의 열린계다. 물론 크게 보면 우리 인간도 지구에 살고 있는 한 결국은 고립계에 속한다. 그렇다면 엔트로피의 증가도 이중적이거나 이차원적이다. 우리의 몸은 세포와 세포가 서로 물질과 정보를 교환하면서 에너지를 얻는다. 세포는 상호 교환한다. 이렇게 본다면 세포는 열린계에 해당된다. 물질과 에너지의 상호 교환 덕분에 인간은 살아 있는 것이다. 그러나 세포와 세포가 에너지를 교환하는 과정에서도 엔트로피는 증가한다. 왜냐하면 물질과 물질, 정보와 정보가 교환되는 과정에서 발생하는 마찰열 때문이다. 이러한 엔트로피는 '소멸하려는 경향'으로 나타난다. 왜냐하면 살아가는 생명에너지와 무관하게 엔트로피는 쓸모없이 낭비되는 에너지가 되기 때문이다.

하여간 페스트의 창궐로 세상이 혼돈과 혼란에 빠졌다. 숨어있던 페스트가 어느 순간에 세상에 출현한 것이다. 더러운 시궁창에 숨어 살던 쥐떼들이 사람에게 세균을 옮긴다. 물론 페스트의 원인은 그렇게 단순하지가 않다. 과학적인 원인규명은 지금도 딱히 없는 실정이다. 쥐에 의한 매개는 그저 추정일 뿐이다. 심지어 신의 노여움 때문이라고 할 정도로 원인과 이유는 지금도 오리무중이다. 그러나 분명한 것은 그동안 억제되어 있던 엔트로피가 외부로 분출된 것이다. 원인을 알 수 없지만 분명 엔트로피는 잠재 가능성으로 축적되어 있었던 것이다.

새롭게 구축된 파리시의 하수도 시스템, 페스트의 공격으로부터 비교적 안전한 사회로 탈바꿈시켰다. 반(反)페스트 시스템으로 분자의 배열을 질서화시킴으로써 분자운동의 자유도를 통제하게 된 것이다. 파리시는 쓸모없이 낭비되는 엔트로피를 억제시키면서 오폐수의 관리와 이로 인한 건강한 물의 공급으로 파리 시민들에게 새로운 생명에너지를 공급하였다. 결국 사회적 엔트로피의 증가의 속도와 양이 최대한 억제된 것이다. 그런데 놀라운 것은 엔트로피의 억제가 오히려 길거리의 예술가들로 하여금 자유롭게 활동할 수 있는 터전을 마련해 주었다는 사실이다. 쓸모없이 낭비되는 엔트로피를 억제하기 위해 시스템이라는 관리체제를 투입했더니 예술가들의 자유로운 활동을 가능하게 했다. 그러나 예술가들의 자유도가 증가되면서 다시 엔트로피는 증가한다. 이렇게 본다면, 새로운 에너지를 투입함으로써 엔트로피의 증가를 조절할 수 있다는 사실이 나타난다.

10) 르네상스 계몽의 테크놀로지

르네상스(Renaissance)는 '재생'(再生)을 의미한다. 재생(Renewing). 다시 살아나게 한다? 무엇을 다시 살아나게 하는가? 바로 '인간'이다. 그렇다면 '인간'은 죽었었는가? 그렇다고 보는 것이다. 신이 지배하는 중세시대를 암흑시대였다고 부르는 이유도 여기에 있다. 신의 관점에서 보면 광명과 은총의 시대였겠지만, (믿지 않는) 인간의 입장에서 본다면 한마디로 '지옥'이었던 것이다. 지옥으로부터 해방. 신의 관리와 통제는 인간에게는 억압이었다.

르네상스는 14~16세기 유럽에서 발발한 인간성 회복의 문화 운동이었다. 르네상스는 그동안 신중심사회에 빼앗겼던 '인간성'을 회복하기 위해서 고전(古傳)을 재생하도록 요구했다. 당시 기독교 문화의 온상이었던 콘스탄티노플의 함락(1453)은 르네상스 운동의 본격화로 기록된다. 휴마니타스(Humanitas). 고전으로 돌아가라. 르네상스의 구호이다. 고전으로 돌아간다는 것은 '인간성 회복'을 의미한다. 중세 1,000년 동안 신의 권위에 의해 인간성이 억제되었다는 것이다. 그런 인간성을 다시 찾자는 것이다. 신의 이성에 모든 것을 의존하던 시대가 저물고 이제 인간은 인간 자신의 이성에 모든 것을 걸어야 한다. 자성(自省)에 따른 것이다. 무소불위의 신의 권위가 추락된 것이다. 이렇게 르네상스는 고대 그리스·로마의 학문과 지식을 부흥시키고자 하는 움직임이 활발하게 이루어졌던 시대이다. 인간중심사회로의 전환을 위하여.

신의 오랜 속박으로부터 해방을 맞은 인간들은 '자유'를 만끽하기 시작했다. 그만큼 사회적 자유도(自由度)가 증가한 것이다. 인간의 자유에 대한 욕망이 실현되면서 그만큼 사회적 엔트로피도 증가한다. 무질서도가 높아졌기 때문이다. 예술세계가 대표적이다. 성화(聖畫)를 그리던 사람들이 '일상'을 그리기 시작했다. 소재가 자유로워진 것이다. 예술적 표현은 자유를 상징한다. 중세 1,000년을 고체 상태에서 꼼짝 못하고 살았던 인간들이 기체 상태로 훨훨 날게 된 것이다. 결국 인간들은 중세시대 신이성의 통제와 관리 하에 있었던 '질서'를 파괴하고 '무질서'를 택했던 것이다. 자유를 찾은 인간들. 기체의 자유도가 증가하는 것처럼 사회의 무질서도 역시 증가했다. 그럼에도 불구하고 이들은 다시 찾은 자유를 몸소 만끽하고 있었다. 엔트로피의 증가로 인해 다시 찾은 자유. 자유로 인한 무질서. 그런데 그 무질서를 우리는 르네상스 즉 '재생'이라는 범주에 집어 넣고 있다.

그렇다면 인간은 원래부터 무질서를 추구하였던 것은 아닐까? 만약 인간에게 자유가 본능이라면, 혹시 그렇다면 우리가 추구했던 공동체의 질서와 규범은 자유를 옥죄는 것 아닌가? 사실상 우리가 거부해야 하는 것들이었던 것은 아닐까? 공동체에서 사람과 사람 간에 발생했던 크고 작은 마찰과 저항 그리고 이로 인한 마찰열 때문에 증가하는 엔트로피를 우리 인간들은 처음부터 거부했던 것은 아닐까? 우리는 엔트로피의 증가로 인하여 언젠가는 모두 소멸해야 한다. 따라서 우리 인간은 엔트로피가 증가하는 공동체의 삶을 처음부터 거부하고자 했던 것은 아닐까? 특히 중세시대 신이성의 지배 하에서 통제 관리되던 기독교사회는 인간의 자유에 걸림돌이었다. 그렇다면 우리 인간은 자유를 찾기 위해 무질서의 본능으로 회귀하고자 했던 것은 아닐까? 엔트로피의 증가는 당연한 것. 그런데 우리는 왜 엔트로피를 '쓸모없이 낭비되는' 에너지로 정의하고 있는 것일까? 달리 말하면, 우리는 자유롭기 때문에 — 무질서 때문에 — 결국 죽는다?

그렇다면 자유와 죽음은 같은 것인가? 인생 자체가 모순덩어리가 아닐 수 없다. 인생 최대의 딜레마인가? 아니다. 자유가 영원하면 결국 우리 인간은 죽는다는 말인가 보다. 맞다. 결국 사람이 죽는다는 것은 자유도의 정도가 최대치가 된 것을 말한다. 자유도의 증가. 무질서도의 증가. 같은 말이다. 몸에 무질서도가 높아진다는 것은 건강을 잃는 것이다. 질서를 찾는 순간 다시 건강을 되찾는 것이다. 항상성(恒常性). 그렇다고 무질서를 완전히 질서로 바꾸어 놓는다는 것이 완전한 건강을 유지한다는 것은 아니다. 완전한 질서는 고체의 상태이다. 사람의 주검은 고체 상태다. 적절한 자유, 적절한 무질서, 적절한 통제, 적절한 질서. 그것이 건강한 상태이다. 더도 말고 덜도 말고. 그것이 진리인 셈이다.

한편, 르네상스는 천재들의 시대였다. '시나(Siena)의 아르키메데스'라 불리는 마리아노 타콜라(Mariano di Jacopo detto II Tacola, 1382-1453), 도자기 장인 프란세스코 디 조지오(Francesco di Giorgio, 1439-1502) 그리고 레오나르도 다 빈치(Leonardo da Vinci, 1452-1519) 등이 대표적이다. 천재들의 발명과 창조. 이들은 자유로운 상상력으로 많은 것들을 발명하고 창조해 낸다. 1440년 구텐베르크(Johannes Gutenberg, 1398-1468)에 의해 발명된 금속활자 인쇄기와 활자 인쇄술(Printing Press)은 '세기의 발명'으로 꼽힌다.[30] 구텐베르크에 의해 이루어진 활판 인쇄술의 발견과 함께 절정에 이르게 된 르네상스는 유럽 전역에서 '계몽의 시대'(The Age of Enlightenment)로 가는 발판을 마련하였다: "인쇄술의 발명과 활용은 인쇄물의 대중화를 촉진함

---

30 특히 종교개혁을 이끈 마르틴 루터(Martin Luther, 1483-1546)는 인쇄술을 가리켜 "복음의 전도를 가능하게 해준, 신이 내린 가장 고귀하고 끝 간 데 없는 자비의 표식'이라고 찬양하기도 했다(송성수, 2005: 35). 실제로 당시 인쇄술과 종교개혁은 서로가 서로를 강화하는 관계였다. 인쇄된 문건의 확산에 의해 종교개혁이 세력을 얻었다면, 종교개혁가들의 신념은 인쇄술의 확산을 촉진하는 데 크게 기여했다(ibid).

으로써 문맹 퇴치와 근대 의식의 성장에 중요한 역할을 담당했다."(송성수, 2005: 25) 아마 근대적 문명을 상징하는 르네상스, 종교개혁, 과학혁명도 인쇄술이 없었다면 불가능했을 것이다(송성수, 2005: 35). 즉 르네상스로부터 시작하여 종교개혁 그리고 계몽주의를 관통한 사회적 저항은 인간 자유에의 외침이었다.

결국 르네상스의 인간해방 운동은 규범과 질서로 상징되는 신의 세계로부터의 탈출이었다. 이로써 새로운 혼돈과 무질서의 시작이었다. 그동안 '질서'의 신국(神國)이 와해되면서 사회적 무질서도 즉 사회적 엔트로피는 증가한다. 그것이 입증된 셈이다. 당시 강제적으로 억압되었던 엔트로피가 외부로 분출된 것이다. 물리학적으로 말하면, 중세 1,000년간 고체 속에 질서정연하게 갇혀있던 분자들이 기체가 되면서 자유롭게 날아다니는 세계 즉 혼란과 혼돈의 세계를 연출한 것이다.

그러나 르네상스는 오늘날 새로운 세계의 창조로 기록되어 있다. 물론 중세의 관점에서 본다면 르네상스는 태어나지 말았어야 하겠지만. 천재들의 세기라고 불리는 르네상스. 역사적으로 르네상스는 인류에게 사회적 엔트로피의 증가를 최대한 억제시킨 사건으로 기록되어 있다. 아니 오히려 엔트로피의 증가를 창조적으로 전환시킨 사건이었는지도 모른다. 물론 가톨릭 구교의 관점에서 보면 아마도 르네상스는 기독교 역사에서 가장 치욕적인 엔트로피를 증가시킨 사건일 수 있다. 그럼에도 불구하고 르네상스는 암흑의 시대를 끝내고 새로운 시대를 열었다는 것이 역사적 평가다. 사회적 엔트로피의 증가를 억제하는 데 지대한 공헌을 한 사건이라는 의미이다. 신의 이성 대신 인간의 이성에 대한 신뢰를 최고의 덕목으로 꼽는 데 성공한 르네상스는 인간의 관점에서 본다면 엔트로피의 증가가 최대한 억제되고 오히려 창조적으로 전환된 시대임이 분명하다. 왜냐하면 신의 이성 대신 인간의 이성에 의한 새로운 창조가 모두 사회적 창조로 전환될 수 있었기 때문이다. 명실공히 천재들의 시대, 창조의 시대였다. 인간의 이성적 역량의 발휘로 시작된 모든 운동에너지가 효율적인 일에너지로 전환되면서 쓸모없이 낭비되는 엔트로피의 증가가 최대한 억제될 수 있었던 셈이다. 자유로운 사람들. 높은 자유도를 가진 사람들이 엔트로피의 증가를 가속시켰다고 할 수 있다. 자유도는 혼란을 가중시킨다. 카오스. 창조의 시대. 르네상스 시대에 카오스는 창조적 카오스였다. 자유로 인한 카오스가 바로 창조적 카오스인 셈이다.

놀라운 것은 또 있었다. 미술세계의 혁명. 원근법(Graphical Perspective)의 탄생. 이로써 훗날 '디자인'(Design)의 영역이 창조되었다. 원칙적으로 회화는 3차원의 세상을 2차원의 평면으로 옮기는 작업이다. 르네상스의 미술가들은 고대 그리스와 로마의 예술세계를 모방하였다. 그런데 당시의 예술작품은 모두 조각 작품들이 아닌가? 3차원의 입체. 이것을 2차원의 평면세계에 옮겨야 했던 것이다. 그러다 보니 어려움이 따를 수밖에 없었다. 따라서 당시 화가들은 평면 화폭에 담을 수 있는 적당한 소재를 선택할 수밖에 없었다. 3차원의 입체를 2차원의 평면에 담다 보니 많은 기법이 새롭게 고안되어야 했다. 따라서 당시 그림이 인물화, 정물화를 중심으로 진화했던 이유도 여기에 있다. 배경은 거의 무시되었고 수평적 나열만으로도 그림은 충분했다.

그러나 자유롭게 상상하기 시작하면서 화가에게 먼 곳에 있는 물체도 담고 싶은 욕망이 분출되기 시작했다. 전경뿐만 아니라 배경도 담고 싶은 욕망. 그것은 원근법의 탄생이었다. 물론 탄생이라기보다는 그려지는 영역의 확장이었다고 할 수 있다. 아니면 원근법의 발명이라고 해도 무방하다. 사실 원근법은 연습방법으로서 숨어 있던 영역이 수면에 노출된 것이다. 즉 원근법은 초벌 드로잉의 연습 기법이었다. 그러니까 미술의 정식기법은 아니었다는 말이다. 당시 사람들은 초벌 밑 작업을 하기 위해 원근법을 나름 사용하고 있었던 것이다. 그러나 작품으로 나타낼 수는 없었다. 그러던 것이 수면 위로 나온 것이다. 결국 회화의 밑그림 작업으로 시작된 드로잉(Drawing)기법. 1점 및 2점 원근법(One-Point Perspective, Two-Point Perspective)의 입체그래픽 작업으로 발전한다. '디자인 테크놀로지'(Design Technology)의 탄생이다. 이러한 디자인 작업은 예술의 영역을 넘어서 일상의 또 다른 여러 장르에까지 적용되었다. 일례로『다빈치 노트』에는 전쟁기술뿐만 아니라 수차, 풍차 등 일상생활에 유용한 기계 등 수많은 디자인들이 등장한다.[31] 물론 그가 설계한 대부분의 기계들은 실제로 제작되지는 못했다(송성수, 2005).

과학과 문학(文學) 등 지식의 세계에서도 발달이 이루어졌다. 당시 이탈리아 최고의 부호였던 메디치 가문(Medici family)은 이들의 가장 강력한 후원자였다.[32] 이를 계기로 유럽대륙에서는 '과학혁명'(Scientific

---

31 『다빈치 노트』에 그려진 대부분의 디자인들은 사실 아르키메데스가 이미 로마시대에 그려 놓은 것을 베낀 것이라는 기록도 있다. 고전으로 돌아가라. 아리스토텔레스의 제자인 마케도니아의 프톨레마이오스 II가 세운 무세이온 학당에서 수학한 알키메데스는 로마시대의 천재로 꼽혔다. 의사로서 활동하면서 '부력의 원리'를 발견한 것을 위시하여 당시 특히 전쟁에서 승리하기 위해 필요한 신무기를 개발하는 데에서 혁혁한 공을 세운 것으로 알려져 있다. 이때 그가 남긴 그림들이『다빈치 노트』에 기록된 디자인들과 거의 유사하다고 한다.

32 메디치 가문은 당시 피렌체의 부유한 은행가의 집안으로서 1420년대에서 1730년대에 이르기까지 문학과 예술을 적극적으로 후원하였다(윌리엄 보이드, 1964/ 이홍우 외 옮김, 1996: 246). 만약 레오나르도 다빈치가 당시 유럽 최고의 부호였던 메디치 가문으로부터 후원을 받지 못했다면, 그의 재능은 그냥 묻히고 말았을지도 모른다는 평가가 대부분이다: '열네 살이 되었을 때, 레오나르도는 아버지의 손에 이끌려 유명한 화가이자 조각가였던 베로키오(Andrea del Verrocchio)의 도제가 되었다. 당시 베로키오는 메디치 가문에 그림, 조각, 식기 등을 만들어 팔았다. … 7년간의 도제 생활을 마친 뒤 레오나르도는 베로키오 공방(공예가의 작업장)의 수석 화가가 되었다. 16세기 이탈리아 화가 바사리는 … 레오

Revolution)이 시작되었다. 과학은 무수히 많은 지식을 창조해 내고 발견해 냈다. 이로써 기술과 과학이 서로 만남으로써 가능한 '상호진보의 사이클'(a Cycle of Mutual Advancement)이 시작되었던 것이다(자크 엘루, 1964/ 박광덕 옮김, 2011: 24).

결국 고도로 질서가 잡혔던 중세시대를 벗어나 인간의 자유, 즉 무질서가 세상을 새롭게 창조하는 것이다. 창조적 무질서. 혼돈 속에서의 창조. 다시 말하면 엔트로피의 증가로 인해 많은 것이 발명되고 창조되었다. 그런데 도대체 이게 말이 되는가? 쓸모없이 낭비되는 엔트로피로 인해 많은 것들이 새롭게 창조가 되었다? 그렇다면 엔트로피는 쓸모가 없는 것만이 아니라 오히려 쓸모가 더 많은 즉 새로운 창조도 가능하게 하는 것 아닐까? 이상하다. 만약 쓸모없이 낭비되는 엔트로피가 없다면 새로운 창조도 불가능하다? 도무지 납득할 수 없는 일 아닌가?

르네상스는 '발견의 세기'(Age of Exploration)였다. 세상에 갇혀 있던 모든 것들이 하나하나 드러나게 된 것이다. 일상의 발견으로부터 시작하여 지구 건너편의 신세계를 발견한 '지리상의 발견'도 있었다. 발견은 '자유의 확장'이다. 자유롭게 상상하다 보니까 발견이 되는 것이다. 특히 선박 제조기술 및 항해 테크놀로지의 발달은 발견의 시대를 열어 놓았다. 콜럼버스(Christopher Columbus, 1451-1506)의 신대륙 발견. 영국, 스페인, 포르투갈, 프랑스 등 당시 열강국가들로 하여금 해외 다른 지역에서 식민지 만드는 일을 자극했다. 제국주의(帝國主義) 역사의 시작. 이때부터 항해 및 탐사활동이 활발해지고 식민지 경영 및 식민지 전쟁이 활발해진다. 다양

나르도가 스승보다 더 생동하는 천사를 그려 넣은 탓에 베로키오가 그림 그리기를 그만두었다."(송성수, 2005: 38-39) 이러한 인연으로 레오나르도는 메디치 가의 절대적인 후원을 받게 된다.

한 테크놀로지가 비약적으로 발달하게 된 것이기도 하다. 항해지도 제작 테크놀로지, 식민지 경영 테크놀로지, 각종 총기 제작 테크놀로지 등이 제국주의 역사를 만든 대표적인 테크놀로지였다.

결국 규범과 질서의 대명사인 신의 품에서 벗어난 인간의 자유에 대한 욕망은 한계를 모르고 커졌다. 수많은 테크놀로지를 발전시켰지만 제국주의로 향하는 교두보. 강력한 무기개발과 진일보된 문명 그리고 고급의 문화생활은 저개발의 다른 지역과 문화권을 점령 지배할 수 있었다. 갑자기 고삐가 풀린 엔트로피의 증가로 인해 개인과 사회는 무한한 자유를 획득했지만 그만큼 무질서도가 높아진다는 사실에는 둔감했다. 당시 사람들은 엔트로피의 법칙을 알지 못했기 때문이었을까? 과도한 자유의지는 타인의 자유를 침해한다. 자유를 침해받은 사람들. 저항. 마찰열이 발생한다. 수많은 식민지 전쟁은 사회적 엔트로피를 증가시키는 결과를 초래했다. 자유가 창조적 무질서로 이어지면서 창조의 세기를 만들어 놓더니 지나친 자유가 식민지 전쟁과 제국주의의 역사를 만들었다. 정제되지 않은 자유. 문제는 자유의 정도였다. 자유도(自由度). 더도 말고 덜도 말고. 엔트로피 증가의 정도를 결정한다.

11) 증기기관의 탄생: 산업혁명의 시작

산업혁명(Industrial Revolution)[33]은 18세기부터 19세기 중엽에 이르는 약 100년 동안 영국을 중심으로 발생했던 기술적, 조직적, 경제적, 사회적 변화를 지칭하는 용어로서, (특히) 기술적인 면에서는 도구가 기계로 본격적으로 대체되었다(송성수, 2005: 51). 기계는 도구와 달리 다양한 부품으로 구성되며 일정한 에너지 작용 공식에 따라 움직인다. 따라서 기계에 쓰이는 에너지는 일정한 장소에 저장될 수도 있고, 다른 부분으로 이동될 수도 있다(에도아르도 본치넬리, 2006/ 김현주 옮김, 2011).

제임스 와트(James Watt, 1736-1819)에 의해 1776년부터 시도되어 1782년에 개발 성공한 '복동식'(複動式) 증기기관(Complex Steam Engine)이 대표적이다. 그런데 와트는 증기기관을 발명한 최초의 사람은 아니었다. 와트 이전에도 증기기관의 발명은 많이 있었다. 엄밀히 말하면 와트의 업적은 기존의 증기기관을 획기적으로 개선하고 그 용도를 확대한 것이다(송성수, 2005: 52).

"열아홉 살 되던 해인 1757년에 와트는 외가 친척이 교수로 있던 글래스고 대학으로 갔다. 거기서 그는 딕(Robert Dick), 앤더슨(John Anderson), 블랙(Joseph Black), 로빈슨(John Robinson)을 비롯한 많은 과학자를 만났다. 특히 딕 교수의 도움으로 와트는 글래스고 대학에 도

---

33 산업혁명 시대의 가장 큰 특징은 과학과 기술 그리고 산업이 조우하면서 테크놀로지의 비약적인 발달이 이루어졌다는 점이다(히라다 유카키, 선완규 옮김, 1995): "영국의 산업혁명 기간 동안 발명된 무수한 기계로는 당대의 과학과는 거의 아무런 관련이 없었다. … 과학이 산업분야에 실질적인 영향력을 행사하기 시작한 것은 19세기 후반 이후의 일이다."(조지 바실라, 1988/ 김동광 옮김, 2006: 49-50)

구제작자로 취직하여 컴퍼스, 눈금자, 사분의(四分儀, 망원경이 발명되기 전에 사용된 천체 관측기로 덴마크의 천문학자인 티코 브라헤는 사분의를 사용하여 화성을 정밀하게 관측했다) 등과 같은 과학 도구를 주로 만들었다. 와트가 새로운 증기기관을 발명하게 된 계기는 앤더슨이 제공했다. 앤더슨은 뉴커먼 엔진의 모형을 자연철학 수업 시간에 자주 자용하면서 학생들에게 증기기관의 작동 원리를 설명했다. 뉴커먼 엔진은 1712년에 뉴커먼(Thomas Newcomen)이 개발한 대기압 증기기관이다. 그런데 어느 날 뉴커먼 엔진의 모형이 망가지자 앤더슨은 와트에게 수리를 부탁했다. 와트는 뉴커먼 엔진의 모형을 수리하려고 그 내부를 자세히 살펴보면서 뉴커먼 엔진이 증기를 크게 낭비하고 있다는 사실을 알고 큰 충격을 받았다. … 와트는 분리응축기를 사용하면 증기기관의 열효율이 이전보다 2~4배 향상될 수 있다고 생각했다. 그는 분리응축기가 설치된 증기기관을 설계하여 1769년에 특허를 받았다. … 와트는 분리응축기를 발명한 것에 만족하지 않고 증기기관을 더욱 개량하는 작업을 추진했다. … 와트는 1781년에 유성식(遊星式) 기어를 고안하여 문제를 해결했다. 그것은 맞물린 한 쌍의 톱니바퀴 중에서 한쪽을 고정시켜 다른 쪽이 고정된 톱니바퀴를 도는 기구였다. 이를 바탕으로 와트는 1782년에 피스톤을 동시에 밀고 당길 수 있는 복동식 증기기관을 개발하는 데 성공하였다."(송성수, 2005: 53-58)

증기기관이 처음 사용된 산업분야는 광업(鑛業)이었다. 최초의 발명도 그 분야에서 이루어졌다. 탄광 내에서 일을 하던 사람들은 지하수면보다 깊은 곳까지 들어가는 갱도(坑道)의 밑바닥에 차오르는 물을 지상으로 뽑아내는 펌프를 가동해야 했다. 동력기관을 증기기관으로 만들었던 것이다. 즉 증기기관의 힘으로 양수펌프를 가동시켰다. 차츰 증기기관은 운송, 섬유, 제련, 채광 분야에 활용되었다. 특히 채광 테크놀로지의 발달은 본국에서뿐만 아니라 식민지 지역으로부터 석탄 공급을 원활하게 해주었다. 에너지의 혁명. 채광 테크놀로지의 발달로 철의 생산량도 늘어났다. 때마침 스티븐슨(George Stephenson, 1781-1848)에 의해 1814년 제작된 '증기기관차'(Steam Locomotive) '블뤼허'(Blücher)호(號)는 바퀴로 레일 위를 달리는 최초의 기계엔진이 되었다.[34]

날로 발달된 증기기관은 다양한 증기선(Steam Boat)과 증기기관차를 통한 운송 테크놀로지를 촉발시켰다. 특히 1830년에는 맨체스터와 리버풀 간에 철도가 깔렸는데, 1829년 로버트 스티븐슨(Robert Stephenson, 1803-1859)에 의해 제작된 로켓기관차(Rocket Locomotive)가 처음으로 그 위를 달렸던 것이다.

---

34 스티븐슨 역시 처음으로 증기기관차를 만든 사람은 아니다: "증기기관차를 처음 만든 사람은 프랑스의 군사기술자인 퀴뇨(Joseph Cugnot)로 알려져 있다. 그는 1769년에 증기기관차의 모형을 만든 뒤 여러 차례의 실험을 거쳐 실물 크기의 엔진을 만들었다. 그러나 퀴뇨의 증기기관차는 기껏해야 15분밖에 달리지 못했으며, 한번 달린 후에는 증기가 다시 생길 때까지 엔진을 정지시켜야만 했다. 복동식 증기기관을 개발했던 와트의 조수인 머독(William Murdock)도 1784년에 증기기관의 모형을 만들었다. … 와트는 머독이 증기기관차에 열중하여 자신의 일을 소홀히 한다고 걱정했다. 머독은 이를 받아들여 증기기관차에 대한 미련을 버렸다. … 선로를 실제로 주행한 증기기관차를 최초로 만든 사람은 영국의 광산기술자인 트레비식(Richard Trevithick)이었다. 그는 1800년에 고압 엔진으로 작동하는 증기기관차를 만들어 시험 운전에 성공했고, 1802년 특허를 받았다. 트레비식의 증기기관차는 고압의 증기를 빠져나갈 때 나는 소리를 따라 '칙칙폭폭'(Puffer)이라고 불렸다. 그는 1804년 2월 21일 시속 6킬로미터의 증기기관차를 만들어 남웨일즈 탄광에서 시범을 보이는 데 성공하기도 했다. 그러나 트레비식의 기관차는 무게가 5톤이 넘어 선로가 자주 파손되었기 때문에 본격적으로 활용되지는 못했다(송성수, 2005: 79-81).

"1821년 스티븐슨은 스톡턴-달링턴 철도회사로부터 주문을 받았다. 영국 의회는 스톡턴과 달링턴을 연결하는 철도를 건설하는 것을 승인했고, 철도회사가 기관차의 제작을 스티븐슨에게 의뢰했던 것이다. 이 사업에 참여하면서 스티븐슨은 1823년에 뉴케슬에 기관차 공장을 설립하였다. 1825년 9월 27일에는 세계 최초의 여객용 철도 개통식이 거행되었다. 스티븐슨이 제작한 로커모션호는 화차 6량과 객차 28량을 달고 시속 20킬로미터로 철도를 달렸다. 1824년에 스티븐슨은 리버풀과 맨체스터 사이에 철도를 부설하는 작업에 참여해 달라는 요청을 받았다. 그런데 이번 일은 순조롭지 않았다. 마차나 운하를 운영하던 사람들이 기차가 도입되면 자신의 이익이 줄어들 것을 염려하여 철도의 부설을 반대한 것이다. 그들은 스티븐슨의 작업을 방해하면서 영국정부에 진정서를 내기도 했다. … 반대하는 이유도 '기관차의 연통에서 나오는 독가스가 주변의 가축과 숲속의 새들을 죽일 것이다'. … 결국, 리버풀-맨체스터 철도는 1829년 10월에 완공되었다. 그것은 45킬로미터에 달하는 세계 최초의 장거리 철도였다. 철도 부설을 마치자 이번에는 또 다른 소문이 나돌았다. 스티븐슨이 자신이 만든 기관차를 팔기 위해 철도를 깔았다는 것이다. 이에 스티븐슨은 공개적인 경주 대회를 개최하여 가장 우수한 기관차를 사용하자고 제안했다. 1830년 9월 15일에 수많은 기관차들이 출전한 가운데 스티븐슨은 로켓호를 타고 나타났다. 로켓호는 승객 30명이 탄 객차를 이끌고 시속 24킬로미터로 결승 지점까지 달려 우승을 차지했다. 그날은 '철도 건설의 위대한 시대'가 시작된 날로 평가되고 있다. 1840년대 이후에는 세계 각국이 경쟁적으로 철도를 건설했다. … 자연적인 조건에 제약을 받지 않는 철도는 마차와 운하를 대

체함으로써 지배적인 교통수단으로 자리 잡았다."(송성수, 2005: 83-85)

증기기관차가 레일 위를 달리고 운송 및 이동 테크놀로지가 발달하면서 기관차 운전과 수송 테크놀로지도 발달했다. 안전한 운송을 위한 신호체계산업 및 전신산업(Telegraphy)이 발달한 것이다. 이는 사람들의 일상생활에도 영향을 끼쳐서 마침내 먼 거리의 지역과 지역을 이어주는 우편 및 통신 테크놀로지의 탄생에 기여하였다. 또한 철도의 원활한 운영을 위해 표준화 작업이 전개되었다는 점도 주목할 만하다(송성수, 2005: 85-86). 이로써 철교가 대량으로 건축될 수 있었다. 결과적으로 운송과 이동이 빠르고 용이해졌다. 아울러 증기기관 덕분에 값싼 용광로, 코크스, 선철제작 등이 가능해졌다. 제련 테크놀로지에서 비약적인 발달이 이루어졌다. 섬유산업 및 섬유 테크놀로지 역시 대중화된 증기기관의 발명으로 가속화되었다. 결국 식민지의 값싼 노동력이 대거 투입됨으로써 섬유산업은 비약적인 발달을 이룰 수 있었다.

"1790년을 전후하여 본격적으로 생산되기 시작한 와트의 새로운 증기기관은 용도에 제한을 받지 않는 만능동력원으로 각광을 받았다. 특히, 카트라이트(Edmund Cartwright)의 역직기가 1789년에 증기기관의 동력으로 채택되고, 트레비식(Richard Trevithick)이 1804년에 철도 궤간을 달릴 수 있는 증기기관차를 제작함으로써 증기기관의 용도는 일반 기계와 수송수단으로 확산되었다. 와트의 증기기관을 매개로 수행된 기술혁신은 꼬리에 꼬리를 물고 발생하였고, 이러한 기술혁신은 산업혁명의 핵심과정에 놓여 있었다."(송성수, 2005: 59)

결국 와트의 증기기관 이전에 이미 수많은 증기기관이 있었지만, 시장의 선택은 와트의 증기기관이었다. 스티븐슨의 증기기관차도 마찬가지다. 스티븐슨의 증기기관차가 레일 위를 달리게 된 것도 시장의 선택이 있었기 때문이다. 어떻게 된 것일까? 가장 적절할 비용에 가장 효율성이 높은 것이 시장의 선택을 받은 것이다. 테크놀로지는 시장의 선택을 받을 때 비로소 발달한다. 아무리 성능이 우수해도 비용이 너무 비싸면 시장의 선택을 받을 수 없다. 테크놀로지의 대열에서 사라진다. 그렇다면 시장의 선택을 받게 되는 테크놀로지의 속성은 무엇일까? 쓸모없이 낭비되는 엔트로피를 최소화시킨 테크놀로지가 시장의 선택을 받는 것이다. 이유는 간단했다. 가장 효율적이었기 때문. 바로 엔트로피의 개념도 여기서 탄생한다. 즉 효율성이 높다는 것은 쓸모없이 낭비되는 에너지인 엔트로피의 증가가 낮다는 것이다. 엔트로피가 높을수록 효율성이 떨어진다. 시장의 선택을 받기가 어렵다.

증기기관의 효율성은 운동에너지가 위치에너지로 전환되는 과정에서 발생하는 저항 또는 마찰열을 최소화시킬 때 높아진다. 와트와 스티븐슨의 작품은 바로 엔트로피의 증가를 최소화시킨 것이다. 당시 사람들은 자신들이 사용하는 도구나 연장이 자동으로 움직여주었으면 했다. 이러한 염원이 연장(Tool)을 기계(Machine)로 바꾸어 주게 된다. 기계와 기계를 연결하여 이를 시스템으로 만들면 기계장치가 된다. 도구가 기계가 되면서 기계혁명이 일어난다. 그것이 바로 산업혁명의 시작이다. 기계장치를 움직이기 위해서는 기계를 움직이게 하는 힘 즉 동력(動力)이 요청된다. 동력은 엔진(Engine)이다. 와트가 발명한 증기기관은 동력 즉 엔진이었다.

엔진은 사람의 일을 대신해 준다. 엔진은 엔트로피의 증가를 낮추어준다. 그래서 인간을 대신할 수 있는 것이다. 엔진은 도구의 연결시스템을 가동시킨다. 투입-전환-산출-피드백의 시스템. 엔진의 생명은 효율성이다. 엔트로피의 증가가 최소화되는 것이다. 시장은 비용 대비 성능 즉 가성비가 높은 제품을 선택한다. 가성비가 높은 제품은 효율성이 높은 제품이다. 결국 엔트로피의 증가가 극소화된 제품이 테크놀로지로서 유망해지는 것이다. 시장에서 선택받은 와트의 증기기관과 스티븐슨의 증기기관차. 결국 산업혁명시대의 기준은 "효율성"이었다.[35]

산업혁명은 마침내 매우 효율적인 내연기관을 만들어 내는 데 성공한다. 자동차(Automobile)의 탄생. 자동으로 움직이는 바퀴. 자동차라고 불렀다.

"프랑스의 르누아르(Etienne Lenoir)는 1860년에 전기로 점화되는 최초의 내연기관을 발명했고, 독일의 오토(Nikolaus A. Otto)는 오늘날 내연기관의 기본 작동원리가 되는 4행정 이론(내연기관이 흡입, 압축, 폭발, 배기의 네 가지 사이클을 거친다는 이론)을 정립하여, 1967년에 최초의 실용적인 내연기관을 개발했다. 그런데 르누아르 엔진과 오토 엔진은 모두 석탄가스(석탄을 진공 상태에서 가열했을 때 생기는 가스)를 연료로

---

35 에디슨(Thomas Alva Edison, 1847-1931) 이전에도 '백열전구'를 제조하는 테크놀로지가 발달했었다. 1802년 험프리 데이비(Humphry Davy, 1778-1829)가 처음 구상한 것으로 알려져 있다. 이후 이의 실용화를 위해서 22명의 선구자도 존재했다. 물론 이들이 만든 전구는 에디슨의 버전(Version, 1878)과는 비교가 안 될 정도로 수명도 짧았다. 또한 엄청난 제작비용이 들었으며 고온(高溫)이었기 때문에 보편화시키지 못한 한계가 있었다. 하여간 발명왕이라고 불리는 에디슨은 최초의 전구 발명가도 아니며 최초로 전구를 상상한 사람도 아니다. 그럼에도 불구하고 에디슨이 대표적인 백열전구의 발명가로 대중에게 알려지게 된 이유는 무엇일까? 만약 데이비의 발명이 처음이었다면, 백열전구에 대한 에디슨은 그리 대단한 것도 아닐 수 있다. 그럼에도 불구하고 우리는 발명왕 에디슨을 꼽는 이유는 무엇인가? 역시 열효율 때문이었다.

사용하고 있었다. 오늘날 자동차의 연료로 많이 쓰이는 가솔린을 사용하는 내연기관은 1883년 독일의 다임러(Gottlieb W. Daimler)가 개발했다. 다임러는 1885년에 그 엔진을 자전거에 달라 사용했는데, 그것은 세계 최초의 오토바이에 해당한다. 독일의 벤츠(Karl Benz)는 다임러와 별도로 가솔린 기관을 단 자동차를 제작하여 1886년에 특허를 받았다. 한편, 독일의 디젤(Rudolf Diesel)은 오토의 내연기관을 관찰하면서 매우 높은 압력으로 움직이는 엔진을 만들어 낼 수 있다고 생각했다. 4년 동안 노력한 끝에 등유를 사용하는 디젤 엔진을 개발하여 1893년에 특허를 받았다."(송성수, 2005: 204-205)

한편, 철제 빔을 중심으로 건설된 부두항만시스템이 등장한다. 항만운송 및 이동이 획기적으로 발달하게 된 것이다. 항만을 통한 운동, 이동, 무역 등이 보다 활발해졌다. 항구도시의 경제가 급성장하게 된 것이다. 아울러 이 항만을 오고 갈 증기기선(Steamship)을 제작하는 테크놀로지 역시 발달한다. 조선 산업이 성장할 수 있었던 것이다. 이어서 19세기 말부터 시작되어 제1차 세계대전까지에 이루어진 제2차 산업혁명. 화학, 전기, 정유, 강철 테크놀로지의 영역으로부터 시작되었다. 특히 전기에너지와의 접목은 공장의 자동화를 가속화시켰다.

이때부터 사람들은 모든 기계시스템에 전기(電氣)를 활용하면 일의 효율성이 높아진다는 사실을 알게 되었다. 공장의 자동화에 불이 붙은 것이다. 자동화로 제고된 일의 효율성. 엔트로피의 증가를 최대한 억제했다는 것이다. 특히 컨베이어 시스템(Conveyer System)은 자동화와 효율화의 극대치였다. 이때부터 공장에서는 대량생산이 가능해졌다. 자동화시스템은 표준화, 규격화 그리고 이에 의한 획일화를 추구하였다. 일의 속도나 양에서 상상을 초월할 정도였다. 결국 엔트로피의 증가를 억제시키는 데 성공했다. 그러나 전체적으로 엔트로피는 증가하게 마련이다. 기계시스템에서 억제된 엔트로피가 인간 개개인들에게 전가되는 것이다. 기계처럼 컨베이어시스템이 돌아가는 속도에 맞추어 일을 해야 하는 노동자들에게 엔트로피의 증가가 전이된 셈이다. 또한 사람들은 일터에서 서로 부딪히게 되고 충돌하게 된다. 저항과 마찰이 발생하면서 쓸모없이 낭비되는 엔트로피는 증가하게 된다. 물론 저항과 마찰열은 경우에 따라서 일에 대한 '열정'이나 '몰입' 등으로 승화되기도 한다. 그럼에도 불구하고 전체적으로 엔트로피는 증가하게 되어 있다. 따라서 공장 내에서 개인과 개인 간의 마찰과 저항은 보다 증가하게 된다. 또한 공장의 기계화된 규칙이나 규범은 사람이 기계처럼 일을 하도록 강요한다. 이 때문에 노동자 개개인에게서 낭비되는 엔트로피도 보다 가세된다. 마침내 사용주와 노동자라는 두 집단으로 갈라지면서 엔트로피는 한쪽으로 쏠리게 된다. 노사분규(勞使紛糾)가 바로 그것이다. 노사분규에 의한 엔트로피의 증가. 이는 지금까지도 우리 사회에 큰 그림자로 남아 있다.

　　과연 우리는 여전히 앞으로도 공장이라는 규격화된 공동체에서 만남과 접촉을 통한 콘택트 사회를 유지하는 것이 맞는 건지? 지금 전 세계에서는 수많은 공장들이 코로나19 사태로 인해 문전폐업 상태이다. 물론 좀 지나면 회복될 것이라는 생각도 많다. 그러나 전문가들은 코로나 이전(BC: Before Corona)과 코로나 이후(AC: After Corona)를 완전히 다른 세상으로 보고 있다. 이들에 의하면 코로나19 이후에는 모든 것이 과거로 절대 돌아갈 수 없다는 의견이다. 그렇다면 차제에 모든 공장들은 문을 닫아야 하는 것이 아닐까? 아마 당분간은 소강상태가 이어질지도 모른다. 과도기. 그리고 연착륙. 그러나 실제로 이미 4차 산업혁명을 준비했던 기업들은 살아남고, 4차 산업혁명과 무관하게 지내던 공장들은 더 이상 살아날 가능성이 없어 보인다.

이러한 와중에 이미 100년도 넘은 노사분규의 현장이 되어 버린 세계의 공장들은 엄청난 엔트로피를 증가시킨 주역이기도 했다. 일단 공장들은 석탄, 석유, 핵에너지 등 에너지의 과도한 사용으로 세상을 오염시켰다. 지구촌의 물리적 엔트로피를 증가시켜 왔던 것이다. 또한 공장에서 노동자들 간에 충돌과 마찰을 강요함으로써 사회적 엔트로피를 증가시켜 왔다. 그렇다면 차제에 우리 사회를 콘택트 사회로 만드는 데 주역이었던 지금의 공장시스템은 모두 폐쇄조치하는 것이 맞는 걸까? 엔트로피의 증가를 가속화시켰으니까. 아니면 온라인 가상세계를 중심으로 펼쳐지고 있는 언택트 사회는 과연 전통적인 공장시스템보다 엔트로피의 증가를 억제할 수는 있다는 것일까? 언뜻 보기에는 그럴 것 같기도 하다. 일단 매연이 줄어들 것이다. 미세먼지 초미세먼지도 사라질 것이다. 사람과 사람의 만남과 접촉을 통한 면대면 공동체에서 발생할 수 있는 수많은 저항과 충돌도 줄어들 것이다. 그렇다면 지금 노사분규에서 발생하는 엔트로피의 증가는 과연 어떻게 될 것인가? 물론 노사상생(勞使相生)의 사회가 된다면 사회적 엔트로피의 증가는 최대한 억제될 수 있을지도 모른다. 심지어 창조적 전환도 가능할지 모른다. 그러나 우리 사회에서 노사상생의 역사는 그리 흔하지 않다. 유감이지만 우리의 노사분규 사태는 사회적 엔트로피 증가의 원인제공으로 자리 매김을 한 지 오래이다.

12) 엔트로피 이론의 탄생

이미 언급한 대로 '엔트로피 이론'은 증기기관의 발명과 함께 탄생했다. 즉 엔트로피 이론은 증기기관의 열효율, 즉 효율성 문제를 검토하는 과정에서 탄생했다. 일명 '열역학 제2법칙'. 다시 말하면, 열역학 이론은 '열(熱)의 정체가 무엇인가?' 하는 의문으로부터 출발했다. 17세기에 베이컨, 보일, 뉴턴 등 기계주의적 철학의 영향으로 과학자들은 열의 본질 역시 물질입자의 운동으로 보았다. 18세기 들면서 열을 칼로릭(Caloric)이라는 무게 없는 물질입자로 간주하는 "칼로릭 이론"이 탄생했다. 그러나 '마찰열'의 발생으로 칼로릭이 빠져나올 때 무한으로 빠져나올 수가 없는데도 불구하고 마찰열은 지속된다는 이론적 모순이 발견됨으로써 칼로릭 이론에 의문이 제기되었다.

그럼에도 불구하고 칼로릭 이론은 현대 열역학 이론의 성립에 지대한 공헌을 하였다. 실제로 푸리에(Joseph Fourier, 1768-1830)는 칼로릭 이론에 기초하여 열전달 이론의 수학적 시스템까지 세웠다(김영식 · 임경순, 2002: 195). 또한 카르노(Sadi Carnot, 1796-1832)는 1824년 자신의 논문 「열의 운동에 관한 고찰」(Rèflexions sur la puissqnce motrice de feu)에서 열기관의 열효율 문제를 해석했다. 즉 물이 높은 곳에서 낮은 곳으로 이동하면서 일을 하듯이 열 곧 칼로릭도 높은 온도에서 낮은 온도로 이동하면서 일을 하게 된다. 이런 생각에서 출발한 그의 이론은 "카르노의 원리"(1824)로 발전하게 된다(Mainzer, 1997: 85). 카르노의 사후인 1840년부터 세간에 알려지기 시작한 이 원리에 의하면, 열기관의 열효율은 그 열기관의 작동물질에 관계없이 그 열기관을 구성하는 두 온도만의 함수가 된다.

그러나 1830년부터는 열에 대한 칼로릭이론은 쇠퇴하기 시작했다.

이러한 와중에 과학자들 사이에서는 열이 역학적 에너지뿐만 아니라 화학적 에너지와 똑같은 물리적 양에 해당되고 서로 변환도 될 수 있다는 생각을 하게 된다. 여기에는 18세기 말부터 독일을 중심으로 퍼져 나갔던 자연철학의 영향이 컸다(김영식 · 임경순, 2002: 196). 당시 자연철학은 영국과 프랑스 중심의 계몽주의 사조가 지나치게 기계주의적 · 실험적 · 수학적 자연관을 강조한 나머지 자연으로부터 생명, 신비함, 통일성, 감성 등을 빼앗아 버린 데 대한 반발로 나타난 사상적 흐름이다. 자연철학주의자들은 특히 자연세계의 통일성을 강조했고, 기계적 자연관이 자연을 조각내고 분해해서 그 통일성을 보지 못함을 비난했다(김영식 · 임경순, 2002: 197).

당시 독일의 대표적인 자연철학자였던 쉘링(Friedrich Schelling, 1775-1854)은 인간이 결코 기계일 수 없으며 생명체는 자연세계의 통일성을 내재하고 있다고 주장했다(Weyl, 2000: 270). 또한 그는 조직화와 재생산이 생명의 주요한 특성이라고 가정하는 '생명에 관한 과학'을 설계했다(Mainzer, 1997: 84). 그는 자연현상에는 통일성으로 존재하지만, 때에 따라서 전기, 자기, 빛, 소리, 열, 화학 및 역학현상 등 다양한 형태로 나타난다고 주장했다. 이러한 쉘링의 자연철학적 사고에 편승하여 마이어(Robert Mayer, 1814-1878), 헬름홀츠(Hermann Helmholz, 1821-1894) 그리고 줄(James P. Joule, 1818-1889) 등 세 사람은 「에너지 보존의 원리」 즉 「열역학 제1법칙」을 발견해 내었다. 「열역학 제1법칙」에 의하면 에너지는 절대로 새로 창조되거나 파괴되지 않는다(Mainzer, 1997: 85).

이들은 모두 각기 자신의 전공분야에서 제각기 다른 실험을 하였지만 결론은 같았다. 당시 의사였던 마이어는 동물의 혈액 색깔이 서로 다른 이유를 추적하다가 마침내 열대인의 혈액이 더 붉은 것에 대한 이유를 '열'(熱, heat) 때문이라고 설명했다. 또한 당시 유명한 물리학자이며 생리학자였던 헬름홀츠는 에너지 보존의 법칙에 수학적으로 접근했다. 에너지가 창조되지도 파괴되지도 않고 형태변화만 한다면, 우리의 몸도 에너지가 여기서 저기로 변화되는 메커니즘의 고안물이지 특별한 정신적 힘이라든지 영혼은 의미가 없다고 하면서 이를 '화학적 작용'으로 설명했다(Mainzer, 1997: 120). 마지막으로 주울은 같은 열을 내는 각종 에너지를 재는 실험을 통하여 역학적 에너지(일), 화학에너지, 전기에너지가 열과 치환될 수 있다는 사실을 밝혀냈다. 이렇게 하여 마이어, 헬름홀츠, 줄은 열과 일이 서로 같은 종류의 양이고 서로 변환되며 그 합은 보존된다는 이른바 「열역학 제1법칙」[36] 즉 「에너지 총량 불변의 법칙」을 탄생시킬 수 있는 실험에 성공했다. 한마디로 에너지가 자연 속에서 항상 일정하게 진행되는 기계적 작업, 전기적 에너지 또는 화학적 변화에도 불구하고, 닫힌계(또는 고립계)에서 총 에너지는 불변으로 유지된다(Mainzer, 1997: 85). 이로써 새로운 열의 영역으로 등장했던 칼로릭의 개념은 더 이상 가치가 없게 되었다.

그러나 1847년 칼로릭 개념의 완성자 격인 카르노의 논문을 다시 검토하던 클라우지우스(Rudolph Clausius, 1822-1888)와 톰슨(William Thomson, 1824-1907)은 줄의 생각에 모순이 있음을 발견했다. 우선 클라우지우스는 열과 일의 합이 보존된다는 줄의 결론을 받아들이면서도, "열은 반드시 높은 온도에서 낮은 온도로만 흐르며, 열기관의 열효율도 두 온도에만 관계된다"는 소위 "카르노의 원리"에 주목했다. 만약 온도차의 구별

---

36 물론 에너지 제1법칙은 복수 발견으로서 마이어(Robert Mayer, 1814-1878), 헬름홀츠(Hermann Helmholtz, 1821-1894), 줄(James P. Jule, 1818-1889) 세 사람을 발견자로 든다(김영식 · 임경순, 2002: 197).

이 없이 마이어, 헬름홀츠, 줄의 생각처럼 '에너지의 변환만 강조한다면' 낮은 온도에서 높은 온도로 열이 이동하는 것도 가능해진다. 바로 이 부분이 모순인 것이다. 또한 톰슨 역시 주변에서 자연현상에 아무 변화도 없이 물체가 주위로부터 열을 흡수하여 일로 바꾸는 것은 불가능하다고 하면서 카르노의 원리로 돌아갔다(Weyl, 2000: 179). 이렇게 하여 「열역학 제2법칙」이 탄생한 것이다. 이 법칙에 의하면, 아무런 어떤 변화도 없이 열이 낮은 온도에서 높은 온도로 흐를 수는 없으며, 주위로부터 열을 흡수해서 그대로(낮은 온도로 내보내지 않고) 일로 바꿀 수는 없다. 다시 말해서 모종의 에너지의 희생 없이는 자연에서 물리적, 화학적, 생물학적 또는 정보적 변형을 포함하는 어떠한 변형 과정도 일어날 수 없다(Mainzer, 1997: 85).

결국 「열역학 제1법칙」이 일과 열을 포함한 제반 자연현상의 변화에서 역학의 총합은 반드시 보존된다는 '양적 관계의 규정'이었다면, 「열역학 제2법칙」은 열의 변화의 방향을 제한한 셈이다. 즉 열은 반드시 높은 온도에서 낮은 온도로만 흐르고, 일은 열로 바뀔 수는 있지만 반대로 열은 일로 바뀔 수 없다는 것이 열역학 제2법칙이다. 그러나 열역학 제1, 제2법칙에 대하여 "법칙의 보편성과 규칙성"이라는 문제에서 항상 불안하게 생각했던 클라우지우스는 법칙을 보다 완전하고 보편적으로 하기 위해 수학적으로 표현하고자 했다. 바로 이 과정에서 1865년 그는 "엔트로피"(Entropy)의 개념을 (재)발견해 내게 된다. 다시 말하면, 물리적 진화의 맥락에서 열역학 제2법칙의 근본적 중요성은 진화 또는 전이를 위한 그리스어인 엔트로피라는 전문용어를 차용한 클라우지우스에 의해 추인된 셈이다(Mainzer, 1997: 85).

클라우지우스가 엔트로피의 개념을 발견하게 된 동기는 1852년 톰슨이 발표한 짤막한 논문의 「에너지의 낭비」(Dissipation of Energy)라는 부분에 주목하면서 가능했다. 지표면의 열이 서서히 식어 가는 현상을 목격한 톰슨은 우리 일상과 자연에서는 반드시 에너지의 낭비 과정이 생겨나게 된다고 주장했다. 왜냐하면 일로부터 열의 생성(Generation), 열의 전도(Conduction) 그리고 열의 복사(Radiation) 등 세 가지 비가역적 과정이 필연적이기 때문이다. 결국 그는 물질세계에는 늘 역학적 에너지가 낭비되고 있다고 결론을 짓는다. 톰슨의 연구결과를 토대로 클라우지우스는 1865년 발표한 자신의 논문 「우주의 두 가지 기본 법칙들」에서, 첫째, '우주의 에너지는 일정'하며, 둘째, '우주의 엔트로피는 항상 증가한다'는 주장을 했다. 즉 우주의 모든 변화를 통해서 항상 보존되는 것이 "에너지"인 반면, 이런 변화가 방향성을 나타내 주면서 항상 증가하는 양이 "엔트로피"인 것이다(김영식 · 임경순, 2002: 200). 역으로 말하면, 엔트로피 법칙 속에서 자연과정은 반드시 비가역적이며 항상 엔트로피는 증가할 뿐이다(Weyl, 2000: 247).

그러나 클라우지우스에 의해 처음 제시된 엔트로피의 개념은 오랜 시간 동안 일반에게도 수용되지 않았다. 심지어 과학자들 사이에서도 이 개념은 많은 오해를 불러일으켰다. 또한 비가역적 과정에 대한 엔트로피의 변화를 수학적으로 계산해 내는 일은 클라우지우스에게도 매우 어려운 문제였다. 만 15년 동안의 노력에도 불구하고 클라우지우스 자신도 기껏해야 이를 미분의 양으로만 계산하는 데 만족했다. 결국 엔트로피의 계산은 '확률'(確率)에 의존하여 근사치로만 가능할 수 있었다. 그러나 이러한 한계는 이미 예상된 것이다. 왜냐하면 열역학 제2법칙은 애초부터 수학적 추론이나 이론적 증명을 통해 얻어진 결론이 아니었고, 오로지 경험적 사실에 기인한 것이었기 때문이다. 실제로 엔트로피 즉 "에너지의 손실"은 극히 미미해서 경험상으로는 관측이 거의 불가능하다. 따라서 이를 수학적으로 정확히 계산해 내는 것도 불가능한 것이다. 다만 우리는 "열이 높은 온도에서 낮은 온도로 흐르는 것은 그 방향으로 변화가 일어날 '확률'이 지극히 높은 것이며, 엔트로피가 증가하는 방향에서 일어나는 모든 변화는 그러한 변화의 '확률'이 지극히 높은 것"이라고 말할 수 있을 뿐이다. 한마디로 특정한 상태에 대한 엔트로피는 그 상태에 대한 확률의 척도가 된다(김영식·임경순, 2002: 202). 이를 위한 수학적 확률 계산은 마침내 볼츠만(Ludwig Boltzmann, 1844-1906)에게서 가능하게 되었다(Mainzer, 1997: 86). 그는 엔트로피를 [k*log D]라는 표현으로 정의했는데, 여기서 D는 무질서의 척도이며 k는 32,983*10-24cal/0C로 우주 상수를 의미한다(Weyl, 2000: 258). 클라우지우스의 시대에도 엔트로피가 물리학적으로도 어떤 의미를 가지고 있는가에 대하여 대답하는 것도 쉬운 일이 아니었다. 그러나 볼츠만의 연구결과를 통해서 엔트로피가 '무질서의 척도' 내지 '무질서한 정도'로 알려지면서 엔트로피에 대한 연구는 가속도를 얻게 된다.

볼츠만은 모든 시스템이 고체 상태에서보다 기체 상태에서 보다 무질서하며, 기체 상태에서 분자배열의 확률은 높아지고 고체 상태에서는 상대적으로 낮아진다는 사실을 알아냈다.[37] 또한 기체 상태에서 분자들은 시간이 흘러감에 따라 질서 있는 배열에서 점점 무질서한 상태로 변한다는 사실도 알아냈다. 이러한 원리는 카드놀이에서 카드 패를 계

---

37 볼츠만에 의하면, 살아있는 유기체는 닫힌 시스템의 제2법칙을 어기지 않는 환경과의 교환 속에 있는 흩어지는 열린 시스템이다(Mainzer, 1997: 5; 79). 그러나 볼츠만의 열역학은 생명의 기원에 대해 결정적으로 설명하지 못했다(Mainzer, 1997: 89). 이러한 의미에서 우리는 볼츠만의 주장을 다윈의 진화론과 같은 맥락으로 이해한다. 구체적으로 볼츠만의 열역학 제2법칙에 대한 통계적 해석은 다윈의 진화론과 대치되지 않는다(Mainzer, 1997: 89).

속 섞으면 섞을수록 카드 배열이 질서에서 무질서로 바꾸어 가는 이치와 같다. 질서 상태에서 무질서 상태로 이전하는 것은 완전히 수리적으로 계량화될 수는 없다. 단지 '확률'로만 계산될 수 있다. 예를 들어, 연속 패로 잘 정리된 카드를 두 번 섞은 다음에 연속 패가 나올 수 있는 것은 확률일 뿐이다. 따라서 엔트로피의 물리량은 확률로만 계산이 가능하다. 특히 증가할 수밖에 없는 엔트로피는 질서 있는 배열에서 무질서한 배열로 진행되는 물리량에 해당된다. 따라서 확률로만 계산될 수 있는 것이다. 이제 기체의 무질서한 분자배열과의 관계가 밝혀지고 특히 일종의 물리량인 엔트로피의 존재가 인식되었다. 이로써 열역학 이론은 물리학의 새로운 연구 분야로 떠올랐다. 그동안 주로 화학자, 의사, 기술자들 그리고 자연철학주의자들이나 갖가지 실험을 하던 사람들의 경험적 지식의 종합에 지나지 않던 열에 관한 지식이 이론적 기초를 갖추게 되고, 시스템화 · 수학화된 하나의 과학분야가 된 것이다(김영식 · 임경순, 2002: 204).

이로써 18세기까지 화학분야로 간주되었던 열역학의 분야들은 빛, 전기, 자기, 소리, 기체 등의 관계와 함께 연구됨으로써 물리학 영역으로 편입되기 시작했다. 심지어 볼츠만은 생물학의 진화이론을 19세기 열역학과 화학으로 치환시키고자 시도했던 최초의 과학자로 알려지기도 했다(Mainzer, 1997: 87). 또한 이는 나중에 일리야 프리고진에 의해 물리적 · 화학적 시스템들과 생물학적 구조간의 연결은 살아있는 시스템(특히 면역시스템)에 포함될 수 있는 '흩어지는 구조'(Dissipative Structure)에 의해 모형화되기도 하였다(Mainzer, 1997: 98).

특히 볼츠만에 의해 주창된 열역학 제2법칙 즉 엔트로피 이론에 의하면, 역학적 에너지의 일부는 항상 흩어져서 열(마찰열)로 바뀌고, 이 에너지는 완전히 역학적 에너지로 환원될 수 없기 때문에 지구라는 기계는 점차 느려지다가 결국 정지할 수밖에 없다는 것이었다. 한마디로 지구는 에너지를 필요로 하지만 결국 에너지의 이동으로 언젠가는 멈출 수밖에 없다는 것이다. 원인은 바로 '마찰열'(摩擦熱)이다.

물론 열에너지를 다루는 엔트로피 이론에서는 에너지의 유실을 우려하고 있지만 엔트로피의 재활용 여부는 아직 미지수이다. 이제 우리는 우리에게 주어진 현재의 에너지를 어떻게 전용하고 활용할 것인지에 대해서 고민해야 한다. 예를 들어, 동네에 대형슈퍼마켓이 들어서면서 재래시장이 텅 빈다. 이제 우리는 꽉 찬 공간의 에너지를 텅 빈 공간으로 어떻게 전이시킬 것인가에 대해서 고민해야 한다. 우리가 만약 대형슈퍼에만 매달리고 ― 장사꾼이나 소비자나 모두 다 ― 그곳에서만 삶을 해결하고자 한다면 결국은 모두 손해를 보고 만다. 엔트로피 이론에 의하면, 이런 사실이 심각하게 인식되어야 하는 것이다. 왜냐하면 에너지의 집중은 에너지의 정체를 불러일으켜서 쓸모없이 낭비되는 에너지 즉 엔트로피가 증가하기 때문이다. 이로써 생명에너지의 흐름에도 지장이 초래된다. 에너지의 흐름이 약하고 에너지의 흐름이 멈추는 곳에서 생명력은 상실된다. 교통대란을 겪고 있는 서울도심과 고속도로 상에서도 우리는 치명적인 물류손실을 고민하여야 한다. 서울과 수도권에 한국의 거의 모든 에너지가 집결되어 있다. 오늘날 수도권 지방 이전의 목소리가 나오는 것은 똑똑한 누군가의 아이디어라기보다는 극히 자연스러운 궁여지책이다.

결국 에너지의 집중과 정체는 엔트로피의 증가로 인하여 삶 전체를 파괴한다. 원인은 바로 '마찰열'이다. 쓸모없는 마찰열. 교통대란으로 인한 에너지의 정체나 대형 슈퍼마켓으로의 에너지 집중은 피치 못하게

'마찰열'을 발생시킨다. 엔트로피의 증가는 어쩔 수 없다. 그러나 열린계에서는 상황이 달라질 수 있다. 에너지의 교환을 통하여 엔트로피의 증가가 상쇄될 수도 있다. 물론 본질적인 손실은 어쩔 수 없겠지만. 사람은 고립계 속에서의 열린계라고 했다. 사람이 살고 있는 사회 역시 고립계 속에서의 열린계에 해당된다. 열린계에서 마찰열의 발생은 엔트로피의 증가로 이어질 수 있다. 쓸모없는 마찰열이다. 그러나 열린계에서 마찰열은 억제될 수 있다. 심지어 창조적으로 전환될 수도 있다. 이를테면 도시화, 대형화를 통한 일의 시너지 효과 등. 엔트로피의 증가를 창조적으로 활용하는 것이다.

2
정보혁명과 언택트 비대면 사회

1) 인터넷의 탄생: 언택트 사회의 출현

우리는 지금 콘택트, 언콘택트 그리고 온택트가 혼재하는 '복합적인 언택트 사회' 또는 '하이브리도 언택트 사회'에 살고 있다. 산업혁명으로 구현된 콘택트 사회, 정보통신혁명으로 인한 언콘택트 사회 그리고 디지털혁명과 코로나 펜데믹 사태에 의한 온택트가 혼재된 사회. 무척 혼란스럽다. 그러나 현재의 추세로 본다면 미래사회는 온라인 콘택트 즉 온택트 사회로 모두 바뀔 전망이다. 온택트가 미래 언택트 사회의 주역이라는 것이다. 그렇다면 도대체 그것이 어떻게 가능했을까? 특히 면대면을 비대면으로 대체시켜 놓은 산업혁명과 정보통신혁명의 사이에는 과연 무슨 일이 있었던 것일까?

산업혁명이 정보통신혁명으로 넘어가는 가교(架橋)는 일순간에 사라지는 정전기 현상을 모아서 일정한 전류로 보관해 주는 볼타전지(Volta Cell, 1800)[38]를 만든 볼타(Alessandro Giuseppe Antonio Anastasio Volta, 1745-1827)를

38 볼타전지는 빛입자 즉 광양자의 원자로부터 전자를 뺏었다가 다시 원상복귀 즉 환원시키

위시하여, 에디슨(Thomas Alva Edison, 1847-1931)과 테슬라(Nikola Tesla, 1856-1943)에 의한 전구의 발명, 벨(Alexander G. Bell, 1847-1922)의 전화기[39] 그리고 모르스(Samuel F(inley) B(reese) Morse, 1791-1872)에서 시작하여 마르코니(Guglielmo Marconi, 1874-1937)[40]에서 완성된 장거리 무선전신(Radiotelegraphy) 등을 꼽을 수 있다.

그런데 이러한 발명에 결정적인 과학적 근거를 제공한 배경이론들이 있었다. 외르스테드(Hans Christian Ørsted, 1777-1851)의 〈자기장 이론〉, 앙페르(André-Marie Ampère, 1775-1836)의 〈전기-자기 관계의 오른손 법칙〉, 페러데이(Michael Faraday, 1791-1867)의 〈전자기 유도법칙〉(1831), 맥스웰(James C. Maxwell, 1831-1879)의 〈4 방정식〉(1864), 헤르츠(Heinrich (Rudolf) Hertz, 1857-1894)의 〈전자파 존재증명〉(1888) 등이 대표적이다.

우선 무선전신은 전기가 통하면 주변에 전자파가 생긴다는 '페러데

는 작업을 계속하면서 전기를 모으는 방식으로 만들어낸 전지이다. 전자를 뺏기면 산화라고 하고 전자를 다시 환원시키면 환원이라고 하는데 전기는 화학적으로 원자가 산화되고 환원되는 과정이 지속되면서 생성된다. 산화-환원의 원리. 이러한 전기를 용기에 모으면 전지에 전류가 저장되는 것이다.

39 "벨이 전화를 발명하게 된 동기는 농아들에게 발성법을 효과적으로 가르칠 수 있는 방법을 찾던 과정에서 생겨났다. 그는 공기의 진동을 눈에 보이게 하는 장치를 만들어 소리의 구조를 그림으로 나타낼 수 있다면, 농아들의 교육에 더욱 효과적일 것이라 생각했다. 그래서 전류를 이용하여 소리를 재생시키는 방법을 연구했다. 벨은 1872년 이중 전신기가 개발되었다는 소식을 접하면서 전신업계의 다른 발명가들과 마찬가지로 다중 전신기를 개발하는 데 깊은 관심을 가졌다."(송성수, 2005: 152)

40 "다음과 같은 헤르츠의 주장은 마르코니의 마음을 사로잡았다. '우리가 사는 우주 공간에는 어디에나 과학자 맥스웰이 발견한 냄새도 없고 무게와 빛깔도 없는 에테르라는 것이 있어서 그것이 전파를 전달해 주는 역할을 한다.' 이것이 사실이라면 세계 어느 곳에서도 같은 현상이 일어날 것이며, 긴 전선을 사용하지 않더라도 먼 거리에서 서로 통신할 수 있을 것이다. … 그는 1896년 6월 스물두 살의 젊은 나이로 무선전신에 대한 특허를 받았다. … 1909년 마르코니는 무선전신을 개발한 공로를 인정받아 텔레비전의 브라운관을 발명한 것으로 유명한 브라운(Karl F. Braun)과 함께 노벨물리학상을 수상했다."(송성수, 2005: 225-232)

이-맥스웰의 전자기장 이론'을 적용한 것이다. 즉 전기를 연결했다 끊었다 하면 전자파가 생겼다가 중단된다. 전기를 짧은 시간 연결하면 전자파도 짧아지고, 길게 연결하면 전자파도 길어진다. 주파수의 변화가 생기는 것이다. 수신자의 입장에서는 공중에 퍼져 있는 수많은 전자파를 잘 선별하여 원래의 신호를 검출하는 방식의 통신이다. 마르코니는 모스부호를 가지고 전기밸브를 온오프로 단속(斷續)하면서 마침내 대서양을 가로지르는 무선통신에 성공하게 된다. 또한 전화기는 공기 중에서의 복잡한 진동인 음성을 고체를 통해 전달할 수 있고, 이 진동을 전기적 신호로 변환해 전선을 통해 전송하는 장치이다. 즉 음성에 의해 떨리는 공기 중의 진동은 주파수를 갖기에 이 주파수를 전기적 신호로 바꾸는 것인데, 이 역시 파동과 입자는 서로 치환된다는 〈전자기파 이론〉의 적용이다.

전기(電氣, Electricity)란 원자(입자)를 돌고 있는 전자(電子, Electron)의 이동이다.[41] 다시 말하면, 전자의 이동이 전류가 되고 전류가 흐르면 주변에 자기장(磁氣場, Magnetic Field)이 생기면서 전자파(電磁波, Electromagnetic Wave)가 만들어진다. 결국 음성의 소리입자는 전기입자로 변환되어 전선을 흐르면서 전파를 발생시키고 그전파는 공중으로 복사되었다가 다시 전기입자로 변환되어 소리로 귀에 들리게 된다. 전기신호와 전파신호가 서로 변환되는 것이다. 바로 이러한 원리를 〈전자기파〉라는 과학적 이론이 제공하면서 정보혁명을 통한 정보사회가 예고된다. 이에 인터넷(Internet)이라는 실물의 발명은 결정적이었다.[42] 1990년대 중반의 일이다.

---

41 사전적으로 말하면, 전기는 물질 안에 있는 전자의 이동으로 인하여 생기는 에너지의 한 형태이다.

42 제2차 세계대전의 종전을 불러온 미국의 맨해튼 프로젝트와 영국이 이 당시 독일의 암호를

이때부터 우리는 정보사회에 살게 되었으며 오늘날 언택트 즉 온택트 사회를 만들어 놓았다.

"오늘날 우리가 사용하는 인터넷의 원조라 할 수 있는 아르파넷(ARPAnet)이 미 국방부 산하의 고등연구계획국(ARPA, Advanced Research Projects Agency)의 지원으로 처음 탄생한 것이 1969년의 일이다. 그로부터 불과 40여 년이 지난 지금, 인터넷이 야기한 생활상의 변화를 생각해 보라. 아르파넷이 처음 만들어졌을 때 인간의 삶이 이토록 급격하게 변화될 것이라 예측한 사람은 그리 많지 않았다. 문제는 향후 전개될 과학기술의 발전양상이 지금까지의 변화보다 훨씬 더 빠른 속도로 진행될 것이며, 그 영향력도 이전과의 비교가 거의 불가능한 수준이라는 것이다."(신상규, 2012: 116)

이미 20세기 중후반 개인용 컴퓨터(PC)가 일상생활에 도입되고 일반화·대중화되었다. 정보혁명이 시작된 것이다. 20세기 후반 인터넷 세상이 열리고, 모바일 폰, LED가 발달하면서 디지털 테크놀로지가 현실화되었다. 유비쿼터스(Ubiquitous)의 지식정보사회가 무르익고 있는 것이다. 양자컴퓨터에 대한 연구, 그리고 나노테크놀로지, 바이오엔지니어링, 핵융합, 레이저, 로봇 테크놀로지, 태양에너지 등 대체에너지, NASA 등이 주도하는 우주개발에 대한 연구가 박차를 가하면서 앞으로 세상은 완전히 달라질 것이다.

해독하기 위해 블레츨리 파크(Bletchley Park)에서 시작한 정부 차원의 암호학 연구는 향후 20년 동안의 컴퓨터 과학기술 발전의 토대가 된다. 특히 미국정부의 지원 하에 이루어진 아르파넷(ARPANET) 연구는 초기 군대의 안전하고 보안이 되는 네트워크 커뮤니케이션 시스템을 개발하려는 목적이었지만 궁극적으로는 현대의 인터넷을 탄생하게 하였다.

20세기 정보통신혁명은 빌 게이츠(William Henry Gates III)로부터 시작되었다. 1995년 8월 23일 '윈도우 95'라는 소프트웨어를 들고 나와 세상을 놀라게 했다. 개인용 컴퓨터(PC)의 혁명을 주도한 컴퓨터 황제라는 별칭을 얻게 된 빌 게이츠는 1968년부터 컴퓨터(ASR-33)를 가지고 놀았다고 한다. 지금의 컴퓨터라는 개념에 비하면 아주 조야한 기본기능만 가지고 있는 전자타자기. 그러나 오히려 컴퓨터의 놀이에 흥미를 느꼈던 빌 게이츠는 컴퓨터 프로그램 기본언어인 베이직(Basic)을 쉽게 배울 수 있었다고 술회한 바 있다. 그것이 단순한 컴퓨터였기 때문에 프로그램을 만드는 일도 쉽게 배울 수 있었다는 것이다. 결국 빌 게이츠의 상상력은 즐겁게 컴퓨터와 놀이하는 가운데 매우 자연스럽게 발현된 것이다. 세상이 개인의 호기심 충족으로 뒤바뀐 셈이다.

그러나 지금과 같은 언택트 사회를 가능하게 한 사람은 애플 컴퓨터(Apple Computer)의 창업자 스티브 잡스(Steve Jobs, 1955-2012)였다. 그는 애니메이션의 아이콘인 픽사(PIXA)를 세상에 탄생시킨 〈토이스토리〉(Toy Story)의 제작자였다. 아이폰의 탄생. 언택트 사회를 일상(日常)으로 만든 장본인이다.

"아이맥(iMac), 아이팟(iPod), 아이폰(iPhone), 아이패드(iPad) 같은 애플의 디바이스는 직관적 디자인, 심플한 조작성의 대명사이자 사용자 편의성이 높기로 정평이 나 있다. 이렇듯 애플은 제품은 물론 콘텐츠 시장 패러다임을 완전히 바꿔 놓은 혁신 멘토인 셈이다. 세상을 바꾸는 제품은 기술적 성능과 인간적 감성을 만나 융합됨으로써 탄생한다는 사실을 증명했기 때문이다. 스티브 잡스를 빼고 애플을 이야기할 수 없듯이, 융합적 마인드와 그런 마인드를 갖춘 인재는 혁신을 위한 가장 중요한 요소이다. … '애플은 단지 기술 기업이 아니다. 그 너머에 있는 기업이다. 바로 기술과 휴머니티다.'"(김용근, 2012: 224-228)

아이폰의 탄생. 전혀 다른 패러다임의 산업을 촉발시켜 놓았다. 디지털 테크놀로지. 스마트폰을 통한 게임 및 오락 테크놀로지, 지식 및 정보 테크놀로지, 페이스북, 카카오톡을 위시한 각종 소셜 네트워킹(Social Networking). 테크놀로지의 획기적인 발전이었다. 특히 소셜 네트워크(SNS)라고 불리는 새로운 형태의 소통의 장. 사람과 사람이 자유롭게 소통하는 '인간관계'를 매개해 주는 소셜 네트워킹의 대표적인 뉴 테크놀로지는 페이스북(Facebook)의 탄생으로 절정을 이룬다. 페이스북은 개인이 인터넷상에 자신만의 공간을 갖고 주변 사람들뿐만 아니라 전혀 모르는 사람들에게까지 정보가 전달될 수 있는 기능을 갖고 있다. 최근에는 자신이 하는 모든 웹상의 행동이 SNS와 연결되어 모두가 서로의 활동들을 볼 수 있는 광고 효과도 가지고 있다. 이렇게 세상이 소셜 네트워킹으로 연결되면서 명실공히 우리 사회는 언택트 사회가 된 것이다.

"인간관계를 통찰한 페이스북은 어떠한가? 창업자 마크 주커버그는 '우리는 기술 회사인가?'(Is this a technology company?)라는 반문이 사람에 대한 깊은 관심으로 이어져 결국 기술을 완성한다고 강조했다. 페이스북은 오픈 플랫폼을 기반으로 사람들이 맺은 인간관계가 활성화되도록 다양한 '맞춤형 콘텐츠'를 제공함으로써 한층 인간에게 다가선 융합 서비스를 만들어 냈다."(김용근, 2012: 228-229)

검색엔진 구글(Google)의 탄생. 세상의 모든 지식과 정보가 연결되었다. 명실공히 온라인의 콘택트 사회 즉 온택트 사회의 메카가 되었다.

"온라인 강자 구글은 '모든 아이디어 존중'을 혁신 모토로 삼는다. 특히 직원들에게 충분한 자유 시간을 제공하고 혁신을 창조하도록 다양한 지원프로그램을 운영한다. 세계 각국에서 온 직원들의 다양성을 배려하기 위해 사내에 헤어숍, 세탁소, 식당 등의 편의시설을 운영해 업무를 집중할 수 있는 분위기를 조성하고 맞춤형 복지를 위해 노력하기도 한다. 미국 본사 외에 글로벌 연구지사에도 동일한 직급체계를 적용해 '수평적 조직 문화'를 조성한다. 또한 '70 · 20 · 10' 제도를 운영하는데, 업무 시간의 70퍼센트는 회사가 부여한 핵심 업무, 20퍼센트는 개인이 평소 관심 있는 업무, 나머지 10퍼센트는 개인적으로 명상이나 아이디어 구상에 사용하도록 해 자유로운 아이디어 발상을 유도한다. 창의적인 개인 연구 촉진을 위해 사내 인트라넷에 아이디어를 올리면 인기 순위에 따라 사내 포럼에서 발표할 기회를 부여하고, 채택된 개인 연구 과제에 대해서는 연구비 상한선을 폐지하는 등 파격적인 인센티브 시스템을 적용하기도 한다."(김용근, 2012: 227)

사실 테크놀로지의 역사는 '바퀴'의 발명으로 시작되었다. 바퀴. 속도의 상징. 인간은 무엇인가를 좀 더 빨리 해내고 싶다는 욕망을 가지고 있다. 바로 '속도의 욕망'이다. 이러한 속도의 욕망은 바퀴의 발명으로 현실화될 수 있었다.

"선사시대의 우리 조상들이 일찍부터 돌을 깎거나 갈아 도구를 만들고 불을 정복하고, 금속을 추출하고, 식물을 재배하고, 동물을 길렀지만, 회전 운동의 효율성을 깨달은 것은 겨우 6,000년 전이다. 오늘날 우리는 바퀴를 아주 당연한 것으로 여기지만, 그것이 처음 만들어졌을 때에는 정말 획기적인 발명품이었다. 실제로 도공의 녹로는 기원전 3500~3000년에 메소포타미아에서 처음 사용되었지만, 바퀴가 달린 수레는 그로부터 1,000년이 지난 뒤에야 등장했다. 처음으로 바퀴가 달린 탈 것을 타고 이동한 사람은 메소포타미아 지역에 살던 수메르의 병사들로 여겨진다. 바퀴의 발명은 전쟁방법과 운송방법에 큰 혁명을 가져왔다. 사실, 그때까지만 해도 육상 운송수단은 동물이 끄는 썰매가 전부였다. 그런데 바퀴가 발명된 후, 두 개의 바퀴 위에 썰매를 올려놓자 간단한 '수레'가 만들어졌다."(루카 프라이올라, 1999/ 이충호 옮김, 2004: 18)

바퀴의 발명으로 속도전의 짜릿함을 만끽한 인간은 결국 세상에서 가장 빠른 속도인 빛의 속도로 일을 할 수 있는 기반을 마련하게 된다. 인터넷의 탄생. 인터넷의 출현으로 사람들은 지구촌을 1/7초 만에 한 바퀴 돌 수 있게 되었다. 그야말로 지구촌이 하나가 된 것이다.

바퀴의 발명은 인류가 엔트로피의 증가를 억제시킨 최초의 사건이었다. 모든 만물의 이동에는 저항과 마찰이 따른다는 사실을 알게 된 것이다.

"통나무를 잘라 만든 간단한 원판 형태의 바퀴는 기원전 5천 년 경부터 사용되었다고 한다. 원판은 통나무를 세로로 잘라 둥근 형태로 만들었는데, 나무의 물리적인 성질 때문에 가로로 자른 원판이 압력을 견딜 수 없기 때문이었다. 이후 기원전 3500년경 나무바퀴는 세 조각의 두꺼운 판자를 맞춰 연결대를 대어 구리로 못을 박아 만든 형태로 진화하였다. 메소포타미아 우르 왕조 시대에는 이 형태의 바퀴 두 개 가운데 구멍을 뚫어 썰매 아래 고정시킨 축에 끼워 나무쐐기를 박아 최초의 이륜 수레를 완성했다. 수메르족의 우르 왕조에서는 물건을 운반하기 위한 이륜 수레 이외에도 신분이 높은 사람들이 탈 수 있는 사륜 수레도 만들었다. 이 수레들을 더욱 수월하게 끌기 위해 가축을 이용했으며 이 시대의 벽화에 의하면 주로 소가 수레를 끈 것으로 보여진다. 나무바퀴를 단 수레가 발명되고 짐을 운반하기가 한결 간편해졌지만 나무썰매를 이용했던 때와 마찬가지로 제대로 된 길이 없어 바퀴를 단 수레를 활용하는 데 어려움이 있었다. 나무바퀴를 단 수레 역시 진흙길이나 경사진 길에서는 무용지물이었고 소의 목에 밧줄을 걸어 수레를 끄는 방식으로는 장시간 이동이 불가능했다. 수메르인들은 나무 바퀴를 전쟁용 수레인 전차에도 이용했다. 사륜 수레 대신 이동이 수월한 이륜 수레를 4마리의 나귀가 끌어 전장에서 쉽게 이동할 수 있도록 했다. 두 명의 병사가 짝을 이뤄 전차에 올라타 한 명은 나귀를 조정하고 한 명은 활을 쏴 이동하는 동시에 공격도 가능하게 한 것이다. 하지만 둔하게 움직이는 원판형 나무바퀴와 느린 나귀의 결합이 군사력을 높이는 데 있어선 크게 기여하지 못했다. 이후 새로운 바퀴와 말이 결합된 전차가 등장하여 수메르인의 전투력은 향상됐다. 기원전 2000년경 새로운 형태의 바퀴가 등장했다. 이는 바로 바퀴살 바퀴이며 축대를 끼우는 중심 바퀴통에 테두리 바퀴를 연결하는 4~6개의 바퀴살로 이루어진 형태였다. 바퀴통에 연결된 바퀴살에 반달형으로 된 테두리 나무를 끼워 구리 못으로 고정해 바퀴살 바퀴를 완성하게 했다. 이는 원판형 바퀴보다 가벼워 빠르게 굴러가고 충격 흡수력도 좋았다. 히타이트족과 이집트 왕국에서 바퀴살 바퀴를 전차를 제작하는 데에 활용했고 히타이트족은 전투력을 갖춘 전차를 활용한 최초의 부족으로 4개의 바퀴살로 된 바퀴와 말 사육능력을 활용해 전투력을 높였다. 이들은 전차 중간에 바퀴를 달아 세 명의 병사들이 탈 수 있게 했고 나귀가 아닌 말을 이용, 이동속도를 높였다. 바퀴살 바퀴를 단 전차는 히타이트족에 이어 이집트 왕국에서 제작되어 그리스-로마 시대에도 이용됐다. 그리스-로마 시대에 전차는 전쟁에서 주요한 역할을 하기도 했지만 전차 경주와 같이 문화 생활의 일부기도 했다. 전차 이용의 확산은 바퀴살 바퀴의 확산과 발달을 가져왔는데 발달한 바퀴살 바퀴는 19세기까지 바퀴살 개수가 늘어난 것 이외에 외형상 큰 변화 없이 이어졌다. 다만 기원전 100년경 영국 켈트족이 바퀴 테두리에 철판을 둘러 닳아 없어지는 비율을 줄였다. 고대 문명기 바퀴 기술은 전쟁 기술인 전차가 발달하면서 촉진된 것으로 볼 수 있었다. 짐을 끄는 수레가 이 시기 바퀴 기술의 발달을 촉진하기는 어려웠던 것으로 보인다. 앞서 말했듯 소와 나귀가 끄는 짐수레는 육로가 정비되지 않은 상태에서 건장한 노예에게 짐을 나르게 하는 것보다 빠르지도 간편하지도 않아 짐수레를 더 발전시킬 이유가 없었다. 또한 당시 말을 대량으로 사육하는 데 필요한 곡물도 생산하기 어려웠다. 이제 반해 전쟁을 치뤄 왕국의 세력을 키워가던 고대 왕국들에게 전차 기술을 향상시켜주는 바퀴살 바퀴에 대한 수요는 높았다. 전차 기술을 향상시키는 과정에서 바퀴살 바퀴 역시 발전한 것으로 볼 수 있다. 이후 바퀴살 바퀴가 확산되어 탈것에 활용되기 시작한 바퀴는 수차, 톱니바퀴, 물레바퀴 등으로 다양하게 응용되어, 이로써 바퀴 문명의 역사가 열리게 된 것이다."(박진희, 바퀴의 발명, http://blog.naver.com/PostView.nhn?blogId=herawook&logNo=10139780984)

　고대국가의 거석문화(巨石文化)도 바퀴의 발명이 없었으면 불가능했을 것이다. 그렇게 큰 돌들을 어떻게 옮길 수 있었을까? 이는 만리장성 등 성곽을 지을 때, 왕궁을 지을 때, 콜로세움을 세울 때에도 사용되었다. 고대 그리스의 트로이 전쟁에서도 바퀴 역사의 흔적이 트로이 목마에 남아 있다. 바퀴는 미끄럽다. 잘 굴러간다. 저항과 마찰이 없다. 바퀴를 이용하여 물건을 옮기면 힘이 덜 든다. 무엇보다도 바퀴는 빠르다. 속도(速度). 바퀴는 바로 '속도'였다. 통나무에서 수레바퀴, 마차, 자전거, 자동차로 이어진 바퀴의 속도는 비행기로 바꾸어 놓더니 급기야 인터넷 세상을 만들어 놓은 것이다.

　운동에너지가 발생하는 곳에서 저항과 마찰을 최소화시켰다. 바퀴는 쓸모없이 낭비되는 엔트로피를 최대한 억제시킨 인류의 최대 걸작이다. 당시 사람들이 엔트로피 이론을 알고 이를 적용했을까? 그냥 감각적으로 바퀴는 발명되었다고 할 수 있다. 그렇다면 바퀴로부터 시작된 인터넷은 엔트로피가 없는 사회를 만들어 놓은 것인가? 엔트로피 이론은 인터넷 세상에서는 더 이상 적용되지 않는가? 마찰과 저항. 그게 아니라면 인터넷 세상에서도 저항과 마찰이 발생하는 걸까? 만약 그렇다면 그게 무엇일까? 그렇다. 바로 그거다. 인터넷 세상에서 발생하는 부작용(副作用). 작용이 있다면 부작용이 있는 법. 작용과 부작용. 동전의 앞뒷면. 빛이 있으면 그림자가 있고 양이 있으면 음이 있다. 양자얽힘현상. 양과

음은 처음부터 얽혀 있다. 인터넷의 발명으로 발생한 부작용은 인터넷 그 자체의 결함으로부터 발생하지는 않는다. 자체의 결함. 결국 속도와 용량일 것이다. 그것은 기술수준의 발달에 따라 보완되고 있다. 오히려 인터넷 세상에서의 부작용은 인터넷을 사용하는 과정에서 인간과 사회에서 발생한다.

우선 국가적 차원에서 볼 때 '보안상의 결함'이다. 인터넷은 개인정보를 유출시킬 수 있다. 기술수준에 따라 정도와 양은 달라진다. 한 예로 가상화폐와 블록체인의 강국으로 부상하고 있는 에스토니아는 국가 전체의 행정 및 은행업 등 국가 운영의 대부분이 인터넷시스템에 의존하고 있다. 그런데 러시아와의 갈등으로 인해 인터넷을 해킹을 당하면서 모든 시스템이 엉망이 될 정도로 국가기능이 전면 마비된 적이 있다. 한순간에 세상과 고립된 것이다. 또한 정크메일과 스팸메일도 심각한 문제다. 소비자가 원치 않는 지식과 정보들이 강제적으로 쌓인다. 휴지통으로 보내는 시간도 만만치 않다. 국가의 통제 밖이다. 스팸메일이 쌓이면 전력소비도 늘어난다. 약 3억 명의 인터넷 사용자들에게 발송되는 스팸메일과 정크메일. 일일이 삭제하지 못하는 개인메일함. 엄청난 엔트로피 증가의 온상이 되고 있다. 심지어 컴퓨터에 치명적일 수 있는 컴퓨터 바이러스. 여기에다 불법 해킹과 피싱 메일 등. 최근에는 상대방의 컴퓨터를 마음대로 조작하는 소위 '좀비' 컴퓨터 바이러스도 이 메일을 통해 전 세계로 퍼지고 있다.

데이터의 저장으로 인해 발생하는 개인 사생활의 침해 역시 도를 넘어서고 있다. 과학기술의 발달 이전에도 개인의 정보들은 취득할 수 있었지만 지금처럼 쉽진 않았다. 신원을 도용하는 자들은 사회 보장 번호, 신용카드 번호, 계좌 정보를 도용하는 범죄자들로 이어진다. 기업과 정부의 차원에서는 다른 사람을 사칭하여 불법 이득을 취하는 범죄들도 거의 일상이 되고 있다. 산업스파이. 개인정보나 기업의 정보를 빼내던 일이 이제는 인터넷상에서 이루어지고 있는 것이다. 지금까지 오프라인 세상에서 발생하던 범죄들이 인터넷 온라인 사이버 공간에서도 벌어지고 있는 것이다.

> "언택트 특히 온택트는 정보 보안과 사생활 침해 등 새로운 사회 문제를 불러올 것이다. 저작권에서도 새로운 갈등을 일으키리라 본다. MP3 등의 음원 파일이 처음 등장했을 때 음악 저작권 문제가 첨예했던 것을 떠올려보면 이해가 빠를 것이다. 온택트 문화는 그 특성상 다양한 '전송' 행위를 동반한다. 이 과정에서 저작권 침해 논란은 불가피하다. 영역에 따라 여러 가지 형태로 문제가 불거질 것이다. 이에 대비한 법률과 관행이 정비되지 않았기 때문에 혼란도 뒤따를 수 있다. 이에 대한 사회적·개인적 준비가 필요하다."(장준환, 2020/07/09)

그런데 사이버 범죄는 기존의 범죄와 양상이 다르다. 익명으로 저지르는 범죄. 잘 잡히지도 않는다. 갈수록 지능적이다. 오죽하면 경찰서에 사이버 범죄수사단을 지능범죄수사단으로 개명을 했을까? 그렇다. 보다 지능적이고 보다 잘 숨는다. 범죄양상이 첨단화되는 것이다.

보다 심각한 것은 인터넷에서는 소문이나 험담 및 개개인에 관한 입증되지 않은 사실들이 쉽게 퍼지고 있다는 사실이다. 이렇다 할 만한 통제나 규제 수단도 완벽하지는 않다. 나 잡아 봐라. 숨바꼭질 범죄다. 범죄가 생기면 쫓아가기 바쁘다. 미연에 방지할 틈이 없다. 신종온라인 범죄. 사후약방문(死後藥方文)이다. 심지어 인터넷은 공개적인 인민재판의 현장이 되기도 한다. 2005년 한국에서는 지하철에서 강아지의 변을 치우지 않은 사건이 인터넷을 통해 퍼지면서 얼마 안 있어 그녀의 모든 신상은 털리게 되었다. 그녀는 직장에서도 해고되었다. 물론 사회적 규범을 위반한 자에게 공개적으로 수치스러움을 느끼게 함으로써 반성의 기회를 주는 면도 있다. 그러나 확실하게 확인되지도 않은 소문 및 험담 등도 특별한 규제와 검증의 절차 없이 무제한으로 확산될 수 있다는 점은 치명적인 한계가 될 수 있다.

인터넷 소통 기술의 발전은 많은 긍정적인 변화를 만들어 내고 있다. 그러나 온라인 가상세계에서의 신종범죄의 양산 그리고 피해자들의 심리적 후유증이라는 치유하기 힘든 상처를 남기기도 한다. 범죄의 세계 역시 에너지의 이동이 일어나고 있는 것이다. 오프라인에서 온라인으로. 아니다. 지금 에너지의 이동은 현실에서 가상의 세계로 확장되고 있다. 범죄세계의 확장. 지상에서 사이버 공간으로. 세상의 악성 범죄가 현실과 가상을 넘나들면서 벌어진다. 범죄가 사정없이 늘어나고 있는 것이다. 국경도 없다. 전 세계가 모두 범죄공화국이 되어 가는 것은 아닌지?

성범죄 사건도 인터넷 가상공간으로 확장되고 있다. 최근 발생했던 소위 'N번방' 사건은 인터넷이 주도한 성범죄사건이었다. 한 번도 생각하지 못한 세상. 사람을 죽이지 않고도 범인은 40년형을 선고받았다. 유명한 취업 사이트에서 베이비시터를 모집한다는 공고를 보고 찾아간 여성이 그곳에서 살해당했다. 선량한 마음, 공공선이 한순간에 무너졌다. 끔찍한 사건들도 가상공간에서는 너무 쉽게 일어난다. 온라인에서 손가락 하나로 시작한 범죄들. 온라인에서 치명적인 범죄에 노출된 현대인들. 인류의 쾌거로 칭송되는 인터넷이 우리를 살게 하고 죽이기도 한다.

정말 심각한 것은 아이들의 인터넷 중독이다. 게임중독. 독극물 전문가들에 의하면 인터넷 중독이나 마약중독이나 도파민의 과도한 분비로 인한 심신의 마비는 정도가 비슷하다고 한다. 쉽게 무언가에 중독되는 아이들. 인터넷 중독에의 노출은 아이에게나 어른들에게나 매한가지다. 마약중독은 법적 제제를 받게 되어 있다. 그러나 인터넷 중독은 법적 제제도 없다. 정확한 기준도 없다. 인터넷은 가격이 싸다. 쉽게 접근할 수 있다. 마약중독에 비해 훨씬 쉽게 빠져들 수 있는 독극물. 특급 독극물이다. 독극물을 옆에 놓고 사는 거다.

또한 인터넷, 모바일을 통한 초연결성이 편의성 이면에는 SNS 등으로 대표되는 불필요한 접촉과 연결이 급증하면서 현대인의 스트레스에 중요한 원인이 되고 있다. 아이들 대상 인터넷 범죄도 기승을 부린다. 아직 정보를 걸러내지 못하는 아이들의 미숙성을 이용하는 것이다. 인터넷상에는 아이들에게 부적합한 정보들이 규제 없이 그대로 노출되어 있다. 아무리 경계심 높은 부모라도 다 막아 낼 수 없다. 아이들에게 올바른 정보를 걸러내는 방법을 가르쳐야 한다. 그러나 학교에서도 가정에서도 교육을 하는 곳은 없다. 컴퓨터 학원에서도 가르치지 않는다. 범죄의 사이버화가 속도를 낼 수 있는 허점이다.

한편, 코로나19 바이러스는 세계를 묶는 유행병이 되고 있다. 팬데믹(Pandemic). 인터넷 네트워크는 매일 컴퓨터 바이러스를 전 세계에 퍼뜨리고 있다. 오프라인상의 바이러스와 온라인상의 바이러스가 판을 치고 있다. 세상 모두가 바이러스다. 우리는 지금 바이러스와의 전쟁 중. 온통 바이러스 천지. 예전에 몸에 기생하는 이를 제거하기 위해서 온몸에 디디티를 뿌리고 다닌 적이 있다. 온 국민이 구충제를 함께 복용한 적도 있다. 쥐를 잡아서 그 꼬리를 잘라 가면 도덕 점수 1점을 받은 적도 있다. 이제 바이러스를 잡는 것은 누구 한 사람의 일이 아니다. 온 국민의 일과가 되고 말았다. 현실과 가상을 들락날락하면서 날뛰는 바이러스들. 동시에 두 세계를 넘나들면서 소위 우주전을 벌이고 있는 것이다. 온라인과 오프라인 모든 영역에서 창궐하고 있는 바이러스. 그것도 예측불가능한 정체불명의 것들. 암중모색(暗中摸索). 그런데 이 와중에서 자기 혼자 잘났다고 떠드는 자들은 도대체 뭔지. 그렇게 잘 났으면 바이러스 한 개라도 직접 잡아 보든지. 모두가 똘똘 뭉쳐서 합심을 해도 어림도 없는 판국에, 아직도 자기도취에 권력행세만을 하고 있는 쥐벼룩만도 못한 인간들. 바로 그자들이 진짜 잡아야 할 좀비 바이러스들이다.

물론 인터넷 기술을 이용한 범죄에 대응하는 법적 조치들도 급속하게 만들어지고 있기는 하다. 이를테면 1996년 미국에서 〈해킹제재법〉이 처음 제정되었다. 그 후 계속해서 전 세계에서는 세부 관련 법조항들이 개정되면서 사이버 범죄와의 전쟁은 국가별로 가속화되고 있다. 즉 전 세계는 미국을 모델로 법적 규제를 계속 강화하고 있다. 그러나 역부족. 왜냐하면 어떤 새로운 범죄가 어떻게 발생할지를 알 길이 없으니 법이 만들어지는 것은 항상 소 잃고 외양간 고치기로 이루어질 수밖에 없다. 그것도 눈으로 볼 수도 없고 만질 수도 없는 사이버 세상에서 벌어지고 있으니. 이렇게 본다면 인터넷이라는 새로운 과학기술은 새로운 범죄의 활로를 열어 준 셈이다. 그러나 범죄의 방식은 새로워졌다고 해도 범죄의 목적은 결코 변하지 않았다.

우리는 이메일에 많은 정보를 담는다. 예를 들면, 미국 정부는 주기적으로 해외로 보내지거나 보내져 오는 이메일 중 국가에 위협이 되는 단어들을 자동적으로 인식해 감시하고 있다. 하지만 메일을 감시하는 것은 전화 도청과 비슷하게 취급되고 있다. 이러지도 못하고 저러지도 못하고. 실제로 이메일은 사건사고의 중요한 증거로 채택되고 있다. 그러나 사실상 인터넷은 규제되기 힘든 공간이다. 가상의 세계에서 벌어지는 일이기 때문이다. 물론 정보차단 소프트웨어들은 부적합한 웹사이트로의 접속을 막아주는 역할을 한다. 하지만 웹사이트를 구별해 내는 능력이 아직은 완벽하지 않다. 이를테면, 백악관의 웹사이트는 whitehouse. gov인데 whitehouse.com은 성인용 웹사이트다. 도메인의 이름만으로는 어린 아이들이 실수로 들어갈 수도 있다. 정보 차단 소프트웨어는 채팅 내용을 모니터링 하거나 메시지나 이메일 혹은 다녀간 웹사이트들을 모두 감시하고 차단할 수 있다. 그러나 어떠한 프로그램도 부모가 자녀에게 원치 않는 웹사이트 모두를 막아 줄 수는 없는 노릇이다.

사실 인터넷 테크놀로지는 여느 테크놀로지와 마찬가지로 전쟁용 무기 테크놀로지에서 시작되었다. 역사적으로 제2차 세계대전은 새로운 테크놀로지가 대규모로 전쟁무기로 활용된 첫 번째 전쟁이었다. 비행체, 레이더 기술, 로켓 공학과 원자폭탄 등 현대 과학기술 발전에 가장 큰 영향을 끼친 전쟁. 제2차 세계대전에서 진가를 과시한 프로펠러 구동식 전투기는 전쟁이 끝난 후 민간 제트 항공기의 발전에 원동력이 되었다. 이후 한국전쟁에서 다시 한 번 진가를 발휘하면서 제트여객기의 기술은 급속하게 발전되었다. 이때 컴퓨터 테크놀로지가 처음 선보인 것이다. 즉 대포가 특정한 지역을 조준하여 맞추는 능력을 가질 수 있도록 프로그램을 만드는 과정에서 인터넷 기술이 적용되기 시작했다.

2차 세계대전 당시 영국은 독일의 암호 해독을 위한 프로젝트를 시작했다. 왜냐하면 입수된 정보에 의하면 연합국은 독일의 첩보전에 꼼짝없이 당할 위기였기 때문이었다. 아주 절박한 위기 상황. 이를 극복하기 위한 처방은 암호 해독이라는 결론이었다. 결국 암호 해독 프로그램의 개발은 현대 컴퓨터 기술의 근간이 되는 콜로서스(Colossus)가 탄생하는 데 중요한 다리가 되었다. 전쟁용 무기들은 종전이 되면서 일상의 테크놀로지로 전용된다. 인간의 역사는 전쟁의 역사다. 헤로도토스의 말이다. 그렇다면 전쟁이 없다면 인류의 문명을 발전하지 못하는 것일까? 전쟁을 통해 발생한 수많은 마찰열. 과연 우리 인간에게 전쟁의 목적은 무엇인가? 마찰열의 성격을 규명하는 잣대이다. 도대체 우리는 무엇 때문에 싸우는가? 국가는 무엇 때문에 전쟁을 하는 것인가? 혹시 에너지의 이동인가? 왜 에너지의 이동은 생겨야만 하는 것일까? 사람은 에너지가 이동하지 않으면 죽는다. 운동에너지가 위치에너지가 되고 일에너지가 되고 그 과정에서 엔트로피도 발생한다. 살아있는 한 에너지의 이동은 자명하다. 에너지의 이동이 있는 한 살아 있는 것이다. 그렇다면 전쟁도 에너지의 이동 때문에 발생하는 것인가? 우리가 살기 위해서 전쟁을 한다? 그게 말이 되는가? 아이러니한 인간의 삶. 전쟁을 통한 종전 그리고 다시 평화. 무질서를 통한 질서. 새로운 창조. 그렇다면 전쟁으로 야기되는 카오스 역시 창조적 카오스란 말인가? 하여간 엔트로피는 증가할 수밖에 없다. 왜냐하면 전쟁은 마찰열의 발산이기 때문이다. 쓸모없는 마찰열의 발생. 그것이 엔트로피를 증가시킨 것이다. 엔트로피의 최대치에 도달할 것으로 예상되는 제3차 세계대전. 이것만은 막아야 한다는 지구촌의 공감대는 아마도 이러다가는 지구촌 사람들이 모두 공멸(共滅)할지도 모른다는 우려가 작용하는 것인가 보다.

인터넷 세상이 만들어 낸 언택트 사회에서 증가하는 엔트로피. 에너지의 이동과정에서 발생하는 것은 아닐까? 전쟁에서 일상으로. 무질서에서 질서로. 에너지의 이동 맞다. 그런데 에너지의 이동은 반드시 마찰열을 수반한다. 이미 언급한 것처럼 이때 발생하는 마찰열은 인터넷의 부작용이다. 인터넷의 부작용으로 세상은 다시 어지럽혀진다. 무질서. 카오스. 그러나 지금의 무질서는 다시 '창조적 카오스'를 기약한다. 창조적 카오스가 만들어내는 질서. 그것은 바로 새로운 창조이다. 새로운 창조를 기약하면서. 그런데 문제는 인터넷 세상의 부작용이 가상세계와 현실세계를 오가면서 발생한다는 사실이다. 그냥 온라인상에서만 벌어지면 되는데. 그렇다면 창조적 카오스를 통한 새로운 창조가 가능할 수도 있을 텐데. 블루오션의 가상공간. 이렇게 본다면 가상세계와 현실세계의 사이에서 발생하는 마찰열은 바로 언택트 사회 내지 온택트 사회에서 사회적 엔트로피를 증가시키는 주범이 된다고 할 수 있다.

한편, 인터넷 사용인구가 증가하면서 전기에너지의 생산이 급증하게 되었다. 전기 생산의 급증으로 인해 쓸모없이 낭비되는 에너지 즉 엔트로피가 급격하게 증가하고 있다. 에너지 고갈을 걱정하는 지구촌 사회에 걱정거리가 급속하게 증가하고 있는 것이다. 그만큼 엔트로피의 증가가 급증하면서 지구촌 사회의 소멸 속도도 빨라지고 있다. 우리의 작은 일상에서도 엔트로피의 증가는 가속도를 내고 있다. 아무도 관리하지도 않고 자기 스스로도 전혀 알지 못하는 사이에 내 PC, 내 스마트폰에 쌓이고 있는 메일들. 지구촌 엔트로피 증가에 지대한 역할을 하고 있다는 사실. 이미 일상이 되어버린 인터넷과 스마트폰. 21세기 정보통신사회에서 쓸모없이 낭비되는 엔트로피 증가의 발원지가 된다. 속수무책.

그렇다면 정보통신혁명은 우리 인류가 열심히 살다 보니까 자연스럽게 진화된 창조물인가? 아니면 모종의 의도를 가진 인간들이 계획적으로 조작해 낸 인위적인 계략인가? 전쟁 테크놀로지의 연장이라며. 인터넷 세상이 최소한 엔트로피의 증가를 억제시킬 수 있는 환경과 조건

하에서 고안되었다면, 우리가 의심할 이유는 없다. 왜냐하면 엔트로피의 증가는 인류의 소멸을 예고하고 있기 때문이다. 우리가 진정한 인터넷 세상에서 인간다운 세상에 살고자 한다면, 아니면 21세기 정보통신혁명이 인류 역사에서 매우 아름다운 족적으로 남기 위해서는, 지금부터라도 엔트로피의 증가 법칙에 걸맞는 인터넷 세상이 새롭게 재구조화될 필요가 있다.

2) 디지털 테크놀로지와 온택트 사회

21세기는 디지털 사회(Digital Society)다. 디지털 사회의 특수성은 '복제'(Duplication)와 '복사'(Copy)다. 디지털 테크놀로지는 세상 모든 것의 복제를 가능하게 한다. 인터넷에 올리면 세상에 금방 퍼진다. 퍼나르기가 가능하기 때문이다. 물론 법적으로도 제재가 따른다. 소프트웨어로 차단되기도 한다. 그럼에도 불구하고 아직도 여전히 퍼나르기는 일상이 되고 있다. '펌글 금지'라는 경고에도 아랑곳없이. 특히 소셜미디어(SNS) 상에 올리면 여기저기서 순식간에 복제된다. 결국 우리 인간들이 지금까지 만들어 낸 모든 테크놀로지가 그대로 복제될 수 있다. 심지어 사이보그의 출현이나 트랜스휴먼 그리고 인공지능(AI)에 대한 상상은 우리가 언젠가는 우리를 즉 '복제인간'을 만들어 낼 수 있다는 상상으로 이어지고 있다.

실제로 한동안 복제인간이 화제가 된 적도 있다. 생물학적 차원에서의 인간 복제. 오늘날은 디지털 테크놀로지가 이를 현실로 만들고 있는 것이다. 물론 아직 모든 국가의 법은 인간복제의 테크놀로지를 기술

윤리에 반하는 행위로 엄격하게 금지하고 있다. 그럼에도 불구하고 언젠가는 윤리적 · 도덕적 한계의 해금(解禁)도 시간문제가 아닐 수 없지 않을까. 호기심 반 우려 반.

디지털 사회를 현실로 만들어가는 대표적인 영역은 3D 프린터 기술이다. 3D 프린터의 발달로 제조업이 사라질 날은 멀지 않았다. 지금까지 인류의 업적 중 가장 오랜 역사를 가지고 있으며 가장 탁월한 발명이었던 제조업. 인간이 무엇인가를 손으로 만들어 낸다는 것. 수공업의 성장과 자본주의의 탄생. 그리고 산업혁명을 통한 산업사회의 도래. 제조업 성장의 역사를 잘 말해 주고 있다. 그러나 정보디지털혁명은 산업 패러다임을 완전히 바꾸어 놓을 태세다. 컴퓨터, 로봇, 인공지능이 인간 대신 무엇인가를 만들어 낸다. 우리는 명령만 하면 된다. 굳이 제조업이라는 업종이 필요없게 되었다. 호모 파베르. 다시 원시사회로 돌아가는 것일까? 그렇다. 디지털 원시인(Digital Primitive).

상용 3D 프린터는 1984년 찰스 H. 헐(Charles W. Hull)이라는 사람에 의해 처음 발명되었다. Z코퍼레이션이 20여 년 전에 출시한 이 3D 프린터는 당시 대당 20~30억 원을 호가했다. 그런데 오늘날은 최고급 품질의 프린터와 Z캐스트 기술로 금속물질까지 만들 수 있는 프린터가 1,000만 원도 안 된다. 3D 프린터는 플라스틱을 녹여서 한층 얇게 뿌리고 덧붙여 뿌려서 물건의 형상을 만드는 원리로 작동한다. 작은 통에 플라스틱 가루나 송진을 녹여서 뿌린다. 플라스틱이나 송진을 열로 녹이는 작업을 LED로 처리해주는 시스템도 등장했다. 이 새로운 방법으로 0.02mm 두께의 플라스틱 물질을 뿌려주면 아주 정밀한 제품이 출력된다. 해상도도 높다. 또한 복잡한 내부 구조를 가진 제품도 안에서부터 프린트가 되니까 진품과 다름이 없다. 가정과 직장에서도 직접 프린트해서 사용하기 때문에 물건을 사서 창고에 보관할 필요도 없다. 결국 인터넷 디지털 테크놀로지는 시간과 공간을 단축시킨다. 특히 공간의 활용성이 그만큼 높아지는 셈이다. 이미 3D 프린트로 만든 드레스, 신발, 건물, 동상, 기타 등 음악기기 등이 이미 시장에서 팔리고 있다. 그리고 각종 소비제품, 자동차의 차체 등도 이미 3D로 인쇄되고 있다.

3D 프린터의 등장으로 조만간 우리는 옷을 직접 출력해 낼 수 있게 된다. 이미 3D 제품을 입고 다니는 사람들도 있다. 3D 패션쇼도 잇따르고 있다. 따라서 의류제조업체와 의류도소매업체들은 조만간 사라질 직종에 해당된다.

또한 앞으로 건설 자재를 출력할 수 있게 되면, 목재, 철강, 화강암 외장재, 콘크리트 등을 내가 원하는 크기와 모양으로 디자인할 수 있게 된다. 이렇게 되면 현재의 건설업 자체가 소멸하거나 완전히 바뀔 수도 있다. 결국 3D 프린터 설계 및 제조업이 부상하게 되면 3D 프린터 수리 전문가는 크게 늘게 될 것이다. 3D 프린터의 소모품 판매도 활성화될 것이다. 제품 디자이너나 의상 패션디자이너는 컴퓨터가 대신하게 될 것이다. 일자리의 양태변화는 에너지의 이동이다. 에너지의 총량은 불변한다. 문제는 과도기다. 과도기에 희생되는 사람들을 위한 조처가 시급할 뿐이다. 연착륙을 위한 대책. 에너지의 이동에서 피치 못하게 발생하는 마찰열이다. 마찰열에 어떻게 대처할 것인가? 그게 바로 핵심이다.

건축가 페트르 노비코브, 인더 셰르길, 안나 쿨릭에 의해 개발된 3D 교량 프린트 기술도 이미 세상에 나왔다. 앞으로 계속 보완될 것이지만 시동은 건 셈이다. 건축공사에 디지털 제조의 개념을 적용하는 이 연구 프로젝트는 컴퓨터에서 3D 디자인 CAD를 만들고, 3D 프린터를 이용해 실제 제품인 교량을 만들어 낸다. 건축에서 3D 프린터는 처음에 첨삭가공(AM, Additive Manufacturing) 내지 접착제조기술(Additive Manufacturing Techniques)이라고 불렸다. 즉 처음에는 부서지고 파손된 곳을 완벽하게 재현하는 기술로 태어난 것이다. 그러니까 복원기술이다. 그 후 직접 디지털 가공(Direct Digital Manufacturing)으로 불리다가 '3D 프린팅'이라는 명칭으로 통합되었다. 사실 이 복원기술은 약 20년 동안 급속조형(Rapid Prototyping)에 활용되어 왔다. 2003년부터 이 기술을 이용한 다양한 제품들이 본격적으로 시장에 출시되면서 혁명이 일어난 것이다. 가장 먼저 만들어진 제품은 액세서리, 신발 등이었다. 차차 산업디자인 제품, 건축물, 자동차, 비행기, 의료산업 제품 등 대형구조물이나 작은 부품으로 확산되었다.

첨단의 건축자재인 '스톤 스프레이'가 개발되면서 전통적 건설 산업에 큰 변화가 일어나고 있다. 건축 쓰레기도 남지 않는다. 작업 역시 훨씬 손쉽고 빠르다. 앞으로 완성도가 높은 건축도 가능해질 것이다. 스톤 스프레이는 돌가루를 반복적으로 뿌리는 것이다. 앞으로 강도가 높은 관계로 '교량' 제작도 가능할 것이라는 전망이다. 현재까지 나온 3D 제품은 대부분 물건의 하층구조부터 차곡차곡 상부구조로 출력해가는 방식이다. 그러나 스프레이 출력은 어떤 방향으로도 출력이 가능하다. 위험한 지형에 교량을 놓을 때, 건축물을 아래로 지어 내려갈 수도 있고 위로 지어 올릴 수도 있어야 한다.

현재 이러한 기술들은 작은 건축물의 특정 부품에 한정되어 만들어지고 있다. 아직은 조심스러운 것이다. 일종의 실험기간이다. 원칙적으로 이 기술들을 활용하면 대형구조물을 만들고 건조시키는 데에도 고작 4~5시간밖에 걸리지 않는다. 차세대의 건축공법임이 분명하다. 이 기술이 더 발전하면 미래사회에서 건축은 건축가가 디자인을 업로드하여 실행 버튼을 누르기만 하면 된다. 빌딩이 스스로 세워지는 것이다. 3D 건축은 친환경적이며 에너지 효율이 높고 수명이 거의 영구히 보존된다. 엔트로피의 증가가 최대한 억제된다. 3D 프린터 덕분에 전통적인 건설 산업은 사라질 수밖에 없다. 공사현장에서 발생하는 수많은 마찰열, 쓸모없는 마찰열과 함께 엔트로피의 증가가 억제되는 것이다. 효율성의 증가에 따라서 엔트로피의 증가는 더욱더 억제될 수 있다. 그러나 문제는 현재 대형 프린터는 너무 비싸서 아직은 가격 경쟁력이 없다. 물론 지금도 기계나 큰 제품의 부품 같은 것을 해외로부터 들여오는 것보다는 저렴하다. 아울러 가정에서 취미로 무언가를 만드는 사람들에게도 3D 프린터는 취미 여가 활동의 도구가 될 전망이다.

앞으로 3D 프린트는 바이오 프린터(Bio-Printer)로도 진화할 전망이다. 피부를 프린트하고 심장, 방광 등을 프린트한다. 미국의 미주리대학교는 신체 즉 오간프린트 프로젝트를 개발하여 운영하고 있다. 고령화 및 수명 연장으로 인한 피부나 장기의 수요가 늘어나면서 인체를 프린트하는 기술이 급속도로 부상하고 있다. 생명공학과 게놈 프로젝트로부터 인간복제의 가능성도 열렸다고 할 수 있다. 이제 사람이 사람을 프린트할 수 있게 된 것이다. 디지털 시대에는 3D 프린터가 인간복제의 프로젝트를 주도하게 될 것이다. 인조인간의 시대. 곧 사이보그의 시대도 공상과학은 아니다.

한편, 디지털 혁명으로 언론사와 방송사의 소멸이 가속화되고 있다. 특히 자본주의의 메카라는 미국이 심한 편이다. 미국 사람들의 TV 시청률은 과거 10년 사이 80%가량 줄었다. 지금은 TV에서 뉴스를 보지 않는다. 스마트폰, 태블릿(아이패드), 안경 TV 등 다양한 디지털 기기를 통해서 본다. 요즈음은 '유튜브'가 대세다. 1인 방송시대. 지금 인터넷 인구의

95%는 유튜브에서 정보를 얻고 있다. 물론 걸러지지 않은 정보들이다. 가짜 뉴스도 판을 치고 있다. 지금 아이들이 가장 선호하는 꿈은 유튜버가 되는 것이다. 돈을 많이 번다는 소문 때문이다. 물론 사실은 그렇지도 않다고 한다. 버는 사람만 벌고. 그것도 양극화다.

설령 언론 방송사가 살아남더라도 더 이상 브로드케스팅(Broadcasting)은 아니라고 한다. 대규모의 대중을 위한 일방 통행식 방송이 아니라 쌍방향(Narrowcasting)으로 전환될 것이란다. '아프리카 TV'가 대표적이다. 요즈음 '유튜브' 방송도 일방향에서 쌍방형으로 전환되고 있다. 다시 말하면 미래의 방송은 '채팅의 형식'으로 이루어질 전망이다. 지금 '유튜브', '넷플릭스' 같은 온라인 동영상 서비스 플랫폼인 OTT(Over The Top) 등은 전통의 TV를 급속도로 밀어내는 주역들이다. 오랜 전통의 신문 역시 인터넷 신문으로 급격하게 대체되고 있다. 신문사들이 하나로 결합하는 연합신문사의 탄생도 예고되어 있다. 그러나 예전의 추억을 되살릴 수는 없는 노릇이다. 이들이 '구글', '야후', '네이버', '다음' 같은 검색엔진들을 대신할 수는 없다.

에너지가 이동한 것이다. 에너지의 총량은 보존된다. 이제 모든 에너지는 유튜브에서 보존된다. 에너지의 이동은 반드시 엔트로피의 증가를 동반한다. 그렇다면 디지털사회에서 증가하는 엔트로피는 무엇일까? 우선 디지털 정보격차에서 시작될 것이다. 즉 디지털 활용 능력에 따라서 경제적, 사회적, 문화적 차별이 발생하는 현상에서부터 엔트로피가 증가할 것이다. 디지털 디바이드(Digital Devide). 1990년대부터 미국에서 사용된 신조어이다.

『Digital Devide』(디지털 사회의 민주주의 – 정보불평등과 시민참여, 2007)라는 책을 쓴 하버드대학의 피파 노리스 교수는 디지털 기술을 이용하는 집단은 이를 수단으로 자신의 경제적 이익을 강화한다고 보았다. 부유층은 더욱 부유하게 되고 취약계층은 더욱 소외되고 낙후된다. 장기적으로 사회계층 간 격차는 더욱 확대된다. 물론 경제적 차원이다. 심지어 정치적인 이유와 혼란상태의 정부로 인해 인터넷을 이용할 수 없는 나라의 국민들도 있다. 예를 들어 극빈계층들은 인터넷 접속보다는 생존에 비중을 두고 있다. 전쟁으로 피폐해진 나라들뿐만이 아니라 정부 차원에서 인터넷 접속을 규제하는 나라들도 많다. 북한, 쿠바 등 주로 사회주의 통제국가들과 전체주의 국가들이 대표적이다. 이들은 인터넷 시대에 국내용 인트라넷을 사용하고 있다. 자기들만의 인터넷 세상. 개방주의를 실험하면서 아직 사회주의의 틀을 유지하고 있는 중국에서도 인터넷 통제 때문에 간혹 문제가 발생하기도 한다. 중동의 몇몇 나라들에서도 인터넷 접속이 제한되고 있다. 이 밖에도 동남아국가 대부분 그리고 아프리카, 남아메리카 등 제3세계는 아직 디지털의 사각지대라고 할 수 있다.

이러한 이유들과 상관없이 인터넷 접속을 거부하는 사람들도 있다. 중요한 이유로는 기술은 나쁜 것이다, 컴퓨터는 무섭다, 컴퓨터는 배우고 사용하기에 너무 복잡하다, 인터넷에는 어떠한 가치 있는 정보도 없다, 인터넷에는 음란물과 성범죄자들이 판을 치고 있다, 인터넷은 안전하지 않다고 믿는 사람들이 여전히 많다는 사실이다. 인구가 하도 많다 보니 생각이 다양한 것이다. 이러한 사실들은 디지털 정보격차를 가속화시키고 있다. 마침내 디지털 정보격차란 어떤 이유에서든지 컴퓨터과학기술(주로 인터넷)을 사용하는 이들과 그러지 못한 사람들의 격차로 나타난다. 결국 디지털 디바이드는 '민주적 정보불평등'(Democratic Divide)으로 이어진다는 것이다.

일상생활에서 볼 수 있는 대표적인 디지털 격차는 무인화된 식료품 판매점 즉 패스트푸드점의 키오스크(무인주문기)에서 볼 수 있다. 키오스크는 디지털에 익숙한 사람들에게는 빠르고 편한 구매 수단임에 분명하다.

> "오프라인 유통매장에서도 점원을 만날 기회는 이미 줄어들었다. 대형 프렌차이즈들이 키오스크를 도입해 주문과 지급결제를 비대면화하고 있다. 중소 자영업자들도 키오스크를 활용해 운영 효율성을 높여나가고 있다. 키오스크는 생체인식기술을 도입해 개인인증과 지급결제를 자동화하거나, 음성 챗봇과 융합해 대화가 가능해지고 있다. 국내 1위 챗봇 기업 WISEnut은 스마트폰 챗봇과 3D 기술을 융합해 실감형 키오스크 개발을 선도하고 있다."(김광석, 2020/04/21)

그러나 디지털에 익숙지 않은 중장년 · 노년층을 포함한 '디지털 약자'에게는 오히려 구매를 아예 포기하게 만드는 장본인이 되고 말았다. 이를테면 키오스크 앞에서 망설이다가 돌아서는 '키오스크 노인'이 증가하고 있다. 또한 무인기기가 설치된 높이는 정상인의 기준에 맞춰져 있고, 시각 장애인들에게 터치식 메뉴판은 엄청난 장애물이다. 아울러 키오스크 무인화 시스템의 도입은 일자리를 급격하게 감소시키고 있다.

따라서 사람들은 빛의 속도로 쏟아지는 디지털 지식과 정보로부터 스트레스를 받으면서 엔트로피의 증가를 초래할 것이다. 잘못된 정보, 가짜 뉴스, 스팸 메일 등과의 싸움, 그 싸움으로부터 발생하는 저항과 마찰, 그리고 이로 인한 스트레스 등은 결과적으로 엔트로피를 증가시키는 요인이 된다. 또한 디지털 정보격차, 민주적 정보 불평등으로 인해 발생하는 사람과 사람 간의 저항과 마찰은 사회적 엔트로피를 증가시키는 주범이다. 여기다가 디지털 테크놀로지의 발달로 인한 정보누출, 가짜

뉴스 퍼나르기 등은 사회를 혼란스럽게 하는 원천으로 작용한다. 도대체 뭐가 진짜이고 뭐가 가짜인지? 결국 디지털 테크놀로지의 발달 역시 계속해서 우리 사회에 엔트로피를 증가시키고 있는 것이다.

3) 인공지능과 언택트 사회

테크놀로지는 인간이 고안해 낸 '노예'(奴隸)이다. 언젠가부터 인간은 내 대신 누군가가 대신해서 일을 해준다면 즉 노예를 부리면서 힘들지 않고 편리하게 잘살 수 있다는 것을 알게 된다. 내 대신 운동에너지를 활용하여 일을 해줄 수 있다면 좋겠다는 생각이었다. 내 대신 누군가가 일을 해주는 삶. '편리함' 때문이다. 그럼 편리함은 인간에게 왜 요청된 것일까? 피곤해서이다. 피곤하다는 것은 에너지가 고갈되고 그 자리에 젖산이 뭉치면 생긴다. 피곤하면 힘이 든다. 힘이 든다는 것은 에너지가 딸린다는 것이다. 그러니까 인간은 생리학적으로 어쩔 수 없이 '편리함'을 찾을 수밖에 없다. 그래서 인간은 들판의 동물들을 잡아다가 집짐승으로 길들여서 노예로 써먹을 궁리를 했던 것이다. 편리함이라는 생리학적 결핍을 보충하기 위함이다.

"야생동물을 잡아다 길들여서 인간은 자신들의 말을 잘 듣는 가축 (家畜)으로 바꾸기 시작한 것이다. 심지어 석기시대 이전 선사시대인 '야만시절'(Savagery)부터 야생동물을 길들여서 사람들은 힘들고 고된 노동을 대신하게 했다는 보고도 나온 바 있다. 한마디로 인간은 자신들의 '노예'를 얻은 셈이다. 물론 역으로 인간은 성공적인 농경을 위해서 계획적으로 야생동물들을 써먹으려는 상상을 했을지도 모른다. 만약 우리가 저렇게 힘센 들소와 야생마를 잡아 무거운 돌을 나르게 하면 어떨까?"(이상오, 2014: 40)

　가축을 길들여서 노예로 삼던 인간은 시간이 지나면서 짐승보다 말귀라도 잘 알아듣는 인간을 노예로 삼는 것이 좋겠다는 생각을 하게 된다. '전쟁'(戰爭)을 생각해 낸 것이다. 전쟁을 통해 마을을 정복하면 그 마을의 사람들이 모두 노예가 된다. 이렇게 하여 인류 역사에 '노예제도'가 등장하게 된다.

　　"주변 환경 및 동물과의 싸움에서 승리한 인간은 이제 인간끼리의 싸움을 위해 각종 도구(무기)들을 만들고 사용한다. 특히 신석기와 청동기로 접어들면서 살상행위에 보다 위력적인 도끼, 칼, 화살 등을 만들고 사용하게 되면서 인간들은 기고만장으로 씨족끼리, 부족끼리 서로 영역다툼과 노예세력의 확보를 위해서 싸움을 하게 된다. 싸움에서 승리한 자들은 패배한 자들을 노예로 부려먹으면서 보다 편리하고 윤택한 삶을 영위하게 된다. 자연스럽게 귀족계급과 노예계급으로 사회적 계급이 분화되기 시작했다. 이제 싸움에서 패배한 씨족, 부족들은 승자집단에 무조건 승복하고 이들을 먹여 살려야 하는 막중한 책임을 떠맡는 운명이 된다."(이상오, 2014: 172)

　심지어 제국주의에 의해 노예제도는 문서화되고 법제화되기도 했다. 제국주의자들은 식민지 쟁탈전을 벌이기 시작했다. 값싼 원자재와 노동인력을 공짜로 얻기 위함이었다. 노예로 끌고 와서 일을 시키는 것이다. 이러한 제국주의가 구축한 노예제도 덕분에 유럽의 산업혁명도 가속화되었다. 영국은 인도를 정복하여 원자재와 노동력을 착취하기 시작했다. 영국에서 산업혁명이 시작된 주요한 이유이다.

그러나 인간에 의해 고안된 노예제도는 항상 비판의 대상이 되었다. 어떻게 사람이 사람을 노예로 부려 먹을 수 있는가?[43] 미국에서 벌어진 링컨 대통령의 노예해방은 인류 역사에서 노예제도를 폐기처분하는 발판을 놓기도 했다.[44] 그러나 노예제도를 사실상 종식시킨 것은 아이러니하게도 산업혁명에서 이룩한 기계혁명이었다. 마침내 인간은 기계의 발명을 통해 노예 부림의 욕구를 해소시킬 수 있었다. 사람처럼 움직이는 기계를 만들어서 사람 대신 노예처럼 부려 먹으면 된다.

링컨의 노예해방 선언은 소위 정치적 차원의 민주주의 이념논쟁과 관련된다. 급기야 남북전쟁으로 이어진 노예해방의 이념 논쟁. 사람이 사람을 설득시키는 일은 정말 어렵다. 전쟁의 소용돌이조차 거쳐야 한다. 무수한 죽음. 엄청난 사람들의 희생. 무모한 시간만 간다. 그러나 진정으로 노예해방의 위업을 달성해준 것은 산업혁명이었던 것이다. 기계의 발명. 한순간에 노예는 해방되었다. 기계혁명, 테크놀로지의 혁명으로부터 사회제도의 한계를 극복해 보려는 것도 이러한 이유에서 비롯된다.

---

43 급기야 1789년 발발한 프랑스 시민대혁명을 기점으로 형식상으로는 계급제도가 철폐되었으며 링컨의 노예해방으로 미국 사회에서는 노예제도가 명목상 금지되었다. 이로써 양천 간의 구분은 해지된 셈이다. 그럼에도 불구하고 내용적으로는 모든 것이 종료된 것은 아니다. 노예를 부려 먹고 싶다는 생각은 여전하다.

44 고대시대에 이미 기계(Machine)의 개념이 등장했다: "아리스토텔레스(B.C. 384-322)가 쓴 『기계 장치의 문제』(Mechanica Problemata)라는 책에는 '기계가 있으면 우리에게서 자연을 빼앗으려는 것들과의 싸움에서 이길 수 있다'라고 적혀 있다."(에도아르도 본치넬리, 2006/ 김현주 옮김, 2011: 6)

오늘날 우리는 인공지능이라는 "첨단의 노예"를 현실화시키는 데 성공했다. 인공지능은 빠른 시간에 일을 정확하게 해내는 새로운 노예이다. 그런데 문제는 지금 우리 인간이 만들어 내고 있는 인공지능이 정말 새로운 노예가 될 것인가? 아니면 인간을 능가하는 것은 아닌가? 우리가 오히려 이들의 노예가 되는 것은 아닌가? 지금 우리는 우리가 만들어 내는 인공지능 앞에서 찬사와 우려를 동시에 하고 있다. 무엇보다도 인공지능으로 인해 수많은 일자리가 사라질 것이라는 우려는 극히 현실적이다. 인공지능이 인간의 일자리를 대신한다는 말이다. 세상에 '자동화 기계'가 등장하면서 이미 우리는 이런 경험을 한 바 있다. 당장 또다시 눈앞에 닥친 일이다. 그러나 한편에서는 지금의 일자리가 없어지는 대신 지금과는 전혀 다른 새로운 일자리가 더 많이 창출될 것이라는 낙관론도 있다.

18~19세기 산업혁명기에도 한동안 테크놀로지의 발전은 기계가 일자리를 빼앗아감으로써 대량실업이 유발될 것인가 아닌가에 대한 갑론을박의 논쟁이 있었다. 기계가 인간을 대신하면서 노동자들은 일자리를 빼앗길 것이 두려웠다. 일명 '러다이트 운동'. 세상에 모든 기계를 때려 부수는 것이다.

"1800년대 초반, 영국에서는 스타킹 프레임을 이용한 자동 생산이 자리 잡기 시작했다. 이 기계로 인해 스타킹은 더욱 빠르고 저렴한 비용으로 만들어질 수 있게 되었다. 비록 이전에 수작업으로 만들어지던 스타킹에 비해서는 그 품질이 좀 떨어졌지만 사람들은 저렴한 가격에 이를 많이 구입하면서 수작업으로 스타킹을 제작하던 작은 공장들은 어려움에 처하게 되었다. 이에 1811년 Ned Ludd(실존 인물인지는 확실시되지 않음)는 Luddites(러다이트)라는 단체를 만들어 공장들을 공격하는가 하면 공장주들의 생명을 위협하고 협박하기 시작했다. 그 후 식량난이 일어났을 당시에도 Luddites는 제분소 및 공장들을 공격하고 그 관련된 사람들도 공격하고 살해하기 시작했다. 1813년 심각한 사회문제로 대두되자 영국 정부는 60명가량의 Luddites를 처형하고 나머지를 호주에 유배 보내기에 이른다. Lord Byron 등 소수의 Luddites 지지자들도 있었다. 그러나 그것은 큰 영향력을 갖지 못하고 결국 정부 차원의 소탕 작전이 있고 난 후 1817년경 에는 사실상 Luddites의 활동은 막을 내렸다. 역사 속의 Luddites는 기술에 반대하는 폭력 집단으로 받아들여지는 경우도 많지만 최종적으로는 자유 시장 경제의 지지자들로 알려져 있다. 물론 그들은 무조건적으로 기술에 대해 반대하지 않고 자신들의 생계에 위협을 주는 기술만을 반대하며 이해할 수 있는 정상적인 행동이었지만 그렇기에 정당화될 수는 없었다."(Harrington, 2008: 94)

20세기 중엽, 컴퓨터가 사람의 일자리를 대신하면서 이번에는 컴퓨터를 부숴버려야 한다는 '판 러다이트 운동'(Pan-Ruddites)이 일어났다. 그런데 일자리는 그렇게 우려했던 것만큼 사라지지는 않았다. 그렇다고 물론 일자리가 더 늘어난 것도 아니다. 그러나 일자리의 형태가 시대의 변화 추세에 따라 급격하게 변했던 것이다. 놀랍게도 '에너지 총량 보존의 법칙'이 여기서도 통했던 것은 아닌지? 하여간 지금도 일자리 노동시장에 대한 이분법적 논의는 '기우'(杞憂)에 불과할지도 모른다.

우리는 인공지능(AI)으로 모든 것을 해결하는 시대를 앞두고 있다. 인공지능은 첨단 테크놀로지의 결정판이다. 귀신도 예측하기 어렵다는 주식시장에 인공지능 '알파봇'이 등장하면서 주식시장의 판도가 급변하고 있다. 인공지능이 귀신을 앞선 것이다. 이제 인공지능 하나면 안 되는 게 없는 세상. 인공지능 '알파고'가 바둑천재 이세돌을 물리치고 모든 산업전선에 배치되더니 급기야 시장을 점령하기 시작했다. 세상이 모두 인공지능의 손아귀에 들게 된 것이다. 이제 우리가 사는 세상은 인공지능의 사회이다.

인공지능은 지금까지 우리 인류가 발전시켜 온 테크놀로지의 결산이다. 인간이 자기와 똑 닮은 인간을 만들어 냈으니, 세상에 더 할 일은 없다. 혹시 모른다. 인간은 자신보다 월등한 능력을 가진 신적 존재를 만들어 내려고 할지도 모른다. 아니 따지고 보면 지금의 인공지능이 신적 존재가 아닐까? 지금까지 만들어진 인공지능도 이미 인간의 기억력과 연산능력을 수천 배 수만 배 아니면 그 이상 훨씬 능가하고 있다. 이쯤 되면 신적 존재라고 할 수도 있지 않을까? 혹자는 인공지능이 아무리 발전한다고 해도 인간보다야 못하지 않겠는가 한다. 기억력과 연산력만이 인간의 능력은 아니니까. 그러나 혹자는 결코 모르는 일이라고 한다. 언젠가는 모든 면에서 인간을 능가할 수 있는 인공지능도 나올 수 있다고. 하여간 좀 두고 볼 일이지만, 인공지능의 위력이 가공할 만한 것은 사실이다.

인공지능의 시대는 명실공히 언택트 사회를 가속화시킬 것이다. 카페에 가도 인공지능 로봇이 아메리카노를 내려 줄 것이며, 식당에서도 인공지능 로봇의 서빙을 받게 될 것이다. 얼마 전 출시된 삼성 반려로봇 볼리(bally)는 둥근 볼 형태인데 로봇이 로봇을 조종하는 형식으로 움직이며 이동형 홈 CCTV가 내장되어 있다. 다만 아직 해킹이 우려되기도 한다. 그래서 조심스럽게 출시하고 있다. 이미 로봇 택배, AI 앵커, 드론 배송, 로봇견(경찰견)도 시동을 걸었다. 인공지능이 탑재된 자동차를 타고 자율주행을 하게 될 것이다. 자율주행자동차. 사람들은 집에 들어와서도 인공지능에게 모든 것을 시킬 것이다. 인공지능과 대화하고 심지어 인공지능과 사랑을 나누기도 한다. 인공지능에게 고민도 털어놓고 심층 상담도 할 것이며 앞날을 설계하기도 할 것이다. 이제 사람이 사람을 만나지 않아도 된다.

오래전부터 직장인들에게 물어보면, 인간관계가 가장 힘들다는 의견이 가장 많았다. 인공지능에 둘러싸인 인간들은 굳이 이 어려운 인간관계를 할 필요가 없다. 가장 큰 고민거리가 하나 사라진 것 아닌가? 인공지능과는 싸울 이유도 없다. 저항과 마찰이 발생할 이유도 없다. 인공지능이 까불거나 작동이 이상하면 부수어 버리면 된다. 물론 돈이 문제겠지만. 아니면 스위치를 꺼놓으면 된다. 그게 마찰인가? 일단 화가 나겠지만 잠시 화를 달래면 된다. 그리고 다른 인공지능의 버전을 구입하면 된다. 잠시 스트레스를 받을 수는 있겠지만. 그래도 지금 콘택트 사회에서 애로사항으로 말하고 있는 인간관계에 대한 고민은 없을 것이다. 콘택트 대면사회에서는 인간관계에 실패할 경우 후유증은 무척 오래간다. 아니 평생 갈 수도 있다. 인간관계의 해법은 좀처럼 쉽지가 않다. 일그러진 인간관계를 회복하기 위해서는 오랜 시간 동안 공을 들여야 한다. 애도 많이 써야 한다. 그래도 보장은 없다. 이렇게 본다면 콘택트 대면 사회라는 전통의 공동체에서 발생하는 인간관계의 함정은 사회적 엔트로피의 온상이 될 수 있다.

인공지능의 시대에는 굳이 사람과 사람이 만날 이유가 없다고 했다. 인간관계의 문제도 큰 의미는 없다. 따라서 인공지능의 시대에는 엔트로피가 증가하지 않는다. 정말 그런가? 그렇다면 인공지능의 시대에는 엔트로피의 법칙도 우리의 일상에는 적용되지 않는 것일까? 그렇다면 인공지능의 시대는 지상낙원인가? 그런데 엔트로피 이론에 의하면, 엔트로피는 항상 증가하는 것으로 되어 있다. 그렇다면 결론은 둘 중 하나다. 하나는 엔트로피 이론이 인공지능이 지배하는 세상에서는 깨진다. 다른 하나는 그렇다면 인공지능 사회에서 증가하는 엔트로피를 우리는 아직 모르고 있는 것이다. 그게 과연 무엇일까?

III

언택트 사회의
딜레마

1. 테크노피아와 엔트로피

2. 네트워킹 사회와 엔트로피

3. 뉴 노멀 사회와 엔트로피

1

테크노피아와 엔트로피

테크놀로지의 발달은 인류에게 득(得)인가 실(失)인가? 아니면 독(毒)인가? 이러한 질문들은 인류의 문명 · 문화사를 연구하는 사람들에게 늘 논쟁거리였다. 과연 테크놀로지의 발달은 인간이 유토피아를 건설할 수 있는 호기로 작용할 것인가? 아니면 반대로 디스토피아(Distopia)로의 추락을 예고하고 있는 것인가? 구체적으로 테크놀로지의 절정판인 오늘날의 디지털 인터넷 세상은 컴퓨토피아(Computopia)를 만들어 낼 것인가 아니면 디스토피아 즉 기술지옥의 세계로 전락시키고 말 것인가? 실제로 18~19세기에 시작된 산업혁명으로 '기계화', '자동화'가 무르익는 시기에 사람들은 새로운 테크놀로지가 앞으로 인류의 당면 문제를 모두 해결해 줄 것으로 낙관했다.

"20세기가 시작되면서 도시 당국, 진보적인 과학 전문가들, 그리고 선의의 중산계급 개혁가들이 증기, 석탄, 철의 확산에 따른 일부 끔찍한 결과에 반응하고 그것을 약화시키기 시작했다. 중앙발달소에서 광범위한 지역으로 보내는 비교적 깨끗한 전기에너지, 특히 수력 발달 전기에너지는 산업 도시들의 철도 교차역에 집중되던 초기 산업 오염을 일부를 완화시켰다. 가전 도구들과 함께 작업장과 거리의 전깃불은 작업 환경과 주거환경을 개선했다. 신문과 잡지들은 이 테크놀로지의 변혁을 칭찬하기 시작했다. 기계 테크놀로지가 대량의 상품과 서비스를 생산했기 때문에 소비자들 역시 열렬히 반응했다. 대중들은 토머스 에디슨 같은 발명사업가와 헨리 포드 같은 대량생산 관리자를 우상화했다. 테크놀로지 광신자들은 테크놀로지뿐만 아니라 비(非)테크놀로지적인 세상까지도 기계적으로 조직하기를 원했다. 그들은 정부기관, 신체기관 그리고 집을 그 안에서 살아가는 하나의 기계로서 은유적으로 표현하는 데 거리낌이 없었다. 마치 정보가 20세기 말에 과대 선전된 테크놀로지였던 것처럼 기계화는 20세기의 초반을 호령했다. … 산업화된 도시의 주거 및 작업환경을 개선하기 시작하면서 출세를 원하는 수십만 명의 미국인 이민자들이 테크놀로지를 '풍요의 뿔'로 보기 시작했다."(토머스 휴즈, 2004/ 김정미 옮김, 2008: 73-74)

그러나 사실 당시의 산업화는 결국 '기계화'였다. 공장의 기계뿐만 아니라 공장에서 일하는 노동자들도 모두 기계처럼 일을 해야 하는 운명을 낳았다. 사회 전반이 모두 '기계화'의 그늘 속으로 접어들게 된 것이다.

기계화란 한마디로 획일화(劃一化)를 의미한다. 획일화란 개념은 원칙적으로 가치론적인 개념은 아니다. 획일화가 무조건 나쁜 개념은 아니다. 장점도 있다. 오늘날 '획일화'란 마치 잘못된 개념처럼 인용되고 있지만, 경제적 차원 즉 생산성과 효율성의 차원에서 본다면 획일화는 매우 유익할 수 있다. 군대에서는 획일화가 맞다. 군인들은 똑같은 복장에 똑같은 모습을 하고 다닌다. 상명하달(上命下達). 왜냐하면 목숨이 달려 있기 때문이다. 군대에서의 획일화는 효율성과 생산성 정도가 아니다. 사선(射線). 말 그대로 목숨인 것이다. 획일화의 정도에 따라서 죽고 살고 한다. 위에서 명령을 하면 아래에서는 반드시 들어야 한다. 물론 그렇다고 죽을 확률보다 살 확률이 반드시 높은 것은 아니다. 잘못 판단된 명령은 오히려 목숨을 더욱 위태롭게 할 수 있다. 그러나 어쩔 수 없다. 일종의 도박이다. 명령권자의 판단능력이 모든 장병들의 생명을 좌우한다. 그래서 지휘관이 탁월해야 한다고 한다. 왜냐하면 사병의 목숨을 쥐고 있기 때문이다. 산업혁명은 제국주의, 군국주의와 태생이 같다. 식민지 전쟁을 통하여 산업혁명이 일어났고 제국주의가 팽창했다. 획일화. 공용어였다. 결국 군대조직이 산업조직으로 이전된 것이다. 산업조직과 군대조직은 같다. 획일화를 통한 효율성이 생명인 것이다.

조직경영에서는 테일러방식이 과학적 관리론이다. 획일화의 대표적 이론이다. 기업조직에서는 지금도 획일화를 통해 효율성과 생산성을 추구하는 것이 맞다. 그래서 테일러의 이론은 지금도 경영현장을 주도하고 있다. 당시 테일러 말고도 프랑스의 경영학자 앙리 페이욜(Henry Fayol, 1841-1925)과 독일의 사회학자 막스 베버(Max Weber, 1864-1920) 등에 의해 제기된 '합리적 관리론'에서도 효율성과 생산성을 목표한다. 획일화와 표준화의 개념이 당연했던 것이다. 당시 노동자들의 거센 항의 때문에 미국의회의 청문회에 출석한 테일러는 자신의 지론인 '과학적 관리론'은 기계화나 통제, 비인간화도 아니며, '정신혁명'이라고 주장했다. 자신의 논리를 변호했던 것이다. 현대 경영학의 창시자 격인 피터 드러커(Peter Drucker, 1909-2005)는 당시 이러한 테일러의 항변을 20세기에 가장 위대한 통찰 중의 하나라고 극찬한 바도 있다. 실제로 당시의 산업혁명이 산업 사회를 성공적으로 만들어 낼 수 있었던 것도 생산의 획일화를 통해서 사회적 효율성을 인정받을 수 있었기 때문이었다. 획일화는 곧 효율성과 생산성이었다. 효율적이고 생산적으로 일을 하려면 획일화가 전제되어야 한다.

그러나 독일의 역사가인 슈펭글러(Oswald Manuel Arnold Gottfried Spengler, 1880-1936)는 서구 문명의 몰락의 주범으로 기계화, 획일화를 지목했다.

"20세기에 기계 기술은 의기양양하게 자연을 지배하고 있었지만 서구는 도덕과 문화의 중심을 잃고 있었다. 그는 『서구의 몰락』(전 2 권, 1918-1922)이라는 제목을 붙인 세계 문명과 문화에 대한 중요한 연 구에서 인간이 자연을 착취하기 위해 테크놀로지를 사용하기 시작하 면서 문화에 거대한 변화가 일어났다고 주장한다. 기계를 신의 선물 이자 낙원을 회복하는 수단으로 인식했던 19세기 미국인들과는 대조 적으로, 슈펭글러는 괴테처럼 테크놀로지를 신의 선한 선물이 아닌 악마적인 도구로 규정했다. 인공의 세상에서 오만한 인간들은 스스 로를 전능한 창조자로 여겼다."(토머스 휴즈, 2004/ 김정미 옮김, 2008: 83)

오늘날 테크놀로지가 모든 사회를 지배하고 있다. 주목할 것은 테 크놀로지의 발달이 — 바람직하든 아니든 — 우리의 역사 전통과 관습 그리고 도덕과 문화의 중심마저도 크게 흔들어 놓고 있다는 사실이다.[45]

---

45 『서구의 몰락』을 저술한 슈펭글러조차도 합리화, 질서, 통제라는 개념에는 반대하지 않았 지만, 궁극적으로 '기계화'는 도덕적 진공상태를 남길 것이라고 두려워했다(토마스 휴즈, 2004/ 김정미 옮김, 2008: 98).

심지어 테크놀로지는 자연환경의 성장까지 저해하고 많은 생명을 앗아가고 있다. 자연환경을 지배하고 파괴하는 도구로까지 작용하고 있는 것이다.

> "자신의 책 『인간과 기술』에서 슈펭글러는 서구문명이 최대 다수에게 최대한 행복을 가져다주기 위해 테크놀로지를 이용하고 있다는 것을 부인했다. 대신 인간은 인간이 만든 대체물 속에서 신으로 군림하고 자연을 파괴하는 데 테크놀로지를 열광적으로 사용하고 있다. 이 주제는 『서구의 몰락』에서도 어렴풋이 드러났다. 세계의 역사는 인간이 기계를 사용하고 자연을 '약탈'하고 '강간'하는 것을 의기양양해하는 창조적인 '맹수'임을 보여준다."(토마스 휴즈, 2004/ 김정미 옮김, 2008: 86)

이로써 우리는 테크놀로지의 발달에 긍정적으로만 대처하지 못하고 오히려 두려움과 우려를 표명하는 처지가 되기도 한다. 주변의 맹수들과 천재지변의 위협으로부터 살아남을 궁리로 시작된 인류의 테크놀로지 능력. 이제 오히려 그 자체가 더 강한 맹수의 위협으로 전이되고 있다는 느낌이다. 미래학자 이언 엥겔은 다음과 같이 미래를 전망한다: "산업시대 즉 기계의 시대, 대중의 시대에 태어난 모든 제도는 그것을 약화시키는 여러 요인들의 압력을 받고 있으며, 곧 그들의 공격을 받아 무너져 버릴 것이다."(이언 엥겔/ 장은수 옮김, 2001: 371)

본질적으로 테크놀로지는 야누스의 얼굴을 하고 있다. 테크놀로지의 발달로 인류는 생존할 수 있었다. 삶의 편리를 넘어 부귀영화를 누릴 수 있는 수준까지 도달했다. 그럼에도 불구하고 테크놀로지의 발달이 인류에게 남긴 상처는 처절하다. 우선 테크놀로지의 발달을 위한 자원 및 노동력 쟁취 전쟁을 비롯하여 환경생태계 파괴 등. 인류가 치유하기 어려운 상처들이 되었다. 또한 테크놀로지의 발달과 확장은 윤리성, 도덕성, 인간성, 가치관을 파괴하였다.

> "1945년 8월, 히로시마와 나가사키에 투하된 원자폭탄에 의해 2차 대전은 끝을 맺었다. 그리하여 전후엔 문자 그대로 기술 전쟁의 시대가 도래했다. 그 당시 선두적 테크놀로지의 발명으로는 원자력 발달, 컴퓨터, 우주 개발, 유전자 공학 등이 머리에 떠오른다. 그리고 이것들을 사회에 이용했을 때, 우리는 물질의 풍요함과 즐거움을 맛볼 수 있었다. 하지만 그것도 한꺼풀 벗기고 보면, 그 뒤에는 기업의 경쟁이나 추잡한 이윤 우선주의와 무서운 여러 가지 공해, 예컨대 방사능 오염, 열오염 대참사, 수질 오염, 소음 그리고 윤리의 피폐 등이 숨쉬고 있다."(히라다 유타카, 선완규 옮김, 1995: 13)

아이러니한 것은 테크놀로지가 발달하면 할수록 인간은 노동의 구속으로부터 해방되는 것이 아니라는 것이다. 오히려 테크놀로지의 노예로 전락하게 된다. 독일의 비판철학자 마르쿠제(Herbart Marcuse, 1898-1979)는 자신의 대표저서 『일차원적 인간』(One Dimensional Man, 1970)에서 이러한 현상을 파헤친 바 있다. 테크놀로지가 복잡해지고 정교해질수록 대중들은 의사결정에 참여하지 못한다. 테크놀로지로부터 소외되는 현상이 벌어지고 있는 것이다. 인터넷, 페이스북, 카카오톡, 트위터, 인스타그램 등 테크놀로지의 발전을 통해서 사람들은 열심히 소셜 네트워크(SNS) 소통에 자유롭게 참여하고 있다. 그러나 모든 의사결정 과정에서 우리는 소수의 엘리트 그룹에 의해 대중으로서의 들러리 신세를 면치 못한다. 대중사회는 산업혁명 이후 가속도를 더해 온 기계화와 획일화 그리고 표준화의 귀결이다. 획일화를 통한 대중조작. 그것이 대중사회를 가능하게 한다. 대중사회에 살고 있는 현대인들은 무기력하다. 이러한 현실에 대하여 프랑크푸르트 비판철학자 호르크하이머(Max Horkheimer, 1895-1973)와 아도르노(Theodor Wiesengrund Adorno, 1903-1969)는 '대중문화'와 '문화산업'이라는 삶의 실제 영역을 예시하면서, 현대 대중사회에서의 대중조작의 문제를 파헤쳐 고발한 바 있다(Adorno, 1991). 당시 기술사회에 대한 실존주의 철학자 야스퍼스(Karl Jaspers, 1883-1969)의 비판도 냉정하다.

> "기술적 삶의 질서는 처음에는 인간에게 편리함과 도구를 제공함으로써 인간의 진정한 세계를 보존하였으나, 개개인이 현실적으로 처해 있는 환경에서 자신을 위해 어떤 것을 제작하지 않는 시대가 도래함에 따라서, 인간은 그 자신의 세계를 빼앗겼다. 과거, 미래와 역사적으로 계속되고 있다는 느낌은 상실되고 이런 상태가 계속됨에 따라서 인간은 더 이상 인간으로 남을 수 없게 되었다."(K. 야스퍼스, 1935/ 황문수 옮김, 1992: 168-71)

역사적으로 테크놀로지 담론은 이렇게 진행되었다. 즉 지금과 같은 기술의 발달은 앞으로 우리 사회를 테크노피아로 만들어 놓을 것인가? 아니면 디스토피아로 가게 할 것인가? 이를 분석해 보기 위해 우리는 엔트로피의 법칙을 적용해 볼 수 있다.

산업혁명을 주도한 기계화로 인해 야기된 획일화, 표준화, 규격화는 대중사회의 동인으로서 인간의 삶을 질서화시키는 데 성공했다. 질서는

'무질서'의 반대 개념이다. 원칙적으로 질서와 규범이 삶의 잣대가 되는 대중사회에서 엔트로피는 없다. 그러나 물리학적으로 보면, 에너지가 사용되는 한 엔트로피는 항상 증가할 뿐이다. 기계혁명을 통한 대중사회가 만들어지는 과정. 사람들은 엄청난 운동에너지를 투입하면서 일을 해냈다. 기계를 만들기 위해 에너지를 사용했으며 기계를 돌리기 위해 에너지를 사용했다. 그렇다면 에너지의 사용에 따라 엔트로피는 계속 증가했을 것이다. 질서는 엔트로피의 증가가 없는 상태를 말한다. 그렇다면 질서화가 완성된 산업사회, 대중사회에서는 엔트로피의 증가는 없는 것이다. 이러한 논리는 엔트로피의 법칙에 정면으로 위배된다. 그렇다면 대중사회에서는 겉으로는 엔트로피의 증가가 없는 것처럼 보이지만, 실제로는 엔트로피의 증가는 지속되었다는 말이다. 과연 이들은 어디로 간 것일까? 엔트로피는 쓸모없는 마찰열에 의해 증가한다. 그렇다면 기계화, 획일화, 규격화, 표준화, 질서화의 결과인 대중사회에서 발생한 쓸모없는 마찰열은 무엇인가? 어디론가 날아가 버린 것일까? 아니면 어디엔가 축적되어 저장되어 있는 것일까?

위에서 살펴 언급한 것처럼 대중사회에서 살아가는 사람들은 질서정연하게 살아가는 것처럼 보인다. 그러나 많은 사람들이 이런저런 이유로 대중사회에서의 '저항'과 '마찰'을 경험하면서 살고 있다. 마찰열의 발생. 우선 사람들은 저항하고 데모도 한다. 마찰열이 발생하는 지점이다. 아니면 사회제도의 압박에 그저 체념하고 말기도 한다. 결국 사회적 엔트로피는 사회저항, 사회반항으로 남든지 아니면 사회동조나 사회순응으로 남게 된다. 그러나 모두가 사회적 엔트로피가 증가되는 형태들이다. 특히 민주화가 무르익는 지금 반사회적 폭력, 구조적 폭력, 시위데모, 사회비판, 사회반항, 타인 비난, 비방, 중상모략 등은 사회적 엔트로피가 심하게 증가하고 있다는 증거들이다. 사회적응, 사회순응 등의 양태 역시 억지로 적응하고 순응하는 과정에서 사회적 엔트로피가 증가한다. 적응하는 과정에서 발생하는 스트레스 때문이다. 마지막으로 체념이나 포기에서도 엔트로피는 증가한다. 잠재된 스트레스 때문이다. 결국 엔트로피는 항상 증가한다. 다만 사람마다 사회마다 정도 차는 날 수 있다. 그렇다면 증가하는 사회적 엔트로피를 과연 우리는 어떻게 대처할 수 있을 것인가? 과연 우리 사회에서 쓸모없이 낭비되는 엔트로피는 무엇일까? 어떻게 하면 쓸모없이 낭비되는 엔트로피를 최소화시킬 수 있을 것인가? 아니면 이들을 어떻게 생산적으로 전용할 수 있는 방법은 없는 것인가?

미국에서 영향력 있는 문명비평가인 비어드 부부(Charles & Mary Beard)는 산업혁명을 주도한 기계 테크놀로지의 장점과 단점을 함께 보았다.

> "비어드 부부는 19세기 후반과 20세기 초반의 '기계시대'를 크게 환영했다. 그들은 미국인 삶의 '전체적인 그림'이 기계 테크놀로지, 특히 대량생산에 의해 바뀔 것으로 믿었다. … 그러나 비어드 부부는 대량생산의 부정적인 면을 인식했다. (이를테면) 신문 발행의 기계화는 비용을 줄였지만 많은 독자들을 대상으로 하기 위해 지적 수준을 낮추었다. 규격화된 상품과 서비스는 문화 엘리트들이 경멸하는 규격화된 삶을 지속시킬 것이었다. 규격화는 또한 당연한 것으로 여겼던 북유럽계 미국인이라는 틀에 적합하지 않은 이민자들을 유입시켜 많은 미국인들이 한탄하게 만들었다."(토마스 휴즈, 2004/ 김정미 옮김, 2008: 100)

미국의 저명한 문명비판가 멈포트(Lewis Mumford, 1895-1990) 역시 테크놀로지 발달의 한계를 지적하면서도 보완 가능성을 제시했다.

"양차 세계대전 사이에 20세기 미국 테크놀로지 변화에 대한 가장 영향력 있고 유창한 비평가인 멈포드는 '도덕적이고 현명하게 활용된 기술'은 더 나은 세상을 가져올 수 있을 것이라고 주장하며 전력이 증기, 석탄, 철의 시대의 가혹하고 지저분한 풍경의 많은 부분을 제거할 수 있을 것이라고 예언했다. 그는 도시에서 멀리 떨어진 화력 및 수력 발달소가 지방에 퍼져 있는 오염되지 않은 제조지로 청정에너지를 보내는 모습을 상상했다. 그리고 그는 전력, 자동차, 라디오, 전화기 등 제2차 산업혁명의 중심 요소들이 과도하게 밀집된 도시의 산업사회를 경제적, 인구적으로 균형 잡힌 지역으로 변화시킬 수 있다고 굳게 확신했다. 산업과 상업 인구는 더 이상 철도, 항구, 광산 등에 집중되는 것이 아니라 전력 송출선이 고지대와 시골까지 확산되는 것과 함께 분산될 것이다. 이런 밝은 미래는 테크놀로지의 통제권이 산업 자본가들에게서 전문적 지식과 선의를 가진 과학자와 사회과학자들에게 이동하는 데 달려 있었다. 그러나 그는 이런 사회적 혁명이 어떤 방식으로 일어날지는 설명하지 않았다."(토마스 휴즈, 2004/ 김정미 옮김, 2008: 89)

한마디로 지금의 테크놀로지는 '도덕적이고 현명하게 활용되어야 한다'는 취지의 주장들이었다. 원자탄은 가장 확실한 예다. 잘 쓰면 문명의 이기(利器)지만, 잘못 쓰면 인류를 멸종시킨다. 그렇다면 엔트로피도 잘 활용하면 문명의 이기가 될 수 있다는 말이 아닌가? 하여간 멈포드는 만약 제2차 산업혁명의 테크놀로지를 '긍정적으로' 활용한다면 밝은 미래가 올 수 있다고 전망했지만, 반대로 억제되지 않은 기계화는 삶에 필수적인 유기체적인 일면을 약화시킬 것이라는 경고도 하였다(토마스 휴즈, 2004/ 김정미 옮김, 2008: 89). 실제로 세계대전 이후 테크놀로지의 발달에 대한 비관적 관점이 현실로 나타나기도 했다.

> "2차 대전 이후 반기술적 가치를 지향하는 지식인들이 일부 여론에 제한적으로 영향을 미치는 동안, 널리 알려진 기술적 대재앙들이 인공세상의 기능에 대한 걱정을 증가시켰다. 1960년대의 대규모 해안 기름 유출 사건과 도시 스모그 경보들은 대중의 정서를 자극하여 사업상 관행들을 바꾸도록 하는 연방정부의 환경보호법안들을 통과시켰다. 1979년 스리마일섬에서 일어난 원자로 재앙은 대중의 관심을 고조시켰고 핵에너지의 확산을 막는 규제와 통제를 낳았다. 1986년 챌린지호의 비극은 미항공우주국의 대담한 우주 탐사 계획을 일시적으로 무산시켰다."(토마스 휴즈, 2004/ 김정미 옮김, 2008: 126)

오늘날 인간복제, 사이보그, 인공지능 등 소위 '포스트휴먼'(Post-Human)을 향해 테크놀로지의 발달은 가속도를 붙이고 있다. 이를 위해 소위 '인간 변형 테크놀로지'가 요청되고 있는데, 바로 이 부분에서 맞닿게 된 것이 '기술윤리'의 문제이다.

> "인간생물학 등 근본적인 인간 변형은 안 된다고 주장하는 입장도 만만치 않다. 독일의 비판철학자 위르겐 하버마스(Jurgen Habermas, 1928-), 『정의란 무엇인가』로 친숙한 마이클 샌델(Michal Sandel), 『역

사의 종말』로 유명한 프랜시스 후쿠야마(Francis Fukuyama) 등은 인간 본성의 변형을 야기하는 생의학적 개입의 금지를 주장한다. 하버마스는 아이를 선별해서 자질을 개선하는 유전학적 개입은 자율과 평등의 자유주의 원칙을 위반하며, 세대에 걸친 '자유롭고 평등한 개인 간 본연의 대칭적 관계'를 파괴시킴으로써 인간의 윤리적 자기 이해의 전제 조건을 변경시키는 결과를 낳을 것이라 경고한다. 샌델은 『인간의 조건』에 나타난 한나 아렌트(Hannah Arendt)의 생각을 받아들여서, 만들어지지 않고 태어난다는 사실로부터 주어지는 탄생의 우연성이 인간의 자유로운 행위를 할 수 있는 전제 조건이라 주장한다. 동등한 도덕적 존재로서의 자유는 우리 생명의 시작을 우리 스스로 통제할 수 없다는 시작의 우연성에 달려 있다는 것이다. 이는 선물로서 주어진 삶이라는 생각과 연결되는데, 인간의 능력과 성취가 주어진 선물이 아닌 유전자 선택 등을 통해 만든 것이라는 인식이 확산될 경우, 이는 우리가 딛고 서 있는 겸손과 책임 그리고 연대라는 도덕적 지평의 세 가지 개념을 훼손시키고 말 것이라 우려한다."(신상규, 2012: 120)

그러나 이러한 테크놀로지의 발전이 반드시 기술윤리의 문제라고만 단정할 수 없다는 입장도 있다. 심지어 앞으로 첨단 테크놀로지의 발전이 기술윤리의 문제까지도 해결해 줄 수 있을 것이라는 주장도 있다.

"트랜스휴머니스트(Trans-Humanist)라 불리는 일군의 학자들이 기술을 통한 인간 향상의 가능성을 긍정하면서 그러한 입장을 대변하고 있다. 케빈 워릭(Kevin Warwick)은 『나는 왜 사이보그가 되었는가?』

라는 책에서, '나는 인간으로 태어났다. 그러나 이는 단지 시간과 장소의 조건에 따르는 우연적 운명일 뿐이다. 나는 우리가 그것을 바꿀 힘이 있다고 믿는다'라고 선언했다. 옥스퍼드 대학의 인류미래연구소 소장인 닉 보스트롬(Nick Bostrom)도 현재의 인간 종은 궁극적으로 발전된 형태가 아니라 상대적으로 초기 단계에 있을 뿐이며, 인간 변형에 대한 선택은 '도덕과는 무관한 자율적인 개인의 선택 문제'일 뿐이라고 주장한다. 또 보스트롬은 트랜스휴머니즘은 전통적인 의미의 휴머니즘과 동일 선상에 위치하며, 인간과 개인의 가치나 선택을 존중하고 합리적 사고, 자유, 관용, 민주주의와 같은 전통적인 가치를 장려한다고 역설한다. 차이가 있다면, 트랜스휴머니즘은 어떤 존재가 될 수 있는지, 곧 잠재성에 초점을 맞추고 있을 뿐이라는 것이다. 그에 따르면, 인간을 가치 있게 만드는 것은 지금 우리의 표면적 모습이나 생물학적 상태가 아니라, 우리의 열망이나 이상, 경험, 삶의 지향 등이다. 따라서 과거 인류가 주어진 조건이나 외부 세계의 변화를 위해 합리적 기술을 이용했듯이, 이제 우리도 스스로의 향상과 더불어 지금의 '인간'을 넘어서기 위해 얼마든지 다양한 기술적 수단을 이용할 수 있다."(신상규, 2012: 119-120)

최근 영국에서 공학자들과 인문학자들이 만나서 로봇윤리를 제정한 사실은 자못 흥미롭다.

"인간에게 해를 입히지 말고 인간의 명령에 복종하라는 로봇에 대한 요구보다는 로봇 제품의 안정성, 로봇으로 인해 발생한 피해에 대한 책임, 로봇의 오용을 막는 조치 등이 현재 우리가 시급하게 논의해야 할 윤리적 쟁점이다. … 2010년 영국의 공학자들과 인문학자들이 만나 로봇 및 로봇 연구의 윤리적, 법률적, 사회적 함의(ELSI)에 대해 논의한 성과는 이런 맥락에서 시사하는 바가 크다. 영국의 공학·물리과학연구위원회(EPSRC)와 인문예술연구위원회(AHRC)는 공동의 노력으로 로봇공학자와 윤리 초안을 마련하였다. 이들은 현재의 로봇과 5년에서 10년 사이에 등장할 가능성이 있는 로봇만을 대상으로 삼아, '미래학적인 로봇 윤리'(futuristic roboethics)가 아니라 '현실적 로봇 윤리'(realistic robotethics)를 만들어 내려고 노력하였다. (그러나) 다섯 개 항으로 구성된 로봇공학자의 윤리 초안은 로봇 윤리가 로봇이 아니라 인간을 규제하는 규범임을 분명히 밝혔다. 로봇을 도구 혹은 제품으로 규정하고 있으며, 인간만을 행위 및 책임의 주체로 인정하고 있다. 로봇과 관련된 문제에 대한 책임이 언제나 인간에게 있음을 명시하고, 그런 맥락에서 로봇에 대한 법률적 책임의 주체를 언제나 분명히 할 것을 요구하고 있다."(이상헌, 2012: 131-132)

인류의 유산인 모든 테크놀로지는 인간에게 혜택인 동시에 짐이다. 그러나 오늘날 기술윤리에 대한 담론이 종래의 테크노피아 담론에서처럼 '이것이냐 저것이냐' 하는 이분법적 논리로 전개되고 있다. 이렇게 해서 풀릴 가능성은 없다. 왜냐하면 윤리의 문제를 지키는 것도 사람이고 지키지 않는 것도 사람이기 때문이다. 따라서 이 문제는 통합적이고 전일론적(Holistic) 사고로 접근해야 한다. 즉 이것 아니면 저것이 아니라, 이것인 동시에 저것일지도 모른다(닐 포스트먼, 1992/ 김균 옮김, 2005, 테크노폴리: 13).

최근 호주의 철학자 데이비스 찰머스(David Charlmers)가 주장한 '확장된 마음'(Extended Mind)의 철학적 논리는 테크노피아에 대한 이분법적 담론의 형식에 의문을 품게 한다.

"우리는 흔히 인간의 정신 작용은 모두 머리(두뇌와 중추신경) 안에서 일어나는 과정이라고 생각한다. 그런데 '확장된 마음' 논제에 따르면, 그 과정은 머리 내에서만 일어나지 않으며 다양한 방식으로 환경에 확장되어 있다. 즉 우리의 정신은 부분적으로 두뇌 바깥의 신체나 신체의 활동, 더 나아가 신체 바깥의 도구에 의해서도 구성된다는 것이다. … 확장된 마음의 입장에 따르면, 정신의 경계는 생물학적 두뇌나 피부 내부가 아니다. 스마트폰이나 컴퓨터와 같은 외적 도구도 우리 두뇌와 올바른 방식으로 결합할 경우 그들 자체가 정신을 구성하는 일부분으로 간주될 수 있다. … 그런데 인간 정신을 생명과 기술이 통합된 혼종적인 그 무엇으로 파악하려는 확장된 마음의 주장이 정당한 것이라면, 자연에 의해 규정되는 불변하는 인간의 보편적 본성 같은 것은 존재하지 않는다고 말할 수 있다. 그렇다면 이들이 주장하는 것처럼 인간의 본성 자체가 비생물학적 도구나 기술을 활용하는 확장성과 탄력성에 있다면, 원칙적으로 인간의 변형이나 향상에 반대할 이유는 없는 것 아닐까?"(신상규, 2012: 112-119)

이렇게 본다면, 인간의 역사 속에서 규정되고 전통화된 도덕과 윤리의 문제는 구체적으로 인간에게 본질적인 '가치와 책임' 또는 '양심'의 문제 앞에서 보다 심도 있는 담론을 새롭게 시작할 필요가 생긴다. 왜냐하면 가치와 책임 그리고 양심의 문제는 사회적 · 문화적 차원의 도덕, 윤리, 규범보다 개인적 차원에 보다 밀착되어 있기 때문이다. 심지어 이러한 담론은 어떻게 우리의 마음이 확장되는지에 대해서도 검토할 충분한 근거를 제공할 수 있기 때문이다. 이는 쓸모없이 낭비되는 엔트로피를 최소화하고 오히려 엔트로피의 증가를 생산적으로 활용할 수 있는 방안이 없을까 하는 고민에 대해 해법을 찾는 것일 수도 있다.

문명비평가 제러미 리프킨(Jeremy Rifkin)은 자신의 저서 『엔트로피-알게니시대(1984)』에서 열에너지를 사용하면서 인류의 멸망은 예고되고 있다고 주장한다. 이보다 훨씬 전인 1886년 볼츠만(Rudwig Boltzmann, 1844-1906)은 생명의 일반적 투쟁은 근본 물질을 취득하기 위한 것도 아니고 그렇다고 에너지를 취득하겠다는 것도 아니며, 뜨거운 태양으로부터 차가운 지구로의 이동에 의해 손에 넣어 이용할 수 있는 엔트로피를 위한 투쟁이라고 주장한 바 있다(Boltzmann, 1886: 27). 나무를 태우면 재가 되지만 재는 다시 나무로 재생될 수 없다. 열역학 제2법칙은 최대 엔트로피 또는 무질서의 상태로 닫힌계가 움직이는 것은 비가역적이라는 사실을 알려준다(Mainzer, 1997: 5). 따라서 열에너지의 지속적인 사용은 지구생태계의 소멸을 의미한다. 즉 지구 온난화의 주범인 열에너지의 방출은 지구생태계의 사멸을 촉진한다. 우리가 엔트로피의 법칙과 생태계의 법칙을 무시한다면, 반드시 파멸적인 결과가 찾아올 것이다(제러미 리프킨, 1984: 29; 프란츠 알트, 2004: 11). 따라서 리프킨은 에너지 절약만이 인류가 살아남을 수 있는 유일한 방안이라고 강조한다. 공장과 자동차가 모두 서야 한다. 그래야 우리는 다시 살아날 수 있다. 공장을 돌리고 자동차를 타고 다니는 한 우리의 수명은 급격하게 줄어든다. 에너지 학자들에 의하면, 앞으로 지구촌 사람 모두가 지금 수준보다 에너지 소비량을 4배로 줄이지 않는다면 에너지 고갈로 인한 각종 환경 및 사회문제로 인하여 인류 공멸의 위기로 치닫게 될 것으로 전망하고 있다(에머리 로빈스 외, 2001).

최근 미국에서는 아프리카-아메리칸 플로이드가 백인 경찰의 과잉

진압으로 사망하는 일이 발생했다. 미국 전역에 흑인 폭동사태가 발생했다. 지금까지 미국에서는 역사적으로 인종차별로 인한 폭동사태는 수없이 발생했다. 그때마다 미국 정부는 공권력을 동원하여 사태를 진압하곤 했다. '질서를 회복한다.' 그게 명분이었다. 폭동으로 인한 무질서가 군대와 경찰에 의해 질서로 전환되면서 사태는 진정되곤 한다. 그러나 불씨는 상존한다. 언제 어디서 다시 무질서의 도화선이 될 수 있다. 무력진압으로 무질서가 질서로 완전히 전환되는 것은 아니다.

폭동으로 인한 무질서. 혼란에는 분명 이유가 있다. 사회에 엔트로피가 증가한 것이다. 많은 사람들은 공감한다. 그럼에도 불구하고 많은 사라들에게는 무질서가 장기화되고 혼란이 가중된다면, 이 역시 공동체가 오래 버티지 못할 것이라는 생각을 한다. 한쪽에서는 진압이 강압적이고 비민주적이라고 무자비하다고 여기면서도, 다른 한쪽에서는 묵시적으로 가능한 빨리 질서로 회복하기를 원하는 것이다. 이중적 잣대? 물론 근본 원인이 정당하게 해소되면 무질서가 질서로 정상화될 것이다. 그러나 사태는 그렇게 쉽게 전환되지 않는다. 그건 순전히 이상(理想)이다. 사람들은 이상이 실현되기 이전에 무질서와 혼란으로 모두가 공멸한다면 어떻게 할 것인지. 그게 더 두려운 것이다. 하여간 폭동으로 인해 발생하는 무질서와 혼란은 어느 선에서 타협 아닌 타협으로 일단락되고 만다. 만약 사람들이 이에 동조하지 않는다면 공동체는 무질서와 혼란으로 점철되고 급기야는 공멸의 길로 들어서고 말 것이다.

'전쟁'(戰爭)이 대표적이다. 우리 인류는 모두가 공멸할 수도 있다는 경각심을 불러일으켜 준 두 차례의 세계대전을 경험했다. 세상에서 '질서'가 사라지고 무질서, 무법천지, 혼란만이 극대화된다. 세계대전은 엔트로피의 최대치 즉 무질서와 혼돈의 최대치를 의미한다. 이제 다시는 전쟁만은 일어나지 않도록 피하고 보자는 것이 모든 인류의 묵시적 공감이다. 전쟁 테크놀로지의 극대치는 온 인류를 파국으로 몰고 간다. 전쟁을 통해 엔트로피의 최대치로 온 세상이 혼란과 혼돈의 도가니에 빠져들고 만다. 반대로 엔트로피가 최대치에 도달하면서 극도의 무질서 혼란상황에서 싸움과 전쟁이 발발한다. 엔트로피의 최대치는 지구촌 모두를 죽게 한다. 아니면 엔트로피의 최대치에 도달하면서 인류는 치명적인 공멸의 전쟁 상황을 경험하게 된다. 지금까지 전쟁 테크놀로지는 인류가 만들어 온 첨단 테크놀로지의 결정판이다.

위에서도 우리는 첨단무기로 무장하는 전쟁 테크놀로지의 발전이 나중에 일상의 테크놀로지가 된다는 사실을 목격해 왔다. 미국의 맨해튼 프로젝트와 독일의 암호를 해독하기 위해 영국 정부가 시작한 암호학 연구. 향후 20년 동안의 컴퓨터 과학기술 발전의 토대가 되었다. 미국 정부의 지원 하에 이루어진 아르파넷(ARPANET)의 연구는 안전한 보안을 위한 군대 네트워크 커뮤니케이션의 시스템을 개발하려는 목적으로 시작되었다. 전쟁의 역사가 인터넷이라는 첨단 테크놀로지를 탄생시키는 결과를 낳았던 것이다.

인공지능(AI)도 전쟁터에서 인명을 구하는 로봇에 장착되면서 세상에 알려지게 되었다. 전쟁에서 승리하기 위해 개발된 첨단 테크놀로지. 테크놀로지의 절정이라고 할 수 있는 인공지능은 인류를 무질서와 혼돈에 빠뜨리는 엔트로피의 최대치로 남게 될 것인가? 반대로 '부정 엔트로피'(Negative Entropy)의 주역이 될 것인가? 이러한 질문은 인공지능의 발달이 앞으로 우리 인류에게 테크노피아를 안겨 줄 것인가? 아니면 디스토피아를 가속화시킬 것인가에 대한 질문과도 통한다.

본 연구는 더 이상 이분법적인 논쟁을 하지 않는다. 왜냐하면 세상의 삶은 어떤 것 하나도 이분법적으로 해결된 적은 없기 때문이다. 이분법적 논쟁. 오로지 말싸움을 위한 말싸움이다. 해결책은 없다. 왜냐하면 인간의 삶은 극과 극으로 확실하게 나누어질 수 없기 때문이다. 삶은 무 자르듯이 자를 수 있는 것이 아니다. 동양에서는 무극이 태극이라고 하였으며 극과 극은 통한다고 했다. 현대 물리학은 우주에 질서와 무질서는 함께 발생한다는 사실을 밝혀냈다. 양자역학에서도 양자(Quantum)는 서로 얽혀있다는 사실이 밝혀졌다. '양자얽힘현상.' 복잡계 이론에서도 모든 세상사는 뫼비우스의 띠처럼 처음과 끝이 구분되지 않는다는 사실을 보여주고 있다. 지금까지 우리의 삶과 사회 그리고 심지어는 학문세계를 지배하고 있는 이분법적 논쟁은 편의상으로만 가능할 뿐이다. 편리한 논리전개. '비판의 근거'는 될 수 있다. 그러나 대부분 비난과 비방으로 끝난다. 왜냐하면 이분법적 사유는 사실의 한쪽만을 보고 있기 때문이다. 한쪽이 논리 전개의 기준이다. 아울러 사람들은 무엇인가 명확한 것을 보려는 심리가 있다. 왜냐하면 인간의 삶은 늘 불안하기 때문이다. 이분법적 사고가 지금까지 우리의 삶을 지배할 수 있었던 것은 인간에게 내재된 불안 심리에 편승할 수 있었기 때문이다. 무엇인가 선명해야만 글도 잘 팔린다.

그러나 거듭 말하지만 이분법적 사고가 해결할 수 있는 것은 세상에 아무것도 없다. 이는 역사가 증명한다. 오히려 이분법으로는 문제가 더 심화될 뿐이다. 선과 악, 정신과 육체, 적과 동지, 미와 추, 좌익과 우익, 보수와 진보 등은 우리가 서로 편 가르기를 하면서 살 것을 강요했다. 인간을 동물과 짐승으로 전락시킨 셈이다. (하등)동물의 눈에는 적(敵)과 비적(比敵)밖에 없다. 이분법의 결과는 선순환이 아니라 악순환이다. 따라서 본 연구는 이분법 또는 흑백논리가 아닌 제3의 다른 방식으로 논리를 전개하고자 한다.

그렇다면 테크놀로지는 지금까지 역사적으로 어떻게 발전되어 왔을까? 실제로 인류의 테크놀로지는 당시의 사회문제를 해결하기 위해 발전되어 왔다. 문제해결로서의 테크놀로지. 그러나 또 다른 사회문제를 낳기도 한다. 결국 우리의 관심은 왜 하필이면 그 당시 그렇게 테크놀로지가 전개되어 왔을까? 당시 테크놀로지가 해결한 사회문제는 무엇이었으며 해결하지 못한 문제는 과연 무엇이었을까? 심지어 왜 테크놀로지의 발전은 당시의 사회문제를 더욱 악화시켰을까? 아니면 테크놀로지의 발달과정에서 파생된 사회문제는 무엇이었을까? 이렇게 테크놀로지의 역사를 추적하다 보면 '오늘날 테크놀로지의 정점에 서 있는 인공지능이 과연 미래사회의 문제를 해결할 테크놀로지가 될 것인지? 아니면 인공지능이라는 최첨단의 테크놀로지에 의해 우리는 결국 공멸하게 될 것인지?'에 대한 윤곽이 스스로 드러날 것이다.

우리는 브루즈 메즐리시(Bruce Mazlish)가 오래전에 쓴『제4의 불연속선』(1995)을 읽으면서 이제 인간과 기계는 서로 공존할 수밖에 없다는 인식을 하기 시작했다. 기계와 인간의 만남. 어쩔 수 없는 만남이지만 결코 피해갈 수 없는 만남이다. 혹시 잘못된 만남? 인공지능은 인간과 기계의 만남이 현실이라는 사실을 명백하게 알려주고 있다. 물론 인간과 기계의 만남이 인간에게 이로울 것인가 해로울 것인가는 나중의 문제이다. 현실은 피치 못하게 만날 수밖에 없다는 사실이다. 사이보그라는 기계인간이 구상되더니 마침내 인간과 기계가 공존하는 삶 즉 인공지능의 시대가 도래한 것이다. 그렇다면 인공지능의 시대에 발생할 마찰열은 무엇일까? 앞으로 인공지능이 지배하는 우리 사회는 과연 어떠한 엔트로피를 증가시키게 될 것인가?

노벨(Alfred Bernhard Nobel, 1833-1896)은 자신이 발명한 다이너마이트에 사람이 죽는다는 사실을 목격한 후에 큰 쇼크를 받았다. 인생 최대의 딜레마. 결국 테크노피아냐 디스토피아냐 하는 질문은 이분법적 논쟁으로 해결되지 않는다. 그냥 딜레마에 봉착하고 만다. 그렇다고 우리가 테크놀로지의 개발과 사용에서 인간의 책임과 가치를 처음부터 병행 논의하는 것도 별 도움이 안 된다. 왜냐하면 책임과 가치의 문제는 양심의 문제에 해당되기 때문이다. 양심(良心). 항구적으로 풀 수 없는 과제? 물론 중요하다. 그리고 사실 그게 답이다. 그러나 이는 '신이 있느냐 없느냐' 하는 질문보다도 어렵다. 결국 우리의 해법은 다른 곳에서 찾을 수밖에 없다. 과연 테크놀로지의 발달과정에서 발생하는 쓸모없는 마찰열은 무엇이며, 이로써 증가하는 엔트로피는 무엇인가? 마찰열 처방. 쓸모없는 마찰이 발생한다면 억제해야 할 것이고, 더 나아가 마찰열을 유용하게 전용할 수 있다면 그것은 바로 창조적 전환이 될 것이다. 딜레마를 극복하는 유일한 방안이다.

2
네트워킹 사회와 엔트로피

이미 언급한 대로 우리 인류는 지금까지 '공동체'(共同體, Community)를 구축하면서 살아왔다. 공동체는 지금까지 인류가 알아낸 최고의 생존전략이었다. 혼자 맹수에 대처하는 방식이 미련하다는 것을 알게 된 인간들. 언젠가부터 뭉쳐서 대드는 것이 좋겠다는 생각을 한 것이다. 크로마뇽 시대의 작품으로 알려진 알타미라 동굴의 벽화. 현생인류가 공동체 생활을 통하여 모두 협력하여 사냥을 했다는 최초의 증언이다. 그전에도 공동체는 이미 인간들에게 너무도 당연한 삶의 방식이었을 것이다. 이렇게 본다면 공동체는 인간에게 본능이다. 사회적 존재라는 말. 실감이 간다. 즉 사회적 존재로서의 인간은 '공동체'가 인간의 본능이라는 것을 의미한다.

지금까지 우리는 '연대감'(Solidarity)을 강조하는 사회에 살았다. 연대감으로 인해 공동체는 강화되어 왔다. 끈끈한 유대감. 이로 인해 얻은 이득들도 많다. 경제성장은 대표적이다. 조직시스템을 통하여 효율성을 창조하면서 생산성을 높였다. 시스템의 조건은 연대감이다. 시스템과 연대감은 순환 고리 내지 변증법적 관계에 있다. 뭉쳐야 산다. 회식도 기업문화라고 했다. 아리스토텔레스의 '사회적 존재'. 덕분에 우리가 거부할 수 없는 개념이 되고 말았다.

그러나 코로나19 이후 연대감의 사회는 종료되었다. 그것도 강제적이고 강압적으로 말이다. 언택트 사회. 접촉 자체가 금지된 이상 연대감은 없다. 수천 년의 전통을 가진 아리스토텔레스의 명제도 함께 죽게 된 것이다. 연대감이 죽음으로써 비판적 사고는 다시 살아날 기회를 얻게 되었다. 극단적인 연대감은 무비판을 전제한다. 같은 고향 사람들은 모두 같은 편이다. 같은 학교 출신들은 뭘 해도 용서된다. 가족 이기주의. 가족은 하나다. 결코 비판하지 않는 사회, 비판하지 못하는 사회. 무조건적인 연대감은 획일화된 대중사회, 대중조직을 가능하게 한다.

그런데 이런 공동체가 이제 위기에 봉착하게 된 것이다. 공동체의 결속이 이제는 치명적일 수 있다는 우려가 팽배해지고 있다. 그동안 우리는 엄청난 시간 동안 끈끈한 공동체를 만들고 살아왔다. 득(得)도 많았다. 물론 실(失)도 많았다. 혈연, 지연, 학연 공동체. 순기능도 있지만 역기능도 만만치 않다. 합리적이고 정의롭다고 단정 지을 수도 없다. 비정상적인 인간관계의 역사는 문명의 실기(失期)다. 공동체를 만들면서 살아남을 확률을 높였지만, 공동체를 지탱하고 있는 혈연, 지연, 학연 공동체. 필요악이다. 부정적인 면은 이제 짐이다. 그것도 아주 무거운 짐.

코로나19가 이제 그만하라고 하는 듯하다. 공동체에 대한 의문은 문명사적 대전환 맞다. 인류는 무척 오랜 시간 동안 사회의 민주화를 추구해 왔고 정의사회를 만들려고 노력해 왔다. 혈연, 지연, 학연으로 대표되는 전통적인 공동체는 설령 연대감의 이점도 있지만. 대다수가 정의사회와는 맞지 않는다고 한다. 그러나 이미 다시 돌아갈 수 없는 강. 혈연, 지연, 학연은 온라인 사회에서도 간단하게 사라질 것 같지는 않다. 그렇다면 앞으로 어떻게 해야 하는 걸까? 이왕 루비콘강을 넘은 혈연, 지연, 학연 공동체의 문제. 이를 긍정적으로 활용할 수는 없을까?

독일에서 유학할 때 잠깐 자동차 공장에서 아르바이트를 한 적이 있다. 입사원서에 적으라고 한다. 정규사원도 같은 양식이다. 이름을 쓰고 나서 그 다음 칸을 보니 공장에 근무하는 지인을 모두 적으라고 쓰여 있다. 이상해서 물어보았다. 그랬더니 가능한한 많이 써야만 입사가 먼저 된다고 한다. 깜짝 놀랐다. 지인이 많으면 서로 안다는 연대감 때문에 일의 성과가 탁월해진다는 것이었다. 우리 같으면 입사조건에서 불합격할 확률이 높을 텐데. 소위 누구 빽이냐? 공정하지 못하다고 아우성일 텐데. 그래서 지인은 없다고 써야 할 것 같았는데. 학연, 지연, 혈연이 긍정적으로 작용하는 사례가 아닐까? 좀 나중에 그 이유를 알아냈다. 신뢰(Trust). 맞다. 독일은 그 당시에 이미 신뢰 있는 사회였던 것이다. 우리 사회도 신뢰가 높아지면 아마 혈연, 지연, 학연이라는 단어가 부정적으로 다가오지는 않을 듯하다. 그런가? 우리 사회에는 아직은 공정성에 대한 시비가 더 많다. 불신이 그득한?

많은 전문가들은 지금까지 전통사회에서는 혈연, 지연, 학연으로 똘똘 뭉쳐서 승승장구를 해왔지만, 앞으로 미래사회에서는 혈연, 지연, 학연으로 똘똘 뭉치면 동반추락 즉 모두가 공멸하는 시대가 될 것이라고 내다보고 있다. 비공정성의 도미노 현상. 하나가 무너지면 모두 다 연쇄적으로 무너진다. 다시 말하면, 뭉쳐서 한꺼번에 몽땅 무너지는 것이다.

한동안 교회나 대기업에서 후계자의 계승은 전혀 문제가 되지 않았다. 그러나 이제는 아니다. 세계적 수준의 재벌기업 후계예정자가 계속 검찰에 끌려 다니고 있다. 결국 법정구속. 대형교회의 자식들이 담임목사로 계승되면서 말도 많고 탈도 많다. 공정하지도 않고 정의롭지도 못하다는 것이다. 법적으로는 문제가 없지만 조만간 목사 후계 문제는 교회의 생사문제와 직결될 것이다. 또한 우리 사회는 태생적으로 지역갈등이 심한 사회이다. 오히려 눈치가 빠른 자들은 이런 지역갈등을 이용하여 자신의 부와 권세를 축적해 왔다. 정치가들의 지역갈등 조장을 통한 선동정치가 그랬고 편중된 지역의 경제개발로 인한 사회적 갈등과 대립을 야기하면서 후유증이 대단했다. 그 후유증은 지금도 여전하다. 또한 최근에 이슈가 되고 있는 소위 '일감 몰아주기' 역시 공정성 시비에 걸려 있다.

이제는 오히려 '각자도생'이라는 개념이 오래된 공동체의 개념을 대신하고 있다.

"언택트 문화는 코로나19 사태 이전부터 1인가구와 핵가족이 늘어나면서, '공동체'보다는 개인을 중시하는 시대의 흐름에 응답하여 자연히 등장할 것을 예상할 수 있었다. 타인을 신경 쓸 필요 없이 비대면 시스템을 통해 제품을 소개받고, 체험하는 것이 점점 사람들에게 편하고 익숙해진 것이다. 그리고 이러한 변화에 맞춰 기업들 역시 소비자들에게 신선하지만 유용하게 다가갈 수 있도록 다양한 노력을 기울이고 있다."(소비자평가, 2020/08/23)

사람은 누구나 가끔 공동체를 떠나고 싶을 때가 있다. 혼자 있고 싶은 것이다. 그래서 혼자 여행을 떠나기도 해본다. 아무도 없는 산사에 머물면서 혼자 시간을 보내 보기도 한다. 불편한 소통이나 만남 대신 '선택적 단절'을 택하는 것이다. 아니면 아예 공동체를 떠나고 마는 사람도 있다. 사람이 싫은 거다. 사람 만나고 사람들과 어울려 사는 게 싫다. 이들은 속세를 떠나서 스님이 된다. 수녀의 길을 가기도 한다. 그러나 이런 경우는 공동체를 떠난 것이 아니라 또 다른 공동체의 일원이 된 것이라고 해야 맞을지도 모른다. 절에서도 수녀원에서도 혼자 사는 것은 아니기 때문이다. 아니면 세속이 아닌 신의 세계라고 본다면, 세속공동체를 떠나서 홀로 신 앞에서의 단독자가 되었는지도 모른다. 하여간 일상에서의 공동체를 떠나고 싶은 충동은 누구라도 가질 수 있다. 『로빈슨 크루소』라는 작품도 있지 않은가? 오직 남들과 격리되어 존재하고 싶다는 바람이었을까?

그런데 지금 우리는 언택트 비대면의 사회에 살기를 강요당하고 있다. 온라인 테크놀로지의 발달이 원인이든 코로나19가 원인이든 따질 것이 없다. 다만 후자에 의해서 모든 것이 급박해졌다는 것뿐이다. 이제 모두들 허둥지둥 서두를 수밖에 없는 상황. 그렇다면 우리의 딜레마는 지금까지 인류가 세상에 처음 나타나서 지금까지 지속되어 온 '공동체의 삶'을 그만두라는 말이다. 사회적 거리 두기, 생활 속의 거리 두기. 일단 물리적으로 거리를 두고 살라는 것이다. 비대면이 원칙이다. 어쨌거나 공동체의 삶은 멀어질 수밖에 없다. 전통의 공동체를 빨리 떠나는 것이 유리하다는 메시지이기도 하다.

지금까지는 공동체가 유리했지만 이제는 반대다. 그렇다면 공동체는 정말 인류가 고안해 낸 최고의 생존전략이라는 말이 맞나? 지금까지는 학벌, 혈연, 지연 등을 중심으로 모여 있는 공동체, 어떻게든 붙어서 사는 것이 유리했다. 그래서 어제저녁 회식에서 술에 쩌 들어 들어와서 잠시 자고 다음 날 아침 새벽에 교회에 간다. 조찬기도회. 눈도 잘 못 뜨는 상황에서 새벽기도회에 가서 누군가에게 눈도장이라도 찍어야만 살아남을 수 있다. 이게 대한만국의 대표적인 공동체 의식이다. 인간관계는 그렇게 해야 한다는 거다. 물론 순수한 공동체가 더 많다. 그러나 극단적으로 치닫는 것도 지금 분위기 맞다.

실제로 역사상으로도 공동체가 반드시 우리를 살게 한 최대의 전략은 아니었다. 오히려 반대의 경우도 있었다. 고대 아테네가 망하게 된 결정적인 동기 중 하나도 공동체 때문이었다. 아테네는 페리클레스가 전염병에 감염되어 죽으면서 사회가 와해되기 시작했다. 그는 스파르타의 성장을 따돌리기 위해서 해안을 점령하고 이를 봉쇄하였다. 담벽을 치고 그 안에 아테네 사람들이 모여 살게 하면서 델로스동맹을 강화하고자 했었던 것이다. 바로 그게 화근이었다. 아마 추측하건대 발진티푸스나 천연두 같은 역병이 돌면서 순식간에 아테네 군사의 1/4이 죽게 된 것이다. 이 때문에 아테네는 결국 스파르타에게 펠로폰네소스 전쟁에서 지고 말았다. 그래서 아테네의 멸망은 급속도로 진행되었던 것이다. 델로스동맹으로 끈끈하게 뭉친 공동체에서 일정한 '사회적 거리 두기'가 필요했던 대목이 아닐 수 없다.

그런데 지금의 언택트 사회는 온택트 사회다. 온라인상에서 모인다. 온라인상에서 만남과 접촉이 가능한 사회. 그러니까 공동체를 떠나라는 것이 아니라 온라인상의 가상의 공동체에서 살라는 것이다. 비대면 온택트 사회. 공동체로 만나되 온라인상에서 만난다. 온라인 카페, 온라인 동호회, 온라인 밴드, 온라인 블로그 등 온라인상에서 공동체가 만들어진다. 일본의 게임 프로그램인 "모여봐요. 동물의 숲"은 인기 최고의 온라인 사교모임이다. 이제 온라인에서 만나는 것이 정상(Normal)이다. 온라인 공동체. 수십만 년 아니 수백만 년을 지나 온 공동체의 개념이 완전히 달라지는 것이다. 실제의 공동체는 뒷전이 되고 가상의 공간에서 모이는 것이 진짜 만남이고 진짜 공동체가 되는 것이다.

그렇다면 이건 지금까지의 공동체와 다른 건가 같은 건가? 혹자는 같다고 할 수 있다. 온라인에서 만나든 오프라인에서 만나든 그게 그거 아닌가. 혹자는 전혀 다르다고 할지 모른다. 그게 어떻게 같은 것인가? 서울 사람이 뉴욕커(New Yorker)를 만나려면 1박 2일은 비행기를 타고 가서 우여곡절 끝에 만나야 하는데, 사이버 공간에서는 1초도 안 걸린다. 이별도 너무 쉽다. 그냥 나가면 된다. 플랫폼에서 포옹하고 얼싸안고 울 필요도 없다. 어떻게 오프라인 공동체가 온라인 공동체(On-line Community)와 같은 것인가? 혹자는 말할 것이다. 형식이 모든 것을 지배한다고 하면 안 된다. 결국 공동체는 온라인이든 오프라인이든 다 내용상으로는 같지 않은가? 그렇다면 굳이 공동체를 구분할 필요가 있겠는가? 친목을 도모하든 다른 목적이 있든 결국 인간에게 공동체는 본능이라고 한다면 이렇게 사나 저렇게 사나 마찬가지일 텐데. 굳이 온라인 공동체 어쩌구저쩌구 하면서 온라인 공동체가 오프라인보다 유리하다는 등 호들갑을 떨 필요까지 있겠는가?

그렇다면 온라인 공동체가 대세가 되는 이유는 무엇인가? 우문(愚問)이다. 무소불위로 발전하는 온라인 테크놀로지가 가장 큰 이유이다. 두 번째는 온라인이 소비자를 심리적으로 파고드는 데 안성맞춤이다. 사람들은 본능적으로 편리함을 추구한다. 손가락 하나만 까닥까닥하면 모든 것이 해결된다. 쓸데없는 에너지를 낭비할 필요가 없다. 엔트로피의 증가를 억제할 수 있는 것이다. 여기에 코로나19 사태는 온라인 공동체를 기정사실화하고 있다. 심지어 디지털 격차에 노출된 시니어 계층들도 온라인 공동체를 전향적으로 수용하는 분위기다. 왜냐하면 디지털 지체로 인한 불편함이나 두려움보다는 감염병의 위협이 더욱 힘겹기 때문이다. 온라인 공동체가 새로운 라이프 스타일로 자리매김을 하고 있다.

사람이 사람을 만나는 데는 그만한 이유가 있다. 외로워서 만나고 호기심으로 만난다. 이미 우리 사회에는 '코로나 블루', '언택트 블루'의 환자들이 급증하고 있다. 감염 때문에 만나지 못하고 홈 족으로 스스로 고립된다. 우울증을 넘어서 분노까지 치밀고 있는 것이다.

"코로나19가 장기화되면서 우리 사회에 '코로나 블루'라는 우울 현상을 넘어 '코로나 레드'(분노), '코로나 블랙'(절망, 포기, 좌절, 의욕상실)으로까지 심각해지고 있다. 이러한 신조어가 탄생했다는 것은 수많은 사람들이 이미 공통적으로 체감하고 있는 사회현상이라는 것이다."(충청투데이, 2020/10/26)

얼마 전 영국 정부는 내각에 '외로움 장관'을 임명했다. 국민들의 외로움 지수를 측정하여 외로움 극복 예산을 배정한다는 것이다. 외로움은 하루에 담배 15개피를 피는 것만큼 위험하다고 한다. 또한 사람들은 비즈니스와 거래를 위해 만나고 친목을 도모하기 위해 만난다. 이렇게 하여 공동체가 형성되는 것이다. 그런데 그것이 온라인상에서 모두 가능하다. 목적은 오프라인의 공동체와 동일하다. 좋은 인간관계를 통하여 나름의 목적을 달성하고자 한다. 아니면 그냥. 시간 때우기 아니면 심심풀이로. 그러다가 그만하기도 하고. 밤새 술을 마시고 그다음 날 새벽에 일어나서 헐레벌떡 눈도장까지 찍으면서 인간관계를 잘해 보려고 초찬 모임에 참석해야 하는 사람들도 허다한데.

온라인 공동체는 더 이상 전통적인 공동체가 아니다. 그곳에는 학벌도, 혈연도, 지연도 없다. 온라인에서는 이름도 모른다. 익명성의 보장. 개인의 프라이버시가 보장된다는 뜻이다. 온라인 채팅방에 등장하는 인물들은 아바타로 대치된다. 아바타 졸업식도 유행이다. 아바타 가수, 아바타 아나운서, 아바타 비서를 선보이더니 AR, VR을 접목한 아바타 여행, 아바타 강연, 아바타 공연 등이 현실이 되고 있다. 사실 누가 누구인지 면면도 모른다. 아바타가 나를 대신하는 세상. 서로 얼굴도 모르는데 학력을 어떻게 알 것인가? 아바타에게 '어느 학교 나왔느냐'고 묻는 것은 실감이 나지 않는다. 물론 알려고 하면 알 수도 있겠지만. 아무도 관심이 없다. 심지어 그런 걸 꼬치꼬치 물어보다가는 강제 퇴출당한다. 그러다 보니 사건도 많이 일어난다. 온라인에서 만난 사람들은 정체불명. 후유증이 크다는 문제는 항상 남아 있다. 각종 범죄에 쉽게 노출될수 있다. 온라인상에서 만나는 사람이 전과자인지도 알 수가 없다. 각종사이버 범죄, 사이버 테러가 끊이지 않는 이유이기도 하다. 자살동호회사이트도 있다. 실제로 만나서 자살도 한다. 동반자살. 사이버 경찰의 수도 점점 증가하고 있으며 범죄수사대의 능력은 점점 더 탁월해지고 있다. 가상세계에서 쫓고 쫓기는 사람들. 자고 일어나면 날로 급증한다. 사이버 공간이 끝도 없이 넓은 만큼 범죄도 확대 재생산되고 있다.

그럼에도 불구하고 온라인 사이버상에서 형성되는 공동체는 이전과는 전혀 다른 공동체이다. 온라인 커뮤니티(Online Community). 부자와가난뱅이도 구별되지 않는다. 장애인인지 비장애인인지도 모른다. 여성인지 남성인지도 모른다. 백인인지 흑인인지도 모른다. 대졸자인지 고졸자인지도 모른다. 그만큼 수평적이다. 전통적인 오프라인 공동체는 원칙적으로 수직적이다. 아무리 우겨도 그 안에는 수직적인 계급관계가 있다. 회장이 있고 부회장이 있고 그다음이 어쩌고. 물론 온라인 커뮤니티에서도 회장은 있다. 그러나 회장을 직접 보는 것도 아니고 익명으로 대하니 오프라인의 회장 대우와는 다르다. 막말로 싫으면 그냥 욕을 한번

하고 나가면 그만이다. 안 보면 그만이다.

　그러나 오프라인에서는 그렇게 무 자르듯이 빠져나가기가 어렵다. 끈끈한 조직일수록 어렵다. 조폭에 가입하기는 쉬워도 탈퇴하기는 하늘에서 별을 따기다. 그러나 온라인에서는 가입과 탈퇴가 전혀 어렵지 않다. 그냥 나가면 탈퇴다. 다시 들어가고 싶으면 회원가입하고 로그인하면 된다. 이런 공동체에서는 회장의 견장 값이 그렇게 세지 않다. 오히려 회장이라는 직책은 회원들을 도망가지 않게 구워삶는 일을 잘해야 한다. 온라인 모임방에 회장이 혼자 남아 있을 수는 없는 노릇 아닌가? 자기가 회장인데 방에 혼자 남았다? 정말 웃기는 거 아닌가? 그런데 오프라인 공동체의 회장은 회원들 위에 군림할 수도 있다. 대부분 오프라인 회장은 마음만 먹으면 폼을 잡을 수 있는 위치다. 심지어 회원들은 회장에게 잘 보이기 위해 눈도장을 찍는 일에도 능숙하다. 회장이 대장이다. 이렇게 본다면 온라인 공동체와 오프라인 공동체는 많이 다르다. 결국 내용적으로도 전통적인 오프라인 공동체와 코로나19와 함께 새롭게 등장하고 있는 온라인 공동체는 매우 다른 셈이다.

　온라인 공동체는 그야말로 네트워크 공동체(Network Community)이다. 속성이 변한 것이 아니라 형태가 변한 것이다. 새로운 형태. 네트워크라는 말은 오래전부터 있어 왔다. 전통적인 오프라인 공동체에서도 사람들은 네트워크를 쌓기 위해서 참여한다고들 했다. 그러나 오프라인 공동체에서 말하는 네트워크와 온라인 공동체에서의 네트워크는 다르다. 전자는 학연, 지연, 혈연을 중시하고 그 네트워크는 인간관계를 위함인데 좀 억지춘향 격이다. 싫어도 가야 한다. 왜냐하면 먹고살기 위해서. 좀 비참하다. 그리고 치사하다. 구차하기도 하고. 아 물론 건전하고 훌륭한 인간관계도 얼마든지 가능하다. 아직도 많은 전통의 공동체가 훌륭한 인간관계의 터전이다. 그럼에도 불구하고 전통적인 오프라인 공동체에서 벌어지는 인간관계는 점점 비열해진다. 손바닥 지문이 닳아 없어질 정도로 위 사람에게 충성해야만 출세한다는 공식. 이들은 이미 알고 있다. 인간관계에 스트레스가 쌓이는 사회. 그게 우리의 현주소이다.

우리말에 그런 말이 있다. 사람을 잘 만나야 한다. 그러니 어떻게든 인간관계를 잘해서 누군가의 눈에 들어야 한다. 목구멍이 포도청이라고. 하여간 전통적인 공동체는 이제 막가는 수준이 된 듯하다. 물론 애초에는 안 그랬을지도 모른다. 그냥 모여서 맹수들의 공격에 대처하고 마을의 둑이 터지면 모여서 해법을 찾았을 것이다. 공동체가 지혜를 발휘한 셈이다. 격조했던 사이를 좀 더 좁히면서 서로 우호를 다짐하기도 했을 것이다. 서로 의지하고 동료애를 발휘하면서 공동체의 일원으로 자부심을 가지고 책임과 의무를 다했을 것이다. 그것이 행복이고 기쁨이었을 것이다. 물론 수십만 년이 지난 지금도 이렇게 운영되는 공동체도 있을 것이다. 마을공동체. 그러나 전반적으로 이미 전통의 공동체는 극으로 치닫고 있다. 억지로 반강제적으로 간다. 그래서 쉬고 싶으면 멀리 떠나기도 한다. 인간관계로부터의 대탈출. 공동체 엑소더스.

온라인 커뮤니티에서 인간관계는 포스트잇(Post-it)의 관계다. 원하면 붙여 놓고, 싫으면 그냥 떼면 된다. 포스트잇을 떼어서 쓰레기통에 구겨 넣으면 되는 것과 같다. 아무도 시비할 사람이 없다. 시비할 수도 없다. 이미 오프라인 상태니까. 온라인 공동체에서는 누군가의 눈치를 볼 것도 없다. 누군가에게 눈도장을 찍을 필요도 없다. 귀찮으면 접속하지 않으면 되고. 계급? 그런 건 모른다. 억지로? 천만에. 그냥 끄고 자면 된다. 불편한 것은 질색. 댓글도 안 보면 된다. 근데 악성 댓글 때문에 자살하는 사람도 적지 않다. 놀라운 일이다. 그럴 필요가 있을까. 하지만 현실이다. 정말 포스트잇 같다. 하여간 어처구니가 없지만. 그러나 대부분은 싫으면 댓글도 안 읽는다. 그럼 아무 일도 없는 거다. 그게 온라인 커뮤니티다.

이렇게 본다면 온라인 커뮤니티에서는 전통적인 오프라인 공동체에서 오랫동안 문제시되는 것이 어느 정도 해소될 기미도 있다. 왜냐하면 수직적 위계문화는 인류가 가장 오래 유지해온 전통이기 때문이다. 가부장제만큼 지난한 역사이다. 세상에 앞마당에서 모이를 쪼는 닭들에게도 대장(大將)이 있다고 한다. 인간이 모이는 곳에는 위계질서가 있다. 대장의 리더십. 그래서 학문세계에서도 리더십이론이 발달해 왔다. 지금도 리더십이 중요하다는 등.

그런데 리더십에 대한 연구가 되면 될수록 더 모르겠다고 한다. 이유는 간단하다. A 조직에 맞는 리더십이 B 조직에는 안 맞을 수 있기 때문이다. 그만큼 지금 사람들은 자유분방하다. 민주화도 중요한 이유이다. 그런데도 불구하고 리더십을 일반화시키고 있으니. 일반화의 오류. 많은 사람들이 리더십 책들을 열심히 사서 읽고 있다. 이런 걸 읽어야 진짜 리더가 되는 것 같기도 하고. 아니면 뭔가 있어 보이기도 한다. 그러나 효과는 없는 것 같다. 이유는 그렇다. 효과적인 리더십은 리더와 리더를 따르는 사람들 즉 팔로어(Follower)들과 궁합이 맞아야만 한다. 세상에 만병통치약의 리더십은 없다(이상오, 2009).

역사적으로 이름이 남은 사람들은 대부분 리더십에서도 출중했다고 전해진다. 가부장제에서는 아버지가 집안의 리더다. 조직이 크든 작든 반드시 리더는 있어야 한다는 것이다. 리더십에 따라서 조직성과가 달라진다는 것도 상식이다. 그래서 잘 팔린다. 그런데 사실 속는 거다. 특정한 리더십은 조건이 맞아야 한다. 그러나 현실에서는 그렇게 리더십을 발휘할 수 있는 조건과 환경은 일률적이지가 않다. 가장 큰 이유는 돌발상황이다. 삶은 돌발상황의 연속이다. 세상에 돌발상황에 딱 들어맞는 리더십이 있을까? 그런 이론은 없다. 피사의 사탑에서 갈릴레오가 깃털과 쇠뭉치를 동시에 떨어뜨렸더니 동시에 떨어지더라. 사실이 아니다. 무중력 상태에서는 맞다. 우리의 삶에는 중력이 작용하고 있다. 무중력 상태에서 산다면 그는 죽은 거다. 시시각각으로 어떤 일이 발생할지 모르는 돌발상황. 이렇게 중구난방을 변화하고 바뀌는 모든 상황을 관통하는 리더십 이론은 세상이 없다. 무중력 상태의 이론. 앞으로 어떤 영재에게서도 이런 이론은 나올 가능성은 없다. 우리는 무중력에 살지 않기 때문이다. 우리는 달에 착륙하고 있는 우주인 닐 암스트롱이 아니다.

리더십을 지나치게 중요시해 왔던 것은 전통적인 오프라인 공동체였다. 이제 새로운 공동체가 되고 있는 온라인 커뮤니티. 리더십의 중요성은 반감된다. 대신 커뮤니티를 구성하는 사람 개개인이 더 중요하다. 힘의 분산 즉 임파워먼트(Empowerment)가 일어나는 것이다. 임파워먼트의 리더십. 이제 이런 리더십 이론이 팔릴 차례이다.

한편, 전통적인 오프라인의 공동체에서는 중력의 법칙(Gravitation Theory)이 적용되었다면, 지금의 온라인 네트워크 사회에서는 중력장 법칙(Gravitation Field Theory)이 적용되는 것이다. 전자가 뉴턴의 세계였다면, 후자는 아인슈타인의 세계이다.

스티븐슨이 증기기관차를 만들면서 가속화된 유럽의 제1차 산업혁명은 이미 철도로 대륙과 대륙을 연결시키면서 우리를 연결사회에 살도록 했다. 에디슨이 전구를 발명하면서 전기선(電氣線)으로 깜깜한 세상을 빛의 세계로 만들 수 있겠다는 확신을 할 수 있었다. 여기에 전화선을 연결하면서 서로 안부를 물을 수 있게 되었다. 세상이 전기불빛과 전화기로 연결된 것이다. 아니 철도, 전기, 전화로 세상이 연결된 것이다. 그러다가 모스가 무선전신기를 발명하면서, 전화소리가 눈에 보이지 않는 전선 즉 무선(無線)을 통하여 서로가 연결되는 것이 가능하다는 것을 알게했다. 선(線)이 없는데도 연결된다? 그렇다면 어떻게 된 걸까? 바로 페러데이와 맥스웰 공적이었다. 이들이 전자기장(電磁氣場, Electromagnetic Field)을 발견하면서, 최초로 우리는 세상에 이미 존재하는 어떠한 장(Field)에 의해 연결되어 있다는 사실을 알게 되었다. 이로써 아인슈타인의 중력장이론이 탄생하게 된다. 물질과 물질 사이에 중력(重力)이 작용하는 것은 중력의 작용을 가능하게 하는 장이 이미 깔려있기 때문이다. 중력장이곧 연결망이다.

중력장이라는 연결망은 이미 선험적으로 존재한다. 태초에 빛이 있으라. 그러니까 우리 인간은 태어나면서 중력장이라는 그물망에 던져진 존재가 되는 것이다. 즉 연결망 속에 들어 있는 질량들이 자체의 무게 때문에 그물망 위에서 미끄러지는 것인데, 이것이 멀리서 보면 서로 끌어당기는 것처럼 보인다. 그것이 바로 만유인력의 원리 즉 중력의 법칙인것이다. 결국 뉴턴의 중력이론은 아인슈타인에게서 중력장 이론으로 대치된다. 중력장 이론은 우리 인간이 이미 연결되어 있는 세상에 태어나는 존재인 것이다. 철학자 하이데거는 이를 두고 '인간은 투사된 존재'라고 표현했다.

온라인 네트워크상에서 가입과 탈퇴가 자유롭다는 것은 아인슈타인의 공식 E=mc2에 그대로 적용된다. 에너지와 질량은 비례한다. 그러나 에너지는 질량이 없어지면 없는 것이다. 물론 질량이 미소량이라도 있으면 에너지는 발생한다. 중력장 이론에 의하면, 없던 에너지가 갑자기 생성된다. 양자는 원자핵 주변을 도는 전자가 순식간에 다른 궤도를 돈다. '양자도약'이 일어난 것이다. 양자도약은 자기장 내지 전자기파의 증거이다. 질량이 에너지와 치환된다. 우리가 온라인 커뮤니티에 가입하는 순간 질량이 발생하지만, 탈퇴하는 순간 질량은 사라진다. 에너지도 함께 사라진다. 그러니까 포스트잇, 즉 떼어내면 그냥 없어지는 것이다. 붙이면 다시 생겨난다. 로그인 하면 질량이 다시 생긴다. 전통적인 오프라인 공동체에서는 내가 없어진다고 해도 여운이 남는다. 이미 공동체에 살면서 남긴 선입견이 다른 사람들의 머릿속에 남아있기 때문이다.

익명성은 선입견을 최소화한다. 그러나 오프라인 공동체에서는 탈퇴했다가 다시 들어가기도 곤란하다. 중력의 법칙이 작용하기 때문이다. 반대로 온라인 커뮤니티에서는 들어가면 질량으로 작용하지만 탈퇴해서 빠져나오면 에너지도 질량도 없어진다. 중력장이 작용하기 때문이다. 어떤 흔적도 남지 않는다. 익명으로 가입하고 아바타로 가입하고 탈퇴하는 한, 흔적은 전혀 남지 않는다. 선입견도 없다. 결국 익명성은 '부정적 관념의 축소'를 보장하며 '타인 지향성'을 최소화한다. 에너지의 쏠림현상도 최소화된다. 익명성은 '대인관계에서 오는 피로감'도 최소화한다. 반대로 온라인상에서는 오프라인에서보다 상호작용 내지 유대감이 보다 강해질 수 있다. 이를테면 공감대 내지 감성적 유대감 같은 것이다. 선입견이 없기 때문이다. 한마디로 온라인은 중력장이다.

이렇게 본다면, 온라인 네트워크상에서는 어떠한 엔트로피도 증가하지 않는 것은 아닐까? 온라인 커뮤니티에서는 어떠한 마찰열도 발생하지 않기 때문이다. 정말 그런가? 물론 아니다. 악성댓글이나 강제퇴출(강퇴) 등은 마찰열을 발생시킬 수도 있다고 했다. 또한 디바이스 기기작동 역량도 마찰열의 원천이 될 수 있다. 온라인 가상공간에서 이미 일상이 된 악성댓글은 사람을 죽게도 한다. 무엇보다도 사이버 범죄는 최대의 마찰열이 발생하는 원인이다.

　온라인 세상은 범죄에게도 천국이다. 범죄공화국의 가능성에 노출되어 있다는 사실이다. 전통적인 공동체에서와는 차원이 다르다. 일단 숨어 버리면 찾기가 어렵다. 잠수 타기. 어디서 온라인 사이트를 운영하고 있는지도 추적이 어렵다. 온라인은 국경도 고향도 없으니까. 가장 힘든 것은 사이버 범죄의 수사는 '추격형'이라는 사실이다. 사전에 방지하기가 너무 어렵다. 아이디어도 낼 수가 없다. 온라인 테크놀로지의 선봉에 서 있는 자들은 해커들(Hackers)이다. 따라서 온라인 수사는 해킹의 기술을 습득하는 것으로부터 시작된다. 일단 범죄가 일어나야만 추격전이 펼쳐진다는 말이다. 범죄가 없으면 추격도 없다. 전통적인 공동체와는 사뭇 다르다. 인터넷 가상세계는 범죄자들에게도 '블루오션'이다. 남들이 가지 않은 곳. 그곳에서 일어나는 범죄는 상상의 세계에서만 가능하다. 이제 시작이다. 범죄와의 전쟁. 열심히 해커들을 쫓아 다니지만 쫓아가다가 지친다. 온라인 정보사회는 열린사회다. 무한이 열린 세상. 온라인 범죄도 무한히 열려 있다.

　지금까지 오프라인에서 만들어 놓은 범죄예방장치가 모두 온라인으로 옮겨가기 위해서는 시간도 필요하다. 그게 얼마나 걸릴지 아무도 모른다. 그런데 그것만으로는 안 된다는 사실이다. 가상공간으로 숨어 버리면 아무도 모른다. 전혀 새로운 범죄. 전혀 다른 수사. 숨바꼭질을 하고 있다. 테크놀로지의 발달에 목을 내놓고 있지만 따라잡기는 항상 역부족. 그 사이에 범죄는 더욱 치밀해지고 더욱 지능화된다. 결국 혼란과 혼선은 해결되지 않는다. 아니면 영원히 그럴 수도 있다. 코로나19가 빨리 그렇게 하라고 재촉하고 있다. 진퇴양난. 그럼에도 불구하고 '온라인 네트워킹 커뮤니티'(On-line Networking Community)가 민주사회, 다양성

사회의 가교가 될 수 있다면, 인류사 전체로 볼 때 그보다 더 큰 수익은 없을 듯하다.

한쪽에서는 언택트 사회를 불안해하지만, 다른 쪽에서는 언택트 사회를 즐긴다. 이는 인간의 심리를 그대로 반영하는 것이다. 때로는 서로 보고 싶기도 하고 소통도 하고 싶지만, 때로는 그냥 혼자 있고 싶어 한다. 때로는 네트워크상에서 열심히 활동하다가도 잠수 한번 타면 세상과 모두 단절된다. 옳고 그름을 기준으로 사는 전통적 공동체가 사라지고, 기분에 따라서 좋으면 가입하고 싫으면 탈퇴하는 사이버 네트워크 공동체가 현실이다.

우리는 위에서 인터넷 네트워크 공동체가 활성화되면 될수록 전기에너지의 생산도 크게 늘어난다고 했다. 왜냐하면 전기에너지가 전파에너지로 전환되면서 인터넷 가상공간이 일을 하기 때문이다. 운동에너지가 일에너지로 전환되는 과정에서 투입되어야 하는 전기에너지는 실제의 전기생산량에 의해 결정된다. 그만큼의 전기에너지를 생산하기 위해 엔트로피는 지속적으로 증가한다. 우리는 지금 일반적으로 인터넷 디바이스(기기)가 가능한 기능을 5%로 다 사용하지 못한다고 한다. 그렇다면 95%가 쓸모없이 낭비되는 에너지 즉 엔트로피로 증가한다는 것이 된다. 놀라운 일이다. 5%의 사용을 위해 95%의 에너지가 쓸모없이 낭비되는 지금의 인터넷 세상. 네트워크 공동체의 경우도 결코 다르지 않다. 심지어 우리가 네트워크 공동체에 자유롭게 들락날락하는 순간 칩에 저장되고 클라우드에 저장되는 기록과 흔적은 엔트로피의 증가에 보다 결정적이다. 내용적으로도 문제가 심각하다. 네트워크 공동체에서 만나고 헤어지면서 발생하는 각종 사고, 범죄 등은 사회적 엔트로피를 지속적으로 증가시키고 있다. 과연 이렇게 낭비되는 엔트로피의 증가에 우리는 과연 어떻게 대처할 수 있을까?

　일단 기술적인 문제가 먼저 해결되어야 할 대목이다. 네트워크 공동체의 테크놀로지는 계속 진화하고 있다. 소비자에게 내장된 기능에 최대한 가장 쉽고 편리하게 그리고 안전하게 접근하도록 하기 위함이다. 그래야만 잘 팔릴 수도 있다. 새로운 기능이 만들어질 때마다 새로운 소비층을 창출하면서 생산자는 돈을 번다. 소비자는 계속 편리해지고 유능해진다. 결국 가장 편리하고 가장 용이하고 가장 안전한 디바이스를 출시하는 것이 첨단기술자들의 꿈이다. 이로써 기기상 쓸모없이 낭비되는 에너지는 줄어들 수 있을 것이다. 테크노피아를 향한 일보 전진일 수도 있다.

　그러나 문제는 소비자의 손에서 그 많은 기능이 잘 발휘될 수 있을 것인가? 전적으로 소비자의 몫이다. 기기작동에 능숙한 사람은 나을 것이다. 기기작동에 둔감한 사람들. 모두 뒤처질 것이다. 디지털 격차. 천차만별로 갈려 나갈 것이다. 어쨌건 엔트로피의 총량은 증가한다. 그렇다면 네트워킹 공동체에서는 사람들의 기기활용능력을 전반적으로 향상시킬 수 있는 교육도 우선적으로 필요한 것은 아닐까? 21세기 코로나19 이후 시대에 필요한 교육의 내용이 결정되었다. 코로나19는 더 이상 아이들로 하여금 굳이 학교 울타리에 모여서 공부하라고 하지 않는다. 오히려 학교를 떠나라고 한다. 온라인상에서 디지털 격차를 해소하는 교육, 그것이 바로 새롭게 시작해야 하는 '교육의 영역'이 된다.

3
뉴 노멀 사회와 엔트로피

"이제 코로나19 이전의 세상으로 다시 돌아가기는 힘들다"는 말이 있다. 뉴 노멀(New Normal)의 시대. 새로운 정상(新正常). 그런데 그게 말이 되는가? 새로운 정상이라면 지금까지의 정상(正常) 즉 노멀(Normal)이었던 것은 어떻게 되는 것인가? 폐기되는 것인가? 그렇다면 새로운 정상 즉 뉴 노멀이 들어서는 자리에서 지금까지 정상으로 군림하는 것이 조용히 물러서는 것이 맞나 보다. 그렇다면 그게 무엇일까?

한 조사(여성월간지 우먼센스, 2020, 5/4~5/10)에 의하면 코로나19 이후 생활이 변했느냐는 물음에 94.3%가 바뀌었다고 대답했다. 그런데 의외로 긍정적으로 변했다는 사람이 더 많았다(51.4%). 어떤 변화가 가장 컸는가에 대한 답변은 방역의 중요성 인식, 타인과의 관계의 중요성 인식, 환경 문제에의 관심, 가족의 의미 등에 대해 생각하게 되었다는 순서로 나타났다. 코로나19 이후 언택트 문화에 대해서는 어떻게 생각하느냐는 질문에는 위생적이다, 필수적이다, 불편하다, 편리하다, 인간미가 없다는 순으로 대답했다. 앞으로 어떤 변화가 일어날 것인가 하는 질문에는 보건 방역시스템의 성장, 언택트 기술에 대한 의존도 상승, 재택근무 유연근무제의 증가, 집단주의 문화의 쇠퇴를 꼽았다.

지금까지의 정상적인 사회형태는 콘택트 사회였다. 뉴 노멀은 언택트 사회다. 이제는 그게 정상이다. 이 과정에서 비정상(Abnormal)이라는 개념도 나타난다. 실제로 지금까지는 없던 문화가 생겨나고 있다. 우리는 지금 '드라이브 스루'(Drive Through)로 쇼핑을 하고 있다. 카페이(Car Pay)로 지불한다. 나만의 공간인 자동차 안에서 모든 것을 해결하는 것이다. 앞으로 일상이 될 조짐이다. 과거 같으면 생각도 못 하던 일이다.

"코로나19로 인해 사회적 거리 두기가 확산되면서 뉴 노멀 2.0 사회에서는 비대면(Untact) 서비스에 대한 선호가 두드러질 전망이다. 패스트푸드 매장에서 주로 사용됐던 드라이브 스루가 대표적인 사례로, 모든 업종에서 이를 벤치마킹하고 있다. 이는 오프라인 매장의 리모델링 패턴이며, 온오프믹스의 트렌디한 서비스 중 하나로 부상 중이다."(CIO, 2020/03/19)

사람들은 더 이상 출근하지 않고 집에서 근무하고 있으며, 등교하지 않고 온라인으로 개학하고, 방구석에서 콘서트를 즐긴다. 과거 같으면 게으른 것이지 정상이 아니다. 비정상. 고정관념으로 보면 말도 안 되는. 그러나 엄연한 현실이 되고 있다. 코로나19 사태가 이를 새로운 정상 즉 뉴 노멀로 만들어 내고 있다.

"많은 리테일러들이 드라이브 스루와 커브사이드 픽업(Curbside Pickup: 온라인으로 주문하고 매장에 도착하면 직원들이 차 트렁크에 구입한 물건을 실어주는 서비스) 등의 서비스를 도입하였다. 더구나 지금까지 직접 보고 사던 상품들(예: 아파트 렌트, 자동차)까지도 직접 보지도 않고 온라인으로 구입하는 서비스들이 속속 론칭되었다."(황지영, 2020: 30)

과거에는 노예제도가 비정상은 아니었다. 정말 말도 안 되지만. 하여간 그런 시절도 있었다. 어느 날 노예해방이 일어나고 혈통에 의한 신분계급사회가 종식되었다. 노예사회는 비정상으로 세상에서 퇴출되었다. 노예가 사라지면서 사람들은 지위고하를 막론하고 누구든지 스스로 모든 것을 해결해야 했다. 노예고용은 불법이 된 것이다. 과거에 여성들은 학교에 가지 않았다. 여성해방이 일어나면서 여성들도 교육을 받기 시작했다. 참정권도 부여받았다. 과거에는 남성들만 투표했다. 여성참정권의 인정. 오랜 시간이 걸렸지만 새로이 정상 뉴 노멀이 된 것이다. 결혼제도가 생기기 전 모계사회에서는 난혼(亂婚)이 이상하지 않았다. 그러나 일부일처제라는 결혼제도가 생긴 이후 난혼은 법적·도덕적 제제의 대상이 되었다. 오랫동안 정상이었던 난혼이 비정상이 되고 일부에게는 일처만을 허락한다는 사실. 뉴 노멀이 된 것이다. 아직도 일부 다처제인 나라도 더러 있지만.

완전히 뉴 노멀이라고 할 수는 없지만 예전 같으면 이혼(離婚)을 바라보는 사회적 시각은 무척 안 좋았다. 또한 적령기를 넘기면 노처녀, 노총각이라고 하여 손가락질을 하기도 했다. 그러나 지금 이혼은 극해 개인적인 사생활의 차원이다. 엘리자베스 테일러라는 미국의 유명한 여배우가 7번 결혼, 이혼했다는 신문기사가 세상의 화재가 된 적이 있다. 지금은 그런 사건은 기삿거리도 아니다. 자녀의 혼인문제에 대한 어른들의 염려는 쓸데없는 간섭과 잔소리로 간주된다. 연상결혼은 말을 꺼내기도 어려운 시절이 있었다. 지금은 오히려 특이한 커플로 관심을 받는다. 심지어 동성애 커플도 예전 같으면 범죄인처럼 숨어 살아야 했다. 지금 커밍아웃이 그렇게 부자연스럽지는 않다. 물론 아주 떳떳한 것은 아니다. 때로는 성소수자(性小數者)로서 자신들의 성정체감(性正體感)을 찾으려는 사람들로 특별한 관심을 받기도 한다.

과거에는 남자는 남자다워야 하고, 여자는 여자다워야 한다고들 했다. 지금은 자칫하면 성차별로 구설수에 오른다. 남아는 청색, 여아는 핑크색의 옷을 입는 것이 당연했다. 지금은 유니섹스라고 한다. 남녀 간의 구별이 없어진 것이다. 구별을 하는 순간 우리는 '꼰대'가 된다. 여자는 원래 치마를 입고 남자는 바지를 입는다. 선입견이다. 산업혁명 이후 여성노동자들이 작업복을 입어야 하는 바람에 자연스럽게 바지도 입게 되었다. 물론 아직도 남자들은 치마도 입지 못하지만. 과거에는 일상생활에서 모두 한복을 입었다. 지금은 양복이 정장이다. 예전에는 갓을 써야만 양반이었다. 지금은 갓쟁이라고 한다. 특수한 지역 사람들만 예식에 쓰고 나타난다. 조선시대까지 남자들은 머리를 길게 길러서 상투를 틀었다. 오늘날 머리를 길게 기른 남자들은 로커나 예술가로 보인다. 아니면 자연인? 나는 자연인이다. 지역적으로도 정상과 비정상은 차이가 난다.

열대지방에서는 남자들이 반바지를 입고 다니는 것이 정상이다. 그러나 우리에게 반바지는 아직 점잖지 못하다. 반사회적 내지 권위주의에 대한 도전이라는 인상도 있다. 지금 우리나라도 지구 온난화로 아열대 현상 때문에 한여름에는 허용되는 분위기다. 젊은 사람들 중심으로 편한 복장으로 인식되고 있기도 하다. 서양에서는 벌써 오래전에 대학 강단에서 교수들이 청바지를 입고 정장에서 해방되었다. 우리나라에서는 여전히 양복 입고 강의하는 것이 정상이다. 더운 날 넥타이를 풀어도 좀 어색하다. 높은 사람들이 풀자고 해야만 된다. 지금은 좀 달라지고 있지만.

과거 같으면 밥은 가족이 같이 먹는 것이 정상이었다. 그러나 지금은 '혼밥'도 이상하지 않다. 오히려 혼밥이 새로운 사회이슈로 등장하고 있다. 지금 아이들은 학교에 가지 못한다. 유치원을 졸업하면 초등학교에 진학하는 것이 정상이었다. 예전에는 아이들이 처음 취학하기 전날 밤은 잠을 설쳤다. 그러나 지금 아이들에게는 이런 추억이 없다. 시간의 흐름 속에서 습속과 관습 그리고 제도는 변한다. 어떤 것은 느리고 어떤 것은 빠르게 변한다.

오늘날 언택트 사회로의 전환은 빠른 변화에 속한다. 정상이 비정상으로 그리고 새로운 정상이 그 자리를 대신 들어서고 있다. 과거 콘택트 사회가 노멀이었다면 지금은 언택트 사회가 노멀이다. 뉴 노멀의 탄생. 물론 사회변화의 속도는 테크놀로지의 발달 속도에 준한다. 그런데 이번 코로나19 사태는 이러한 사회변화에 급페달을 달아주고 있다. 언택트 사회라는 뉴 노멀이 급격하게 만들어지고 있는 것이다. 그런데 지금 우리 눈앞에 벌어지는 뉴 노멀은 예전의 그것들과 궤를 달리하고 있다. 그냥 관습이 해체되는 현상이라고 하기에는 심상치 않다. 그렇다고 합리적인 해석도 쉽지는 않다. 굳이 말하자면 이미 언급한 대로 오랜 구시대의 유물인 콘택트 사회가 언콘택트 사회로 전환되고 있는 것이다. 그것도 매우 빠른 속도로.

지금까지 평소에 마스크를 쓰고 다니면 정상(正常)이라기보다는 이상(異常)이었다. 아니면 환자? 하여간 정상은 아니고 일종의 비정상(非正常). 마스크는 — 특히 서구사회에서 — 복면강도나 범죄자를 연상하게도 했다. 그러나 지금은 마스크를 쓰지 않은 사람은 비정상이다. 마스크 착용은 필수. 새로운 정상 즉 뉴 노멀이 된 것이다. 이제 사람들은 화장도 하지 않는다. 얼굴 반만 보이니까. 물론 하루아침에 마스크 착용이 일상이 된 것은 아니다. 아직도 마스크 착용이 이상해 보이는 사회도 여전하다. 미국에서는 아직도 더 많은 사람들이 마스크에 거부감을 가지고 있다. 지역적으로도 다르고 국가정부의 통제 여하에 따라서도 다르다. 미국의 한 흑인이 마스크 착용에 대해 경찰관과 시비 끝에 과잉진압으로 사망에까지 이르기도 했다.

이제는 마스크 착용이 이상하지 않다. 오히려 정상이다. 우리 한국도 한동안 중국발 황사, 그리고 미세먼지, 초미세먼지가 극심했을 당시에도 마스크 착용은 일상은 아니었다. 좀 유별난 사람으로 취급받기도 했다. 코로나19로 인한 비상사태가 선포되고 나서야 공공장소나 공공기관에서 마스크 착용은 법제화되었다. 지금은 길거리에서나 야외에서는 마스크 착용이 의무적이다. 어기면 벌금이다. 마스크 문화는 이제 새로운 정상이 되었다. 예나 지금이나 정상이 밀려나고 비정상이 새로운 정상으로 전이되는 과정. 시간이 좀 필요하다. 다만 과거와 현재 사이에는 정도차가 있을 뿐이다. 이는 지식의 반감기와도 맥을 같이한다. 그만큼 지식이 많아지면 많아질수록 사회변화의 속도도 빨라진다. 의료정보와 지식은 새로운 정상을 만들어 내는 데에 기여한다. 하여간 지금 치명적으로 우리를 공격하고 있는 코로나19 사태는 그간의 정상을 새로운 정상으로 대체시키는 데 일등 공신이 되고 있다. 그것도 아주 빠른 속도로.

과거 같으면 학교에 가지 않는 아이들이 비정상이었다. 지금은 학교에 가지 않는 것이 새로운 정상이 되었다. 코로나19 때문이다. 코로나19가 언제 종식될지도 모른다. 과거에는 날씨가 좋은데도 방구석에 처박혀 있으면 누군가로부터 잔소리를 들었다. 그러나 지금은 '방콕', '집콕'이 오히려 새로운 정상이다. 직장이 있는데도 출근을 하지 않으면 이상했다. 지금은 재택근무가 새로운 정상으로 급부상하고 있다. 시간이 흐를수록 엄청난 것들이 정상에서 비정상 그리고 새로운 정상 즉 뉴 노멀로 탈바꿈되고 있다. 이렇게 본다면 미래사회로 간주되고 있는 언택트 사회는 뉴 노멀을 동반한다.

그런데 사실 인류의 역사는 항상 뉴 노멀의 역사였다고 할 수 있다. 지금과 다른 것은 정상에서 비정상으로 그리고 새로운 정상으로 바뀌는 시간이 너무 느렸다는 사실이다. 그래서 우리가 잘 느끼지 못했을 뿐이다. 돌멩이로 무장하던 인간들은 청동기와 철기로 무장한 사람들이 볼 때 촌스러웠을 것이다. 아니 그보다는 목숨과 관계되기 때문에 석기를 버리고 금속으로 무장해야만 했다. 살아날 확률이 높았던 것이다. 석기시대에는 돌멩이로 무장하는 것이 정상이었지만 금속시대에는 비정상이다. 남들은 모두 돌멩이로 무장하고 있는데 금속으로 무장하는 사람이 있었다. 그는 한동안 비정상으로 보였을 것이다. 이는 마치 외눈박이 세상에 두 눈을 가진 사람이 있으면 그가 비정상으로 취급되는 것과 같은 이치이다. 하여간 잠시 비정상으로 보이다가 그것이 훨씬 더 좋다는 판단이 서면 바로 바뀐다.

청동기와 철기가 석기보다 우수하다고 판단한다. 그것은 효율성(效率性) 또는 효용성(效用性) 때문이다. 효율성과 효용성이 지금까지의 정상을 밀어내고 비정상을 새로운 정상으로 전환시킨다. 다시 말하면, 비정상도 효율성만 입증된다면 새로운 정상으로 된다. 이 과정에서 (지금까지의) 정상은 조용히 사라진다. 새로운 정상으로 그간의 정상이 대치되는 것이다. 이는 과학의 세계와도 통한다. '패러다임의 전환'이라는 용어를 세상에 전파한 토마스 쿤(Thomas Kuhn)은 『과학혁명의 구조』(1968)라는 자신의 책에서 과학의 세계에서도 지식은 '정상과학'을 좇아서 움직인다고 했다. 여기서 지식의 움직임은 에너지의 이동을 말한다.

에너지 보존의 법칙에 의하면, 우리가 살고 있는 고립계(孤立界)의 지구에서 에너지의 유실(遺失)은 없다. 에너지의 세계에서는 오로지 이동만이 존재한다. 운동에너지는 위치에너지로 전환되며 에너지의 총합은 일정하다. 반대도 마찬가지이다.

"높은 곳에 있던 물체가 떨어지면 점점 그 속력이 빨라진다. 이처럼 속력이 빨라진다는 것은 운동에너지가 커진다는 것을 뜻한다. 그러면 이 운동에너지는 어디에서 왔을까. 높은 곳에 있던 물체가 아래로 떨어질 때에는 그 높이가 줄어들기 때문에 물체의 위치에너지도 줄어든다. 이때 줄어든 위치에너지는 분명히 어떤 에너지로 바뀌었을 것이다. 그러면 과연 어떤 에너지로 바뀌었을까. 물체를 위로 던져 올리면, 물체는 위로 올라가면서 속력이 줄어든다. 곧 위치에너지가 커지면서 운동에너지가 줄어드는 것이다. 이 과정에서는 운동에너지가 위치에너지로 전환된다. 반대로 물체가 아래로 떨어질 때에는 높이가 낮아지면서 속력이 빨라진다. 이 과정에서는 위치에너지가 운동에너지로 전환된다."(천재학습백과)

인간의 삶도 마찬가지이다. 우리는 에너지를 사용하면서 생명을 유지한다. 반대로 생명을 유지하기 위해서 우리는 에너지를 획득한다.[46] 전자는 운동에너지(Kinetic Energy)로 나타나고,[47] 후자는 위치에너지(Potential

---

46 에너지는 일(Work)을 하거나 열(Fiber)을 발생시킬 수 있는 능력이라고 정의할 수 있으며, 위치에너지와 운동에너지로 구분할 수 있다. 이런 이유에서 우리는 운동에너지와 위치에너지를 역학에너지(Mechanical Energy)라고 하며 역학에너지의 합은 보존되며 총량을 불변이라고 한다. 이를 우리는 「에너지 보존의 법칙」 또는 「에너지 총량 불변의 법칙」이라고 한다.

47 운동에너지란 운동하는 물체가 가지는 에너지를 말한다. 즉 움직이는 물체는 다른 물체에

Energy)로 축적된다.[48] 여기서 운동에너지는 어느 지점에서 위치에너지로 전환된다. 반대로 위치에너지도 운동에너지로 전환된다. 공중으로 돌을 던져 보면 쉽게 안다. 공중으로 올라가는 돌은 운동에너지를 갖는다. 어느 정도 올라가다가 떨어질 때 정상에 머무는 순간 위치에너지를 갖게 된다. 이때 운동에너지가 위치에너지로 전환된 것이다. 돌을 던지는 순간 운동에너지를 100이라고 하면 위치에너지는 0이다. 반대로 꼭대기에서 잠시 멈췄다가 떨어지는 돌은 위치에너지가 100이 되고 운동에너지는 0이 된다. 운동에너지와 위치에너지의 합은 항상 100이다.

열역학 제2법칙에 의하면, 이 과정에서 엔트로피가 증가한다는 것이다. 쓸모없는 마찰열이 발생하기 때문이다. 이렇게 본다면 에너지 보존의 법칙은 에너지와 엔트로피의 합이 보존된다는 뜻이다. 달리 말하면, 운동에너지와 위치에너지 그리고 엔트로피의 총합은 일정하다.

인류는 지금까지 자신들의 에너지를 사용하면서 일을 통해 테크놀로지를 발전시켜 왔다. 마침내 인간은 인공지능을 만들어내는 데에 성공했다. 우리가 지금까지 사용한 운동에너지는 인공지능에 모든 위치에너지 즉 잠재된 에너지로 축적되어 있다. 다시 말하면, 인류가 인공지능을 개발하는 데에 쏟은 에너지는 모두 인공지능이라는 '질량'(質量, Mass)으로

힘을 작용하여 이동시킬 수 있으므로 일을 할 수 있는 능력을 가진다. 운동에너지는 일을 해낼 수 있다. 운동에너지=1/2 × 물체의 질량 × 속력^2 (Ek = 1/2 mv^2)

48 위치에너지란 물체가 특정한 위치에서 잠재적으로 가지는 에너지를 말한다. 지구의 지표로부터 어떤 높이에 있는 물체가 지표에 대하여 갖는 위치에너지는 질량, 높이, 중력가속도의 곱으로 나타난다. 아인슈타인에 의하면, 질량은 곧 에너지이다. 즉 E=mc2. 이로써 '에너지 보존의 법칙'은 '질량-에너지 보존의 법칙'으로 전환된다. 즉 질량은 에너지와 치환되며 질량과 에너지의 합은 일정하다. 그리고 그대로 보존된다. 따라서 위치에너지는 무게 × 높이 = 9.8 × 질량 × 높이 (EP= wh = 9.8 mh)가 되며, 위치에너지 역시 일을 해낸다. 수력발전은 높은 위치에서 물을 흘려보내 수차를 돌려 전기를 일으키는 것이다. 물레방아 역시 위치에너지를 이용하여 일을 하도록 하는 것이다.

응축된다. 이제 인공지능이 우리 인간을 대신해서 일(勞動)을 할 차례이다. 지금까지 응축된 인공지능의 위치에너지가 운동에너지로 전환되면 일이 발생한다. 우리 대신 인공지능이 일을 하는 시대가 온 것이다. 결국 오늘날 뉴노멀은 인공지능이다. 나 대신 그리고 우리 인간 대신 인공지능이 일을 하는 것이 전혀 이상하지 않은 새로운 정상 즉 뉴노멀이 된 것이다.

　인공지능의 시대에 사람이 사람을 만날 이유는 줄어든다. 인공지능이 모든 것을 대신 해주기 때문이다. 더 이상 사람의 도움이 필요하지도 않다. 물론 도움이 필요할 때에만 사람을 만나는 것은 아니다. 그러나 인공지능을 통한 문제해결은 '비대면 사회'를 가속화시켜줄 것이다. 앞으로 코로나19가 창궐하는 곳에서도 인공지능 로봇이 실력을 발휘할 것이다. 특히 갑작스러운 코로나19의 공격으로 거의 마비에 가까운 경제전선에도 인공지능 로봇이 투입되어 인간을 대신 일을 해낼 것이다. 그렇게 된다면 우리 사회는 인공지능에 의해 지배될 것이다. 결국 인공지능의 시대는 인간과 인간이 전혀 만나고 접촉하지 않아도 되는 완전한 언택트 세상을 현실로 만들어 낼지도 모른다.

　남은 문제는 인공지능이 정말 인간을 대신할 수 있을 정도로 완벽하게 진화할 수 있을 것인가? 그런데 만약 인간이 인공지능에게 모든 것을 맡기고 언택트 사회에 살아간다면, 과연 우리 인간은 무엇을 하면서 살아가야 하나? 그냥 놀기만 해도 되는 걸까? 물론 모든 사람들이 인공지능의 소유주가 될 때의 경우이다. 아니면 인공지능을 만들어 내는 일에 모든 에너지를 투입하게 될지도 모른다. 모든 운동에너지를 투입, 일을 하여 인공지능에 모든 에너지를 위치에너지로 전환시킬 것이다. 정보과학에서는 이를 비트(bit)로 환산하고 있다. 비트는 운동에너지가 위치에너지로 전환된 것을 말한다. 이렇게 된다면 일자리도 인공지능을 만들어 내는 일과 관련되어 진화할 것이다.

이를테면, 데이터 코딩(Coding)과 관련된 일자리의 창출이다. 사실은 이미 시작되었다. 오늘날 인공지능을 중심으로 재편되고 있는 노동시장은 데이터 산업이 토대를 이루고 있다. 데이터 사이언티스트, 데이터 아키텍트, 데이터 개발자, 데이터 엔지니어, 데이터 분석가, 데이터베이스 관리자, 데이터 컨설턴트, 데이터 기획자, 데이터 라벨러 등 새로운 직업들이 그것들이다. 이 중 데이터 라벨러(Data Labeler)는 데이터를 1차로 가공하는 직업으로서, 매우 단순한 일자리다. 인공지능 AI에게 사물의 이름을 정확히 알려주면 된다. 마치 엄마가 아이에게 또는 한국 사람이 외국인에게 사물의 이름을 정확히 알려주는 것과 같다. 그러니까 AI가 자기 데이터로 활용할 수 있게끔 사물을 라벨링 즉 이름표를 붙여주는 것이다. "이것은 자동차입니다. 이것은 비행기입니다. 이것은 집입니다. 이것은 창문입니다. 이것은 현관문입니다." AI가 스스로 자유자재로 활용할 수 있도록 사물의 정확한 명칭을 입력해줌으로써 데이터 라벨러의 작업은 끝이 난다. 그런데 데이터 라벨링이 AI 학습 데이터 구축에서 차지하는 시간은 무려 80~90%에 해당된다. 따라서 노동시장도 이에 준한다. 대체로 사람이 직접 데이터를 가공하는 시장이 80% 정도를 차지하며, 나머지는 반자동(사람+컴퓨터)과 AI 기반 자동 가공으로 이루어진다. 한 가지 우려되는 점은 비용절감을 위해 앞으로 많은 데이터 가공 기업들은 제3세계의 인력자원을 저렴하게 활용하는 방안을 강구할 것이다. 작업이 비교적 단순하고 업무도 클라우딩 방식으로 얼마든지 가능하다. 굳이 자국의 비싼 노동력을 활용할 이유는 없다. 다만 작업의 '정확도'(正確度) 문제가 노동력 대체에 관건이 될 수는 있을 것이다.

데이터 가공 산업에 종사할 인력자원들은 모두 재택근무 원격근무가 가능하다. 이렇게 된다면 첨단 테크놀로지의 발전으로 인해 가능해지는 비접촉 사회 즉 '언택트 사회'는 전혀 이상하지 않게 된다. 새로운 정상 즉 뉴 노멀이 되는 것이다. 즉 이제는 우리 인간이 직접 일을 한다는 게 비정상이다. 인간 대신 인공지능이 일을 하는 것이 정상이다. 과거에 일자리는 조직(組織)을 기반으로 하는 면대면의 공동체였다. 기업조직, 유통조직, 마케팅조직, 사회조직, 정치조직 등 조직이 삶의 토대이다. 이는 인체를 구성하는 기관들도 조직으로 표현하는 것과도 마찬가지이다. 위장조직, 폐조직, 간조직, 콩팥조직, 치아조직 등이 그렇다. 조직은 목표가 동일하다. 동일한 목표를 가진 조직은 효율적이다. 그래서 목표를 달성하기 위해서는 조직 단위로 모으는 것이 좋다.

그러나 오늘날의 일자리는 조직에 모든 것을 걸 필요는 없다. 조직을 대신할 테크놀로지가 개발되고 있기 때문이다. 더 이상 조직을 상징하는 것이 면대면이 아니더라도 일은 얼마든지 가능한 세상이다. 굳이 말하자면, 조직은 온라인상의 조직으로도 충분하다. 이미 화상회의, 화상교육훈련 등 온라인에서 조직 활동을 대신할 수 있다. 첨단의 시스템들은 진화에 진화를 거듭하고 있다. 그럼에도 불구하고 기업들은 아직은 선뜻 수용하는 것 같지는 않다. 그래도 조직은 모여야 한다는 것이 아직은 정상이라고 생각하고 있기 때문이다. 그러나 생각이 바뀌는 것은 시간문제다. 아직은 하이브리드 비대면 온라인 사회가 맞다.

그러나 지금 사람들은 사선(死線)으로 몰리고 있다. 진화론을 주장한 찰스 다윈은 이런 말을 남겼다: "세상은 똑똑한 자가 살아남는 것이 아니라, 새로운 환경에 적응하는 자가 살아남는다." 지금까지의 정상을 고집하는 대신 새로운 정상에 빨리 적응하는 자가 살아남는다는 것이다.

열역학 제2법칙에 의하면, 엔트로피의 최대치에서 모든 물리의 세계는 멈춘다. 엔트로피 즉 무질서도가 최대치가 된다면 모든 것은 멈출 수밖에 없다는 논리이다. 실제로 무질서가 질서로 환원되지 못한다면 모든 것은 혼란 그 자체로서 소멸하게 된다. 마치 이는 용수철을 계속 잡아당기면 언젠가는 완전히 풀려버린다는 이치와 같다. 시스템 속에서 카오스(Chaos)가 너무 오래 지속되고 안정성에의 피드백 없이 강화만 된다면 시스템은 정지되고 만다. 모든 생명체는 '구조유지적 속성'과 '구조변형적 속성'을 함께 가지고 있다. 영원한 카오스로 인한 소멸은 구조유지적 속성인 항상성의 문제가 해결되지 않기 때문이다.

엔트로피의 법칙에 의하면, 무질서도의 증가에 의해서 또는 자유에너지도의 증가로 인해서 결국은 우리가 살고 있는 지구, 우주라는 고립계에서는 모든 것이 멈추고 만다. 그렇다면 인공지능이 지배하는 언택트 사회에서 발생하고 증가할 엔트로피는 과연 무엇일까? 과연 인공지능의 탄생으로 인해 아인슈타인도 극찬한 엔트로피 이론도 파기될 것인가?

물론 문제는 남아 있다. 정말 앞으로 인공지능의 시대에는 엔트로피의 증가가 억제될 수 있을 것인가? 그렇다면 인공지능의 시대에 인간은 영생에 가까운 삶을 살 수도 있을 것이다. 왜냐하면 인공지능으로 인해 소멸하려는 경향인 엔트로피의 증가가 억제될 수도 있기 때문이다. 인공지능으로 인해 쓸모없는 에너지로 날아가는 엔트로피가 오히려 생산적이고 창조적으로 전환될 수도 있지 않을까? 그렇다면 정말 우리 인류는 엔트로피 증가의 위협으로부터 해방될 수도 있을 것이다. 그렇게 되면 불로초의 꿈을 실현하지 못한 진시황제도 놀랄 일이 벌어진다. 인류의 꿈인 불로장생, 영생의 꿈이 일어날 수도 있을 것이다. 자못 흥분되는 대목이 아닐 수 없다.

혹자는 말할 것이다. 100세 시대, 120세 시대라는 말도 지겨운데 불로장생이라니. 이 지겨운 세상을 어떻게 더 살아가야 하나. 그럼에도 불구하고 인공지능의 시대에는 어쩌면 그 이상으로 인간의 수명은 연장될 수 있다는 전망도 가능할 것이다. 최소한 의술도 그만큼 발달했지 않는가. 거기에 인공지능이 엔트로피의 증가를 억제시켜 준다면. 아마도 인간의 수명이 연장되는 것은 맞을 듯하다.

우리가 인공지능의 진화과정을 잘 살펴보면 인공지능의 한계도 점쳐질 수 있다. 일단 지금 가장 선호되는 인공지능의 개발방식은 '빅데이터 기반'(Big-data-Based)이다. 물론 다른 방식으로 개발하는 연구들도 함께 진행되고 있다. 이를테면 '딥러닝의 신경망 회로 방식'이라든지. 그러나 대세는 전자 즉 빅데이터 기반이다. 그것이 상업성에서 가장 좋다고 한다. 만들기도 비교적 용이하고.

우선 빅데이터는 과거의 데이터를 기반으로 한다. 그러니까 과거의 데이터로 미래를 추론해야 하는 것이다. 과거의 데이터로 미래를 예측한다? 아무도 장담하지 못한다. 예측통계. 주식의 움직임에 대한 과거 데이터로 미래를 예측해서 주식 대박을 맞는다는 논리이다. 과연 맞는 말일까? 그렇다면 주식으로 망하는 사람들은 없을 것이다. 주식을 하는 사람치고 주식변동의 빅데이터를 참고하지 않는 사람은 없기 때문이다. 과연 현실은 그런가? 일기예보는 빅데이터에 입각해서 나온다. 그러나 그것이 정확하게 맞는다고 생각하는 사람은 아마 지구인은 아닐 것이다. 기상청 직원들의 정기운동회 날, 하루 종일 비가 왔다는 이야기는 널리 알려져 있다. 기술선진국의 경우도 결과는 대동소이하다. 과거의 데이터로 미래를 예측하고 추론하는 것은 쉬운 일이 아니다. 그래서 지금은 일기예보를 비가 올 확률 70%, 안 올 확률 30%로 발표하고 있다. 그런데 이것도 주먹구구식으로 말하는 것이 아니다. 가장 최첨단의 빅데이터 인공지능 프로그램에 의존하여 발표하는 것이다.

둘째, 인공지능에 장착될 과거의 빅데이터는 '윤리적 차원'에서 축적된 데이터가 아니다. 심지어는 비윤리적인 데이터가 더 많을 수 있다. 윤리적 차원이나 도덕적 차원은 빅데이터로 처리되기 어렵기 때문이다. 따라서 빅데이터는 윤리개념이나 윤리적 가치 등과는 무관하다. 비윤리적이고 비도덕적인 빅데이터는 가공할 만큼 반사회적이고 파괴적일 수도 있다. 만들어진 인공지능이 반사회적이고 범죄에 악용될 소지가 없지 않다. 길을 가다가 인공지능에 맞아 죽을 수도 있다.

셋째, 인공지능에게는 꿈(Dream)이 없다. 인공지능에게 "너는 앞으로 뭐가 될래?"라고 물으면 금방 먹통이 된다. 순간 프로그램이 카오스가 되는 것이다. 꿈은 인간에게만 존재한다. 꿈을 가진 인공지능, 된다고 해도 아마 엄청난 시간이 걸릴 것이다. 몇백 년이 걸릴지도 모른다. 인간은 꿈을 먹고 산다. 꿈이 있으니까 지금의 역경도 참아낼 수 있다. '꿈은 이루어진다'는 말도 있다. 꿈을 가질 수 없는 인공지능. 과연 이들은 인간에게 득일까 실일까?

인공지능이 인간의 능력을 앞서는 것은 크게 두 가지이다. 하나는 연산능력이고 다른 하나는 기억력이다. 연산능력과 기억력은 인간이 결코 따라갈 수가 없다. 차이가 나도 너무 난다. 말할 필요도 없다. 탁월 그 자체이다. 그러나 그 밖에는 잘 모른다. 아무도 모른다. 관심도 없다. 이미 컴퓨터가 그런 목적으로만 개발된 것이니. 컴퓨터의 후예인 인공지능도 결코 이를 넘어설 수 없다. 넘어서도 안 된다. 그렇다면 과연 인공지능이 인간보다 탁월할 것이라고 말할 수 있을까? 감성컴퓨터도 장착이 된다고 한다. 겨우 그 정도.

인공지능 알파고가 가로 세로 19줄이 그어져 있는 바둑판 위에서는 이세돌을 이겼다. 만약 그날 29줄이 그어져 있는 바둑판을 가져다 놓았으면 인공지능은 아무것도 못했을 것이라는 우스갯 소리도 있다. 인공지능도 상황판단을 한다고 한다. 아니다. 상황판단이 아니라 '경우의 수'를 가지고 확률계산을 하는 것이다. 알고리즘. 다만 인공지능이 해내는 확률계산이 너무 빨라서 우리는 마치 인간처럼 상황판단을 하는 것으로 착각할 뿐이다. 확률계산과 인간의 상황판단은 전혀 메커니즘이 다르다. 그러니까 알파고는 확률계산으로 바둑을 둔 것이고, 이세돌은 직관적인 상황판단으로 바둑을 둔 것이다. 물론 나름의 확률계산도 하면서. 확률계산의 면에서는 인간 이세돌이 알파고를 이길 수는 없다. 그러나 이세돌은 원초적 감각과 경험 그리고 이성적·논리적 판단의 협력 즉 오랜 시간의 연습과 훈련을 통한 직감(直感)을 가지고 인공지능과 대적을 했다. 알파고가 이세돌을 이길 수 있었던 것은 오로지 확률계산의 승리였다.

그렇다고 알파고가 이세돌이라는 인간의 능력을 넘어섰다고 보는 것은 착각이다. 심지어 과연 어떤 일이 벌어질지 아무도 예측하지 못하는 우리의 일상생활은 바둑의 경우와 또 다르다. 특히 현대인들은 예측 불허의 수많은 돌발상황에 노출되어 있다. 그만큼 사회가 복잡하기 때문이다. 한 치 앞도 못 내다본다는 말이 맞다. 돌발상황에 대처할 수 있는 인공지능. 언젠가는 나올 수도 있겠지만, 인공지능이 모든 돌발상황을 예측하여 이를 미연에 방지해 줄 것이다? 글쎄다. 유감이지만 지금 인공지능의 개발 메커니즘은 돌발상황에 대처하는 방식과는 거리가 멀다. 그런데 돌발상황은 우리의 현실이며 당장의 문제이다.

지금 인간이 만들어내는 인공지능은 연산력과 기억력의 활용만을 위한 수단이고 도구일 뿐이다. 그렇다면 왜 인간들은 인공지능을 이런 용도로만 개발하는 것일까? 그래야만 시장에서 팔릴 수 있기 때문이다. 인류의 발전이나 대의명분보다는 개인의 영달 그것도 돈을 벌기 위한 수단으로만 사는 것이 자본주의의 논리 아닌가? 지금 인공지능의 개발은 철저하게 자본주의 시장의 원리를 그대로 반영할 뿐이다. 그렇다면 과연 이러한 인공지능이 우리 인간의 숙명인 엔트로피의 억제, 아니면 쓸모없이 낭비되는 엔트로피를 어떻게든 긍정적인 차원으로 유용하게 전환하기 위해 소임을 다해 줄 수 있을 것으로 기대할 수가 있는 것일까? 물론 아직은 모른다. 과연 마침내 인공지능이 어떻게 개발될 것인지? 시장에서 돈벌이의 수단으로만 개발될 것인지? 아니면 정말 항상 증가할 수밖에 없는 엔트로피라는 인류의 숙제를 해결하여 마침내 지구촌의 인류번영에 결정적으로 기여할 수 있는 회심의 대작이 될 수 있을지? 아직은 아무도 모른다.

IV

언택트 사회의 전망: 오토포이에시스의 조건

1. 오토포이에시스의 본질

2. 오토포이에시스의 조건: 마찰열 처방

1
오토포이에시스의 본질

제2의 아인슈타인으로 불리는 러시아 태생 벨기에 화학자 일리야 프리고진(Ilya Romanovich Prigogine, 1917-2003)은 〈흩어지는 구조〉가 스스로 열과 에너지의 평형상태와 먼 상태로 유지된다는 사실을 밝혀냈다. 이런 공로로 그는 노벨상을 받았다고 했다. 그는 '흩어지는 구조'(Dissipative Structure)가 일련의 분기과정을 통해서 평형상태에서 점점 멀어질 수 있다고도 하였다. 심지어 그는 이러한 관계를 모두 통계적 확률로 계산해 냈다. 이를 우리는 프리고진의 '비선형 방정식'(Non-lineal Equation)이라고 한다. 그런데 여기서 주목할 것은 그가 〈엔트로피 이론〉을 바탕으로 자신의 이론을 구축했다는 사실이다.

사실 프리고진은 엔트로피로 인하여 지구상에서 생명현상이 끝날 것이라는 소위 '카르노의 열역학 법칙'(1824)에 의문을 가지고 연구를 시작했다. 처음에 그는 카르노(Carnot)처럼 엔트로피의 양을 계산함으로써 '흩어지는 구조'의 정도를 계산해 보려고 했다. 어찌 보면 이는 모순이기도 하다. 그러나 프리고진은 물리 세계에는 결코 모순이 없다는 사실을 믿었다. 왜냐하면 그는 엔트로피의 무질서 양과 질서와의 관계를 새로운 수학으로 풀어낼 수 있다고 생각했기 때문이다. 모순이 있다면 문제는 풀 수 없다. 구체적으로 그는 열역학 제2법칙과 마찬가지로 시스템의 총 엔트로피는 계속 증가하지만, 이는 무질서의 균일한 증가가 아니며 모든 생물계에서 질서와 무질서는 항상 동시에 창조된다는 사실을 인식했던 것이다(프리쵸프 카프라, 1996/ 김용정 · 김동광 옮김, 1999: 250).

그에 의하면, 고체와 기체는 함께 창조된다. 심지어 이들은 상호 교환된다. 이로써 과학은 이제 생물시스템과 무생물시스템을 하나로 결합시킬 수 있었으며, 이제 더 이상 지구상의 암석, 동물 그리고 식물을 별개의 고립된 실체로 생각할 수 없게 되었다(프리쵸프 카프라, 1996/ 김용정 · 김동광 옮김, 1999: 145). 여기서 고립된 실체(Substanz)란 고립계에 속한 물체들을 말한다. 결국 생물에게서의 무질서는 무생물에서 질서로 창조된다. 그 역도 마찬가지이다. 무질서한 기체가 액체가 되고 또다시 고도의 질서 상태인 고체가 된다. 아울러 고체는 다시 기체가 된다. 이렇게 물과 얼음과 수증기의 순환관계는 모든 일상에 적용된다.

영국의 생태학자 슈테판 하딩(Stephan Harding)은 모든 생물들이 바위에서 나와 바위로 돌아간다고도 했다(Harding, 1994: 12). 이러한 의미에서 소련의 사회학자 아파나세프(Afanasyev)는 "이 세상에 고립된 전체는 없다"(피오트르 츠톰까, 1979/ 조재순 · 김선미 옮김, 1995: 84쪽 재인용)고 선언한다. 모든 전체는 모든 부분과 함께 존재하며 부분은 작은 전체이다. 이러한 관계를 설명하는 프리고진의 비선형 방정식은 정량적(定量的)이기보다는 정성적(定性的)이라고 할 수 있다.

엔트로피 이론에 의하면, 지구는 무질서도가 증가하면서 언젠가 멈추고 만다. 왜냐하면 '열평형 상태'가 되어 에너지의 이동이 정지되기 때문이다. 그러나 지구는 아직 정지하지 않고 있으며 정지의 증후도 아직은 없다. 천체과학자들은 만약 지구의 생명이 멈춘다면 그것은 엔트로피의 증가 때문이라기보다는 질량을 잃기 때문일 것으로 생각한다. 매년 지구는 여전히 생성 중으로서 — 비록 느리고 적은 양이지만 — 우주로부터 갈색왜성, 우주먼지 등 4만 톤 정도의 질량을 얻고 약 5만 톤 정도의 먼지를 우주로 내보내고 있다고 한다. 아주 큰 것은 아니지만 매년 1톤 정도의 질량이 감소한다는 것은 에너지가 그만큼 쓸모없이 낭비된다는 것을 의미하는 것이 아닐까? 그렇다면 이 역시 엔트로피의 증가 때문이라고 볼 수 있는 것은 아닐까? 그럼에도 불구하고 천체물리학에서는 아직 그것을 엔트로피의 증가와 결부시킬 수 있는 결정적 단서를 발견하지는 못하고 있다. 그래서 그렇게 주장하지는 못하고 있는 것이다.

한편, 볼츠만의 엔트로피 법칙에 의구심을 풀지 못하던 오스트리아의 생물학자인 버틀란피(Ludwig von Bertalanffy, 1901-1972)는 결론적으로 볼츠만의 법칙은 닫힌계(close system)에서만 가능한 이야기라고 일축한다. 열역학 제2법칙에서 밝혀낸 엔트로피는 항상 증가하려는 경향이 있다고 했다. 어떤 경우에는 그의 최대치에도 도달하겠지만, 이는 반드시 닫힌계 — 정확히 말하면 고립계 — 속에서만 그렇다는 사실이 많은 연구 결과에서 밝혀지고 있다(Mainzer, 1997: 65). 결국 많은 과학자들에게 열역학 제1, 2법칙은 모든 자연에 중요한 조건이지만, 자연의 모든 물상에 적용될 수 있는 일반 보편적인 조건은 아니며 특히 닫히고 고립된 시스템에서 발생하는 에너지의 교환일 뿐이라는 인식에 도달했다(Mainzer, 1997: 90). 이렇게 본다면 열역학 법칙은 잘못된 법칙이라고 볼 수 없지만, 마치 뉴턴역학 체계의 한계에서 나타난 것처럼 법칙의 적용범위는 고립된 미시 하위 시스템, 우주시스템 또는 실험실의 준비된 조건에만 만족하고 다양한 변수를 가진 우리의 실생활 전반에 적용되기에는 경험적 한계를 가지고 있는 것이라고 할 수 있다(Mainzer, 1997: 91).

이러한 맥락에서 버틀란피는 생물의 경우 열린계(Open System)에 살고 있기 때문에 카르노와 볼츠만의 법칙이 적용되지 않는다고 주장하였다. 다시 말해서, 지구상의 생물은 모두 열린계로 생존하고 있다. 왜냐하면 모든 시스템은 시스템 주변에 외부환경을 가지고 있기 때문이다(Prigogine, 1961: 15). 열린계는 외부 환경으로 또는 환경으로부터 에너지 또는 물질의 이동과 연계되어 있기 때문에 엔트로피의 생성을 위한 내부적 원천도 있지만 외부적 원천도 가지고 있다(Mainzer, 1997: 91). 따라서 생물체에게서 물질은 끊임없이 외부환경으로 흘러나오기도 하고 반대로 외부환경으로부터 에너지를 유입시키기도 하는 것이다. 결국 지구 생물계는 카르노와 볼츠만의 주장처럼 열역학적 완전평형상태로 귀착하고 마는 닫힌계와는 달리 열린계로 존속하게 되며, 열린계는 지속적인 흐름과 변화로 특징지어지는 정상상태 속에서 평형과는 거리가 먼 방식으로 스스로를 유지하게 된다(프리쵸프 카프라, 1996/ 김용정 · 김동광 옮김, 1999: 74). 1933년 노벨물리학상을 받은 슈뢰딩거(Erwin Schrödinger, 1887-1961)는 이러한 생명의 흐름이 에너지의 흐름으로 가능해지며, 이로써 열역학 평형으로부터 멀리 벗어나는 것을 허락하는 최초의 조건이 만들어진다고 보았다(Mainzer, 1997: 97).

이렇게 본다면, 인간은 '열린계'에 해당된다. 인체를 구성하는 세포는 서로서로 물질과 정보를 교환한다. '반투막'(半透膜)이라는 세포막을 통하여 물질과 정보를 교환한다. 하여간 열린시스템으로 작동하면서 생명은 보존되고 유지 발전된다. 그러나 생명은 언젠가 소멸된다. 즉 사람은 언젠가 죽는다. 왜 그럴까? 바로 엔트로피가 증가하기 때문이다. 아이러니하게도 열린계에서의 에너지는 열린 생명을 가능하게 한다. 그러나 이로 인해 인간은 언젠가 사멸할 수밖에 없는 존재가 된다. 반대로 닫힌계 또는 고립계를 기반으로 하는 물리세계에서의 엔트로피의 증가는 사멸과는 무관하다. 따라서 물리학에서는 그냥 엔트로피는 증가된다는 선언만으로도 충분하다. 물론 우주가 마지막에는 열평형상태로 된다는 것은 언젠가 우주가 소멸된다는 것으로 유추될 수도 있다. 결국 물리세계에서 엔트로피는 하나의 '법칙'이 되는 것이고, 열린계에서의 엔트로피는 생명을 살리기도 하고 죽일 수도 있는 삶의 '원리'가 되는 것이다. 즉 닫힌계에서의 엔트로피 법칙은 열린계에서는 생명이 '소멸하는 원리' 즉 죽는 원리로 작용한다.

따라서 우리가 생명을 보존하고 연장시키기 위해서 엔트로피의 증가를 최대한 억제해야 한다. 어차피 증가하는 엔트로피가 사실이라면, 우리 인간이 할 수 있는 것은 최대한 엔트로피의 양과 속도를 늦추는 것뿐이다. 물론 인간을 포함한 모든 생명체들은 언젠가 죽는다. 설령 그것이 극소 미량(極小微量)이라고 해도 에너지가 사용되는 한, 반드시 엔트로피는 증가하기 때문이다. 우리가 숨을 쉬는 순간 산소공급을 통해 생명의 에너지를 얻는다. 그러나 반대로 그 이상으로 엔트로피 역시 증가한다. 호흡하는 순간 기도(氣道)로 들어온 공기는 기도조직에 있는 세포와 마찰을 하면서 마찰열을 발생시키기 때문이다. 즉 호흡은 산소공급의 대가로 피치 못하게 마찰열을 발생시킨다. 산화(酸化). 산화는 노화의 주범이다. 산소와 결합하면서 모든 것은 수명이 단축된다. 그래서 의사들은 매일 우리가 '항산화제'를 먹어야 한다고 말한다. 산화를 방치하면 큰 병이 된다. 결국 우리는 살기 위해 숨을 쉬지만, 그 바람에 우리는 죽어야 한다.

또한 세포와 세포도 물질교환을 하면서 서로 마찰로 인해 계속 마모된다. 물론 새로 유입된 에너지로 생명을 유지시키지만 시간이 가면서 세포조직에 가해진 마찰열을 인체가 감당할 만큼의 환경과 조건은 부족해진다. 빠른 호흡을 하면서 사는 운동선수의 평균수명이 짧다고 한다. 이유는 가쁜 호흡으로 인해 급격하게 발생한 마찰열이 수명을 단축시킨다는 것이다. 수명 400년의 태평양 바다의 장수거북은 1시간에 고작 네 번만 호흡을 한다고 한다. 단전호흡을 하는 사람들도 숨을 참는 법을 연마한다. 수명을 연장시키기 위한 수단이다. 수명을 연장하는 것도 중요하지만 사는 동안 삶의 질도 문제가 된다. 엔트로피의 증가는 삶의 질도 떨어뜨린다.

마찰열은 몸속에서 염증(炎症)을 발생시킨다. 즉 염증은 마찰열 때문이다. 만성염증. 의사들은 몸속에 생겨나는 만성염증이 암의 원인이라고도 한다. 삶의 질이 손상되는 것이다. 마찰열을 치료하기 위해서는 외부에서 약품이 투여되어야 한다. 주사를 맞기도 한다. 몸속에서도 자체적으로 염증을 치료하기 위해서 면역체계가 발동한다. 우선 수많은 백혈구가 출동한다. 염증을 일으키는 세균을 잡아먹기 위함이다. 그러나 이 과정에서도 백혈구는 혈관 벽을 자극하게 된다. 또 다른 마찰열을 발생시키는 것이다. 백혈구의 이동에 의한 운동에너지는 백혈구를 활성화시킨다. 백혈구의 이동 중에 부딪히게 되는 세포막은 자신의 생명을 유지하기 위해서 저항한다. 세포막이 가지고 있는 위치에너지가 작동하는 것이다. 생명은 각자 모두에게 중요하다. 이를테면, 세포막이 온몸에서 출동하는 백혈구를 도와줄 수도 있다. 얼른 가서 염증세균을 잡아먹도록. 염증제거로 생명을 살릴 수 있도록 아예 막을 파괴하고 길을 막지 않을 수도 있다. 즉 세포막이 원래 가지고 있는 위치에너지 즉 질량에너지를 포기할 수 있다. 그러나 그렇게 된다면 백혈구의 이동에 의해 세포막의 질량이 먼저 파괴될 것이다. 적자생존. 모든 생명은 가장 유리한 방향으로 진화되었다. 세포기관도 마찬가지다.

아인슈타인은 E=mc2라는 공식을 통하여 질량과 에너지를 동일시 했다. 그러면 어떻게 될 것인가? 백혈구의 출동에 속수무책으로 방관한 죄로 오히려 세포막이 먼저 죽게 된다. 궁극적으로는 생명단축에 일조를 하게 되는 셈이다. 아니면 세포막의 파열로 인하여 또 다른 염증이 발생하게 될 것이다. 파괴는 마찰열을 동반할 수밖에 없기 때문이다. 다시 말하면, 한쪽에서 보면 운동에너지도 살아남는 생명에너지가 되고, 다른 쪽에서 보면 위치에너지도 살아남는 생명에너지가 된다. 이런 아이러니가 어디 있나? 삶 자체가 아이러니이다. 그럼 조물주를 원망해야 하나? 결국 운동에너지와 위치에너지의 관계는 모든 생명이 모두 다 중요하고 고귀하다는 것을 암시한다. 또한 운동에너지와 위치에너지의 합은 일정하고 보존된다는 원리 즉 (역학적) 에너지-질량 보존의 법칙은 모든 생명이 소중하게 간주될 때 비로소 생명은 온전하다는 의미가 된다. 즉 지구촌의 모든 생명의 에너지가 합해졌을 때 비로소 지구의 생명은 보장된다는 것이다.

중요한 것은 에너지가 이동하는 모든 과정에서 물체와 물체 간의 마찰로 인한 저항 때문에 마찰열이 발생하게 된다는 사실이다. 여기서 마찰열의 증가는 곧 엔트로피의 증가를 의미한다. 물론 쓸모없는 마찰열이다. 따라서 우리 인체의 생명은 마찰열을 치유할 수 있는 '그 무엇인가'가 관건이 된다. 그 무엇? 우리는 면역체계를 거론하기도 하고, 만성 염증의 치료를 거론하기도 한다. 항산화제의 투입으로 피로물질인 젖산이 쌓이는 것을 방지해야 한다고도 한다. 이렇게 하여 인체에 마찰열로 나타나는 엔트로피를 억제하는 한도 내에서 생명은 유지되는 것이다. 그러나 언젠가는 마찰열로 인한 염증의 증가로 결국 인간의 생명은 사멸하게 된다. 수명도 단축되지만 삶의 질도 열악해진다. 엔트로피가 증가했기 때문이다.

우리가 열린계와 닫힌계의 개념을 설명하려면 '경계'(境界, Boundary)의 개념에 대한 정확한 이해를 필요로 한다. 일반적으로 시스템은 경계를 넘는 에너지나 정보의 교환을 용납할 수도 있고 용납하지 않을 수도 있다. 열린계는 '반투과성의 경계'를 가지고 있다고 했다. 경계가 상대적으로 느슨해지면서 에너지, 정보, 자원을 다른 시스템들과 상호 교환한다. 반투막(半透膜). 열린계의 최소단위인 세포(시스템)는 지금 당장 필요없는 물질과 정보를 내보내고 필요한 물질과 정보를 받아들인다. 이렇게 하며 당장 각각의 세포는 기능상 필요로 하는 물질과 정보를 계속 교환하게 되면서 세포가 속해 있는 기관과 조직은 기능과 역할을 수행함으로써 생명을 유지시키는 것이다. 그러나 실제로는 반대이다. 즉 기관과 조직이 명령하는 바에 따라서 세포는 기능과 역할에 맞도록 자신이 지금 보유하고 있는 물질과 정보를 방출할 것인지 아니면 새로운 정보와 물질을 받아들일 것인지를 결정하여 임무를 수행함으로써 생명이 유지되는 것이다.

닫힌계는 주변의 다른 시스템들과 상호작용하지 않으므로 외부로부터의 투입도 없고 산출도 없다. 시스템이 폐쇄적이면 시간이 지나면서 모든 요소들이 비슷해지기 시작하여 결과적으로 조직과 효과적인 기능의 상실이 초래되는 무질서도 즉 엔트로피 증가의 속성이 나타나게 된다(Compton & Galaway, 1989: 125). 사회가 성장하고 발달하려면 상호작용하는 외부 또는 다른 시스템으로부터의 유입에 열려 있어야 한다. 건전한 시스템은 반투과성의 경계를 가지며 이 경계를 잘 유지하는 나름의 방식을 갖고 있다. 간단히 말하면, 생명체에서 물질대사라는 근본적 생명현상을 가진 열린계는 외부 또는 다른 시스템으로부터 '부정 엔트로피'(Negative Entropy)를 도입, 정상적인 생명현상을 유지하면서 엔트로피의 증가를 피할 수 있다(Bertalanffy, 1990: 73). 그러나 닫힌계에서는 엔트로피의 증가로 인하여 질서는 계속 파괴되어 결국 시스템은 와해될 뿐이다.[49]

원칙적으로 생명체는 에너지의 이동으로 생명을 유지하게 된다. 열린계는 에너지가 부족할 때마다 필요한 에너지를 주변으로부터 얻기 위하여 주변 시스템과 상호 교환한다. 반대로 에너지가 남으면 주변으로 방출한다. 주변 세계와 상호 교환함으로써 시스템은 자신의 생존과 성장 그리고 안정화에 필요한 에너지를 획득할 수 있게 된다. 한마디로 열린계는 물질과 에너지의 유입과 산출을 지속시킴으로써 계속 시스템으로 존속하게 된다. 결국 모든 열린계는 성장과 변화 그리고 동시에 스스로를 유지할 수 있는 능력을 가지게 되는 것이다. 달리 말하면, 열린계는 융통성 있는 경계선을 가지고 있으며, 외부환경과 활발한 에너지의 교환 덕분에 안정된 상태를 유지한다.

이렇게 본다면, 열림 즉 '개방'(開放, Openness)은 시스템의 생존에서 필수적 요소가 된다. 특히 생명시스템에서 그렇다. 이런 근거에서 버클리는 '개방의 정도 차'가 있을 뿐이지 살아 있는 모든 생명체는 열린계라고 주장했다(Buckley, 1967: 46). 그는 적응 시스템일수록 시스템 간의 상호교환을 유지하기 위하여 유연성과 환경에 대한 반응 정도가 높은 복잡한 시스템이라고 한다. 상대적으로 개방의 정도가 높은 시스템은 변화

---

49 고전적 물리학은 환경으로부터 격리된 이러한 닫힌 시스템을 다루고 있으며(Bertalanffy, 1990: 71), 사이버네틱스 모형은 정보에 대하여는 개방적이되 엔트로피 이동에 대해서는 폐쇄적이다(Bertalanffy, 1990: 140).

하는 환경에 대처할 수 있는 다양한 반응 양식을 갖출 수밖에 없다. 또한 열린계는 주변 환경을 성공적으로 지각하고 이를 유지할 수 있는 선별 능력을 가지고 있다. 구체적으로 열린계로서의 생명시스템은 변화하는 환경에 대해서 '자기규제'와 동시에 '자기적응'할 수 있는 가능성을 가지고 있는 '복합시스템'이다(Mainzer, 1997: 77). 이러한 맥락에서 마틴과 오코너는 시스템의 기본구조를 항상성, 조직, 공간, 경계, 상호작용이라는 특성으로 설명한다(Martin & O'Corner, 1989: 37-38).

일반적으로 우리 인간들은 가능한한 최적의 삶을 지속하기 위해서 시스템을 만들면서 살아간다. 세포는 가장 최소단위의 시스템이다. 세포시스템(Cell System). 시스템은 가장 효율적이고 가장 효과적일 때 시스템으로서의 기능과 역할을 한다. 사회적 존재로서 태어나는 우리 인간들은 사회시스템 속에서 일정 기간 동안 항구적으로 존속한다. 그 안에서 서로 관계를 맺으면서 조직화하고, 삶의 행동반경으로서 어떠한 공간과 장소를 점유하게 된다. 모든 것은 효율적이고 효과적인 삶을 위함이다. 또한 우리는 사회시스템 속에서 자기 구성원과 다른 구성원을 경계로 구분하면서 정보와 자료를 여과시키거나 차단시키는 역할을 한다. 이로써 생명체는 상호의존적으로 작용하면서 상호영향권 속에서 삶을 가장 효과적으로 영위하게 된다.

결국 자연 현상의 이치와 원리를 전 생물에게 적용하여 연구하기 시작한 프리고진은 생물계 전체에 걸쳐 무질서 즉 카오스(Chaos)가 분명히 형성되지만 그 카오스는 '새로운 질서'로 변환된다는 결론을 얻게 된다(프리쵸프 카프라, 1996/ 김용정 · 김동광 옮김, 1999: 251). 역학적 소립자 시스템 속에서도 질서와 무질서는 번갈아 나타나는 도식이다(Volkamer & Streicher & Walton, 1996: 111). 즉 처음에는 혼돈(카오스)처럼 보이지만 바로 이 카오스로부터 새로운 생명이 탄생한다. 수학에서도 무질서 즉 카오스가 다시 질서가 된다는 사실을 선형방정식으로 풀 수는 없다. 그러나 비선형방정식이 복잡계를 설명하는 도구로 등장하면서 카오스는 영원한 카오스로 끝나기만 하는 것이 아니고 다시 질서로 회복될 수 있다는 사실을 알게 되었다. 따라서 이들이 발견하는 카오스는 다시 새로운 질서를 창조하는 '창조적 카오스'가 된다.

고전물리학에서는 엔트로피의 증가로 생명의 진화는 언젠가 멈추고 말 것이라는 결론을 내린다. 그러나 진화론에서는 생물이 항상 질서와 복잡성을 증가시키는 방향으로 진화한다는 관점을 유지하고 있다. 이렇게 본다면, 두 가지 관점은 해결하기 힘든 과학적 모순을 가지게 된다. 그러나 프리고진의 연구는 '자기창조의 능력' 즉 '무질서와 혼돈 속에서 새롭게 창조되는 힘'을 가진 생명현상을 밝혀냄으로써, 고전 과학의 모순을 극복하고 이들을 조화롭게 해석해 주는 결과를 낳게 된다. 이미 언급한 것처럼 그는 처음에 카오스처럼 나타나는 '흩어짐의 현상' 속에 질서정연한 패턴(또는 프랙털)이 존재한다는 소위 '흩어지는 구조'에 대한 연구를 통하여 '무질서 속에서의 새로운 질서'가 만들어지고 있다는 사실을 밝혀낸 바 있다.

프리고진의 과학은 오스트리아의 물리학자 에리히 얀치(Erich Jantsch, 1929-1980)에게 계승된다. 얀치는 자신의 저서 『자기조직하는 우주』(Self-Organizing Universe, 1980)에서 프리고진의 흩어지는 구조에 대하여 자세히 소개하면서 이 우주의 생명 시스템 속에는 비평형 상태에서 가능하며, 비선형적으로 이해 가능한 '자기조직화의 패러다임'이 공통으로 수용되어 있다고 주장한다. 즉 비평형 시스템은 그들 환경과 에너지 및 물질을 교환하고 열평형과 거리가 먼 상태에서 그리고 지엽적으로 최소화된 엔트로피 상태에서 일정한 기간을 스스로 유지하도록 한다(Mainzer, 1997: 91). 따라서 생물은 생명을 유지하기 위해서 평형이 아닌 '비평형'으로 유지되어야 한다. 오히려 평형상태가 되면 죽은 것이다. 의사들이 사망진단서에 작성하는 문구가 바로 '화학적 평형'(Chemical Equilibrium)이다. 화학적으로 평형한 상태, 곧 죽음을 의미한다. 따라서 비평형상태가 살아 있다는 의미이다. 이를 위해서는 시스템은 반드시 열린계로 존재해야 한다. 또한 여기서 이러한 비평형 구조는 선형구조가 아닌 복잡성 구조로 이루어진다는 사실이 중요하다. 이러한 비평형·비선형 복잡성 구조에 대한 프리고진과 얀치의 연구는 물리학에서도 같은 결과를 초래하게 된다.

좀 더 쉽게 말하면 물리적 기계시스템, 생명-자연시스템 그리고 사회시스템까지 모든 시스템들은 각자 수명이 있다. 즉 시스템은 만들어지는 순간부터 '소멸하려는 경향'을 내재하고 있다는 말이다. 이를 우리는 엔트로피의 증가 때문이라고 한다. 엔트로피란 실체의 위치에너지가 100이 되고 운동에너지가 0이 될 때 발생하는 열에너지이다. 에너지의 이동에는 마찰열이 발생하기 때문이다. 모든 실체는 운동과 위치에너지 이외에 열에너지를 발산함으로써 운동과 정지를 반복한다. 이 과정에서 발생하는 열에너지는 엔트로피로 치환되며 엔트로피의 증가는 시스템을 소멸시키는 주요 원인이 된다. 기계는 오래 쓰면 망가지고, 나무도 가을이 되면 잎이 떨어진다. 생물도 때가 되면 죽는다. 다시 말하면, 모든 시스템은 환경에 적응하는 것으로 자신의 생명을 유지할 수는 없다. 반드시 적응 '그 이상'(以上)을 하여야만 최소한 생명을 유지할 수 있는 것이다.

따라서 시스템은 환경과의 상호교환 속에서 환경에 지속적으로 적응함과 동시에 일말의 성장을 위한 '그 무엇을' 할 수밖에 없다. 자연적으로 시스템을 소멸시키려는 엔트로피를 무엇인가로 보충해야 하기 때문이다. 바로 이러한 엔트로피를 보충하는 일을 우리는 '부정 엔트로피'(Negative Entropy)라고 부르는 것이다. 이를 위해서 생명시스템은 스스로 자기조직하고 자기창조를 해야 한다. 자기 갱신(Self-Renewal). 그렇지 않으면 생명은 계속 죽음을 향해 걸어간다. 질적 수준도 점점 열악해진다. 이것이 바로 생명에게 주어진 생존에의 본능이며 생존전략인 셈이다.

생태학자 마투라나에 의하면, 생명시스템은 인지시스템(Cognition System)이다. 1970년부터 마투라나는 그의 제자이며 동료인 바렐라와 함께 자기조직하는 살아 있는 시스템은 '오토포이에시스'(Autopoiesis)의 능력을 가지고 태어난다고 주장했다. 오토포이에시스란 "자기제작의 능력"[50]을 말한다. 오토(Auto)는 '자동적, 자발적'이라는 의미, 포이에시스(Poiesis)는 만듦, 제작(Make-up)이라는 의미를 가진 라틴어의 합성어이다. 따라서 오토포이에시는 자발적인 자기제작, 자기조직화, 자기창조를 의미한다. 마투라나와 바렐라는 지구촌의 모든 생명은 오토포이에시스의 능력이 선천적으로 타고난다고 주장한다. 그리고 이의 시작을 '인지능력'(認知能力)이라고 본 것이다. 다시 말하면, 인간에게 선천적으로 부여된 인지능력이 바로 오토포이에시스에 대한 근거이다. 결국 이들은 오토포이에시스의 선천적 능력을 '인지'(Cognition)에 관한 시스템 이론으로 정립하였다(Maturana, Humberto & Varela, Francisco, 1980). 이를 우리는 "산티아고 이론"(Santiago Theory)이라고 부른다. 산티아고 이론에서는 앎의 과정으로서 인지의 과정이다. 인지과정은 곧 자기조직화의 과정이고 생명의 과정이다. 그러니까 생명체가 인지능력을 가지고 있다는 것은 그것이 곧 자

---

50 박테리아 세포는 자연에서 발견되는 가장 단순한 자기제작하는 시스템이다(프리쵸프 카프라, 1996/ 김용정 · 김동광 옮김, 1999: 274).

기조직화, 자기창조, 자기갱신의 능력을 가지고 있다는 것이다. 그런데 인지과정은 곧 사고과정이다. 사고한다는 것은 자기조직화, 자기창조, 자기갱신이다.

고등동물인 인간은 다른 생명체에 비해 월등한 인지능력을 가지고 있다. 따라서 인간은 '사고하는 동물' 즉 호모사피엔스로 명명된다. 고등동물의 인지능력은 하등동물이 가지고 있는 인지의 개념을 넘어서 지각, 감정, 행동을 포함한 생명의 전 과정을 포괄한다. 산티아고 이론에서는 정신과 물질은 더 이상 두 개의 다른 범주에 속하지 않으며, 생명이라는 동일한 현상의 다른 차원 또는 상이한 측면으로 간주된다(프리쵸프 카프라, 1996/ 김용정 · 김동광 옮김, 1999: 231). 따라서 인지한다는 것은 정신의 영역만이 아니라 육체로도 인지한다. 이를테면 단세포 생물인 짚신벌레는 빛을 감지하는 곳으로 움직인다. 몸이 빛을 인지한 것인지 정신이 인지한 것인지는 아무도 모른다. 물론 짚신벌레만이 안다. 아마도 전생에 짚신벌레였다면 그가 확실히 말할 수 있을 것이다.

이미 19세기 말 엔트로피 이론을 완성한 볼츠만 역시 외부의 인상에 대한 인지과정으로 나타나는 원시 유기조직의 감각은 특별한 신경조직과 시각, 청각, 느낌, 운동 기관의 발전으로 이어진다고 보았다(Mainzer, 1997: 88). 따라서 정신과 물질은 서로 상반되고 분리된 영역이 아니라, 과정과 구조 또는 패턴과 구조로서 상호의존성을 가지고 있다고 할 수 있다. 인지한다는 것은 무엇인가를 안다는 것이다. 몸이 아프다는 사실을 안다는 것은 약을 먹든지 아니면 쉬어야 한다는 사실을 안다는 것이다. 사람을 일단 알게 되면 조치를 취한다. 방어기제가 발동되는 것이다. 우리 몸속의 백혈구는 외부로부터 세균이 침입했다는 사실을 인지하기 때문에 출동하는 것이다. 인지한다는 것은 곧 자기처방이다. 자기처방은 자기조직화를 말한다. 물론 그러한 자기처방이 통할 것인지는 또 다른 차원의 질문이다. 하여간 우리 인간은 무엇인가를 아는 순간, 즉 인지하는 순간 — 더 정확하게 말하면 — 인지하면 행동한다.

물론 우리가 살다 보면 인지하지만 행동하지 못하는 경우도 허다하다. 아니 사회생활을 하다 보면 그것이 더 많을 것이다. 우리에게 문제가 있는 것이 아니라 사회에 문제가 있는 것이다. 인지했기에 행동을 하거나 실천을 해야 하는데 윗사람들의 횡포나 억압, 또한 사회적 규범이나 규제 때문에 감히 행동하지 못한다. 아니면 비겁한 것이다. 또 아니면 자신의 인지에 대해서 확신을 하지 못하는 것이다. 이게 정말 맞는 건지, 아닌지. 하여간 지행합일(知行合一)이 되지 않는다. 이미 2,500년 전 소크라테스는 알면 행동한다고 했다. 예나 지금이나 테마는 지행합일이다. 그는 지행합일이 되지 않는 이유는 자기가 알고 있는 지식이 과연 제대로 된 지식인지 잘 모르기 때문이라고 설명했다. 만약 제대로 안다면 행동은 당연하다. 잘 모르기 때문에 긴가민가하기 때문에 행동이 따르지 못하는 것이다. 그래서 사람에게는 참지식(Epistēmē)이 중요하며 반드시 참지식이 습득되어야 한다고 주장했던 것이다.

현대인들에게 이유는 많다. "공동묘지에 가보라. 이유 없는 무덤은 없다"는 말이 있다. 그래서 그런 것인가? 우리의 인체나 정신은 인지하는 순간 어떻게든 이에 대해 처신을 하고자 한다. 이는 일단 자기방어기제로 나타난다. 궁극적으로는 자기조직화이고 자기창조이고 자기갱신이다. 어떻게든 인지한 상태를 모면함으로써 새로운 상태로 이동하기 위함이다. 결국 자기갱신, 자기조직화, 자기창조는 다 같은 개념이 된다. 물론 자기보존에서 만족해야 할 경우도 많을 것이다. 그러나 자기보존은 '새로운 자기위상'을 추구하는 것이다. 여기서 '새로운 자기위상'이란 자기갱신, 자기조직화, 자기창조의 과정을 통해서 가능하다. 왜냐하면 '자기'는 엔트로피의 증가로 인해 항상 소멸되기 때문이다. 소멸을 억제시키기 위한 자기보존은 자기갱신, 자기조직화, 자기창조로 보충될 수밖에 없다. 자연 소멸분에 대한 보충이고 보완이다. 그러나 완전한 원상복구는 없다. 자기보충을 위해서도 엔트로피는 항상 증가하기 때문이다. 이유는 마찰열의 발생이다. 구체적으로는 쓸모없는 마찰열이다. 그것이 엔트로피를 증가시키기 때문이다.

이미 언급한 것처럼 뉴턴이 발견한 만유인력의 법칙 즉 중력의 법칙에는 자발성이나 자기조직화 같은 개념이 들어 있지 않다. "제자가 물었다. 그런데 물체는 서로 왜 끌어당기나요? 아마도 신이 끌어당기게 할지도 모른다." 죽기 직전 뉴턴이 내뱉은 궁색한 고백이었다. 신이라고요? 이를 이상하게 여긴 아인슈타인은 그 신의 정체를 물리학적으로 규명하기로 했다. 그래서 탄생한 이론이 바로 '중력장 이론'이다. 중력장이론에 의하면, 중력이 작용하는 에너지의 장이 먼저 있었다는 것이다. 블랙홀로 인해 빛도 휜다는 사실이 밝혀지면서 중력장 이론은 뉴턴의 중력이론을 대체하게 된다. 물론 뉴턴의 중력이론이 틀렸거나 잘못된 것이라는 뜻이 아니다. 만약 뉴턴의 중력이론이 세상에 없었다면, 아인슈타인의 중력장 이론도 없을 것이다.

한편, 마투라나와 바렐라는 우주 전체가 어떻게 되어 있는가, 즉 우주의 구조에 대해서보다는 우주 전체가 어떻게 움직이고 있으며, 지구상에서는 왜 새로움 즉 새로운 생명이 탄생하고 있는지에 대해서 보다 큰 관심을 갖게 된다. 다시 말하면, 이들은 시스템을 구성요소들 간의 관련으로 보면서 자신들의 관심이 '구조'(Structure)라기보다는, '조직'(Organization)이라고 강조했다. 이를테면, 세포시스템은 어떤 구조를 가지고 있는가에 대한 관심보다는 세포시스템이 어떻게 조직화되고 어떻게 작동하고 있는가 하는 것이었다. 마침내 이들은 아인슈타인의 중력장 이론에서 힌트를 얻게 된다. 뉴턴의 중력이론이 '구조'에 대해서라면, 중력장 이론은 '조직(化)'에 대한 이론이다.

중력장 이론에 의하면, 우리는 이미 존재하는 에너지의 그물망(網) 위에 살고 있다. 출렁이는 그물망 위에 살고 있는 우리의 삶도 항상 출렁인다. 출렁이는 에너지의 그물망은 우주 끝까지 만물을 연결하고 있는 연결망이다. 우리는 연결망을 벗어나서 살 수가 없다. 즉 연결망이 움직이는 대로 연결망이 가는 대로 우리는 이의 궤적을 따라 살아갈 수밖에 없다. 운명이다. 우리가 태어나고 죽는 것도 연결망의 움직임 때문이다. 현대물리학에서 에너지가 뭉치면 질량이고 질량이 흩어지면 에너지다. 태어나는 순간 에너지가 뭉쳐지는 것이고, 죽는 순간 질량이 흩어지는 것이다. 살아가는 동안 (우주의) 법도를 지키는 것도 연결망의 원리를 거역하지 못하는 것이다. 그것이 실정법이든 자연법이든. 연결망의 운명을 거역하는 순간 우리는 외톨이가 된다. 궤도이탈. 궤도를 이탈하는 순간 우주의 질서는 깨진다. 별은 궤도를 이탈하는 순간 소멸해야 하는 유성이 된다. 무리를 떠난 물소는 잡아먹히기 마련이다. 지구가 정해진 자기 궤도를 이탈하는 순간 우주의 질서는 깨진다. 궤도를 이탈하는 지구. 아직 그런 징후는 없다. 중력장 이론, 연결망 이론이 아직 세를 얻을 수 있는 근거이다.

세포와 세포 사이의 물질 이동, 에너지 이동은 바로 중력의 법칙에 따라 인력이 작용한 것이다. 원자핵 주변을 돌고 있는 전자의 이동 역시 중력의 법칙이 적용된다. 생명을 가능하게 하는 주원소는 산소(酸素)다. 산소는 사실 물질계의 강자다. 산소는 공간을 떠도는 수소를 보면 무조건 들이대는 속성이 있다. 산소원자는 전자만 보면 무조건 끌어당겨보려고 한다. 달리 말하면, 산소는 전자를 무척 사랑한다. 그것이 인력을 만든다. 그래서 갑자기 산소가 나타나면 공간은 무질서해지는 것이다. 무질서는 새로움의 조건이라고 했다. 산소는 새로운 생명의 조건이다. 산소의 움직임 속에서 뺏으려는 자와 안 뺏기려는 자 사이에 동요가 일어난다. 중력의 법칙이 적용되는 것이다. 이때 저항과 마찰도 일어난다. 마찰열이 발생한다. 산화현상. 결국 모든 생명에서 가장 중요한 산소원소에 의해서 갑자기 공간은 무질서해진다. 그러나 무질서가 질서로 전환되면서 모든 원소는 곧 안정화된다. 즉 산소가 나타나는 한 갑자기 무질서해졌다가 다시 질서가 잡혔다가 하면서 공간은 새롭게 창조되는 것이다. 생명이 새로워지는 것이다. 산소공급으로 죽었던 사람이 다시 살아난다. 이런 이유에서 프리고진은 질서와 무질서는 함께 존재한다고 했다. 모든 공간을 중력의 법칙이 지배하는 것이다.

그러나 연결망이 스스로 조직한다는 말은 중력의 법칙만으로는 설명이 안 된다. 대신 중력장(Gravitation Field)의 법칙으로만 설명이 가능하다. 단순히 물질과 에너지의 이동으로 조직이 되는 것이 아니라 연결망 속에 걸려 있는 에너지 또는 질량이 스스로 조직한다는 것은 중력장에 걸린 질량 또는 에너지의 '차이'에 따라서 공간이 휘어버림으로써 새로움이 창조되는 것이다. 결국 연결망 자체는 질량의 유무와 관계한다. $E=mc^2$. 질량이 생기면 에너지가 생기고, 질량이 없으면 에너지는 없는 거다. 질량과 에너지는 함께 창조된다. 에너지가 발생하게 하고 소멸하게 하는 것은 질량과 질량 사이에 작용하는 중력 즉 끌어당기는 인력(引力)이 아니라 연결망 즉 중력장이다. 이로써 중력장의 유무와 에너지의 유무는 동일한 개념이 된다. 간단히 말하면, 중력장이 있으면(有) 에너지는 있는 것이고 ― 즉 자기조직된 것이고 ― 중력장 즉 연결망이 없으면 (無) 에너지는 없는 것이다. 자기조직화가 안 되는 것이다. 자기조직화가 안 되고 자기창조가 없다면 자기갱신도 없다. 그렇다면 새롭게 탄생하는 것도 없어야 한다. 그러나 우주에서는 수많은 생명이 계속 탄생하고 있고 수많은 생명이 계속 소멸되고 있다. 왜냐하면 에너지의 망으로 이미 존재하는 연결망은 영원하기 때문이다.

결국 이렇게 밝혀진 "연결망 조직이론"은 대기화학자인 제임스 러브록(James Ephraim Lovelock)에 의해 행성지구 자체는 '자기조직하는 시스템'이라는 주장을 하도록 한다. 러브록은 '지구는 살아있다'는 "가이아(Gaia)의 가설"을 과학적으로 입증하려고 했다. 그는 지구상의 대기 성분은 오로지 생명시스템으로부터 발전하는 것이 아니고 무생물시스템을 포함하는 전 지구의 생태시스템에 의해 제어된다고 믿었다(Mainzer, 1997: 107). 왜냐하면 연결망 즉 중력장은 누가 말하기 이전에 이미 존재하고 있기 때문이다.

이렇게 본다면 열린계인 생물은 '자기조직화'(Self-Organization)의 능력 때문에 '소멸하려는 경향'의 엔트로피의 증가를 억제 또는 상쇄할 수 있다는 논리가 된다. 물론 여기서 상쇄는 완전한 상쇄가 아니다. 완전한 상쇄가 안 되는 이유는 마찰열의 발생 때문이다. 즉 상쇄라고 해도 항상 2% 부족이다. 또한 엔트로피를 상쇄하는 방식은 서로서로 차별화되어 특성화될 수 있다. 차별화와 특성화는 바로 생물들이 생명을 유지할 수 있는 또 하나의 방법이기도 하다. 이를테면 중력의 법칙은 빛은 직진한다는 사실을 전제하지만, 중력장 이론은 빛은 굴절도 한다는 사실도 전제하고 있는 것이다. 빛이 굴절한다는 것은 일률적인 것이 아니라 굴절이 심한 경우도 있고 그렇지 않은 경우도 가능하다. 굴절되는 빛 또는 굴절되는 공간은 천차 만별이다. 바로 그것이 차이(Difference)이다. 반면, 중력의 법칙에서는 차이와 차별을 알 수가 없다. 이러한 연유에서 마투라나와 바렐라는 '살아 있는 연결망'의 핵심적 특성은 그것이 끊임없이 스스로를 생산한다고 주장한다(프리쵸프 카프라, 1996/ 김용정 · 김동광 옮김, 1999: 215). 왜냐하면 중력장 위에서의 움직임은 계속해서 차이를 만들어 내기 때문이다.

결국 중력장 이론에서 질량과 질량은 스스로의 질량에 따라 움직인다. 즉 에너지의 그물망(網)에 던져진 질량은 한순간도 멈추지 못하고 움직이는 것이다. 스스로의 움직임. 우주는 스스로 움직이는 질량의 합으로 이루어진다. 이때 끊임없이 차이가 발생한다. 차이의 발생으로 중력장은 끊임없이 움직임을 만들어 내는 바람에 결국 '자기 (스스로) 조직하는 우주'가 되는 것이다.

이제 자기조직화의 생산과정은 '연결망'에서 시작된다. 생물의 전체 연결망은 스스로를 조직하는 것이다. 즉 자기조직하는 생명체는 연결망으로 존재한다. 연결망이 스스로를 조직한다는 것은 결국 뉴턴의 중력법칙 대신 아인슈타인의 중력장 이론을 적용한 셈이다. 이제 시스템은 원래부터 소멸하려는 엔트로피 경향을 부분적으로 상쇄시킬 수 있는 에너지의 투입이 요청된다. 아니면 질량의 투입이다. 왜냐하면 에너지의 투입이나 질량의 투입은 중력장을 움직이게 하여 '차이'를 발생시키기 때문이다. 바로 그 차이가 자기조직화의 동력이 된다. 끊임없이 차이가 발생하면서 끊임없이 스스로 조직화된다. 이것은 자기갱신이고 자기창조다. 결국 소멸하는 경향 즉 엔트로피의 증가를 억제시키면서 원상복귀를 추구한다. 물론 완전한 원상복귀는 아니라고 했다. 마찰열의 발생 때문이다. 하여간 지금 이 순간 생명이 '유지되고 있다'는 사실은 엔트로피의 상쇄가 — 비록 100% 상쇄는 아니라고 해도 — 어떻게든 일어나고 있다는 증거이다.

　인간이 만들어내는 사회시스템도 마찬가지이다. 사회시스템 역시 연결망 시스템이다. 애초에 연결망 시스템으로 태어나는 인간이 구축하는 사회시스템 역시 연결망 시스템일 수밖에 없다. 우리가 기계를 만들어 내면 그것은 기계시스템이 된다. 기계시스템이 중단되지 않도록 우리는 정기적으로 기름칠을 해주어야 한다. 가만히 내버려 두면 만물은 산화(酸化)하게 되어 있다. 산화를 방치하면 녹이 된다. 기계가 다시 돌아가게 하려면 윤활유를 쳐주어야 하는 것이다. 그것도 안 되면 모든 부품을 청소해 주거나 아니면 녹이 슬거나 망가진 부품을 바꾸어 주어야 한다. 몸에 병이 나면 생명시스템이 중단되지 않도록 우리는 각종 영양을 보급해야 한다. 그래서 열심히 먹는 것이다. 아니면 수액주사 등 영양주사를 맞거나 비타민, 호르몬 등 약물을 복용해야 한다. 또 아니면 수술을 통하여 각종 조직과 장기를 새것으로 바꾸어 주어야 한다. 수혈을 하기도 한다. 이러한 모든 의료 활동들은 모두 생명시스템이 '부정 엔트로피'(Negative Entropy)로 작용할 수 있도록 내외적 자극을 주는 것이다.

　결국 끊임없는 변화와 성장을 위한 자극이 바로 엔트로피를 억제시키는 부정 엔트로피로 작용한다. 물론 우리의 몸 내부에서도 엔트로피의 증가를 억제하거나 지체시키는 자체 방어기제 및 자체 치료의 생리 기제들이 작용한다. 자기방어기제로서의 면역체계. 더우면 땀이 나고 추우면 소름이 돋는다. 열을 발산시키기도 하고 방출을 막기도 한다. 외부에서 찬바람이 기도로 들어오면 기침이 난다. 몸에 세균이 들어오면 백혈구를 보내서 열을 발생시킨다. 감기가 걸리면 열이 나는 이유는 우선 몸을 따뜻하게 하여 외부침입자를 태워 죽이려는 처사이다. 물론 고열이 너무 지속되면 응급실로 가야 한다. 하여간 우리의 몸은 외부침입에 반드시 저항하도록 되어 있다. 이미 언급한 대로 역시 항상성 때문이다.

　　그렇다면 지금 우리의 관심인 사회시스템에서 가능한 부정 엔트로피 즉 '네거티브 엔트로피'를 가능하게 하는 자극제는 무엇일까? 바로 소통(Communication)이다. 이는 대표적인 사회시스템 이론가인 루만(Niklas Luhmann, 1927-1998)의 지론이다. 인간은 의사소통을 통하여 사회적 인간이 되며, 사회시스템은 의사소통을 통해 그 생명을 유지한다(Luhmann, 1996). 공동체를 의미하는 코뮨(Commune)은 커뮤니케이션과 어원이 같다. 공동체의 삶에서 핵심은 소통인 것이다. 소통하지 않으면 공동체도 없다. 소통을 통하여 공동체를 유지하고 공동체의 문제도 소통으로 극복된다. 시스템도 소통을 통해 유지되고 소통을 통해 효과성과 효율성을 확보한다. 세포시스템은 외부와의 소통을 통하여 생명을 유지한다. 세포시스템에서 외부와의 소통은 물질과 정보의 교환이다. 시스템은 원칙적으로 투입-전환-산출 그리고 피드백의 과정을 통해서 효율성과 효과성을 확보한다. 이러한 시스템의 과정은 모두 소통의 과정이다. 일단 투입이 이루어지면 세포와 세포 간의 소통(물질과 정보의 교환)을 통하여 전환과 산출이 이루어진다. 산출은 다시 피드백의 과정을 통하여 새로운 투입을 요청하게 된다. 이러한 과정을 거듭하면서 시스템은 효과성과 효율성을 확보하고자 한다. 세포시스템도 마찬가지이다. 모든 생명시스템은 이런 과정을 공유한다.

　　그러나 생명시스템은 기계시스템과 다르다. 왜냐하면 기계는 구체적인 결과의 생산을 가져오게 하지만, 생명유기체는 그 자체를 스스로 새롭게 하면서 생명현상을 유지해야 하기 때문이다(Jantsch, 1984: 7). 뉴턴에 의하면, 우주는 거대한 기계시스템이다. 기계시스템이 질서정연하게 움직이듯이 우주도 조화와 균형 속에서 움직이고 있다. 그러나 우주 속의 생명들은 기계시스템으로 움직이는 것이 아니다. 따라서 생명의 집합체인 우주는 단순한 기계시스템이 아니다. 아니면 우리가 살고 있는 우주는 뉴턴의 기계가 아닌 것이다. 그렇다면 뉴턴이 틀렸을까? 아니면 뉴턴이 의미하는 우주기계는 일반적인 기계시스템과 다른 것인가?

물리시스템의 결정판은 기계시스템에서 나타난다. 기계. 한 치의 오차도 없이 설계 제작된다. 만약 오차가 생기면 기계시스템은 움직이지 않는다. 물론 잘못된 기계시스템은 움직임이 부실할 것이다. 효율성과 효과성에서 떨어지는 것이다. 더욱 부실한 기계는 움직이다가 망가진다. 이런 의미에서 뉴턴의 우주기계는 아직 움직이고 있는 것으로 보아 부실한 것은 아니다. 아직 엔트로피의 증가로 인해 우주질서가 파괴되어 언젠가는 우주시스템이 멈출 것이라는 증후도 없다. 기계는 대표적인 닫힌계이다. 우주시스템도 수없이 많다. 그런데 우주 안에 살고 있는 생명은 열린계이다. 결국 우주기계라는 닫힌계 속에 수많은 열린계가 움직이고 있는 것이다. 닫힌계 속에서의 열린계. 이렇게 본다면 열린계와 닫힌계는 서로 무관한 것이 아니다. 심지어 우주시스템도 하나가 아니다. 우리가 살고 있는 우주는 또 다른 우주와 연결되어 있다. 이를 '은하계'라고 한다. 우주와 다른 우주는 연결되어 있다. 우리가 사는 우주가 다른 우주와 고립되어 있다고 할 수는 없다. 물론 본 사람은 없지만.

빅뱅이론은 우주가 지속적으로 팽창한다는 사실을 알려주고 있다. 우주가 팽창한다는 것은 우주와 우주가 연결되어 있다는 증거이다. 결국 닫힌계는 다시 열린계가 되고 열린계는 다시 닫힌계가 된다. 열렸다가 닫히고 닫혔다가 열리면서 모든 시스템은 제 역할과 기능을 효과적으로 발휘하게 되는 것이다. 이런 의미에서 얀치는 '자기 조직하는 우주'라고 명명한 것이다. 이는 오토포이에시스 즉 자기조직하고 자기창조하고 자기갱신하는 우주를 말하는 것이다.

열린계의 속성으로서 오토포이에시스에 대한 연구는 칠레의 생물학자인 마투라나(Humberto Maturana)와 바레라(Fancisco Varela)로부터 시작되었다. 다시 말하면 '오토포이에시스'의 개념이 처음 나온 것은 이들의 연구에서이다. 이들에 의하면, 생명시스템은 모두 공통적으로 자율성(Autonomy)을 가지고 있다는 것이다(이용필, 1999: 62). 따라서 이들은 자기 생산 및 갱신과정은 모든 생명시스템에 나타나는 공통적 조직의 일반유형이라고 가정했다. 이러한 가정은 이들로 하여금 생명시스템을 '환경에 제한된 열린계'로 보는 것을 거부하도록 하였다. 또한 이들은 생명시스템들이 그것들 자체의 자율적 과정에 의해서 통합성을 확립하고 또한 유지할 수 있는 특이한 능력을 가지고 있다는 사실도 밝혀냈다(Bednarz, Jr., 1988: 57). 따라서 이들 생명시스템들은 본질적으로 "자기 준거적"(self-referential)으로 움직인다. 여기서 '자기 준거적'이란 의미는 관찰과 경험을 통한 피드백의 자료이며 동시에 반성과 성찰의 기준이 되기도 한다. 한마디로 생명시스템은 반성과 성찰을 통하여 성장하는 '자기갱신의 시스템'이다. 도약(跳躍). 깨우침을 통한 도약. 자기갱신의 시스템들은 환경과 구조적 상호작용에 관하여 열려 있으며 동시에 닫혀 있다(이용필, 1999: 69). 왜냐하면 자기갱신은 원리적으로 무한한 수의 다른 구조에 의해 표현될 수 있으나, 그 중의 하나로는 확인될 수 없기 때문이다(이용필, 1999: 68). 또한 시스템이 구조적으로 스스로 결정된다 하더라도 환경은 시스템에서의 구조적 변화를 자극하게 된다(이용필, 1999: 69). 여기서 환경과 시스템 간에 자율적으로 '경계'가 생성되는 것이다.

사회학자 루만은 더 자세하게 구조적 연결현상을 분석했다(이용필,

1999: 69). 그는 자기갱신의 시스템들이란 자기 조직화하는 시스템일 뿐만 아니라 그것들 자신의 구조들을 만들어 내고 또한 변화시킨다고 보았다(이용필, 1999: 74). 이러한 구조생산과 구조적 재생산은 보다 세분화된 하위시스템을 발전시키는 것을 의미한다. 또한 하위시스템들은 급변하는 환경 변화에 개별적으로 대응한다. 스승 파슨즈(Talcott Parsons, 1902-1979)에게서는 하위시스템들이 상위시스템의 구조에 목표를 두고 움직였지만, 제자 루만의 경우는 하위시스템이 자율적 시스템이기 때문에 스스로 구조를 생성해 나간다고 보았다. 이렇게 볼 때, 스승 파슨즈가 '구조-기능주의자'였다고 한다면, 제자 루만은 '기능-구조주의자'였다고 할 수 있다.

결국 마투라나와 바렐라는 자기창조의 현상에 내재하는 보편적 패턴을 오토포이에시스(autopoiesis) 즉 '자기갱신'이라는 개념으로 설명했다. 인간생태학자 홀리(Amos H. Hawley)는 이러한 자기창조로 생태학적 확산이 이루어진다고 설명한다(아모스 H. 홀리, 1950/ 홍동식 외 옮김, 1995: 27). 물론 생물학적 진화 이론에서 자연선택이나 돌연변이는 아직도 유효하다. 그러나 생태학에서 진화이론의 전개는 생물의 창조성 즉 생물이 끊임없이 새로움에 도달하려는 자유로운 행동을 중점에 두고 있다.

세상에서 스스로를 창조하는 생명의 최소 단위는 세포라고 했다. 세포핵 속의 DNA는 RNA 분자를 생산하며 RNA 분자들은 효소를 포함하는 단백질의 생산을 세포의 생산센터에 명령한다(Mainzer, 1997: 87). 생산된 효소는 다시 세포핵 속으로 들어가 손상된 DNA를 수선한다. 세포는 자체적으로 세포의 수선과정에도 참여하게 된다. 이는 세포가 살아남기 위해 스스로 창조함을 보여주는 것이다. 원시 바다에서 우연히 생성된 DNA의 자기 복제술에 의해 시작된 생명 진화의 역사는 DNA 복재의 역사였다고 해도 과언이 아니다(Willson, 1994). 영국의 생물학자 리처드 도킨스(Clinton Richard Dawkins) 역시 자신의 저서『이기적 유전자』 (1976)에서 DNA를 "불멸의 나선"이라고 명했다. 모든 생명체는 생존과 사멸을 반복하지만 DNA는 생명체의 몸을 빌려서 영원히 생존한다. 이렇게 본다면, 지구의 역사는 애초부터 DNA의 역사였다고 해도 과언이 아닐 것이다. 하여간 세포로 구성되는 거대 시스템인 생물, 사회 그리고 생태계 역시 스스로를 창조할 때 생명현상을 유지한다.

카오스 이론에 의하면, 생명은 무질서이며 불확실하다. 또한 생명은 결코 동일하게 반복되지는 않는다. 그러나 카오스의 움직임은 임의적이고 산만한 운동이 아니다. 잘 살펴보면 카오스의 움직임에도 이미 어떤 것은 결정되어 있으며 그 안에 '패턴'도 있다. 물론 '구조'(Structure)도 있다. 생명은 창조적 무질서를 통해 구조화된 패턴을 창출한다. '구조화된 패턴'은 '새로운 질서'이다. 생명의 창조적 무질서 현상을 폴란드 태생 프랑스 수학자 만델브로(Benoit B. Mandelbrot, 1924-2010)는 '프랙털 기하학'(Fractal Geometry)으로 풀었다. 프랙털(Fractal)이란 세부구조들이 끊임없이 전체구조를 되풀이하는 형상을 말한다. 예를 들어, 나무, 양치류, 산호같이 성장하는 시스템들은 프랙털에 의해 잘 묘사되며, 맥관(脈管) 망의 복잡한 갈래들이나 신경구조망은 프랙털 구조의 대표적 사례들이다 (Mainzer, 1997: 104). 한마디로 모든 사물의 세부구조는 전체의 모양을 담고 있다. 이를 근거로 만델브로는 생명현상을 프랙털 구조로 파악하고, 위에서 언급된 "자기유사성" 개념을 기하학적으로 풀어내는 수학적 방법을 창시한 것이다. 왜냐하면 부분과 전체는 같은 모양을 하고 있기 때문이다. 또한 위에서 본 바와 같이 프리고진은 "흩어지는 구조"로, 위상기하학자 푸앙까레와 로렌츠는 "기묘한 끌개" 현상으로 생명현상을 풀어

냈다. 그러나 이들의 공통된 결론으로 본다면, 생명은 늘 환경으로부터의 유입과 자극으로 불안정, 불균형, 불규칙적으로 되지만 바로 안정으로 회귀한다. 따라서 바로 여기에 자기 창조의 힘을 내재하고 있다는 사실이다.[51]

정리하자면, 우리 인간은 엔트로피의 증가로 인하여 마침내 소멸한다. 여기서 소멸이란 '삶의 질'의 파멸까지를 포함한다. 우리 인간이 살고 있는 사회시스템도 마찬가지이다. 물리학적으로는 고립계와 닫힌계에서 그렇다. 그러나 열린계로 살고 있는 인간에게서는 소멸을 최대한 늦출 가능성이 발견되었다. 물론 언젠가는 죽는다. 오늘날 우리는 100세 시대, 120세 시대를 거론하고 있다. 수명이 늘은 것이다. 우리는 의술(醫術)이 발달해서 그렇다고 한다. 그렇다면 의술은 부정 엔트로피(Negative Entropy) 즉 네겐트로피(Negentropy)이다. 의술의 투입으로 수명이 늘어났다는 것은 엔트로피의 증가를 억제시켰다는 것이다. 엔트로피의 증가를 완전히 억제한다면 엔트로피의 증가 때문에 죽는 일은 없을 것이다. 만약 의술이 더 발전한다면 엔트로피의 증가가 더 많이 억제될 수 있을 것이다. 영생(永生), 정말 가능할까?

그러나 의술의 투입은 오토포이에시스는 아니다. 만약 우리가 자기 조직화, 자기창조, 자기갱신을 통해서 '소멸하려는 경향'을 억제할 수 있다면, 오토포이에시스를 통하여 엔트로피의 증가를 억제하는 것이다. 오

---

51 동양의 도가(道家)에서는 변용과 변화를 자연의 본질적인 모습으로 가르치고 있으며, 힌두교에서는 전 우주의 실천원리를 카르마(Karma)로 설명하고 있는데 이는 창조적 힘으로 이 속에서 만물과 만물은 역동적 연관을 맺고 있다고 한다. 인간은 종종 다른 사람들과 다른 종들의 창조적 무질서는 일탈로 몰아세우고, 질서와 규율을 핑계로 만물의 창조적 무질서를 무단으로 거세한다. 독일 철학자 프리드리히 니체에게서는 아폴론 문화가 그랬다. 그러나 이는 생명의 뿌리 자체를 거세하는 일이었다.

토포이에시스를 통한 네겐트로피의 투입. 바로 그것이 열린계로 태어나는 우리 인간이 살아가야 하는 원리이다. 삶의 원리. 사실 열린계란 엔트로피의 증가가 없다면 영구적으로 살아남을 수 있는 시스템이다. 왜냐하면 열린계란 말 그대로 외부와 끊임없이 물질과 에너지를 상호교환하면서 구조가 유지될 수 있기 때문이다. 이것이 바로 우리 인간이 타고나는 '구조 유지적 특성'이다.

그러나 엔트로피의 증가라는 숙명(宿命) 앞에서는 어쩔 수 없는 노릇이다. 한마디로 '완전한' 구조의 유지가 안 된다. 구조의 마모(磨耗). 아무리 보충을 한다고 해도 완전한 구조의 복원과 유지는 불가능하다. 왜냐하면 마찰열의 발생 때문이다. 생명은 조금이라도 움직이는 한 바로 저항에 부딪힌다. 마찰열의 발생. 생명체에게서 구조의 유지가 안 된다는 것은 소멸의 길로 들어가는 것을 의미한다. 이러한 숙명을 극복하기 위해서 우리는 자기 스스로를 (새롭게) 조직(화)하고 창조하고 갱신할 수밖에 없다. 만약 운명에 거역하지 않겠다면 그냥 명대로 살면 된다. 그러나 운명을 극복하면서 보다 나은 삶을 살겠다고 한다면, 우리는 엔트로피의 증가를 최대한 억제할 수 있는 삶을 강구할 필요가 있다. 달리 말하면, 우리는 (생명의) 구조를 유지하기 위해서 구조를 계속 '변형'(變形)시켜야 한다. 끊임없이 구조를 변형시킴으로써 엔트로피의 증가로 인해 소멸되는 구조를 어느 정도 만회할 수가 있는 것이다. 그래서 우리 인간은 '구조 변형적 특성' 역시 타고난다. 마찰로 인해 어쩔 수 없이 마모될 수밖에 없는 구조를 변형(변화, 혁신)시킴으로써 새로운 구조를 만들어 내면서 살아있음을 유지하는 것이다. 한마디로 인간은 소멸할 때 하더라도 끊임없이 (생명의) 구조를 변형시키면서 구조를 유지하게 된다. 그게 삶이다. 다시 말하면 열린계로 태어나는 인간은 죽는 날까지 최대한 스스로 구조변형을 하면서 가능한 한 (생명의) 구조를 유지하면서 살아가야 하는 운명이다. 이렇게 본다면 인간을 포함한 모든 생명에게 '변화'와 '혁신'은 선택이 아니라 필수가 된다. 변화하고 혁신하지 않으면 인간은 계속해서 소멸할 수밖에 없는 존재인 셈이다. 그래서 기업에서는 직원들에게 늘 변화하고 혁신하라고 주문하는 것이다. 다른 기업이나 조직보다 더 나아지기 위해서 변화와 혁신을 외치는 것이 아니라 인간은 늘 변화하고 혁신하지 않으면 소멸하는 속도가 빨라지고 질적으로도 수준이 급격하게 낮아질 수밖에 없다. 이는 고인 물이 썩는 이치와 같다. 흐르는 물에 이끼가 끼랴? 그런 말도 있다. 여기서 흐르는 물은 변화와 혁신이다. 결국 변화와 혁신은 모든 생명에게 엔트로피의 증가를 억제시켜 주는 부정 엔트로피 즉 네겐트로피가 된다. 변화와 혁신으로 우리는 수명도 늘릴 수 있을 뿐만 아니라 삶의 질도 제고할 수 있다. 그러나 만약 변화와 혁신을 하지 않는다면 우리는 그냥 스스로 고사(枯死)하는 길을 선택하고 마는 것이다. 이런 의미에서 변화와 혁신은 모든 생명에게 선택이 아닌 필수이다. 또한 뚜렷한 목적을 가지고 만들어진 사회조직과 기업조직에게 변화와 혁신은 필수이자 의무(義務)가 된다.

이제 우리가 끊임없이 스스로 (생명의) 구조를 변형시켜야 하는 이유는 밝혀졌다. 남은 것은 과연 '우리가 (생명의) 구조유지를 위하여 '구체적으로' 무엇을 해야 하는가?' 하는 질문이다. 어떻게 하면 구조유지에 필요한 구조변형을 할 수 있다는 말인가? '마찰열에 대한 처방'이다. 마찰열로 인하여 우리 인간의 (생명) 구조는 어그러진다. 살아남기 위해 숨을 쉬지만 결국 이 때문에 소멸한다. 호흡기관이 마찰열로 인해 손상되기 때문이다. 그렇다면 마찰열이 관건이다. 소위 '마찰열 처방'이 요청되는 것이다.

한편, 인간은 사회적 동물이다. 인간이 살고 있는 사회. 인간은 사회를 만들고 인간은 사회에 구속된다. 이렇게 본다면 사회시스템은 열린계이어야 한다. 그러나 사회시스템은 수없이 바뀌고 있다. 이유는 명백하다. 열린계로 작용해야 할 사회시스템이 닫힌계로 군림하기 때문이다. 운명을 거역하는 셈이다. 따라서 사회시스템도 생명력을 유지하려면 열린계로 거듭나야 한다. 사회시스템은 열린계인 인간 개개인의 집합이며 인간에 의해 만들어지기 때문이다.

우리 인간의 삶에서 발생하는 마찰열은 크게 두 가지의 모습으로 나타난다. 쓸모없이 낭비되는 마찰열과 유용하게 전용될 수 있는 마찰열이 그것들이다. 전자는 엔트로피의 증가로 이어진다. 그러나 후자는 엔트로피의 증가를 억제하는 방안이 될 수 있다. 이를 위해서는 일단 '마찰열의 억제'가 이루어져야 한다. 쓸모없는 마찰열의 발생이 엔트로피의 증가를 가속화시킬 수 있기 때문이다. 물론 마찰열의 억제가 최선은 아니다. 왜냐하면 마찰열이 모두 쓸모없는 것은 아니기 때문이다. 이를테면, 돌의 재발견(도구화), 불의 발명, 철의 발견, 전열기와 백열전등의 발명 등. 모두 마찰열을 활용하여 인류를 살아남게 한 역사적 사건들이었다. 따라서 우리의 삶에 궁극적으로 요구되는 것은 '마찰열의 창조적 전환'이다. 사회시스템도 마찬가지이다. 이것이 바로 증가하는 엔트로피의 억제 즉 네겐트로피를 가능하게 하는 오토포이에시스의 조건이라고 할 수 있다.

문제는 갑자기 코로나19가 덮쳤다는 사실이다. 개인도 사회도 '생명유지' 그 자체가 엔트로피의 증가를 거부할 수 없는 상황에서 치명적인 코로나19의 급습. 과연 코로나 정국은 우리의 삶에 엔트로피의 증가를 배가시킬 것인가? 아니면 엔트로피 총량의 증가는 오히려 저지될 수 있을 것인가? 코로나 이후(Post-Corona)는 '코로나와 함께'(With-Corona)라고 한다. 코로나 정국은 뉴 노멀의 사회이다. 이제 선택은 두 가지다. 이대로 엔트로피의 증가에 노출되어서 그냥 팔자대로 소멸되어 버릴 것인가? 아니면 우리에게 선천적인 오토포이에시스의 조건을 충족하는 네겐트로피의 투입을 통하여 뉴 노멀의 온택트 시대를 새롭게 살아갈 것인가?

2
오토포이에시스의 조건: 마찰열 처방

1) 쓸모없는 마찰열의 억제

지금까지 우리 인류는 전통적인 공동체를 유지 발전시키기 위해 수많은 마찰열을 발생시켜 왔다. 마찰열 덕분에 우리는 전통적인 공동체를 성공적인 성과를 이루기도 했다. 이를테면 공동체 사수를 위한 전쟁 테크놀로지를 평화 시 일상의 테크놀로지로 전환시킨 것 등은 우리 인류가 문명사회에서 보다 윤택하게 살 수 있는 환경을 만들어 주었다고 할수 있다. 물론 문명비판가들의 관점에서는 다르게 평가할 수도 있겠지만. 하여간 역사가 심판할 것이다. 즉 공동체의 탄생, 시장의 탄생, 도시의 형성, 증기기관과 내연기관의 발명 등은 결국 엔트로피의 증가를 배가시킨 주범인지 아닌지에 대한 역사적 평가가 남아 있다. 그럼에도 불구하고 테크놀로지의 주역들이 애를 쓴 것은 사실이며, 이는 전통적 공동체의 유지·발전에 기여했다. 사실 전통적인 공동체는 인류가 애초부터 맹수들과의 경쟁에서부터 살아남기 위한 최선의 생존전략이었다고 했다. 그런 점에서 우리 인류는 전통적인 공동체 구축에 전력을 기울여

온 것이다.

 그러나 정보통신혁명, 4차 산업혁명의 시대에 들면서 전통적인 공동체가 많은 부분에서 더 이상 생존전략으로서의 의미와 가치를 상실하고 있다. 오히려 이것들이 우리 인류가 살아남기 어려운 걸림돌로 작용할 수도 있다. 이를테면 이미 오랜 시간 동안 전통적인 공동체의 특성이 되어 버린 수직적 상하관계(Hierarchy), 권위주의적 가부장제도, 지배자와 피지배자의 양분, 적과 동지의 양분, 질서명분의 획일화, 집단이기주의 등은 미래사회발전에 걸림돌이 되고 있다. 이러한 문제들이 제거되지 않는 한, 미래사회에서는 쓸모없는 마찰열의 발생을 보다 급격하게 초래할 것이다. 그것은 사회적 엔트로피의 증가로 이어진다. 사회적 엔트로피의 증가는 사회공멸을 촉진한다고 했다. 따라서 '전통적인 공동체'를 유지 · 발전시키기 위한 마찰열의 억제, 오로지 그것만이 엔트로피의 증가를 억제함으로써 미래 삶의 조건을 최적화시키는 데 기여할 것이다. 왜냐하면 우리가 살아가야 할 현실(미래)은 이미 디지털 사회가 구축해 놓은 '온라인 네트워킹 공동체' 즉 '온택트 공동체'(On-Tact Community)이기 때문이다. '전통적 공동체'는 더 이상 우리의 삶의 현장이 아니다. 그냥 역사 속으로 빠르게 사라지고 있는 추억. 코로나19가 이러한 사회변화를 강제로 끌고 가고 있다.

 한편, 우리 인류는 마찰열을 억제시킴으로써 삶에 아주 유용한 가치를 창출해 내기도 했다. '바퀴의 발명.' 이미 위에서 살펴본 것처럼 인류가 역사적으로 마찰열을 억제시킨 최초의 사건이었다. 고대 이집트에서 피라미드를 만들 때 거석(巨石)을 옮기기 위해 원통 모양의 통나무 위로 올려놓고 밀면 된다는 아이디어가 나왔다. 이후 인류가 창조해 낸 거석문화는 이런 방식으로 마찰력을 억제함으로써 어떤 것도 쉽게 옮길 수 있다는 사실을 알게 되었다. 마침내 원통형 통나무는 '바퀴'로 탈바꿈한다. 마찰력을 최소화하여 삶에 유용하게 활용된 것이다. 바퀴는 도르래로 응용되어 우물 안에서 물을 퍼내는 데에도 사용되었다. 무거운 물건을 옮기는 데에도 사용되었다. 바퀴는 자전거 바퀴로 마침내 자동차 바퀴 그리고 기차 바퀴가 되었다. 지금 우리는 온통 바퀴에 목숨을 맡기고 살고 있다. 마찰력을 억제시킨 지상 최대의 작품인 비행기의 바퀴는 세상을 하나로 연결시킴으로써 지구촌 사회를 만들어 놓았다.

그렇다면 우리는 일단 마찰열을 억제할 수 있는 영역부터 살펴볼 필요가 있다. 물론 신중하게. 왜냐하면 마찰열이 모두 쓸모없이 낭비되는 엔트로피의 증가로 이어지는 것은 아니기 때문이다. 그럼에도 불구하고 확률이다. 일단 유용하지 못한 것으로 판단될 수 있는 마찰열을 찾아내어 가능한 한 이를 억제할 수 있는 방안을 찾아보는 거다.

(1) 개인적 차원의 처방

첫 번째, 당연히 개인방역(個人坊役)이다. 우리의 적(敵)은 더 이상 사람이 아니다. 바이러스다. 바이러스와의 전쟁. 사실 전문가들은 이미 오래전부터 알고 있었다. 그러나 이번 코로나19 사태로 우리 일반인들도 확실히 알게 되었다. 이제 코로나19가 사라진다고 해도 앞으로 계속해서 변종과 변이가 나올 것이다. 이미 코로나20이라는 변이종이 영국을 급습했다고 한다. 전 세계로 퍼지고 있다. 우리나라에도 상륙했다고 한다. 아니면 전혀 또 다른 바이러스가 다시 우리를 계속 공격할 것이다. 생태학적 관점에서 보면, 지구촌의 모든 생명체들은 공진화(共進化)한다.

왜냐하면 모든 생명체는 외부 생명체의 접촉이나 침입에 저항하는 과정에서 반드시 항체(抗體)가 생겨나기 때문이다. 모기도 점점 더 강하게 진화한다. 매년 더 센 놈들이 우리를 괴롭힌다. 그렇게 훌륭한 박멸제품들이 나와도 모기는 여전히 살아 있으며 새롭게 진화한다. 요즘 모기들은 머리가 좋다. 사람들이 우스개로 하는 말이다. 지능형 모기? 웽 소리를 내는 모기가 사라졌다. 지금 모기들은 소리 없이 쏘아대고 사라진다. 사람과의 싸움에서 공진화한 것이다. 웽 소리를 내면 금방 잡힌다는 것을 알게 된 것이다. 사람들도 모기의 공격에 더 강한 항체를 형성한다. 항생제를 쓰면 쓸수록 슈퍼세균이 창궐하는 이치와 같다. 하여간 지구촌의 모든 생명체는 공진화하면서 공생한다. 바이러스도 앞으로는 더 강한 바이러스가 나타날 것이다. 슈퍼 바이러스의 출몰.

이제 우리는 바이러스와의 싸움을 대비하기 위해서는 바이러스가 발생할 수 있는 조건과 환경을 제거해야 한다. 이번에 확실히 알았다. 감염의 위험성에 노출되지 않기 위해 우리가 쏟은 마찰열은 대부분 쓸모없이 낭비되는 엔트로피의 증가로 이어질 수 있다는 사실. 사전에 예방하는 것만이 최선이다. 개인방역. 틈만 나면 손 씻기 준수, 마스크 착용 필수, 악수 안 하기, 사회적 거리 두기 등. 이미 다 알고 있는 사실이 되었다. 모든 감염은 손에서 손으로 그리고 비말로 이루어진다는 사실. 일반 상식이 되었다. 개인위생을 철저하기 하는 것만이 쓸모없는 마찰열을 억제시키는 길이다. 한마디로 K-방역의 지침 준수를 그대로 일상 생활화하면 된다. 비상시만 할 것이 아니라 매일이 비상시라고 여기면서 생활하면 된다. 호모마스쿠스. 이제 인간은 마스크와 함께 산다. 아침에 화장하고 집을 나서는 것이 일상이 된 것처럼 마스크 착용은 이제 일상이다. 바이러스의 공격은 언제 어디서 어떻게 무엇으로부터 시작될지 모르기 때문이다.

결국 오토포이에시스를 가능하게 하는 네겐트로피는 '자기방어'다. 자기방어는 '자기애'(自己愛) 즉 자기를 사랑하는 일부터 시작된다. 지금까지 우리는 공동체의 일원으로 살았다. 전통적인 공동체에서는 개인은 없다. '누구 엄마', '누구 아빠' 자기의 이름도 없이 살다 보니까 내가 누구인지도 모른다. 공동체의 기준 즉 사회적 기준에 따라서 아이들은 명문대학에 가서 대기업에 취직해야 한다. 부모들의 자기희생. 우리의 부모들은 아이들을 위해서 자기희생을 덕목으로 생각하면서 산다. 허리가휘고 자기 인생은 없다. 그러다가 어느덧 퇴직(退職). 퇴직과 함께 찾아오는 허탈감, 무력감 그리고 우울감과 상실감. 그러다가 어느 날 치매판정. 인생은 이렇게 끝난다. 그게 전부다. 서글프지 않은가? 중생은 모두 슬픈 존재다.

그런데 이 와중에 코로나19가 우리를 공격하고 있다. 치명적인 코로나19가. 만약 감염이라도 된다면. 감염을 통해 설사 운명(殞命)이라도 한다면. 아뿔싸. 사람은 무(無)에서 와서 무로 돌아간다고는 하지만. 그래도 이건 좀 너무 허무한 것 아닌가? 이제 우리는 삶을 뒤돌아보아야 할 시간이다. 무엇보다도 확진 판정이 난다면 쓸모없는 마찰열이 발생한다. 14일 자가 격리. 그리고 격리 치료. 치료받다 죽는 사람들도 많다. 일단 병실이 태부족이란다. 치료가 되어도 후유증은 장난이 아니라고 한다. 물론 사람들에 따라 다르긴 하지만. 이는 엔트로피의 증가에 결정적이다. 엔트로피의 증가는 소멸이다. 무모한 소멸.

그동안 우리는 앞만 보고 달려왔다. 코로나19가 이 소중한 기회를 주었다. 반성과 성찰. 절호의 찬스다. 천우신조(天佑神助)의 기회. 만약 우리가 이번에도 천금 같은 이 기회를 놓치고 만다면 미래는 더 이상 없다.

기회는 딱 한 번뿐. 두 번은 없다. 만약 기회가 다시 온다고 한다면 그건 아마 돌멩이나 우주 먼지를 가지고 노는 전혀 새로운 종족들에게 찾아올 것이다. 그들은 지금의 호모사피엔스는 아닐 것이다. 그때 우리는 이미 공멸을 했을 거니까.

둘째, 전통적인 공동체는 알게 모르게 우리에게 자기희생을 강요해 왔다. 공동체를 위한 봉사. 내가 빠진 삶이다. 삶으로부터의 소외(疏外). 공동체의 삶에 충실하다 보니까 정령 자기가 있어야 하는 자리에서 자기만 빠진 삶. 이게 전통적인 공동체 속에서의 '나'다. '자기한테 투자하라'고들 한다. 자기를 사랑하는 사람들은 자기에게 투자한다. 여전히 공동체의 기준이 자기의 삶으로 착각하는 사람들. 여전히 자기희생을 삶으로 생각한다. 삶이 뭐 별거냐구. 각자 생각들이 다르다. 생각은 자유니까 뭐라고 말할 수는 없지만. 자기를 사랑하는 사람들이 손씻기를 더 잘 할 것이다. 자기를 사랑하는 사람들이 사회적 거리 두기를 더 잘할 것이다. 손씻기, 사회적 거리 두기의 실천은 자기창조, 자기갱신 즉 오토포이에시스의 조건으로서의 네겐트로피의 투입이다.

한마디로 자기일상의 작은 수칙으로부터 시작하면 된다. 자기 스스로 몸과 마음을 정화함으로써 세상의 정화가 시작된다는 사실. 그동안 우리는 자기방어에 너무 소홀히 해왔다. 전통적인 공동체의 작품이다. 자기를 사랑하라. 이번에 방심한 대가가 힘들 수 있다는 사실을 알게 되었다. 쓸모없는 마찰열의 발생. 자기를 사랑하지 않아 생기는 마찰열. 자기희생은 결국 쓸모없는 마찰열이었다는 사실도 알게 될 것이다. '자식도 크면 다 소용이 없다.' 대부분 우리네 부모들의 푸념이다. 부모들이 열을 받은 것이다. 쓸모없는 마찰열이다. 부모들의 희생 덕분에 명문대학을 졸업했고 대기업에 들어간 자식들. 나중에 효도하겠지? 근데 얼마나 그럴까? 자식들에 대한 배신감. 믿는 도끼에 발등 찍혔을 때가 가장 억울하다. 물에 빠진 놈 건져 주었더니 보따리 내놓으라고 할 때. 사람 미친다는 말이 절로 나온다.

　물론 자수성가한 아이들도 있다. 반대로 부모가 오히려 걸림돌이었다는 아이들도 있다. 심지어 부모들이 진 빚을 지금도 대신 갚아주는 아이들도 있다. 그러나 전통적인 공동체는 대부분 부모들의 자기헌신을 은연중에 강요하고 있다. 그 알량한 공동체의 사회적 기준을 세뇌시키면서. 공동체의 사회적 기준은 모든 공동체마다 다르다. 미국의 기준이 다르고 한국의 기준이 다르다. 일본의 기준이 다르고 중국의 기준이 다르다. 서울의 기준이 다르고 뉴욕의 기준이 다르다. 베이징의 기준이 다르고 도쿄의 기준이 다르다. 됐나? 세상에 기준이 하나인가? 그런데 획일적으로 말한다. 사회적 기준이라는 허깨비. 결국 나의 삶을 내가 사는 것이고 사회가 나의 삶을 책임져 주는 것도 아닌데. 사회적 기준? 사회? 혹시 사회를 본 사람이 있는가? 사회는 있기는 있는 것인가? 막스 베버가 1세기 전에 품었던 의문이었다. 사회? 이름뿐일 수도 있다. 그렇다면 사회적 기준도 허깨비? 그런 허상 때문에 결국 나도 잃고 개성도 잃고. 그게 '사회명목론'(社會名目論)이다. 이름뿐인 사회가 우리를 옥죄고 있다? 얼마나 한심한가?

　'사랑은 내리사랑'이라는 말이 있다. 나중에 아이들에게 효도하기를 바라는 부모들. 전통적인 공동체가 만든 허상이다. 어차피 인간의 삶은 '내리사랑'이다. 세상에 '올림사랑'은 없다. 조물주가 우리 인간을 그렇게 만들어 놓았다. 부모의 사랑은 오로지 내려갈 뿐이다. 부모가 그 자식에게, 또 그 자식이 또 그의 자손에게. 그래서 부모가 돌아가시고 나서야 자식들은 통곡을 한다. 부모가 살아생전 가장 효도하지 않았던 아이가 가장 크게 운다고 한다. 그런데 막상 부모가 다시 살아난다고 해도 가장 크게 운 아이가 정말 효도를 할까? 그냥 부모가 없으니까 그럴 뿐이다. 내리사랑. 그러니까 사랑은 거저 주는 거다. 되돌려 받으려고 하지 마라. 그러니 이제 작작해라. 100% 자기헌신은 바보나 하는 짓이다. 적당히 하고 자기에게 투자하라. 오히려 자기를 사랑하는 일이 곧 남을 사랑하는 일이다. 사랑을 받아보지 않은 자는 사랑할 줄 모른다고 한다. 자기자신에게 사랑을 듬뿍 주어라. 내가 나한테 준 사랑. 난 사랑을 받아 본 거다. 그러면 남들도 사랑하게 된다. 내가 나를 사랑해 보지 않은 사람은 남을 사랑할 수도 없다. 사랑을 받아 본 적이 없기 때문이다.

　　전통적인 공동체는 '자기애' 대신 '자기헌신'을 최고의 덕목으로 여기게 한다. 모두들 속는 거다. 자기애가 없는 공동체의 삶, 결국 쓸모없는 마찰열로 발생한다. K-방역 시대에 방역수칙을 잘 따르는 것은 자기애의 표현이다. 손 씻기를 잘하고 사회적 거리 두기를 잘하고 몸과 마음을 청결하게 하는 것은 내가 나를 사랑하는 것이다. 결국 자기애는 내가 나를 지키는 길이다. 이는 곧 남을 사랑하는 것이기도 하다. 바이러스로부터 나를 지키는 것은 곧 남으로의 감염을 막아주기 때문에 결국은 남을 지키는 길이다. 이렇게 해서 이기적 사랑은 이타적 사랑이 된다. 원래 사랑이란 결국 '이타적'으로 끝나는 것. 아가페(Agape)이다. 감염병으로부터의 해방. 그것은 이기적 사랑 즉 자기애로부터 이타적 사랑으로 끝난다. 자기애에 충실한 사람들은 결코 남들과 더 이상 다투지 않을 것이다. 왜냐하면 삶은 부메랑이기 때문이다. 사랑은 사랑으로 돌아오고 다툼은 보복으로 돌아온다.

　　우리는 지금까지 공동체의 일원으로 살아야 한다는 무언의 강요로 인해 자기애를 상실해 왔다. 자기애의 상실로 얻은 것은 결국 쓸모없는 마찰열의 발생뿐. 이는 엔트로피의 증가를 가속화시킨다. 마침내 어처구니없는 소멸. 소멸을 촉발시키는 엔트로피의 증가를 그대로 보고만 있을 수는 없지 않은가. 지금이라도 막을 수 있다면 뭐라도 해야 하지 않겠는가? 부정 엔트로피 즉 네겐트로피의 투입이 절실하다. 더 이상 훗날 대가를 치르기 전에 미리 대비하는 것. 그것이 바로 자기창조이며 자기갱신이다. 자기갱신을 위한 네겐트로피를 투입하자는 것이다. 이로써 지금까지의 엄청난 상실을 만회해 주어야 한다. 상실된 자기애의 만회. 그냥 상실을 내버려 두면 무모한 소멸로 이어진다. 오토포이에시스의 네겐트로피. '자기애'. 자기의 삶을 위한 에너지의 투입. 바로 그것만이 증가하는 엔트로피를 억제해 줄 것이다.

셋째, 절대로 '열 받으면' 안 된다. 지금 우리는 열 받는 일이 너무 많은 시대에 살고 있다. 무조건 열을 받으면 안 된다. 분노조절, 감정조절. 어느 때보다도 절실할 때이다. 코로나19로 인하여 발생하는 모든 쓸모없는 마찰열. 엔트로피 증가의 주범이다. 방법은 딱 하나. 가능한 열 받으면 안 된다. 소멸의 속도가 빨라질 뿐이다. 뚜껑이 열린다고도 한다. 그러면 당장 죽는 것이다. 열 받을 일을 피하는 것도 하나의 방법이다. 물론 쉽지 않은 일이다. 마음공부가 절실할 때다. 요가, 명상, 마음 챙김.

아프면 약을 먹어야 한다. 물론 웬만하면 안 먹는 게 낫다. 약물남용, 약물오용 금지. 건강 전문가들의 권고사항이다. 인간에게는 선천적 면역체계가 있다. 항상성 즉 호메오스타시스의 능력을 가지고 태어난다는 말이다. 모든 세포는 항상 스스로 원상 복구되려는 성질을 가지고 있다. 병균이 침입하면 백혈구가 출동한다. 세균을 잡아먹는 과정에서 항체(抗體)가 발생한다. 다시는 같은 적들이 침범하지 못하게 하는 것이다. 약을 먹으면 좀 더 빨리 병균이 박멸된다. 그러나 이 과정에서 엄청난 마찰열이 발생한다. 백혈구가 출동하면서 발생하는 혈액세포들과의 충돌로 인한 마찰열. 어쩔 수 없는 일이다. 하나를 위해서 다른 하나를 희생할 수밖에 없다. 여기에 외부에서 약까지 투입된다면 세포 분자와 분자 사이의 화학반응, 원소와 원소 사이의 충돌 등을 통해 발생하는 마찰열이 배가된다. 물론 투약하지 않으면 안 되는 치명적인 병이 있다. 또한 신체 상태가 약물복용을 하지 않으면 위독한 경우도 있다. 어쩔 수 없는 노릇이다. 이때는 응급조치가 필요할 것이다. 그럼에도 불구하고 엔트로피의 증가는 가속화된다. 엔트로피의 증가는 피할 수 없다고 했다. 그러나 최대한 억제함으로써 좀 더 오래 유지할 수 있다. 약을 먹으면 회복이 빠를 수 있다. 그러나 이 과정에서 발생하고 증가한 엔트로피는 몸 어딘가에 다시 쌓일 수밖에 없다. 간에 약의 독이 쌓인다거나. 아니면 약물로 인한 부작용. 특히 몸속에서 분해가 잘 안 되는 인공적인 화학성분들. 심지어 항생제의 오남용 문제는 어제오늘의 이야기가 아니다. 더 나아가서 수술을 통해 장기를 바꾸는 경우도 마찬가지다. 어쩔 수 없는 경우겠지만. 하여간 후유증과 부작용은 말로 다할 수 없다. 그만큼 강제적으로 세포들이 충돌하고 마모되면서 엄청난 마찰열이 발생한다. 나이를 먹으면 소식(小食)하라고 한다. 음식을 많이 먹으면 그만큼 몸속에서 마찰열이 많이 발생하기 때문이다. 음식원소와 세포와의 충돌과 마찰. 만성염증의 주원인이다.

바로 이런 것들이 엔트로피를 급격하게 증가시키는 주범들이다. 이렇게 하여 인간은 제 명도 못 살고 죽을 수 있다. 당장 죽지는 않더라도 엔트로피의 증가로 인해 얻은 병마(病魔)와 싸우면서 식물인간처럼 살아가게 된다. 죽는 날만 기다리면서. 살아도 유병장수(有病長壽)다. 한마디로 엔트로피 증가를 억제하지 못한 죄로 결국은 죽지 못해 사는 인간이 되고 만다.

우리는 열 받는다는 말이 일상이 되었다. 뚜껑이 열린다고도 한다. 스스로 쓸모없는 마찰열을 발생시키는 것이다. 열을 받으면 받을수록 수명을 단축시키는 것이다. 뚜껑이 열리면 도대체 어쩌란 말인가? 밥뚜껑도 아니고. 사실 뚜껑은 열린 적이 없다. 뚜껑이 열리면 죽는 거 아닌가? 뚜껑이 진짜 열린 게 아니다. 그러니까 열 받지 않을 수도 있다. 가능한 한 열 받지 말라. 열 받는 일이 자꾸 발생하면 그만큼 위험하다. 자주 열을 받으면 오래 살지 못한다. 뚜껑이 열릴 정도로 열을 받는다면 과연 사람이 살 수 있겠나? 열 받을 일을 피하는 것이 소멸의 속도를 줄이는 것이다. 열을 받아도 마음을 다스릴 수 있다면 그것도 방법이다. 결국 우리가 죽음의 속도를 늦추고, 아울러 삶의 질적 수준을 높이기 위해서는 일상에서 계속 발생하고 증가하는 엔트로피를 가급적 줄이고 억제할 수 있는 방안을 강구하면서 살 수밖에 없다. 그것이 생명을 보존하는 방법이다. 아울러 열 받을 일도 열 받는 것으로 생각하지 않는 습관을 들여야한다. 그러면 쓸모없는 마찰열을 억제하는 것이다. 열 받을 일을 열 받지 않는 일로 습관화하는 것은 오토포이에시스로서의 조건인 네겐트로피를 스스로 투입하는 것이다.

(2) 국가 사회적 차원의 처방

첫째, 이제는 '진영논리의 대결'을 당장 중지해야 한다. 이제 '공공의 적'(公敵)은 사람이 아니라 바이러스다. '공공의 적'이라는 영화가 나온 적이 있다. 전통적인 공동체에서의 마지막 소식이었다. 원래부터 공공의 적은 없다. 만들어지는 것이다. 누가? 전통적인 공동체는 처음부터 공공의 적을 만들어 왔다. 공동체를 지켜내기 위함이다. 공동체를 유지하고 발전시키는 것은 공동체의 구성원들이 하는 것은 아니다. 공동체의 구성원이라는 말도 부담스럽다. 그냥 '나'는 나다. 그런데 공동체라는 명목 하에 나를 편입시켰을 뿐이다. 내가 원하지 않아도 나는 어느 순간 공동체의 일원이 된다. 그래서 한 세기 전에 아나키스트(Anarchists)들이 한때 세상을 떠들썩한 적도 있다. 이들은 과격했다. 보이는 대로 세상을 때려 부수었다. 레지스탕스의 출현. 저항하는 사람들. 왜 그랬을까? 바로 전통적인 공동체가 만들어낸 자화상이다. 의견이 다르면 공동체는 다른 공동체와 충돌할 수밖에 없다. 사람이 다른 사람과 마찰을 경험하는 것과 다르지 않다. 사람과 사람이 모여서 만들어지는 공동체니까.

지금 우리 사회에서 전통적인 공동체가 낳은 공공의 적. 바로 진보와 보수, 보수와 진보 간에 벌어진 소위 '진영논리의 대결'이다. 반세기 이상 지속되고 있다. 진보진영에서는 진보적인 공동체가 우위라는 것이고 보수진영에서는 보수공동체가 더 낫다는 논리이다. 아직도 끝나지 않고 있다. 그러나 결론도 없다. 해결점도 보이지 않는다. 사회적 합의도 없다. 지금 이 순간의 결론은 어쨌건 국론(國論)이 딱 반으로 두 동강이 났다는 사실이다. 그동안 이를 통해서 발생한 사회적 마찰열, 엄청나다. 물론 이는 민주화가 되는 절차이며 과정이라고 자위할 수도 있다. 맞을 수도 있다. 그러나 틀릴 수도 있다. 만약 전자라면 이는 오토포이에시스의 네겐트로피로서 창조적 전환의 기회를 만들어 주는 유용한 마찰열이고 할 수 있다. 그러나 후자라면 그동안 우리 사회에서는 쓸모없는 마찰열만 발생하여 사회공멸을 촉진하는 사회적 엔트로피의 증가만을 가속화시켰다는 평가가 맞을 것이다. 그러나 여기서 끝. 더 이상은 하지 말자.

1945년 해방 이후 우리는 대한민국호가 사회주의 노선을 따를 것인가 아니면 자본주의 노선을 따를 것인가에 대해서 소위 모든 지식인들 (인텔리겐치아)이 중심이 되어서 논쟁을 했다. 결과는 남북분단(南北分團). 반공이데올로기를 기반으로 만들어진 초대정부가 보수진영으로 간주되면서 반대 논리를 주장하는 소위 진보세력을 반항세력으로 몰아세웠다. 우리 사회에서 최초로 '공공의 적'이 탄생했다. 아이러니하게도 공공의 적은 지역발전 논리와 연계되면서 영남권과 전라권이라는 지역대립의 논리가 만들어지게 되었다. 특히 경부고속도로를 중심으로 한 산업화의 편중, 그것이 가장 큰 이슈였던 것이다. 정치가들은 이를 기점으로 본격적으로 갈라서기 시작했다. 국민들도 이런 싸움의 도가니에 빠져들기 시작했다. 경제 즉 먹고사는 문제가 달렸으니까. 급기야 세력쟁탈전으로 번졌다. 소위 선동정치, 지역감정 촉발의 정치가 트리거로 작용한 셈이다. 마침내 20여 년 전 진보세력이 최초로 정권을 잡으면서 보수-진보, 진보-보수 논쟁은 대의국회를 지배하게 된다. 국민을 대표하는 의원들이 앞장서면서 진영논리는 정면 대결의 양상으로 치닫게 된다. 전쟁 아닌 전쟁. 결국 지금 완전히 양분된 국론분열로 귀결되고 말았다. 물론 정치가들이 주도한 진영논리의 내막이다.

　　결국 공공의 적은 역사적으로 우리 사회의 전통적인 공동체가 만들어낸 가공물(加工物)이다. 예전에 홉스는 '인공물'이라고 했다. 사람들이 없는 것을 인공적으로 만들어 놓은 것. 사실 우리 국민들은 정치가들만큼 지역감정이나 진영논리가 그렇게 지배적이지는 않다. 일단 먹고사는 것이 가장 중요하다. 영남지역에서 공단이 제일 많기로 유명한 울산에 호남 사람들이 가장 많이 살고 있다. 부산도 마찬가지이다. 물론 일자리가 몰려있기 때문이다. 일자리가 곧 민생이다. 사람들은 정치가들의 생각만큼 그렇게 이전투구로 분열되어 있지 않다는 말이다. 진정 영호남을 가르는 것은 정치가들이지 국민들은 결코 그렇지만은 않다는 사실이다. 물론 정치적 선동이 지역감정을 건드리면서 민생을 건드리면 좀 달라진다. 끼리끼리 뭉친다. 영남은 영남대로. 호남은 호남대로. 그래서 투표날 표로 나타난다. 표로 나타난 민심은 가관이다. 호남과 영남의 집계결과는 정반대로 나타난다. 해방 이후 70년 동안 큰 변화가 없다. 결국 국론분열의 온상은 진영논리였던 셈이다.

이제 우리는 이 지긋지긋한 진영논리의 정쟁을 멈추어야 한다. 왜냐하면 지금까지 쓸모없는 마찰열의 발생이 너무 많았기 때문이다. 그것도 치명적이다. 국론분열. 딱 반으로 갈라선 민심. 누구 하나 물러서지 않는다. 결론이 없다는 사실은 지금까지의 마찰열이 유용하지 못했다는 것을 말해준다. 아니면 아직도 진행 중인가? 민주화(民主化)의 과정은 험난하다. 정치가들의 말이다. 그러나 그 와중에 파괴되는 민생현안들은 어떻게 할 것인지. 사실 정치가들에게 민생현안은 투표에 임박해서 챙기면 되는 것이다. 평소의 관심은 권력을 잡고 있을 때 누리고 권력의 대가로 무엇인가를 얻어 보자는 것 아닐까? 국민을 위한다, 국가를 위한다. 정말 믿을 수 없는 말이 되었다. 세상에서 가장 욕을 많이 먹는 직업이 정치가라고 한다. 전 세계가 정도 차는 있겠지만 대동소이하다. 그것도 직업이라고.

진영논리의 대결이 당장 종식되어야 하는 정말 중요한 이유는 또 있다. 정치가들에 의해 주도되는 진영논리의 대결은 '궤변논쟁'(詭辯論諍)으로 흘러가고 있다는 사실이다. 궤변? 궤변론자들? 2,500년 전 소크라테스는 궤변론자로 판정되어 독배를 마셨다. 당시 궤변론자 즉 소피스트들은 세상을 어지럽힌다는 죄목으로 아테네에서 추방을 당하거나 처형

당했다. 그런 소피스트들과 대항해서 아테네 사회를 지키려고 했던 소크라테스. 자신의 아테네의 유일신인 아폴론 신을 충실하게 따르는 아테네의 시민이라고 법정에서 끝까지 항변했던 소크라테스. 소피스트들과 자신을 차별화하기 위해 평생 동안 자신의 길거리 철학을 펼쳤던 소크라테스. 테스 형. 바로 그가 소피스트로 간주되어 결국 형장의 이슬로 사라졌다. 인류 역사의 엄청난 아이러니가 아닐 수 없다.

너 자신을 알라. 물론 테스 형이 만들어 낸 말은 아니다. 아테네의 수호신인 아폴론이 앉아있는 파르테논 신전에 걸린 두 개의 경구(Oracles) 중 왼쪽에 걸린 글귀였다. 미노아와 미케아 문명 시절부터 대대로 내려온 잠언이었다고 한다. 왼쪽에는 '너 자신을 알라'라는 휘장이 걸려 있었고, 오른쪽에는 '더도 말고 덜도 말고'라는 휘장이 걸려 있었다고 전해진다. 어느 날 파르테논 신전을 자주 들렀던 소크라테스의 눈에 든 휘장이 바로 '너 자신을 알라'라는 글귀였다. 바로 이거다. 유레카 유레카. 소크라테스는 진리의 길 지혜의 샘물을 찾아냈던 것이다. 사람들이 '스스로 자기 자신을 알 때까지' 그는 '질문(質問)'을 해대기로 했다. '과연 당신이 지금 알고 있는 지식이 제대로 된 지식인가?' 그는 상대방이 자기가 제대로 된 지식을 가지고 있는지 아닌지에 대해 고민할 때까지 질문을 해댔다. 그의 제자 플라톤의 〈대화집〉에 실린 내용들이다. 대화는 소크라테스가 주인공이다. 소크라테스의 임무는 질문을 해대는 것. 왜냐하면 대화는 '질문'으로부터 시작되기 때문이다. 대답을 하는 사람들 즉 대화의 상대방은 당시 지혜로움으로 유명했던 사람들 즉 소피스트들이었다. 이들 중에는 기술의 명장(名匠)들도 있었고 명장군(名將軍)들도 있었다. 하여간 자기 분야에서 가장 빼어난 지식을 알고 있으며 가장 지혜로운 사람들로, 사람들로부터 추앙을 받고 있는 사람들. 그런데 소피스트들? 그렇다. 소피스트(Sophists)란 지혜로운 자를 의미한다. 사실 당시 소피스트들은 지혜로운 자들의 대명사였다. 그런데 테스 형이 그들이 가진 지식에 대해 질문한다? 그건 뭔가? 그렇다. 당신이 지금 알고 있는 지식은 정말 제대로 된 지식 즉 참지식(epistēmē)인가? 반문해 보는 것이다. 소크라테스의 생각에는 제대로 된 지식이 아닐 수 있다는 것. 왜냐하면 당시 소피스트들이 가지고 있었던 지식에는 덕(Tugend, 德)의 개념이 빠져 있다는 것이었다.

소크라테스에 의하면 덕과 지(知, Wissen)는 같은 개념이다. 덕지(Tugendwissen). 그러니까 진정한 지혜는 지식이 도덕적이고 윤리적일 때 가능하다. 그러나 당시 소피스트들이 가르쳐 준 지식, 그들이 소유하고 있는 지식은 과연 도덕적이고 윤리적으로 가치와 의미가 있는 것일까? 테스 형은 바로 그게 의문이었던 것이다. 그래서 질문을 해대기 시작했다. 그것도 아주 짓궂게. 때로는 아주 예리하게. 촌철살인(寸鐵殺人). 마치 독사가 사람의 심장을 물어뜯듯이. 마치 메기가 전기를 방출하여 주변의 작은 물고기들을 기절시키듯이. 그래서 결국은 자기가 잘 몰랐다는 사실을 스스로 고백하도록 몰고 가는 것이다. 무지고백(無知告白). 무지고백의 전제조건은 무지각성(無知覺醒)이다. 너 자신을 알라. 파르테논 신전에 걸린 오라클을 구현해 내는 방법이었다. 마치 산모(産母)가 아이를 안전하게 낳을 수 있도록 산파(Hebame, 産婆)가 도와주듯이. 그게 바로 유명한 소크라테스의 산파술(Mäeutik)이다. 그런데 이런 테스 형이 소피스트와 결코 다르지 않다는 판결을 받고 독배를 마셨던 것이다. 테스 형 스스로도 그렇게 강하게 항변했는데도 불구하고. 소크라테스의 변명. 물론 독배를 마시는 순간에는 축제를 벌이는 것처럼 테스 형은 담담하게 자신의 죽음을 받아들였지만.

결국 궤변의 논리에 온 몸을 던져 저항했던 테스 형 역시 궤변론자로 판정되어 생을 마감했다. 정말 어처구니없이. 이런 광경을 처음부터 끝까지 지켜보았던 제자 플라톤은 모든 것을 내려놓고 방랑의 길을 떠난다. 8년간의 시칠리아 섬에서의 방랑과 방황. 귀국하여 조용히 후학을 가르칠 수 있는 조그만 학당을 짓는다. 아카데미아. 플라톤의 아카데미아. 아카데미아는 지역이름이다. 그러니까 학당의 이름은 특별히 없는 거다. 그곳에 몰려든 사람들. 플라톤의 아카데미아에서 공부한 제자들. 그 중에 아리스토텔레스라는 청년이 있었다. 스승 플라톤이 슬퍼했던 소크라테스의 죽음에 얽힌 사실을 배우게 된 아리스토텔레스는 '궤변'과 '논리'의 차이를 밝혀내기로 결심한다. 물론 학문적으로 그리고 이론적으로. 아리스토텔레스는 〈논리학〉(Logika)이라는 대작을 완성해 낸다. 그는 진정한 논리학을 세우기 위해서 삼단논법(三段論法)부터 시작했다. 소크라테스는 사람이다. 사람은 모두 죽는다. 고로 소크라테스는 죽었다. 결국 거기서 궤변과 논리의 차이가 규명되었다. 그러나 사실 그 책은 미완성. 그래서 오늘도 후학들은 논리학을 계속 집필하고 있다. 그럼에도 불구하고 텔레스 형이 남긴 궤변과 논리의 차이는 명확하게 구분된다.

엄마와 딸아이는 친구이자 경쟁자다. 그래서 항상 붙어 다닌다. 말싸움도 많이 한다. 하루는 엄마가 딸아이의 행실에 대해서 엄청 꾸짖었다. 그랬더니 딸아이는 바로 대든다. 친구 같으니까. "그건 엄마의 기준이잖아." 엄마의 기준에서 보면 맞다. 그러나 내 기준에서 보면 아니다. 바로 그거다. 그게 궤변의 시작이다. 기준이 결코 동일하지 않은데 한쪽의 기준을 가져다 대면 더 이상 할 말이 없다. 너무나 쉽지 않은가? 논쟁은 동일한 기준에서 이루어져야 한다. 대화도 마찬가지이고 담론도 마찬가지이다. 그런데 대부분의 사람들은 '자기의 기준'에서 논리를 펴간다.

자기가 볼 때에는 논리적이지만 전혀 다른 잣대를 가지고 있는 사람이 볼 때는 어이가 없는 노릇일 뿐이다. 아시타비(我是他非). 중세시대의 마녀사냥과 별반 다르지 않다. 아침마다 엄마와 딸 사이에 발생하는 고함소리는 바로 궤변논쟁과 다르지 않다. 궤변논쟁은 특정인들에게만 존재하는 영역이 아니다. 우리의 삶에 아주 가까이 있다. 우리는 늘 궤변을 늘어놓으면서 논리 운운하고 있는 것이다.

지금 우리 사회를 갈라놓은 논쟁은 진정한 논리대결이 아니다. '궤변논쟁'일 뿐이다. 특히 한쪽 정당에 소속된 정치인들이 하는 논쟁은 명확한 궤변논쟁이다. 왜냐하면 자기 정당이 기준이기 때문이다. 자기 정당의 이익을 위해서 이들은 기꺼이 이 한 몸 던져야 한다. 충성. 그래야 살아남을 수 있기 때문이다. 그런데 진보와 보수는 서로 취향이 다르고 목적이 다르다. 이해관계가 다른 것이다. 그러니 논쟁이 기준이 같아질 수도 없는 노릇이다. 결코 궤변논쟁을 벗어날 수 없는 노릇. 당의 공천에 목숨이 달려 있다. 그러니 말싸움만 하는 것이다. 타협도 없고 결론도 없다. 독일의 계몽철학자로 항구평화론을 주창했던 칸트는 인간은 '타협하는 동물'이라고 했다. 특히 정치는 타협이다. 그렇다면 무엇을 타협해야 하는가? 바로 논쟁의 '기준'부터 타협해야 한다. 공유할 수 있는 기준, 공감하는 기준을 정하는 일이 대화와 토론 그리고 논쟁과 담론의 과정에서 함께 이루어져야 한다. 궤변논쟁은 결코 담론(談論)으로 발전할 수 없다. 왜냐하면 담론은 다름을 허용하는 열린 토론의 장이기 때문이다. 궤변논쟁은 공론(公論)이 될 수 없다. 그저 사담(私談)일 뿐이다. 궤변은 그냥 잡소리일 뿐이다. 논쟁의 기준도 타협과 합의에 도달한다면 해법도 공유할 수 있고 공감할 수 있다. 그럴 때 우리는 진정한 논리대결을 통한 해법을 기대할 수 있다. 논쟁이 열린 담론이 되고 열린 공론의 장이 되는 것이다.

　그렇다면 지금 우리가 어쩌다 진영논리의 대결을 통한 국론분열이라는 상황까지 왔을까? 한심한 일이 너무 오랫동안 우리 사회에서 엔트로피의 증가를 가속화시켜 왔을 뿐이다. 이제 남은 것은 사회공멸? 무시무시하다. 간담이 오싹하다. 섬뜩하다. 빨리 중단되어야 하는 이유이다. 사회공멸을 피하기 위해서는. 우리 사회에 전혀 유익하지 않은 쓸모없는 마찰열의 억제. 그것만이 우리가 살아남을 수 있는 유일한 길이다.

　진영논리 대결의 뿌리는 오랜 이데올로기 논쟁이다. 이데올로기 논쟁은 당장 중단되어야 한다. 대신 다른 주제로 새로운 논쟁을 시작해야 한다. 인간에게 논쟁은 어쩔 수 없다. 그리고 필요하다. 반드시. 왜냐하면 사람마다 생각이 모두 다르기 때문이다. 만약 생각이 같다면 논쟁은 필요가 없다. 그래서 생각이 같은 사람들은 논쟁 즉 말싸움도 없다. 평화 그 자체이다. 그러나 항상 생각이 같은 것은 아니다. 좀 달라지면 토론과 논쟁은 얼마든지 가능하다. 오늘 다르고 내일 다르다. 오늘 생각이 같더라도 내일 달라질 수도 있다. 오늘은 다르지만 내일 같아질 수도 있다. 지구촌 77억 인구 모두에게 해당되는 말이다. 77억 개의 다른 생각들. 나와 가족 간에도 그렇고, 나와 친구 사이에도 마찬가지이다. 나와 엄마, 나와 아버지, 나와 동생, 나와 형, 나와 누이. 결국 나는 누구와도 논쟁을 할 수가 있다. 그럼 우리는 왜 논쟁을 피치 못하나? 일단 문제가 생기면 문제를 해결해야 할 때 서로 의견을 나누다가 토론으로 그리고 마침내 말싸움 즉 논쟁으로까지 갈 수 있다. 문제가 해결되면 논쟁은 종료된다. 논쟁하는 과정에서 발생한 마찰열이 창조적으로 전환된 것이다.

　우리나라는 해방 이후 단 한 번도 이데올로기 논쟁이 중단된 적이 없다. 공산주의를 할 것인가 반공을 할 것인가? 좌익 · 우익 논쟁 그리고 지금은 진보냐 보수냐의 논쟁까지. 물론 정치권의 전유물이었지만. 지금은 온 국민이 이런 논쟁에 휩싸여 살고 있다. 만약 논쟁이 유실하다면 마찰열은 창조적으로 전환된 것이다. 그러나 그렇지 않으면 마찰열은 고스란히 사회적 엔트로피의 증가분으로 남는다. 과연 지금 우리 사회를 지배하고 있는 이데올로기 논쟁은 어디에 해당될까? 문제가 해결된 것일까? 좌우분열, 진보와 보수의 대립은 모종의 결론을 얻었는가? 아니면 국론분열만 남은 것은 아닌가? 아니면 그래도 우리 사회에 민주화가 진전된 것은 아닐까? 논쟁은 유익할 수도 있고 무익할 수도 있다.

그러나 지금 우리가 이데올로기 논쟁을 당장 중단해야 하는 이유는 아주 다른 데 있다. 이제 낡은 논쟁 대신 새로운 시대 즉 뉴 노멀과 관련된 논쟁이 필요한 것이다. 지금까지의 이데올로기 논쟁은 '전통적인 공동체'와 관련이 있다. 과연 어떠한 공동체가 바람직한 것인가? 자본주의 공동체냐 아니면 사회주의 공동체냐. 바로 그게 테마였다. 실제로 볼셰비키 혁명 이후 사회주의 공동체가 약 70년간 지속되기도 했다. 그러나 이런 테마의 논쟁은 이제 무의미한 시대가 되었다. 왜냐하면 디지털정보 기술혁명과 코로나19 사태 이후에 새롭게 도래할 뉴 노멀은 '온라인 네트워킹 공동체' 즉 '온택트 공동체'이기 때문이다. 1960년 『이데올로기의 종언』이라는 책을 쓴 미국의 사회학자 다니엘 벨(Daniel Bell)은 이데올로기 논쟁을 중단하고 '기술혁명에 대한 논쟁'을 시작하라고 주문한 바 있다. 지금부터 60년 전의 일이다. 그 당시에 벌써. 다니엘 벨, 미래학자 맞다. 21세기는 정보와 지식이 이데올로기의 자리를 대체할 것이기 때문이다.

다행인 것은 지금 우리의 밀레니엄 Z세대는 기존의 답답한 사회를 급격하게 탈출하고 있다. 이미 이들은 사회가 변하든 말든 '온라인 디지털 네트워킹 사회'에 안착하고 있는 것이다. 이들이 오히려 엔트로피의 법칙을 잘 알고 있는 듯하다. 다만 안타까운 것은 국가와 사회가 이들의 행로에 지장을 주면 결코 안 될 텐데. 그게 안타까울 뿐이다. 그런데 그럴 소지가 다분하다. 그만큼 우리 사회의 민도는 낙후되어 있다. 아직도 낡아빠진 후진국형 이데올로기 논쟁의 늪에서 한 치도 벗어나지 못하고 있는 형국이다. 더 커다란 문제는 겉으로는 이데올로기 논쟁을 하는 척하면서 자기들은 강남에 계속해서 아파트를 불려가는 족속들이다. 이들에게 진정한 이데올로기는 없다. 만약 그게 있다면 그것은 강남아파트 이데올로기가 될 것이다. 그놈이 그놈이다. 소위 이데올로기를 팔아서 치부에 몰두하는 자들. 길거리에 아기 앉혀놓고 구걸하면서 돈을 버는 것과 결코 다르지 않다. 아니 그보다 더 나쁘다. 소위 '진영논리'로 민주주의를 팔아서 돈 버는 자들. 하나님을 팔아서 돈 버는 자들. 다 마찬가지이다.

250여 년 전 독일의 철학자 헤겔(Georg Wilhelm Friedrich Hegel, 1770-1831)은 말했다: "주인이 마음에 들지 않으면 종(從)이 반격을 한다. 그런데 종이 쿠데타로 주인이 되면 다시 다른 사람에 의해 반격을 당한다. 결국 주인과 종은 위치(位置)만 바뀌는 것이다. 주인과 종이 바뀐다고 해서 절대 사회가 바뀌는 것은 아니다." 유명한 헤겔의 '주종(主從)의 철학'이다. 그런데 사람들은 모른다. 아니 설령 안다고 해도 떡고물 뜯어 먹을 것을 기대하면서 무식한 민초들은 무조건 지금 권력이 어디 있는가를 살피면서 그곳에 껌처럼 딱 달라붙어 보려고 하는 것이다. 구더기 사회 맞다. 남의 몸을 뜯어 먹으면서 기생하면서 배를 불려보려는 사회. 거머리 사회 맞다. 누군가에 붙어서 피 한 방울이라도 더 빨아 먹고 살아야 하는 비참한 인간들. 빨대 인간. 1990년 동서장벽이 무너지면서 이데올로기의 종언이 실제로 현실화된 지도 벌써 30년인데. 아직도 우리 사회는 이데올로기 논쟁을 하는 척하면서 자기들의 배만 불리는 사회. 여(與)도 야(野)도 다 마찬가지이다. 진보로 가장한 자들. 보수를 자처하는 자들, 모두 다 같은 족속들이다. 어느 족속이 정권을 잡아도 다 마찬가지. 주종의 논리가 바로 그것을 잘 말해준다. 이쯤 되면 대국민 사기극 아닌가? 아주 비열한 사회. 이쯤 되면 국민을 개돼지로 본다는 말이 맞다.

에너지보존 법칙에 의하면 에너지의 총량은 일정하게 보존된다. 주인과 종의 위치가 바뀌는 것은 에너지의 형태변화이다. 또한 주인과 종의 관계는 항상 보존된다. 결국 새 주인은 새로운 세계를 창조할 것으로 기대하지만 전혀 그렇지 않다. 주인과 종의 위치가 바뀌는 것은 세상을 바꾸는 것과 전혀 무관하다. 주인이 되면 주인의 행세를 할 수밖에 없으며 종은 항상 핍박을 호소할 뿐이다. 왜냐하면 인간 사회는 하이어라키(Hierarchy) 즉 위계질서가 명확한 사회이며, 지배하는 층과 피지배 계층이 명백하게 나누어져 있기 때문이다. 주인이 되면 싫으나 좋으나 누군가를 지배하는 위치에 선다. 종은 싫으나 좋으나 누군가의 지배를 받을 수밖에 없다. 주인이 있으면 종이 있고 종이 있으면 반드시 주인이 있다. 지배하는 자가 있으면 반드시 지배받는 자가 있는 법이다. 그런데 주인과 종 사이에 존재하는 에너지는 일정하게 보존된다. 에너지가 발생하는 한 엔트로피는 증가한다. 주인과 종 사이에서 끊임없이 증가하는 엔트로피. 그게 유용한 엔트로피로 작용하면 좋으련만. 결코 쉽지 않은 일. 결국 에너지보존의 법칙은 헤겔의 '주종의 철학'에도 고스란히 반영되고 있는 셈이다.

자유를 위해 흘린 피는 또 다른 피를 부른다. 자유의 피를 뿌려서 새 주인이 된 자들은 자유에 도취되어 그들만의 잔치를 벌인다. 한번 권력의 맛을 본 자는 그 권좌에서 내려오고 싶지 않다는 말이 있다. 권력으로 흥한 자는 권력으로 망한다는 말도 있다. 소위 주인의 갑(甲)질에 반기를 들면서 자리를 차지한 종은 자기의 주인이 하던 대로 똑같은 갑질을 하는 것이다. 그 사이에 그들만의 잔치에서 소외된 사람들은 또다시 자유를 외치면서 새 주인이 된 과거의 종들에게 대든다. 주인과 종은 계속해서 위치만 바뀌는 것이다. '개구리 올챙이 적 생각 못 한다.' 명언이다. 하여간 쓸모없이 낭비되는 엔트로피의 증가는 계속 이어진다. 물론 그때 발생하는 마찰열이 긍정적이지 않다면.

보다 심각한 것은 바로 이러한 우리의 사회현실이 밀레니엄 신세대들의 진취적 생각들과는 아무 상관이 없다는 점이다. 오히려 '요즘 애들'이라고 하면서 깔본다. 이게 말이 되는가? 아주 미안하지만 소위 요즘 아이들은 기성세대, 꼰대 문화를 전혀 인정하지 않는다. 도대체 이들에게 우리가 뭘 남겨주고 있는가? 졸업과 함께 졸지에 실업자가 되는 사회. 이게 후세대들에게 남기는 우리 사회의 유산인가? 아주 이상한 사회. 꼰대 문화가 신세대들의 발목을 꽉 잡고 있다. 마찰열이 대형으로 발생할 수밖에 없다. 이미 오래전부터 벌어져 온 세대와 세대 간의 갈등이 그것이고 정말 신세대들이 필요로 하는 사회인프라에 대한 투자나 지원을 도외시하는 사회에서 살아가야 하는 밀레니엄 세대들. 이를테면 공정한 디지털 환경 같은 것들. 결국 이 사회에 쓸모없이 낭비되는 엔트로피의 증가가 너무 심한 것이다.

지금과 같은 에너지 고갈의 시대에 단 한 푼이라도 아껴야 할 에너지가 여기저기서 줄줄 세고 있다. 엔트로피의 증가 속도에 따라서 사회가 소멸하는 속도가 결정된다. 과연 이 사회는 어디로 가는 것인가? 테스 형, 사회가 왜 이래? 엔트로피의 증가속도가 너무 빠르다. 쓸모없이 낭비되는 마찰열의 증가가 전 사회 영역에 걸쳐 발생하고 있다. 범위와 속도도 너무 크고 빠르다. 결국 우리 사회는 소멸, 죽음이 멀지 않았다는 증거다. 물론 이대로라면.

열역학 제2법칙인 엔트로피의 이론에 의하면, 지금 우리 사회에서 '개과천선'(改過遷善)은 화급(火急)한 과제이다. 코로나19가 이 사정을 잘 안 것 같다. 더 이상 지체할 수가 없다. 지금 코로나19가 우리에게 주는 교훈은 '2019 빨리 응답하라'는 것이다. 가뜩이나 코로나19로 인해 모든 것이 마비된 상황에서 자연적으로 발생하고 증가하는 마찰열도 엄청난데. 그러나 우리 사회가 이에 대해 당장 응답하기는 쉽지 않을 것이다. 그러기에는 너무 많은 기득권자들이 생겨났다. 기득권을 포기하라고 종용하지만 그게 어디 쉽게 될 일인가? 목숨을 내놓으라는 것과 같은 것인데. 진보든 보수든 다 마찬가지다. 기득권이 되면 다 똑같다.

그렇다면 이제 우리에게 남은 선택은 쓸모없는 마찰열로 인한 엔트로피의 증가를 창조적으로 전환시킬 수 있는 궁리를 하는 것뿐이다. 논쟁을 하되 유실하고 성과가 있도록 하면 된다. 새로운 논쟁은 새로운 시대를 창조할 수 있어야 한다. 이를 위해서 우리는 우선 밀레니엄 세대들과 진정한 소통을 통하여 세상을 재구성할 수 있어야 한다. 그렇다면 지금 사이버 가상공간에서 새롭게 만들어지고 있는 '온라인 네트워킹 사회' 즉 '온택트 사회'에서 우리에게 요청되는 담론은 과연 어떤 것이어야 하는가?

온라인 가상공간은 그 자체가 새로운 창조였다. 인류가 한 번도 경험하지 못한 사회. 온라인 네트워킹 사회. 그러나 소통은 여전하다. 다만 소통의 방식이 달라졌을 뿐이다. 그러나 소통방식의 차이는 삶의 양식에 엄청난 차이를 가져다준다. 우선 콘택트에서 언택트로 달라지고, 온택트

가상세계와 현실세계로 구분된다. 이제는 우리가 똘똘 뭉칠 수도 없고 또 그럴 필요도 없다. 그동안 전통적인 공동체 삶을 위한 인간관계를 조성하기 위해 낭비한 마찰열. 더 이상 의미가 없다. 물론 아직 그럴 필요가 다 사라진 것은 아닐지라도. 소위 김영란 법 이후부터 이미 분위기는 좀 가라앉은 추세였다. 설 대목, 한가위 대목 등 시장경제도 덩달아 침체했다. 코로나19 사태가 삶의 방식에서 새로운 전환을 급격하게 요구하고 나선 꼴이다. 이제 필요한 인간관계는 온라인 네트워킹의 인간관계이다. '온택트 인간관계.' 한마디로 우리의 삶에서 필요한 것은 온라인상에서 가상공간에서 누군가와 네트워킹을 잘할 수 있는 '진정한 소통 능력'이다.

온라인 네트워킹의 소통이 전통적인 공동체에서의 소통과 가장 차이가 나는 점은 '익명성의 소통'이라는 점이다. 그 안에는 계급도 없고 지위도 없고 견장도 없다. 그런 만큼 열린 소통이 가능하다. 물론 버릇없는 일도 벌어진다. 대신 표현의 자유가 보장된다. 수평적인 소통을 통해 열린 소통이 된다. 버릇없는 대화도 가능하다. 우리말에 '걸림돌을 디딤돌로 사용하라'는 말이 있다. 소통의 기술. 소통의 역량개발을 위한 교육과 훈련이 중요한 시대다. 아니면 테스 형처럼 예리한 질문을 해대는 것이다. 훌륭한 질문을 하면 대답도 훌륭해진다. 답은 질문에 의해 좌우된다. 결국 대화에서는 질문이 관건이다. 밀레니엄 세대들은 국가와 정부에 이런 역량개발을 위한 투자와 지원을 요청하고 있다. 디지털 소통. 국가가 더 이상의 마찰열을 유용하게 활용하기 위해서는 밀레니엄 세대들의 필요와 요청에 즉각 부응할 수 있어야 한다. 그렇다면 마찰열은 창조적으로 전환될 수 있을 것이다. 어떻게 보면 어려운 일도 아니다. 이미 우리는 디지털 정보혁명의 시대를 걸어가고 있다. 또한 온라인 가상공간은 무제한이고 만들어 가는 사람이 주인이다. 누군가가 먼저 걸어가면 그곳이 길이다. 사이버상에서 길은 무한하다. 온라인 가상공간은 선점하는 자가 임자이기 때문이다. 그야말로 블루오션이 따로 없다.

그동안 우리는 거의 소모전에 가까운 낡은 구시대적인 공동체 논쟁 즉 이데올로기 논쟁에 지쳤다. 이제 우리는 디지털 테크놀로지의 시대를 향한 테크놀로지 논쟁으로 화두(話頭)를 모두 이동시켜야 할 시점이다. 온라인 테크놀로지는 어떻게 만들어지며, 온라인 테크놀로지로 과연 우리는 무엇을 창조해 낼 수 있을까? 더 이상 21세기는 정치의 시대도 아니고 경제의 시대도 아니다. 테크놀로지의 시대. 우리의 모든 일상을 지배하는 것은 바로 테크놀로지이다.

2) 마찰열의 창조적 전환

인간은 불을 발견했다. 아니 불을 발명했다고 해야 하나? 인간이 해낸 최초의 역사였다. 하여간 불의 탄생. 어느 날 번개가 내리치면서 숲을 태우는 것을 본 인간들. 한편으로는 두려웠지만 다른 한편으로는 좋았다. 왜냐하면 번개가 내리치고 숲이 전소가 되면서 바비큐 요리가 눈앞에 펼쳐졌기 때문이다. 참숯불 멧돼지 바비큐. 한동안 온 동네가 훈훈하여 밤에도 춥지도 않았다. 동굴 속으로 들어가서 잘 필요가 없다. 따뜻한 불의 고마움. 이때부터 인간들은 불을 만들 생각을 했을 것이다. 우연히 나뭇가지와 나뭇가지가 서로 마찰하면서 불이 발생한다는 사실을 알게 된 인간들. 어느 날 부싯돌로 불을 만들어 낸다. 모방은 창조의 어머니. 돌과 돌을 마찰시키고 나무와 나무를 마찰시킴으로써 불이 난다. 불의 탄생은 마찰에 의한 것이었다. '마찰열'을 최초로 문명의 이기로 전용하게 된 역사적 사건이었다. 즉 마찰열의 창조적 전환을 이룬 인류 최초의 날이다.

오늘날 마찰열의 창조적 전환은 전열기, 히터 그리고 백열전등이 대표적이라고 했다. 문명의 이기가 확실하다. 이 세상에 전열기가 없다면 원하는 시간과 장소에서 어떻게 음식을 데워먹을 것이며, 추위를 어떻게 피할 것인가. 어둠을 밝혀주는 전등이 없다면 과연 우리는 지금 어떻게 살아갈 수 있을까? 암중모색(暗中摸索). 생각만 해도 아찔하다. 문명의 이기 맞다. 이제 우리는 오토포이에시스로서의 네겐트로피를 투입하여 엔트로피의 발생과 증가를 만회하기 위해서는 마찰열의 창조적 전환을 계속 발전시킬 수밖에 없다.

사실 학문적으로 에너지보존 법칙 또는 열역학 제1법칙의 탄생은 마찰열을 창조적으로 전환시킨 최대의 사건이었다. 농업사회에서 산업사회로의 터닝 포인트. 에너지보존의 법칙은 지구상의 모든 에너지는 유실됨이 없이 보존되며 다른 형태로의 변화가 가능하다는 사실을 밝혀주었다. '카르노 기관'의 열효율을 점검하던 영국의 물리학자 제임스 P. 줄(James Prescott Joule)은 1840년 열에너지와 운동에너지의 변환관계를 설명하는 데 성공한다. 줄은 자신이 만든 전기모터에 발생하는 열 즉 마찰열을 다시 유용하게 사용할 수 없을까에 대한 고민 끝에 마침내 마찰열을 창조적으로 전환시킬 수 있는 원리를 발견했던 것이다.

그는 수조(水槽) 즉 큰 물통 속에 프로펠러를 설치하고 이를 외부 도르레와 연결하여 밖에서 줄을 끌어당겼다. 점점 세게 빠른 속도로 끌어당겼더니 수조 안에 프로펠러가 돌면서 마찰열을 발생시켰다. 물의 온도가 올라갔다. 운동에너지가 열에너지로 전환된 것이다. 데워진 물은 부피가 커지면서 수조에 연결된 피스톤 추를 밀어 올리면서 일을 하게 된다. 따라서 프로펠러로 가열된 마찰열은 일(에너지)로 전환된 것이다. 자칫 쓸모없이 낭비될 수도 있는 마찰열을 창조적으로 전환시킨 것이다. 이로써 엔트로피의 증가도 억제된다.

지금 우리 앞에 펼쳐진 사실(Facts)은 크게 두 가지이다. 그 하나는 포스트-코로나(Post-Corona) 아니면 위드-코로나(With-Corona) 즉 '코로나와 함께' 살아야 한다는 사실이다. 코로나19는 이제 무좀 같은 지병이 되었다. 변종이 생긴다고 해도 우리는 이제 어쩔 수 없다. 함께 살아갈 수밖에 없는 치명적인 운명. 다른 하나는 온택트 디지털 네트워킹의 사회(Ontact Digital Networking Society)에서 살아가야 한다는 것이다. 그렇다면 이제 우리의 과제는 명확해졌다. 우리가 지금 살고 있는 사회에서 발생하는 마찰열을 어떻게 창조적으로 전환시킬 것인가? 그것이 시대적으로 요청하는 오토포이에시스로서의 네겐트로피가 될 것이다.

조물주가 인간을 창조했다면, 우리 인간들은 온라인 디지털 네트워킹 사회를 만들어 냈다. 그러나 인간은 유한자(有限者)이다. 결코 절대자가 될 수 없다. 항상 2%가 부족한 것이다. 그 부족함은 쓸모없는 마찰열을 발생시키는 것으로 나타난다. 이제 우리가 할 수 있는 것은 그 2%를 만회하기 위해서 과연 우리는 무엇을 새롭게 창조하면서 살아남을 수 있을 것인가를 걱정하고 궁리하는 것이다. 마찰열을 창조적으로 전환시키면서. 그렇다면 과연 그것이 무엇일까? 어떻게 가능할까? 그것만이 지금 우리가 여기에서 찾아내고자 하는 오토포이에시스로서의 네겐트로피가 될 것이다. 물론 마찰열의 창조적 전환 역시 큰 범주에서 보면 엔트로피의 증가를 최소화시키기 위한 전략이라고 할 수 있다. 마찰열을 창조적으로 전환시키는 것으로써 엔트로피의 발생 내지 증가 자체를 완전히 차단시킬 수 있다는 것은 아니다. '에너지가 사용되는 한, 엔트로피는 항상 증가할 수밖에 없다'는 엔트로피의 증가 법칙을 위배하는 것이 아니라, 이를 최소화하려는 극단의 처방일 뿐이다. 결국 마찰열 처방에서 '쓸모없는 마찰열의 억제'와 '마찰열의 창조적 전환'은 모두 쓸모없이 낭비되는 엔트로피의 증가를 최대한 억제하여 '소멸하려는 경향'을 최대한 늦추어 보려는 시도인 셈이다. 엔트로피 증가의 법칙에 의하면 언젠가는 누구나 소멸하겠지만.

(1) 개인적 차원의 처방

첫째, '운동'(運動)이다. 이제 싫으나 좋으나 눈만 뜨면 우리는 '무조건 운동을 해야 한다'는 거다. 그게 무엇이든 하여간 숨쉬기 운동이라도 반드시 '의식적으로' 해야 한다. 이제 운동은 남녀노소 누구에게나 밥을 먹어야 사는 것처럼 일상생활이 되어야 한다는 것이다. 이제 운동은 삶에서 선택이 아닌 필수(必須)가 되었다. 어쩌면 내가 나에 대한 권리이며 동시에 의무이다. 코로나19 사태로 우리는 확실히 알게 되었다. 바이러스의 공격에 취약한 사람들은 바로 만성질환과 기저질환이 있는 사람들과 면역체계가 부실한 사람들이라는 사실을. 양성판정을 받은 확진자들 중에는 만성질환과 기저질환이 있는 사람들의 치사율이 가장 높다. 고령의 경우는 더욱 그렇다. 다음으로 면역체계가 부실한 사람들. 코로나19에 감염되어도 어떤 사람들은 무증상(無症狀)이다. 반면에 어떤 사람들은 심하게 앓는다. 심지어 죽기도 한다. 운동만이 살길이다. 운동은 만성질환의 치료에도 중요하다. 물론 적당한 운동이다.

운동은 나이를 먹음에 따라 줄어드는 근육을 만회하기 위해 절대적이다. 근손실(筋損失). 사람은 40대 이후부터 줄어들기 시작하여 50대 이후에는 10년마다 2배씩 줄어든다고 한다. 물론 운동으로 근손실을 완전히 복원할 수는 없다. 나이를 먹음에 따라서 자연발생적인 근손실을 최대한 저지해 보는 것이다. 왜냐하면 운동 중 발생하는 마찰열 때문이다. 엔트로피의 증가는 어쩔 수 없는 노릇. 그럼에도 불구하고 운동은 근손실이라는 엔트로피의 증가를 최대한 억제시켜 주는 네겐트로피가 된다. 근손실의 보충. 결국 운동은 누구나 마음만 먹으면 자기가 스스로 할 수 있는 것이기 때문에 자기제작, 자기창조, 자기갱신 즉 오토포이에시스의 네겐트로피가 된다.

사람은 성장기를 지나면 노쇠하게 되어 있다. 젊음을 유지하고 되찾는 방법에는 여러 가지가 있다. 잘 먹고 잘 싸고 잘 자는 것. 그것은 삶의 본질이기도 하다. 삶의 본질에 충실할 때 삶은 유지된다. 그러나 성장기를 지나면 누구에게나 시간의 증가는 노화(老化)를 동반한다. 노화의 끝은 죽음이다. 엔트로피가 증가하여 마침내 엔트로피의 최대치에 도달하면 결국 누구나 소멸을 피할 수 없는 법. 100세, 120세로 수명이 늘어난다는 것은 단지 소멸을 늦추는 것이다. 불로장생(不老長生). 영원한 삶 즉 영생(永生)은 아니다. 엔트로피는 항상 증가한다.

운동은 우리의 삶에서 가장 근본적인 '안티 엔트로피'(Anti-Entropy) 즉 네겐트로피이다. 심지어 엔트로피는 오토포이에시스 즉 자기창조, 자기갱신을 가능하게 한다. 물론 운동으로 인한 자기갱신은 지금보다 훨씬 나은 상태로 전환시키는 것이 아니다. 소실된 만큼 이를 가능한한 만회(挽回)해 주는 것을 말한다. 물론 만회를 한다고 해도 엔트로피의 총량은 결국 증가한다. 그래서 마침내 우리는 모두 죽는 것이다. 아무리 오토포이에시스의 조건을 충족시키는 네겐트로피라도 완전한 만회나 복원(復原) 심지어 그 이상으로 성장하는 아기로 다시 돌아갈 수는 없다. 자기갱신은 자기보존을 위한 최대한의 노력이다.

아이들은 성장호르몬 덕분으로 성장한다. 태어나면서 천부적으로 부여받았다. 성장호르몬이 감소하면서 성장이 멈추고 이때부터 노쇠의 길을 가게 된다. 성장이 끝나고 노쇠하는 성인들에게 성장호르몬을 투여한다. 소위 회춘(回春)을 기대하는 것이다. 노화방지 호르몬이라고도 한다. 성장도 아니고 완전한 노화방지도 아니다. 그냥 노화를 조금 지연시키는 것뿐이다. 아무리 성장호르몬이 작동해도 다시 애가 될 수는 없다. 결국 오토포이에시스 즉 자기창조나 자기갱신의 개념은 그냥 가만히 있으면 소멸하고 말 것을 자기갱신을 통하여 소멸을 지연시키고 생명에 활력을 불어 넣는 것을 말한다. 바로 이 조건을 충족시키는 것이 '운동'이다.

이제 세상에는 운동하는 사람과 운동하지 않는 사람으로 나뉜다. 운동을 하고 싶어도 못 하는 사람도 있다. 운동하는 사람이야말로 자기창조, 자기갱신을 하는 사람이다. 운동을 통하여 소실되어 가는 근육을 만회한다. '누우면 죽고, 걸으면 산다'는 말도 있다. 동네 한방병원의 문에 써져 있는 말이다. 최소한의 움직임이 조금이라도 삶을 연장시킨다는 말이다. 과도한 운동은 오히려 해가 되고 독이 될 수도 있다. 적당한 운동. 피트니스(Fitness). 그것이 바로 오토포이에시스의 조건을 충족시켜 주는 네겐트로피로서의 운동이다.

위드-코로나의 시대. 코로나19는 이제 누구에게나 운동은 선택이 아니라 필수라는 사실을 알려주는 데 충분했다. 호모 피트니스(Home

Fitness). 운동하는 동물. 2,500년 전 아리스토텔레스는 우주의 모든 생명은 "운동-내-존재"라고 했다. 모든 생명은 운동하는 존재이며, 운동하는 한 생명이 가능하다. 우리가 넋 놓고 속수무책으로 엔트로피의 증가에 목숨을 내맡기고 싶지 않다면, 네겐트로피로서의 운동에 운명을 걸 수밖에 없다. 코로나19 시대에 운동은 오토포이에시스의 조건을 충족시키는 네겐트로피인 것이다. 운동을 통하여 아픈 데도 고쳐지고 운동을 통하여 몸과 마음이 모두 상쾌해진다. 운동을 통하여 건강을 유지·강화할 수 있고 운동을 통하여 자신감도 얻을 수 있다. 운동을 통하여 우울증도 해소한다. 운동은 스트레스 해소에도 특효약이다. 그러나 뭐니 뭐니 해도 운동은 면역체계의 강화에 일등공신이다.

만병의 근원 중 하나는 '혈액순환의 이상(異常)'으로부터 발생한다. 심혈관계의 문제. 보험에서 제1순위이다. 물론 호르몬의 이상이나 림프선의 이상, 아니면 선천적인 유전병, 각종 세균이나 코로나19같이 외부로부터의 이물질의 침입 등도 병마의 큰 원인이다. 그럼에도 불구하고 거의 모든 인체의 병은 혈액순환과 무관하지 않다. 혈액순환이 잘되면 면역체계가 잘 형성된다. 면역체계는 항상성을 유지시킴으로써 우리의 생명을 연장시켜 줄 수 있다.

건강한 사람들은 혈관이 건강하다고 한다. 혈관이 건강하기 위해서는 혈액이 잘 돌 수 있도록 혈관이 깨끗하고 건강해야 한다. 특히 피부 끝까지 이어져 있는 모세혈관(毛細血管)의 상태는 사람의 건강수준과 수명을 가늠할 수 있는 척도이다. 손발이 찬 사람들은 오래 살지 못한다고 한다. 또한 아픈 사람들은 손발이 차다고 한다. 우리 몸에서 손발은 대부분의 미세혈관들이 모여 있는 대표적인 곳이다. 아주 작은 미세혈관까지 혈액공급이 되면서 인간은 젊음을 유지한다. 사람은 누구나 나이를 먹으면서 모세혈관까지의 혈액공급이 어려워지게 된다. 기계도 오래 쓰면 망가진다. 사람도 나이를 먹으면서 심장의 기능이 떨어진다. 심장의 펌프 기능이 약화되면서 피가 모세혈관까지 도달하기기 어려워진다. 오랜 시간 동안 혈관에도 노폐물이 끼면서 혈액순환에 문제가 발생한다. 혈관청소를 해야 한다고 한다. 각종 약물이 투입되기도 하고 혈관을 확장시키는 스텐실 시술도 한다. 또한 동맥경화같이 혈관장애를 유발시키는 질병도 발생한다. 결국 피가 모세혈관까지 가기가 쉽지 않은 것이다. 혈액순환에 문제가 발생하면서 각종 두통, 결림, 통증 등이 항상 몸과 마음을 괴롭히게 된다. 이로써 인간은 차츰 소멸하게 되는 것이다. 소멸하려는 경향. 몸에 쓸모없이 낭비되는 엔트로피가 증가하면서 인간의 소멸은 기정사실이다.

우리는 네겐트로피를 투입함으로써 모세혈관까지 피를 보낼 수 있는 방안을 강구해야 한다. 약물을 투입하고 시술을 하는 것도 하나의 네겐트로피의 투입이다. 그러나 근본적인 대책은 되지 못한다. 운동. 그것만이 유일한 대책이다. 물론 적당한 운동이다. 텔로미어(Telomere)[52] 연구가들은 텔로미어의 길이가 짧아지는 것을 노화의 증거로 본다. 그런데 운동하면 텔로미어가 짧아지는 것이 느려진다는 것이다. 특히 적당한 운동이 텔로미어가 가장 더디게 짧아지게 한다. 이미 우리는 운동선수의 평균수명이 최하위 수준이라는 사실을 확인한 바 있다. 과유불급. 운동은 하되 항상 무리하면 안 된다. 오히려 건강을 해친다. 과잉운동으로 근육통을 앓기도 한다. 염증이 몸속에 쌓인다는 것이다. 뼈에 무리가 갈 수

---

52 우리말로 말단소체(末端小體)를 뜻하는 텔로미어란 세포 속에 있는 염색체의 양 끝 안에 붙어 있는 반복 염기서열이다. 세포분열 시 유전정보를 담은 DNA가 손상되지 않도록 완충하는 역할을 한다(다음백과).

도 있다. 운동하다가 늑골을 다쳐 늑막염에 걸리는 경우는 매우 많다. 심지어 운동하는 과정에서 부상을 당한다. 과격한 운동은 오히려 몸에 지나친 마찰열을 발생시킨다. 모든 부상은 마찰열의 발생과 관련된다. 마찰열의 발생이 부상을 만들기도 하고 부상을 당하면서 마찰열이 발생할 수도 있다.

결국 이러한 마찰열은 엔트로피의 증가를 촉진하는 결과로 나타난다. 물론 적당한 운동은 유용한 마찰열을 발생시킨다. 더도 말고 덜도 말고. 그래서 우리는 운동을 의미하는 스포츠(Sports), 트레이닝(Training), 엑서사이즈(Exercise), 아틀래틱스(Athletics)라는 말 대신 피트니스(Fitness)라는 말을 사용한다. 직업적이고 전문적인 것이라기보다는 '몸에 적당함' 또는 '몸에 맞음'이라는 뜻을 가진 어원에서 나온 '피트니스'라는 개념. 결국 우리의 몸과 마음에는 적당한 운동이 요청된다. 적당한 운동만이 쓸모없이 낭비되는 엔트로피의 증가를 억제시킬 수 있는 셈이다. 중요한 것은 운동이야말로 바로 우리에게 선천적으로 주어져 있는 오토포이에시스로서의 네겐트로피인 것이다. 이제 운동은 남녀노소를 막론하고 삶에서 필수다. 운동은 곧 삶이다. 물론 적당한 운동이다. 이제 남은 문제는 '적당함'이다. 적당함이라는 것은 과연 어떤 상태일까? 2,500년 전 아리스토텔레스가 평생 동안 했던 질문이었다. 적당함? 오로지 본인만이 알 수 있다. '운동의 적당함'에 대해서 연구하고 검토하는 일이 밥 먹는 일과 숨 쉬는 일과 마찬가지로 우리의 일상이 되어야 하는 이유이다. 적당함(Moderate)이 적절함(Appropriate)이고, 적절함이 적합함(Fitness)이다.

우리는 모두 운동이 몸에 매우 중요하다는 사실을 잘 알고 있다. 어렸을 때부터 귀가 따갑도록 들어왔기 때문이다. 유튜브에서 건강상식도 충분하다. 사실 운동은 힘들고 귀찮다. 그래서 차일피일 미루기도 하고, 또 하고 싶지도 않다. 약물로 대신하고자 하기도 한다. 각종 영양제. 문제는 흡수력이다. 시중에 그렇게 좋은 약품들이 많이 나오고 보충제도 많이 나왔지만 흡수력은 미미한 수준이다. 그것이 문제이다. 몸의 흡수력은 운동을 통해서 배가될 수 있다. 운동은 자기치료의 기재를 강화시켜 준다. 결국 운동하지 않는 한, 우리에게 투입되는 네겐트로피는 없는 것이다. 특히 오토포이에시스 즉 자기창조, 자기갱신의 조건을 충족시켜주는 네겐트로피. 운동이 최선이다. 이제 코로나19와 함께 살아가야 하는 우리들의 운명 앞에서 운동은 생존의 조건이자 생존의 전략이 되고 말았다. 운동하지 않는 한, 우리는 생존전략도 없고 생존조건도 충족시키지 못하는 셈이 되었다. 어쩔 수 없이 노쇠해 가는 우리의 삶에 다시 생기를 불어넣어줌으로써 소멸의 엔트로피를 최대한 억제하면서 동시에 창조적으로 전환시켜주는 운동. 오토포이에시스의 조건을 충족시켜 주는 네겐트로피 맞다.

둘째, 이제는 '경쟁체제'에서 해방되어야 한다. 경쟁으로부터의 자유. 전통적인 공동체에서의 경쟁은 죽음이다. 탈(脫)경쟁. 쓸모없는 마찰열을 억제시킨다. 아울러 쓸모없는 마찰열의 창조적 전환을 위한 전제조건이다.

우리는 나이를 먹으면서 정신적으로도 노쇠해진다. 엔트로피가 증가하기 때문이다. '학령기'(學令期)라는 말이 있다. 공부도 때가 있다는 말이다. 요즈음은 공부에 때가 없다고 한다. 평생학습의 시대. 평생 동안 공부한다. 매일 자고 나면 새로운 지식과 기술이 쏟아져 나오니 평생 동안 매일 무엇인가를 배워야 한다는 것이다. 이래서 오늘날 평생 배움은 새로운 생존전략이 되었다. 심지어 이제는 생존의 조건이 되고 있다. 평생 동안 공부하는 것. 평생 동안 운동하는 것과 결코 다르지 않다. 그러니까 우리가 이제 삶을 영위하려면 평생 동안 몸과 마음을 갈고 닦아야 하는 것이다.

전에는 학교 졸업장이 평생을 먹여 살렸다. 그래서 어떻게든 명문 학교에 들어가는 것을 생존전략으로 삼았다. 아울러 명문학교의 졸업 장은 보다 나은 생존조건이었다. 그러니까 경쟁은 치열했다. 사실 지금 도 그렇다. 명문을 향한 치열한 경쟁. 경쟁은 생존조건을 창출하는 방법 이고 생존전략이다. 따라서 경쟁은 이미 우리의 삶이 되었다. 그러나 경 쟁은 어렵고 힘들다. 심지어 귀찮다. 그러나 우리의 삶에서 필요악이다. 운동과 마찬가지다. 경쟁은 더 무섭고 잔혹하다. 경쟁에서 이기면 천하 를 얻는 것이고, 경쟁에서 밀리면 패배자가 된다. 제로섬게임(Zero-Sum Game). 루저(Looser). 그래서 사람들은 경쟁에 목숨을 건다. 경쟁과 무관하 게 사는 사람들도 더러 있다. 그런데 더러다. 싫으나 좋으나 우리는 이미 경쟁을 당연한 것으로 받아들인다. 영원한 루저가 되지 않기 위해서. 사 람들은 매우 분주하다. 모든 에너지가 '경쟁'으로 쏠린다. 에너지의 사용 은 엔트로피의 증가를 촉발시킨다. 마찰열 때문이다. 쓸모없는 마찰열.

문제는 과열경쟁이다. 경쟁에서 밀릴 것에 대한 두려움. 경쟁에서 이겨야 한다는 강박감. 이로 인해 발생하는 사회적 문제들. 편법경쟁과 불법경쟁이다. 편법과 불법을 불사하면서도 어떻게든 경쟁에서 이겨보 겠다는 사람. 이들에 의해 발생하는 사회적 마찰열은 차고 넘친다. 사 회는 바로 '공정성 시비'에 끌려 들어가게 된다. 최근 우리 사회를 발칵 뒤집어 놓은 소위 '조국 사태'. '조국백서'가 나오니까 '조국흑서'가 나오 고. 결과적으로는 우리 사회에 엄청난 마찰열을 발생시킨 주역이다. 이 밖에도 크고 작은 '공정성 시비'는 차고 넘친다. 사실 우리 사회만의 문 제는 아니다. 전 세계가 아니 지구촌 사회가 대동소이하다. 물론 정도의 차만 존재할 뿐이다. 도대체 지구촌 사회가 왜 이렇게 된 건가? 테스 형. 사회가 왜 이래?

이렇게 사회에서 편법, 불법이 난무하게 된 배경은 '경쟁'이라는 이 짤막한 단어다. 공정한 경쟁이라면 누가 뭐라고 할 일도 없다. 당연히 경쟁은 공정해야 하고 공정한 경쟁은 국가사회 그리고 나의 개인적인 발전을 위한 조건이다. 그러나 엄밀히 말하면 '경쟁'(競爭, Competition)이라는 단어는 무시무시한 말이다. 경쟁이라는 말은 전쟁(戰爭, War)에서 나온 말이다. 어떤가? 무섭고 섬뜩하지 않은가?

4년마다 올림픽 경기가 열렸으나 코로나19 사태로 잠시 중단되었다. 올림픽 경기는 2,500여 년 전 고대 아테네에서 처음 시작되었다. 아테네의 올림포스. 그러니까 지금의 올림픽은 당시의 올림픽을 재현한 것 아니면 아테네 올림포스에서 열렸던 경기를 모델로 하고 있다. 그런데 당시의 올림픽은 전쟁이 끝나고 나서 휴식기 즉 휴전 상태에서 다음 전쟁에 대비하기 위해 고안되었다는 사실이다. 모두들 경기에 참여해서 다른 선수들과 경쟁을 하면서 승자를 가려낸다. 월계관의 주인공. 그러니까 전쟁을 위한 준비가 바로 경쟁인 것이다. 우리는 올림픽을 평화의 상징이라고 하고 개막식 날 비둘기를 하늘로 날려 보낸다. 올림픽에서 왜 굳이 평화를 강조하는가? 전쟁과 평화. 평화를 염원하는 의미에서 올림픽 경기를 개최한다고는 하지만 사실은 전쟁을 대비하여 육체적으로 건강한 무사들을 선발해 내는 것이다. 실제로 당시 올림픽에서 우승한 자들은 전선에 직접 투입되었다.

오늘날 우리는 '경쟁'이라는 미명하에 공동체를 사수할 수 있는 인력들을 키워왔다. 전쟁은 끝났지만 항상 전쟁의 연장이라고 여겼던 것이다. 세계가 양차대전을 마치면서 냉전체제로 들어간 이후 준(準)전시상태에서 잠시 휴전을 통해 경쟁이라는 개념이 강화되었다. 전통적인 공동체의 유지ㆍ발전을 위한 전략으로 고안된 '경쟁'이라는 단어. 그렇다면 전통적인 공동체는 '전쟁 대비용'이라고 할 수 있다. 역사적으로 볼 때 전통적인 공동체는 외부의 침입으로부터 살아남기 위한 전략이었다. 맞다. 오늘날까지 우리는 전쟁과 평화 사이에서 전통적인 공동체를 유지ㆍ발전시켜 왔던 것이다. 우리는 '무역전쟁', '경제전쟁'이라는 용어를 사용하면서도 매우 태연하다. 전쟁이 당연하다는 것이다. 전쟁이 경쟁으로 둔갑한 것이다.

우리는 지금도 전쟁 중에 살고 있다. 맞는가? 전쟁을 겪은 세대들이 거의 모두 세상을 떠났다. 이들이 아직 남아 있어도 이미 사회적 활동은 거의 멈춘 상태이다. 전쟁은 이미 추억이 되었다. 전통적인 공동체. 전쟁을 통해 만들어졌고 전쟁을 통해 유지ㆍ강화되었다. 전쟁이 사라진 지금, 우리는 여전히 전쟁을 원하는 것인가? 혹자는 말한다. 평화를 위해 전쟁을 한다고. 과연 맞는 말일까? 전쟁과 평화는 동전의 앞뒷면인가? 위에서 우리는 바이러스가 적이라고 했다. 이제 전쟁은 바이러스와의 전쟁이다. 실제로 코로나19의 급습으로 사람과 사람 간의 싸움도 줄어들었다. 살인 사건도 거의 사라졌다. 자고 일어나면 매일 수십 명이 포화에 죽어나가던 중동전쟁도 좀 느슨해졌다. 별 소식이 없다. 코로나19가 사람과 사람 간의 모든 싸움을 잠재우고 있는 것이다. 사람들이 코로나19가 우리의 새로운 적이라는 사실을 인식하는 듯하다. 불행 중 다행인가?

서둘러야 한다. 예전의 적이 사라진 지금. 새로운 적이 나타난 지금. 우리는 새로운 적을 대비해야 한다. 따라서 미래사회에서는 전통적인 공동체가 계속 유효할 수는 없다. 그러나 모른다. 앞으로 어떻게 될 것인지? 그러나 중요한 것은 경쟁이라는 단어 앞에서 우리는 지금까지 엄청난 에너지를 사용했다는 사실이다. 경쟁에서 살아남고 경쟁에서 이기기 위해 수단과 방법을 가리지 않고 저질러 온 온갖 편법, 불법들. 부정부패의 온상이다. 부패공화국. 정의사회에 반한다.

결국 공정성 시비로 비화되면서 사회 전체가 쑥밭이 되었다. 사회 전체에서 발생한 마찰열의 총량. 계산도 하기 어려울 지경이다. 도대체 먹고 살기도 어려운 판국에 또한 코로나 정국으로 한 치 앞도 보이지 않는 상황에서 이런 마찰열까지 온 사회를 뒤덮어 놓았으니. 사건의 진위여부를 일단 접어두고라도 우리 사회에서 쓸모없이 낭비되는 사회적 엔트로피의 증가는 과연 얼마나 되었을까? 가히 짐작하기도 어렵다. 결국 모든 것이 전통적인 공동체의 유지 발전을 위해 낭비되는 에너지들이었다.

이제 멈춰야 한다. 디지털 사이버 공간에서 새로 만들어지는 뉴 노멀의 공동체는 지금과는 전혀 다른 공동체라고 했다. 말이 공동체이지 사실 디지털 사이버 공동체 속에서는 '각자도생'이다. 온라인상에서 비대면으로 각자 알아서 살아가면 된다. 단지 만남과 접촉은 사라지지 않기 때문에 공동체라고 말할 뿐이다. 물론 온라인 가상공간에서. 결국 지금 방식의 경쟁은 전혀 필요가 없다. 다시 말하지만 그냥 각자도생 알아서 사는 거다. 혼자 살다가 갑자기 외로워지면 클릭 한 번으로 밴드에 들어가면 된다. 사람들이 많다. 그냥 누가 쓴 글이라도 읽으면 된다. 물론 내가 써도 된다. 갑자기 귀찮거나 피곤하면 그냥 나가면 된다. 손가락 하나면 충분하다. 필요하면 들어가고 싫으면 나간다. 그게 바로 지금 우리의 삶이 되어 버린 '온택트 공동체'(On-Tact-Networking-Community)이다. 앞으로 우리는 뉴 노멀의 현실이 된 온라인 네트워킹 공동체에서 새로운 삶의 가치와 의미를 찾아 나가게 될 것이다. 때로는 아주 진지하게. 또한 우리는 이제 그곳에서 진정한 삶의 방식을 찾게 될 것이며 삶의 전략도 세우게 될 것이다. 왜냐하면 이제 새로운 공동체가 바로 '삶의 현장'이 되어 버렸기 때문이다.

그렇다면 온라인 디지털로 대표되는 언택트 네트워킹 사회에서 마찰열은 어떤 모습으로 발생하고 있는 것일까? 아니면 미래사회에서 마찰열의 정체는 무엇일까? 엔트로피의 증가는? '온라인 콘택트'가 삶의 원칙이 되어 버린 지금, 우리는 온라인상에서 적절한 관계를 유지하면서 직접 대면에서 발생할 수 있는 마찰열을 최소화시키고 있다. 하여간 대면하고 접촉하지 않음으로써 마찰열의 발생을 억제하고 있는 셈이다. 그렇다면 지금 우리 사회에서 발생하는 마찰열은 더 이상 없는 것일까? 그럼 우리는 이제 온라인 디지털 세상을 누리기만 하면 되는 것 아닌가? 마찰열의 억제가 오토포이에시스를 가능하게 하는 네겐트로피의 조건이라면 온라인 디지털 사회에 적극적이고 자발적으로 동참하면 되는 것 아닐까? 그렇다면 지금 우리에게 현실이 되고 있는 이 사회는 엔트로피의 증가를 억제해 줌으로써 우리의 생존 조건을 보다 낫게 해주는 테크노피아(Technopia)가 될 수 있지 않을까?

이제 더 이상 우리는 전통적인 공동체를 위해서 목숨을 걸 이유가 없다. 전통적인 공동체는 이제 우리의 삶이 아니다. 그냥 추억일 뿐. 이제 우리가 진정 목숨을 걸어야 하는 것은 '디지털 역량'이다. 평생 동안 차분차분 디지털 역량을 개발하기 위해 학습하는 일에 에너지를 집중할 때이다. 디지털 평생학습. 평생 동안 새로운 공동체에서 생존을 위한 보다 나은 기회와 조건을 창출하는 것. 그것만이 새로운 공동체에서 살아남을 수 있는 본질적인 생존전략이 된다. 기계와의 공존. 인공지능과의 공존. 그것이 우리 인간에게 닥친 생존전략이다. 기계문명을 비판해도 소용없다. 우리 인간들은 기계를 만들어 놓고 기계와 함께 살아가고 있다. 현실이다. 만약 새로운 공동체에서도 '경쟁'이라는 개념이 여전히 유효하다면, 그것은 전통적 공동체의 유산인 '남들과의 경쟁'이 아닌 '자기와의 경쟁'이 될 것이다. 극기복례(克己復隷). '평생학습에의 적극적 참여'. 자기창조와 자기갱신 즉 오토포이에시스의 조건을 충족시키는 네겐트로피 맞다. 다시 말하면, 자기와의 경쟁은 바람직한 '온라인 네트워크 커뮤니티' 즉 '온택트 공동체'를 만들기 위한 마찰열의 창조적 전환이다.

(2) 국가 사회적 차원의 처방

첫째, 의료시스템을 전면 개편해야 한다. 우리 인류의 적(Enemy)은 이제 바이러스라고 했다. 코로나19. 더 이상 적은 호모사피엔스가 아니다. 그런데 바이러스는 치명적이다. 이번에 알았다. 백신의 중요성. 그리고 우리가 백신개발의 선진국은 아니라는 사실. 심지어 이들이 개발한 백신을 구걸(?)해야 하는 처지. 선진국의 길이 아직은 멀구나. 이들의 백신 선처를 기다려야 한다. 세계 각국들이 백신개발에 몰두하고 있는데, 우리나라는 지금 뭘 하고 있는 것인가? 우리나라도 OECD 선진국이다. 백신개발의 선두는 아니더라도 하는 척이라도 해야 하는 것 아닌가? 그냥 손을 놓고 있는 듯하다. 남들이 개발한 백신을 그냥 넋 놓고 기다려야 하는 신세. 언제 우리 차례가 오나? 5,000만의 국민이 좀 한심스럽기도 하고. 이제라도 우리는 백신개발에 총력을 기울여야 한다. 한국은 태국, 방글라데시 등과 같은 소위 2급 지역에 끼어 있다. 국가를 차별하는 것은 아니지만. 정말 아파야 할 대목이다. 우리도 OECD 국가라고 해서

뽐내고 다닌 지가 벌써 25년이 넘었다. 그런데 아직 이 모양이라니.

화도 난다. 이제라도 열심히 준비해야 한다. 일단 국가 차원에서 '의료시스템'의 전면 개편이 시급하다. '상시감염병연구시스템'의 설립 등. 이미 질병관리본부를 〈질병관리청〉으로 승격했다. '센트럴타워'는 만들어졌다. 지금까지 우리의 의료시스템은 대학병원과 대형병원 중심으로 만들어져 왔다. 앞으로도 그럴 것이다. 특히 〈암센터〉와 〈암병동〉 중심으로 개편되기도 했다. 국립암센터도 세워졌다. 국가기관이다. 그만큼 암은 국가질병이다. 암의 발병 증가 속도도 폭발적이다. 시장이 대답한 것이다. 그도 그럴 것이 전 인구의 1/3~1/4가 암이라고 한다. 그러니까 10명 중 3~4명이 암환자. 보험시장도 암 관련의 보험 중심으로 개편되었다. 이제 감염병 관련 보험이 붐을 이룰 전망이다. 지금은 국가가 직접 관리하고 있지만.

일단 코로나19는 암 치료에 비해 훨씬 빠른 시간 내에 치료되어야 한다. 백신을 맞으면 좀 안심이다. 치료제가 나온다면 더욱 안심이다. 문제는 변종과 변이다. 변종과 변이는 어쩔 수 없다. 전혀 이상하지 않다. 공진화의 원리. 아무리 신속하게 대치한다고 해도 결국 백신개발은 변종과 변이가 생길 것도 또 대비해야 한다. 백신개발은 항구적인 과제가 되어 버린 것이다. 그러니까 하루도 빠짐없이 백신개발은 계속되어야 한다.

이제 필요한 것은 결정되었다. 항구적인 백신개발과 치료제 개발을 위한 상시의료시스템의 구축. 의료시스템은 대학병원과 대형병원 중심으로 이루어져 왔다고 했다. 대학병원은 국립대학이든 사립대학이든 의과대학은 공공의료시설의 성격을 갖는다. 대형병원들은 사립의 성격이 강하지만. 여전히 국가의료법의 통제 하에 있다. 의료법에 어긋나면 바로 면허취소다. 의과대학 설립부터 의사고시면허 등이 대표적이다. 의사면허가 없는 사람의 의료행위가 안 된다. 미국 의사면허로 한국에서 의료행위를 할 수 없다. 강제조항들이다. 그만큼 국민건강의 문제는 국가 공공재다. 국민 개개인의 목숨은 국가가 책임을 져야 한다는 뜻이다.

국가는 이제 바이러스 백신개발과 치료제 개발을 최우선시하기 위해 의료시스템의 전면개편작업을 착수해야 한다. 백신개발과 치료제 개발은 필수 기본의료행위다. 사람의 목숨과 직결되는 영역이기 때문이다. 만성질환의 치료를 위한 의학시스템의 강화 그리고 면역체계를 위한 기초연구의 강화도 병행되어야 할 것이다. 만성질환자들에게 백신으로 나타날 부작용들도 백신개발에 관건이 될 것이며, 면역체계에 대한 이상반응 등은 백신개발에 결정적으로 고려되어야 하기 때문이다. 결국 '확실한' 백신개발에 모든 것이 걸려 있다.

우선 '의과대학'부터 전면 개편해야 한다. 앞으로 '공공의학대학'의 설립이 확대될 것이다. 바이러스와 한판 전쟁하기 위해서 필요한 특단의 조처. 지금까지 지구상에 팬데믹으로 퍼졌던 모든 감염병들은 백신이 개발되기 전에는 전혀 그칠 기세가 없었다. 다시 말하면 백신개발 덕분에 그나마 인류가 살아남을 수 있다는 말이다. 백신개발에만 전념할 수 있는 공공의학대학의 설립이 시급하다. 앞으로 의학대학은 백신개발만 할 수 있어도 성공이다. 이제 선진국과 후진국은 백신개발을 할 수 있느냐 없느냐로 결판난다. 세계 100대 대학이 어쩌구 저쩌구 할 필요도 없다. 백신개발전담 의과대학이 세계적 수준의 대학이다. 앞으로 노벨생리학상도 백신의대에서 나올 것이다. 우리의 숙원도 이루어질 수 있지 않을까? 우리는 오래전부터 노벨상을 노래해 오지 않았는가? 백신개발의 료진. 노벨상감 아닌가? 그리 어려운 일이 아니다.

코로나19 이후 수많은 직업과 직종들도 백신 관련으로 모아질 것이다. 바이러스와의 전쟁은 목숨을 건 전쟁이기 때문이다. 백신이 일반화되고 치료제가 나온다고 하더라도 결코 안심할 수가 없다. 벌써 백신 접종 부작용이 나오고 있지 않는가? 이미 여기저기서 변종 바이러스로 의심되는 것이 발견되었다고도 한다. '변이'라고 한다. 전 세계로 퍼지고 있다. 우리나라에도 상륙했다고 한다. 능히 예상된 것이다. 앞으로 추이가 주목된다. 과연 지금 개발되었다고 하는 백신들이 정말 변종 바이러스도 모두 잡을 수 있을까? 의문이다. 결국 백신개발과 치료제 개발은 어느 한순간에 종료될 일이 아니다. 생태학적으로 본다면 지구촌의 모든 생명체는 공진화(共進化, Co-evolution)한다고 했다. 모든 생명은 다른 생명의 숙주가 될 수 있으며, 모든 생명은 상호 공진화한다. 죽어 없어지지 않는 한, 서로 면역력을 주고받으면서 더 강해지는 것이다. 왜냐하면 백신은 오로지 예방약이기 때문이다. 박멸(撲滅)은 치료제의 몫이다.

한편, 위에서 본 것처럼 지금의 대학들은 대학의 사명과 본질을 상실한 지 오래다. 이참에 대학의 전면개편도 함께 이루어져야 할 것이다. 일단 대학은 '지식을 창출하는 곳'이라고 했다. 대학에서 '새로운 지식'이 나오지 못한다면, 대학은 가치와 의미를 상실하는 것이다. 지금 우리의 대학들이 꼭 그렇다. 대학이 전면 개편되어야 할 이유로 충분하다.

대학이 재편되어야 하는 이유는 또 있다. 마침 정부는 공무원을 대폭 늘리겠다고 한다. 표를 의식한 것인가? 아니면 시대추세에 부응하는 것인가? 하여간 서로 이해타산이 맞아떨어진 것이다. 대학 도서관에 가보면 학생들이 거의 모두 공무원 시험을 준비하고 있다. 공무원 합격보장. 공무원 시험 관련 책들만 즐비하다. 합격을 한다는 보장은 없어도 그냥 모든 학생들의 목표가 되었다. 항상 수백 대 일이다. 이제 '공부는 시험'이다. 공무원이 되기 위해서 공부해야 한다. 공부가 무기다. 대학입학

시험에서도 통과했으니 시험은 자신이 있다는 건가? 그러니 학생들은 대학에 입학하자마자 자기가 가장 자신 있다고 생각하는 공무원 시험 준비를 시작하는 것이다. 아니면 그것밖에 잘할 수 있는 것이 없다고 여기는 모양이다. 좀 안됐다. 측은하기도 하고.

이렇게 하여 우리 사회는 공무원 공화국이 되고 있다. 결국 대학에 들어와서도 우리 학생들은 모두 공무원 시험에 올인한다. 사법고시, 행정고시, 기술고시, 교원고시, 언론고시, 대기업고시 등. 대학이 공무원사관학교가 되었다. 그런데 참 이상하다. 어차피 공무원 시험을 보고 공무원이 될 거면, 도대체 대학은 왜 가는 것일까? 공무원 시험 자격 조건은 학력과 전혀 무관한데. 비싼 수업료를 내고 그것도 4년간이나 학생신분으로 살아야 하는데. 서양 사람들은 도대체 이해가 가지 않는다고 한다. 결국 대학졸업장은 일종의 보험을 드는 건가. 만의 하나 공무원 떨어지면 대졸자로서 그냥 아무 데나 취업이라도 해야 하니까. 참으로 서글프다. 100대 대학 어쩌구 저쩌구 하지만 사실 내용상으로는 우리나라의 대학들은 더 이상 대학이라고 말할 수 없다. 대학이 대학다워야 대학이라고 할 수 있지 않을까? 선진국의 대학들과는 천양지차다. 그야말로 취업준비기관으로 전락한 한국의 대학들. 소위 상위권 대학이든 하위권 대학이든 마찬가지이다. 전면 재편되고 재구성되는 것이 맞다.

에너지는 반드시 이동한다. 지금 취업을 위해 작용하는 모든 에너지가 공무원이라는 직업으로 몰리고 있다. 공무원 시험 준비족 즉 공시족이 대폭 늘어나고 경쟁이 치열해지면서 공시족 사이에서 엔트로피는 급격하게 증가한다. 엄청난 인구가 시간과 정열 그리고 돈을 공무원 되는 일에 쏟아붓고 있다. 공무원 시험 합격자는 그래도 본전을 뺀 셈이다. 투자한 게 얼만데. 나머지 떨어진 사람들. 공무원 시험 재수 삼수 사수하면서 헛된 시간을 보낸 사람들은 도대체 뭔가? 수백 대 1. 1명이 붙고 수백 명이 떨어진다. 만 명이 합격하면 수백만 명이 떨어지는 것이다. 수백만 명. 경제활동인구의 절반 정도가 공무원이 되겠다고 설치다가 결국 망연자실하고 만다. 자신들을 루저(Looser)라고 부른다. 허망해하면서 소주 한잔 마시면 되지만, 사회적으로 낭비된 엔트로피의 총량은 어쩔 것인가? 사회적 엔트로피의 증가는 사회소멸을 재촉한다.

　공무원 시험 준비 학원으로 에너지가 모인다. 에너지가 쏠리는 것이다. 에너지가 쏠리면서 마찰열도 배가 된다. 학원에서 낭비되는 엔트로피의 증가는 사회적 엔트로피로 축적된다. 시험에 붙는 사람들보다 떨어지는 사람들이 100배 이상 더 많기 때문이다. 매년 평균 100:1 이상. 공무원 시험의 경쟁률이다. 그러니까 100배 이상 쓸모없는 마찰열이 발생하는 것이다. 또한 시험을 잘 보고 합격한 사람들이 반드시 훌륭한 공무원이 되는 것도 아니다. 물론 증가한 마찰열만큼 훌륭한 인재선발로 국가 발전이 이루어질 수 있다면 에너지의 사용은 문제가 되지 않는다. 그야말로 유용한 에너지. 그러나 그렇지 않다면 어쩔 건가. 공무원이 되어 권력을 이용하여 부정부패의 주범이 된다면, 우리 사회가 당면하고 있는 과열 공무원 시험 경쟁은 사회적 엔트로피의 증가만을 초래하는 것이다. 대학답지 못한 대학들이 사회적 엔트로피의 증가에 큰 기여를 하고 있는 셈이다.

　백신개발, 치료제 개발은 대학이 끊임없이 신지식을 탄생시킬 수 있는 최고의 기회가 된다. 백신개발은 대졸 고등인력을 위한 사회에서 필요한 일자리의 창출에도 기여할 것이다. 대학이 의과대학 중심으로 개편되어야 하는 중요한 이유이다. 신지식의 탄생. 중세대학이 만들어졌던 중요한 이유였다. 신지식의 탄생은 결과적으로 사회 전체를 유익하게 한다. 홍익인간(弘益人間). 익혀서 널리 이롭게 한다. 한국의 교육목적과도 꼭 맞다. 이리 보아도 저리 보아도 주저할 이유가 없다. 모든 길은 로마로. 의과대학 중심 그것도 백신개발과 치료제개발을 중심으로 대학의 모든 전공들이 개편되어야 한다. 혹자는 말할 것이다. 그럼 인문학 전공들은 어떻게 되는 것인가? 폐지해야 한다는 말인가? 벌컥 화를 낼 것이다. 그러지 않아도 '문송합니다', '인구론' 등으로 가뜩이나 인문학의 가치가 땅에 떨어져 있는데.

전혀 그렇지 않다. 오해 마라. 동서고금을 막론한 인문학의 가치는 어느 누구라도 거부할 수 없다. 인문학(Humanties). 말 그대로 인문학은 인간이 무엇이냐는 명제로부터 시작하여 인간은 왜 사는가, 무엇으로 살아야 하나 등. 사람으로서 할 수 있는 것, 해야 할 것 등. 인본주의로의 길 그 자체다. 인문학을 통하지 않고는 도무지 알 수 없는 영역. 삶을 이해하기도 하고 삶에서 벗어난 것들을 비판하기도 하고 삶을 뒤돌아보면서 반추해 보기도 하고. 이런 것은 인문학이 아니고서는 우리에게 기회를 줄 수가 없다. 마침내 내가 성장하고 사회가 성장하는 길. 그게 바로 인문학의 가치이다. 그러나 지금 대학에서의 인문학은 나가도 엄청 엇나가고 있다. 세상과 동떨어진 상아탑의 모습. 물론 이 말도 완전히 맞는 말은 아니다.

고전으로 돌아가라(Humanitas). 신(神)이성의 시대를 주도한 중세를 거부하면서 등장한 르네상스는 인간(人間)의 이성을 돌려달라는 외침과 함께 그리스 로마 고전에서 그 뿌리를 찾았다. 인문학의 부활이 이루어지면서 중세대학은 인문학의 요람으로 다시 자리매김을 할 수 있었다. 그러나 시간이 흐르면서 대학의 인문학은 상아탑(Ivory Tower)에 갇히는 꼴이 되었다. 속세와 점점 거리가 생기는 그런 것. 당시 대학들은 자연과학보다 인문학이 주도했던 시대였다. 세상물정도 모르는 사람들. 책상물림들. 세상은 급변하는데 지식은 새롭게 창출되는데 인문학은 고리타분한 고전을 그것도 이미 생활어가 아닌 일상에서는 사용하지도 않는 라틴어로 읽고 있으니. 이를 보다 못한 사람들은 대학개혁을 외치고 나섰다. 때는 마침 실용성에 기초한 자연과학의 영역에서 자고 일어나면 새로운 지식들이 폭발적으로 나오던 소위 계몽(啓蒙)의 물결이 한창이던 시절. 계몽주의의 탄생(The Enlightenment). 실학(Realism, 實學)의 탄생.

이로써 인문학은 설 자리가 좁아질 수밖에 없었다. 사실 이런 이유들도 꼭 들어맞지는 않는다. 왜냐하면 인문학은 특성상 바로 실제로 써먹는 것을 기준으로 평가할 수 있는 영역이 아니기 때문이다. 나중에 써먹을 수도 있지 않는가? 자연과학은 실험을 통해 입증과 검증 절차를 거쳐서 실생활에 요긴하게 응용해서 써먹을 수도 있겠지만. 그래서 실학의 근간은 자연과학이 차지하게 되는 것이다. 어쩔 수 없다. 지금도 마찬가지다. 지금 대학들도 자연과학과 그의 응용과학인 공학, 의학 등이 중심이다. 그러나 인문학이 르네상스 후반부터 쇠퇴하기 시작한 근거는 전혀 다른 데에 있다.

인문학이 '암기주입식 인문학'으로 전락했다는 사실이다. 그게 결정적이다. 처음 인문학의 부흥과 복원을 외쳤던 르네상스 초기에는 참 좋았다. 인문학은 사람 사는 세상, 사람이 살아가야 할 세상을 만들 수 있는 초석이었다. 인간 본위 즉 인본(人本)으로 가는 길. 인문학이 열어준다. 그러나 인문학이 주입식 암기 중심으로 이루어지면서 세상과는 무관한 '상아탑'이라는 오명의 대명사가 된 것이다. 르네상스 후기를 넘어가면서 인문학은 키케로의 연설문을 외우면 족했다. 비현실적 발상. 그냥 고전을 암송하면 어쩌자는 건가? 세상은 급격하게 변하고 새로운 지식은 봇물처럼 나오고 있는데. 그것도 '과학의 세기'에 말이다.

얼마 전 우리 사회에서도 인문학의 열풍이 불었던 적이 있다. 아이러니하게도 미국의 뉴욕 할렘가에서 시작된 클레멘트 프로그램. 대호응을 얻으면서 시작된 '인문학의 부흥'이라는 이름으로 우리사회에도 도입되었다. 얼 쇼리스 교수의 『희망의 인문학』. 필자도 적극 참여한 바 있다. 그러나 지금은 잠잠하다. 언제 그랬느냐 싶다. 인문학자들이 길거리로 나선 적도 있다. 인문학을 살려내라고. 당시 외친 구호는 '인문학의 진흥을 위해서 정부에서 많은 돈을 지원해 달라'는 것이 요지였다. 물론 현안이었지만 좀 아쉬웠다. 혹자들은 자연과학자들에 비해 상대적으로 박탈감을 느낀 인문학자들이 정부프로젝트를 많이 달라고 볼멘소리를 하는 것 아닌가 하는 비아냥도 있었다. 그러나 이 역시 흐지부지되고 말았다. 결국 인문학의 부흥은 일어나지 않았다. 글쎄 인문학 HK 사업(Humanities Korea)이라는 프로젝트는 생겼지만. 혹자는 또 말한다. 이공계통에서 BK21에 국가가 지원을 하니까 구색 맞추기로 한 것 아닌가? 상대적 박탈감을 진정시키기 위해 억지로 하는 것은 아닌지. 이래 가지고 과연 인문학이 다시 본연의 모습으로 살아날 수 있을까? 의구심은 여전하다. 하여간 두고 볼 일이다. 우리도 르네상스 후기의 인문학이 사라진 전철을 밟았다. 우리의 인문학, 거리의 인문학 역시 주입식 암기 인문학으로 갔던 것이다. 그래서 잠깐 붐이 일다가 사라진 것이다. 역사는 되풀이된다.

결론은 하나다. 인문학의 부활은 정말 중요하다. 왜냐하면 인간에 관한 학문이니까. 그런데 '주입식 암기 인문학'은 절대 안 된다. 이미 우리 사회에서 오래전 모든 교육이 주입식 암기 위주로 바뀌다 보니까 인문학도 그렇게 된 것이다. 주입식 암기교육은 사실 제국주의의 산물이다. 제국주의 후계자를 만들기 위해 교재를 주입 암기시켜야 했던 제국주의자들의 발상. 세뇌 교육. 마찬가지다. 일제 강점기에 우리 한국인들에게 황국시민 만세를 외치게 했던 바로 그런 교육, 그게 바로 제국주의 교육이다. 그게 지금 우리의 교육현장을 장악하고 있는 것이다. 제국주의의 잔재를 청산하자는 것이다. 주입식 암기교육이 교육인지 착각하고 있는 우리의 교실부터 바뀌어야 한다.

오늘날까지 인문학 자체가 반성해야 할 일이지만 그런 반성은 없었다. 교수님이 "공자 왈" 하면 학생들은 그걸 받아쓰기에 급급하다. 그리고 그걸로 중간고사와 기말고사를 본다. 장학금을 받아야 하니까 아주 열심히 외운다. 학교 밖에서도 인문학 프로그램들이 많았다. 명강사 중심으로 전문가 중심으로. "맹자 왈" 하면 역시 줄을 긋고 받아쓰고 집에서 그걸 열심히 외운다. 몇 줄 외운 것을 가지고 남들한테 써먹으면서 자기가 인문학 공부를 했다고 으스댄다. 그게 전부였다. 잠시 불다가 만 바람.

인문학의 가치는 뒤돌아보는 것. '반성과 성찰'(Reflection)이다. '테스형, 사회가 왜 이래.' 그게 바로 인문학이다. 최근 뜨고 있는 노랫말. 너무 쉽지 않은가? 단 한 줄을 읽더라도 그것을 기준으로 자신의 삶을 되돌아보고 우리의 삶과 사회가 돌아가는 현실 등을 점검도 해보고 이해도 해보고 비판도 해보고 반성도 해보라는 거다. 그게 바로 인문학 공부의 진수인데. 그냥 많이 외우면 인문학을 잘한 것이고 많이 외우지 못했으면 좀 덜한 것이고. 결국 시간만 죽인 것이다. 지금 대학에서의 인문학도 거의 대동소이하다. 가르치는 사람이나 배우는 사람이나 똑같다. 다다익선(多多益善). 인문학이 외면을 받는 이유에 대해서 곰곰이 생각해 볼 일이다. 혹시 우리가 지금 인문학을 '모독'(冒瀆)하고 있는 것은 아닌지. 인문학 모독죄?

오늘날 대학은 '융합학문'(融合學問)의 전당으로 거듭나야 한다. 대학의 모든 전공들은 바이러스 백신개발에 기초를 둔 융합학문으로. 사실 중세대학이 탄생했을 당시 모든 학문은 융합학문으로 출발했다. 인문학과 자연학. 처음에는 구분이 잘 안 갔다. 시간이 가면서 과학(Science)이라는 개념이 명료해지면서 자연과학과 인문학으로 갈라서기 시작했다. 사실 '과학의 세기'를 열었던 뉴턴(Isaac Newton, 1642-1727)의 시대에도 과학과 철학의 구분은 어려웠다. 이를테면 어렸을 때부터 뉴턴에 심취하여 뉴턴과학을 전공했던 칸트는 세상이 낳은 대철학자가 되었다. 칸트는 자기가 과학자인지 철학자인지 모르고 죽었을지도 모른다. 그만큼 인문학을 대표하는 철학과 과학은 애초에 한 몸으로 출발했던 것이다. 그전에 베이컨이나 데카르트의 경우는 더욱 그랬다. 사실 '과학'이라는 개념은 이들에 의해 선명해지기 시작했다. 물론 과학에 대한 이들의 뿌리는 아리스토텔레스의 '자연학'에서 온다. 그러던 것이 '실험을 통한 증명'이라는 연구의 절차가 일부 학자들에게 공유되기 시작하면서 마침내 '연구의 방법'(Method of Research)으로 정착하게 되었다. 이제 과학은 관찰과 실험을 토대로 한다. 지식은 객관적이어야 하니까. '객관'(Objectives)이라는 개념. 그것이 학문영역을 갈랐다. 이렇게 과학의 연구방법론이 정착되면서 자연과학은 독립학문으로 인문학으로부터 멀리 떨어져 나가게 되었다. 인문학과 자연과학은 다른 몸처럼 된 것이다. 분명한 것은 처음에는 한 몸이었다는 사실. 지금도 전통적인 유럽이나 미국의 대학의 모든 전공에서 수여하는 박사학위는 철학박사(PH. D.)이다. 의대졸업의 학위도 철학박사. 우리의 경우에도 공대에서 철학박사학위를 수여하는 대학들도 있다. 철학은 모든 학문의 뿌리였다. 오늘날 철학마저 암기주입식으로 결판나고 있다. 인문학의 부흥을 외치기 이전에 인문학 자체의 반성과 성찰이 먼저다.

학문의 융합은 학문의 시너지효과를 내기에도 최적의 방법이다. 우주 만물의 최소단위인 원자는 핵과 전자로 되어 있다. 핵은 (+) 전하를 띠고 있고 전자는 (-) 전하를 띠고 있다. 물론 핵 속에는 중성자가 붙어있다. 중성자는 핵과 전자를 일정한 거리를 두고 분리해 준다. 원자핵과 중성자 주변으로 전자가 돌고 있는데 그 가운데 공간은 텅 비어 있다. 적절한 관계를 유지할 때 원자는 정상이라고 한다. 이러한 적절한 공간이 깨지면 핵분열이나 핵융합이 발생한다. 둘 다 위험한 상태를 만든다. 핵분열은 핵폭탄의 제조 원리이다. 물론 건설적인 핵발전도 있다. 핵융합은 수소폭탄의 제조 원리이다. 더 위험하다.

그러나 태양이 핵융합으로 빛에너지를 발산한다는 원리를 적용한다면 우리 인간들이 지구에서 새로운 태양을 만들어 낼 수도 있다. 실제로 지금도 한참 연구 중이다. 우리의 생명을 책임지고 있는 태양에너지도 고갈되고 있다고 한다. 얼마 전 우리나라 연구팀이 세계 최초로 1억 도의 플라스마를 20초 동안 유지시키는 데 성공했다는 보도가 있었다. 300초만 유지할 수 있다면 인공태양의 개발이 가능하다고 한다. 현실화될 가능성이 높아졌다고 한다.

"한국 인공태양 '케이스타'(KSTAR)가 1억℃의 고온 플라스마를 세계에서 가장 오랜 시간 운전하는 데 성공하면서 에너지를 무한대로 생산하는 인공태양이 탄생할 수 있을지 관심이 쏠린다. 28일 한국핵융합에너지연구원에 따르면 케이스타는 세계 최초로 섭씨 1억 도의 초고온 플라스마를 20초 동안 운전하는 데 성공했다. 태양 중심 온도인 섭씨 1천 500만 도의 7배에 달하는 1억 도 수준에서 플라스마를 10초 이상 운전한 것은 전 세계 핵융합 실험장치 가운데 케이스타가 처음이다. 플라스마는 고체·액체·기체를 넘어선 제4의 상태를 가리킨다. 플라스마 상태에서는 원자가 이온과 전자로 분리된 채로 존재한다. 이때 고온고압에서 수소 원자핵 두 개가 핵융합 반응을 일으키면서 헬륨 원자핵을 생성하고, 이 과정에서 아인슈타인의 질량-에너지 등가원리($E=mc2$)에 해당하는 막대한 양의 에너지가 방출된다. 태양에서처럼 핵융합 반응이 지속해서 일어나도록 고온의 플라스마 상태를 오랜 시간 유지하는 것이 인공태양을 구현하는 데 필요한 핵심 기술이다. 인공태양은 태양과 같은 큰 에너지원으로, 지구상에 건설해 전기 생산 발전에 활용하는 것을 목표로 한다. 인공태양은 원자력발전소나 석탄발전소보다 안전하고 친환경적인 에너지원으로 꼽힌다. 핵융합 장치의 크기는 작지만 에너지 밀도가 원자력보다 10배가량 높아 효율성이 좋다. 인공태양의 방사성 폐기물 발생량은 원전의 0.04% 수준이고, 방사선이 반으로 주는 반감기도 10년으로 2만 년인 원전보다 현저히 낮다. 인공태양의 단점은 고난도의 기술력이다. 플라스마를 일으키기 위해 온도를 섭씨 1억 5천만 도까지 높여야 하고, 초고온 플라스마를 담을 수 있는 통로도 필요하다. 남은 과제는 1억 도 이상의 온도를 유지하면서 높은 압력에서도 안정적으로 움직일 수 있는 플라스마 상태를 확보하는 것이다. 또 이러한 상황에서 운전 시간도 늘려야 한다. 핵융합연은 플라스마를 섭씨 1억 도 이상에서 300초 이상 연속 운전하는 데 성공하면 인공태양을 상용화할 수 있으리라고 내다본다. 이를 위해 핵융합연은 내년 30초, 2023년 50초, 2024년 100초 연속 운전 기록을 목표로 하고 있다. 2050년부터는 인공태양을 상용화하고 핵융합 상용 발전소를 건설해

전기를 대량 생산하려 한다. 윤시우 핵융합연 케이스타 연구센터장
은 '국제핵융합실험로(ITER)가 2035년 핵융합 에너지 효율성 실증에
성공해 대규모의 핵융합 반응이 이뤄진다면, 지금으로부터 30년 뒤
상용로 건설이 가능할 수 있다고 본다'고 말했다. 그는 '핵융합 에너
지는 여타 에너지원보다 관리가 쉽고 안정적이며 효율이 높다'며 '성
공하면 장점이 훨씬 더 많기에 우리나라나 전 세계 선진국들이 연구
에 매진하고 있는 분야'라고 덧붙였다."(연합뉴스, 2020/11/28)

결국 차제에 바이러스 백신개발을 기반으로 하는 의과대학의 재정
립이 대학의 개혁과 함께 이루어져야 한다는 것이다. 정부와 대학들은
협력해야 한다. 코로나19도 치명적이지만 인문학의 부재도 사실은 치
명적이다. 의학과 인문학의 만남. 이상한가? 의학도 인문학도 모두 사람
을 죽고 살리는 학문 아닌가? 여기다가 디지털 첨단테크놀로지와의 융
합. 정말 이상한가? 과학이 '객관'을 기준으로 한다면, 인문학은 다분히
'상호주관적'(Inter-Subjectivities, Trans-Subjectivities)이다. 그러나 따지고 보면
'객관성'이나 '상호주관성'은 동일한 개념이다. 객관성이나 상호주관성
은 모두 공유(共有, Sharing)를 기반으로 한다. 책이 많이 팔리면 베스트셀
러(Best-Seller)라고 한다. 베스트셀러가 되는 이유는 뭘까? 공유다. 그리고
공감(共感, Sympathy)이다. 그 책을 많이 읽고 독자들이 공감하고 공유하면
그것이 바로 객관성을 확보하는 것이다. 객관성과 상호주관성은 동일한
개념의 다른 글자일 뿐이다. 엄밀히 말해서 자연과학에서 추구하는 '객
관성', 세상에 정말 완전한 객관성이 존재할까?

결국 융합(Convergency)이다. 학문 간의 융합. 그러나 중심이 있는 융
합. 바로 그것만이 살길이다. 사실 의학(醫學, Medical Science)은 종합학문(綜

습學問)이다. 역사적으로 종합학문이란 "인간이 무엇인가?"에 대한 질문으로 시작했다. 인간의 정체를 알아내는 것이다. 그것은 종합학문적으로 접근할 때만 가능하다. 신학(Theology)이 종합학문이던 시대가 있었으며, 철학(Philosophy)이 종합학문이었던 시대가 있었다. 오늘날 인간의 정체를 완전하게 파악할 수 있는 학문은 '의학'에서 귀결된다. 처음 의학은 육체적-생리적 차원을 다루었다. 지금은 정신의학이 생기면서 정신과학으로 발전되고 있다. 인간은 몸과 마음으로 구성된다. 배가 아프면 기분이 안 좋다. 육체와 정신이 하나인 것이다. 2000년 노벨생리의학상 수상자인 에릭 캔델(Eric R. Kandel) 박사는 "생각이 뇌를 바꾼다"는 가설을 가지고 평생 동안 연구했다. 지금 의학은 육체와 정신이 하나라는 사실을 입증하기 위해 도전하고 있다. 사실 아직 갈 길은 멀다. 그러나 '인간이 무엇인가?'를 알아내기 위해서는 '몸과 마음(정신)이 하나'라는 사실을 입증해야 한다. 의학이 이 시대를 대표하는 종합학문이라는 사실을 명실공히 입증하기 위해서는 융합학문적으로 접근해야 한다. 따라서 인문학과 자연학을 모두 포괄하는 차원에서 의학은 융합학문적으로 거듭나야 한다. 대학은 과학 즉 사이언스(Science)의 기관이다. 그래서 대학의 단과대학들 이름은 모두 '사이언스'를 붙인다. 자연과학, 사회과학, 인문(과)학. 의학과학 등. 과학 하는 대학. 지식의 객관성을 추구하는 사이언스는 그만큼 '시행착오'(Trial and Error)를 줄여준다. 앞으로도 우리 사회에서 대학이 꼭 필요할 수밖에 없는 중요한 이유이다.

백신개발을 기반으로 하는 의료시스템의 구축, 이를 위한 초석으로서의 대표적인 국가연구기관인 의과대학의 융합학문적 재편. 그리고 이를 기점으로 하는 대학의 재구조화. 바로 이런 개혁들이 오토포이에시스의 조건으로서의 네겐트로피를 투입하는 노력들이다. 이미 우리가 코로나19의 재앙을 통해서 경험한 바와 같이 앞으로 계속 있을 극심한 사회적 마찰열의 발생을 미연에 방지하기 위한 유일한 대책이다. 결국 이는 점증하는 사회적 엔트로피를 창조적으로 전환시키는 절호의 기회가 될 것이다. 만약 그렇지 않다면 결국 우리의 사회는 엔트로피의 최대치에 도달하게 된다. 결국 남는 것은 사회공멸뿐이다.

정리하자면, 코로나19 이후의 삶에서 필연적인 네겐트로피는 코로나19 또는 신종-변종 바이러스에 대한 저항이다. 지금까지 콘택트 사회의 전통적인 공동체의 삶에서 발생하는 '마찰열'은 필요악으로 간주되었다. 그러나 포스트-코로나 사회에서 살아남기 위해서는 이러한 마찰열을 모두 치명적인 바이러스와의 전쟁에 전용할 수 있어야 한다. 어차피 인간의 마지막 전쟁은 바이러스와의 싸움이니까. 공상과학소설에 보면 언젠가는 지구가 외계인으로부터 침입을 받을 것이라고 했다. 바로 그 시간이 앞당겨 온 것이다. 코로나19가 외계인이다. 이 싸움에서 이긴다면 의술은 업그레이드된다. 우리가 합심한 결과로 발생하는 마찰열. 창조적이고 생산적으로 활용하는 사례가 될 것이다. 백신개발, 치료제 개발 그리고 이에 수반되는 만성질환, 면역체계 기초연구의 강화. 무병장수의 꿈에 다가가는 기회이다. 마찰열을 창조적으로 전환시키는 것이다.

둘째, 생태재앙을 온몸으로 막아야 한다. 미래학자들은 이제 더 이상 지체할 시간이 없다고 한다. 이미 엄청 진행되었기 때문이다. 어쩌면 코로나19의 급습은 생태재앙의 경각심을 크게 일깨워준 사건이기도 하다. 코로나19의 급습으로 잠시 우리의 시야에서 벗어난 것 같았지만, 사실은 우리 인류에게 주어진 또 다른 급선무. 결국 코로나19가 시계를 앞당겨 놓은 셈이다. 코로나19에 놀란 가슴. 생태재앙도 얼마 남지 않았다는 사실. 그런데 생태재앙 역시 온 인류를 소멸시키기에는 마찬가지이다. 결국 코로나19로 죽으나 생태재앙으로 죽으나 죽기는 마찬가지. 코로나 재앙. 생태재앙. 모두 재앙 대재앙이다. 그러나 지구를 살려 내야 한다. 그래도 우리가 태어나고 자란 곳 아닌가? 독수리 오 형제. 지구는 우리가 지킨다. 하나밖에 없는 지구. 우리가 살고 우리가 살아왔고 우리가 살아야 하는 지구. 고향이 따로 없다. 우리 인류의 고향. 혹자는 또 다른 지구를 찾아야 한다고 한다. 이미 글렀다는 이야기다. 혹자는 화성에서 인간이 살 수 있는 조건을 발견했다고 호들갑이다. 테슬라의 신화를 만든 엘런 머스크 회장은 화성에 갈 우주선을 여객용으로 만들겠다고 한다. 마르스 드림, 아메리칸 드림. 새로운 지구?

그렇다면 죽기 전에 우리도 이 기회에 진정한 선진국의 대열로 도약해 보는 것은 어떨까? 웬 쌩뚱맞은 소리? 도대체 무슨 소리인가? 대재앙 앞에서 선진국 타령이라니? 혹자는 반문할 것이다. 다른 뜻은 없다. 그냥 이왕 사는 건데 우리도 선진국답게 한번 살아 보자는 것이다. 기왕 계속해서 재앙에 맞서야 하는 것이 인간의 운명이 되었다면, 재앙을 대처하는 김에 우리 한국도 한 단계 도약을 해보자는 것이다. 혹시 아는가? 위기는 기회라고 하지 않던가? 재앙도 잡고 경제도 살리고. 가재 잡고 도랑 치고. 일석이조. 놀라지 마라. 차제에 두 마리의 토끼를 잡아 보자는 것이다.

우선 선진국이 되기 위해서는 일자리가 많이 창출되어야 한다. 주지하는 대로 지금 우리 사회에서 일자리는 물리적으로 두 가지 이유에서 사라지고 있다. 첨단 테크놀로지의 발달과 코로나 재앙. 자본주의는 시장이다. 시장이 융성하기 위해서는 그리고 국가경제가 돌기 위해서는 누가 뭐라고 해도 '일자리 창출'이다. 문제는 예상되는 생태재앙 앞에서의 일자리 창출. 그래 바로 그것이다. 결론은 '녹색일자리'(Green Job)를 창출하면 된다.

이제 개인도 국가도 기업도 '녹색일자리'의 창출에 모든 에너지를 쏟을 때다. 개인은 녹색일자리를 위한 창업(創業)을 하거나 창직(創織)을 하는 거다. 한국에서의 창업은 3대를 망하게 한다는 말이 있다. 그만큼 창업환경과 조건이 열악한 거다. 차제에 이 말이 무용지물이 될 수 있도록 국가(중앙정부, 지방정부)는 녹색일자리 창출을 위한 사회 인프라의 구축에 전력을 다해야 한다.

지금까지 생태재앙에 대해서 꾸준히 거론해 왔다. 그러나 말로만. '레드오션(Red Ocean)의 경제개념' 때문이다. 항상 생태환경 보호는 경제발전논리의 뒷전이었다. 경제가 발전하고 난 다음에 생태환경이다. '선경제 후 환경'의 논리는 생태환경론자들과 항상 부딪힌다. 늘 마찰열이 크게 발생하는 것이다. 엔트로피도 함께 증가한다. '지속 가능한 경제발전.' 구호를 외쳐 보지만 어떤 것도 이루어지는 것은 없다. 그냥 구호일 뿐이며 그냥 대립일 뿐이다. 일부 정치모사꾼들은 악용하기도 한다. 생태환경단체를 만들어서 국가 정부로부터 보조금이나 타먹는다. 세간에 이름을 알려서 나중에 국회의원에 출마한다. 치졸하게 사는 것이다. 세상에는 비겁한 인간들이 많다. 대기업과 중소기업들이 '상생'(相生)으로 가야 한다고도 했다. 미동도 없다. 중소기업은 여전히 대기업의 하청공장이다. 그것도 노예계약이 많다. 하라면 하라는 대로 해야 한다. 안 하면 죽는 거다. 파리 목숨. 파리는 싫으면 날아갈 수라도 있지만.

이제 치명적인 코로나19의 공격으로 인해 녹색일자리의 창출은 선택이 아닌 필수가 되었다. 일자리는 이제 무조건 녹색일자리와 동일시된다. 녹색일자리와 무관한 일자리는 더 이상 미래사회가 원하는 일자리가 아니다. 현재의 일자리를 녹색일자리로 재편하든지 아니면 지금의 일자리를 폐업하고 녹색일자리로 재창업해야 한다. 아니면 아무것도 하지 않는 것이 낫다. 해봤자 곧 망하니까. 당장 그렇게 된다는 것은 아니다. 사회변화의 추세가 그 방향이라는 말이다. 당장은 아니더라도 지금부터 준비해야 한다. 유비무환(有備無患). 방향만 확실하다면 준비해서 손해 볼 일은 없다. 타이밍(Timing)이다. 인생은 타이밍이다. 스티브 잡스의 말씀.

사실 생태계파괴, 지구온난화 등 생태재앙의 문제는 치명적인 코로나19의 창궐과 직접적으로 관련이 있다. 야생동물을 잡아다가 가축으로 만들면서 '인수전염병'이 발생했다. 또한 지구온난화로 남극 빙하 속에 얼음 상태로 갇혀 있던 정체불명의 바이러스들이 활동을 개시하고 있다. 반(反)생명체로 남아 있던 미물들이 생명체를 숙주로 하여 새로운 병원균을 전파시키고 있는 것이다.

"(2020년 11월) 30일 '세계경제포럼(WEF)' 사이트에 게재된 IPBES 보고서에 따르면 과학자들은 인류에게 코로나19 팬데믹 사태에 대한 책임을 묻고 있는 중이다. 현재 지구상에 살고 있는 바이러스의 규모는 엄청나다. 보고서는 포유류 · 조류 등 생물체 속에 약 170만 개에 달하는 '아직 발견되지 않은(Undiscovered)' 바이러스가 살고 있다고 추정하고 있다. 그런데 최근 들어 바이러스를 중심으로 한 생태계 질서가 무너지고 있다는 것. 인간의 무분별한 활동으로 환경이 변하고 바이러스가 종(種)을 건너뛰면서 퍼져나갈 수 있는 환경이 조성되고 있다는 의미다. 보고서는 환경 변화로 인해 인간에게 감염될 가능성이 있는 바이러스의 수가 82만 7,000개에 달할 것으로 추산하고 있다. 미국의 전염병 예방 비영리단체 '에코헬스 얼라이언스' 회장이면서 IPBES '코로나19 패널' 의장직을 맡고 있는 피터 다스작(Peter

Daszak) 박사는 "코로나19가 발생한 책임이 전적으로 인간에게 있다"고 말했다. 1918년 유행성 독감 이후 여섯 번째 발생한 이번 팬데믹 사태가 '인간 활동'에 의해 발생했으며, '인간 활동'에 의해 감염이 주도됐다는 사실에 대해 많은 과학자들이 동의하고 있다는 것. 보고서는 인류의 토지사용 방식이 변화하면서 자연 및 생태계가 급속히 파괴되고 있다고 지적했다. 또 지속 불가능한 무역 관행과 생산·소비 행태 등이 겹치면서 바이러스로 인한 재난 규모가 커지고 있다고 보았다. 문제는 사람들의 생태계 파괴가 이어지면서 동물에 감염돼 있던 바이러스가 사람에게 감염될 우려가 더욱 커지고 있다는 것이다. IPBES 보고서는 "자연 파괴로 야생 동물, 가축, 병원체, 그리고 사람 간의 접촉이 많아지고 결과적으로 바이러스가 새로운 거주지를 향해 빠르게 이동하고 있으며, 그런 만큼 코로나19처럼 사람을 통해 팬데믹 사태로 발전할 가능성이 커지고 있다"고 경고하고 있다."(이강봉, TheScienceTimes, 2020/11/30).

민생경제도 챙기면서 생태환경 문제도 해결해야 한다. 동시에 두 마리 토끼 잡기. 녹색일자리의 창출. 어렵지만 시급한 과제다. 4차 산업혁명으로 치닫고 있는 첨단 테크놀로지는 이제 녹색일자리 만들기에 집중되어야 한다. 이를 위해 개인이나 국가나 '리사이클링 비즈니스'(Recycling Business)에 사활을 걸어야 한다. 지구촌의 에너지 자원도 고갈되는 지금. 이제 에너지를 재활용하면서 살아가야 한다. 리사이클링. 재생(再生)은 쓸모없이 낭비되는 엔트로피를 억제한다. 동시에 엔트로피의 창조적 전용 즉 새로운 에너지의 창출이기도 하다. 한 예로, 전 세계는 커피찌꺼기를 퇴비로 만들어 사용하고 있다. 커피콩을 갈면 먹는 것은 고작 0.2%라고 한다. 무려 99.8%의 찌꺼기를 그냥 버리는 것이다. 우리나라에서는 업사이클링(Upcycling) 영업분야로 미래산업으로 분류하고 있다. 업사이클링은 리사이클링을 업그레이드(Upgrade) 한다는 뜻이란다. 커피찌꺼기 업사이클링 제품들. 커피박 테이블, 건축마감재, 바닥재 등 각종 인테리어 소품을 비롯하여 냉장고 악취 제거, 기름때 제거, 녹방지, 탈취제, 방향제, 셀룰라이트의 제거제 등이 시장에서 팔리고 있다. 아침에 커피 한잔하고 하찮게 버리고 마는 커피찌꺼기의 재활용, 앞으로도 무궁무진하다고 한다. 재화와 자원이 고갈되는 지구촌. 아주 허접한 것부터라도 시작할 수 있는 리사이클링 또는 업사이클링만이 살 길이다.

생태학적으로도 지구생태계는 재생(再生, Recycling)으로 유지된다. 지구가 살아가는 유일한 방법. 재생(Renewing)이다. 우리는 먹고 마시고 배출한다. 거역할 수 없는 생명의 진리. 그게 안 되면 죽는다. 당장 죽지는 않더라도 병이 생긴다. 병은 목숨을 위협하며 삶의 질적 수준을 떨어뜨리며 결국은 수명을 단축시킨다. 괴롭고 힘들다. 사는 게 사는 게 아니다. 역학적으로는 운동에너지가 삶의 에너지원으로 작용하여 일로 바뀌고 나면 남는 에너지는 반드시 배출되어야 한다. 배출되지 않으면 변비다. 혹자는 변비가 만병의 근원이라고 한다. 더 이상 쓸모가 없어진 에너지가 엔트로피를 증가시키기 때문이다. 배출은 엔트로피의 증가를 억제한다. 배출된 물질 즉 쓸모없는 에너지로 변화된 배설물은 거름이 된다. 누군가 다른 생물에게 섭취되면서 그에게는 새로운 에너지가 된다. 퇴비. 새로운 에너지를 섭취한 생물은 이를 운동원 즉 에너지로 사용하면서 일을 해낸다. 유용한 에너지로 사용되고 다시 배설되면서 또 다른 생명을 낳는다. 리사이클링으로 순환되는 지구촌 생태계. 우리의 운명이다.

생태계의 변곡점은 놀랍게도 지렁이에게서 이루어진다. 지렁이가 생태계의 터닝포인트(Turning Point)이다. 무기물을 유기물로 바꾸어 주는 능력. 놀랍지 않은가? 무기물이 유기물로 전환되지 못하면 지구는 죽는 것이다. 재생. 다시 살아나는 것이다. 그렇게 징그럽게 보이는 지렁이. 그가 그걸 해내는 것이다. 세상에 쓸모없는 것은 하나도 없다. 독일의 대문호 괴테(Wolfgang von Goethe)가 한 말이다. 다시 유기물로 변한 흙은 식물의 자양분이 된다. 동물은 식물을 먹고 더 센 놈이 약자를 먹고. 이렇게 하여 지구촌 생태계는 순환되면서 다시 살아난다. 생태학적 순환. 이로써 지구는 스스로 살아남는다. 결국 리사이클링은 지구촌 생명체가 살아가는 유일한 방법이다. 사람도 마찬가지다. 리사이클링으로 사는 것이 맞다. 재생은 자기창조이고 자기갱신이다. 에너지가 바닥이 나고 있는 지구촌에서 우리가 살아남을 수 있는 유일한 방법은 바로 리사이클링이다. 리사이클링의 비즈니스. 그것이 바로 녹색일자리이다. 리사이클을 통한 민생경제를 부활시킬 유일한 대안이 되고 있다.

오래전부터 집집마다 재활용품을 분리수거하고 있다. 아직 모든 지구촌 사람들이 그러는 것은 아니다. 그러나 한 사람도 빠짐없이 모두가 동참해야 할 일이다. 세상의 모든 사람들이 동참해야 하는 것이 생태환경보호운동이다. 그러나 잘 안 된다. 이미 오래전에 제러미 리프킨 교수는 우리가 엔트로피의 증가를 억제하기 위해서는 열에너지의 배출량을 줄이자고 호소한 바 있다. 처음에는 큰 호응을 받아서 『엔트로피II-알게니시대』(1984)라는 그의 저서는 세계의 베스트셀러가 되기도 했다. 지금도 연구물로서는 많이 인용되는 저서이다. 나온 지도 매우 오래되었지만. 그런데 40년이 지난 지금도 우리는 여전히 생태환경위기에 대해 말하고 있다. 공감은 하지만 실천하기가 어려운 것이다. 이 책에서는 공장을 쉬게 하고 자동차를 멈추게 하자고 제안한다. 그러면 지구생태계는 당장 살아난다는 것이다. 항상성(Homeostasis) 때문이다. 틀린 말은 아니다. 아니 맞다. 그런데 조건은 모든 지구촌 사람들이 동시에 공장가동을 멈추고 자동차를 폐차처분을 해야 한다는 것이다. 과연 가능한 일일까? 어떻게 먹고 살라고. 말은 쉬워도 결국은 못 하는 일이다. 목구멍이 포도청이다. 당장이 문제인 것이다. 물론 그래도 '나부터' 시작해 보겠다고 생태환경을 위해 뚜벅뚜벅 걷는 사람들도 있다. 소위 'BMW'족[53]. 점차 늘어나는 추세이기도 하다.

이미 세상에는 '그린피스'(Green Peace)를 위시하여 수없이 많은 생태환경단체들이 열심히 활동하고 있다. 지구를 구하자. 그런데 문제는 언제 지구촌의 모든 사람들이 이에 동참하겠는가? 그래도 많은 사람들이 묵묵히 움직인다. 사실 이들로 인해 지구촌의 엔트로피의 증가는 조금이라도 억제되고 있다고 할 수 있다. 가상한 사람들. 참 고마운 분들이다.

만약 이들에게 당장 먹고 살 수 있는 방안을 마련해 준다면, 이들의 동참은 의외로 빨라지지 않을까? 궁리 끝에 나온 대안이 바로 '녹색일자리 창출'이다. 이제 우리는 이에 모든 에너지를 투입해야 한다. 재생을 토대로 하는 일자리. 일거양득(一擧兩得). 두 마리의 토끼 잡기. 어쩌면 쉽게 잡을 수 있을지도 모른다. 생태환경도 살리고 돈도 번다.

'재생'을 생활화한다는 것은 그 자체가 오토포이에시스의 구현이다. 녹색일자리는 '전통적인 공동체'에서는 주류의 일자리는 아니었다. 녹색일자리가 주류가 되는 세상이 뉴 노멀 즉 온라인 가상공간에서 만들어지는 네트워크의 미래 공동체가 된다. 특히 디지털 첨단 테크놀로지와 결합되는 녹색일자리의 창출. 금상첨화(錦上添花). 국가 정부는 녹색일자

---

53 버스(Bus, Bicycle)와 지하철(Metro), 도보(Walking)로만 이동하는 사람들을 일컫는다.

리 창출을 위해 구체적으로도 세금문제, 지원문제, 기간산업화의 문제, 인프라 투자 등에 관한 구체적이고 실천력 있는 정책구현작업을 강화해 나가야 하는 이유이다.

　한편, 녹색일자리의 창출로 한국이 일등선진국의 대열에 들어갈 수 있는 이유는 또 있다. 바로 청정국가로서 국가이미지가 전 세계에 알려지게 된다. 이미 우리가 보았듯이 흑사병으로 전 유럽이 초토화되었을 때 상대적으로 낙후되었던 프랑스의 파리시가 일약 최고의 선진도시로 도약할 수 있었다. 하수도 정비 사업을 통한 청정국가로서 거듭났기 때문이었다. 우리도 코로나19 사태 중에 K-방역의 성공으로 전 세상의 이목을 받은 적이 있다. 미국은 하루 10만 명 이상의 확진자가 나올 때 우리는 100명 남짓이었으니. 바로 그거다. 세상의 이목이 집중된다면 우리는 한순간에 선진국이 될 수 있다. 특히 우리가 녹색일자리 창출을 가장 잘하는 국가로 거듭난다면 당시 파리시의 경우보다 월등한 선진국가가 될 것이다. 청정국가의 이미지는 세상에 부자들을 끌어모을 것이고 창출된 일자리는 많은 사람들을 고용할 수 있을 것이다. 일거양득(一擧兩得). 총알 한 발로 두 마리의 새를 잡는 꼴이다.

　지금 세상에서 청정국가로 꾸준히 세상의 이목을 받고 있는 나라는 대만과 뉴질랜드다. 두 나라 모두 거의 환자가 나오고 있지 않다. 특히 같은 동양권의 대만은 2003년 사스(SARS) 사태 이후부터 준비해 왔다고 한다. 당시 대만은 사스의 직격탄을 맞은 대표적인 국가였다. 아이러니하게도 중국에서 발발한 사스가 대만을 가장 심하게 급습했던 것이다. 국가 자존심 대결도 있었겠지만. 하여간 대만은 코로나19 공격에 완전히 사회가 초토화된 적이 있다. 그런데 대만의 코로나19질병본부를 이끈 사령탑은 디지털기술 전문가인 '오드리 탕'이라는 사람이다. 그는 대만에서 고등학교를 중퇴하고 바로 실리콘 밸리로 진출하여 벤처기업인으로 자란 젊은 사람이다. 치명적인 질병이 첨단 디지털 테크놀로지로 관리되는 것이 맞다는 메시지로서 충분하다.

이제 그동안 전통적인 공동체를 유지하기 위해 만들어 놓은 제반 사회시스템들을 수정하는 작업에 들어가야 할 것이다. 사람들은 잠시 혼란과 불안에 빠질 것이며 전통적 공동체의 유산 상속을 포기해야 한다. 전통적인 공동체로부터 새로운 노멀 즉 '온택트 공동체'로의 전환이다. 말은 쉽지만 사실 녹색일자리 창출의 과정에는 엄청난 마찰열이 발생할 것이다. 결국 선진국으로 도약한다는 것은 마찰열을 유용하게 전용하는 것이며 엔트로피의 증가를 창조적으로 전환시키는 것이다. 녹색일자리의 창출은 오토포이에시스의 조건으로서 네겐트로피의 투입이 맞다.

셋째, 전통적인 공동체용 하드-소프트웨어를 폐기처분해야 한다. 새로운 '온택트 공동체'를 위한 하드웨어와 소프트웨어로 대체되어야 한다. 하드웨어는 공간, 시설, 기관 등을 말한다. 소프트웨어는 법, 규범, 사회제도 같은 문화를 말한다. 마찰열은 '가치의 현실화'가 이루어지지 못할 때 발생한다. 가치의 현실화가 더 이상 안 되는 전통적 공동체. 폐기처분하는 것이 맞다. 가죽신이 발명되기까지는 나막신을 신고 다녔다. 더 이상 가치의 현실화가 되지 못하는 나막신은 박물관으로 보내졌다. 모든 문화, 문명이 다 마찬가지이다. 테크놀로지의 세상도 마찬가지. 버전이 바뀌면 고물상에 넘길 수밖에 없다.

지금의 학교. 전통적 공동체를 지탱해 온 대들보였다. 이제 '온라인 가상세계의 사이버 교실'로 교체하는 작업을 시작해야 한다. 물론 국가가 해야 할 일이다. 하루아침에는 안 되겠지만. 가능한한 빨리 시작해야 한다. 코로나19의 준엄한 명령이다. 등교하는 아이들에게 언제까지 사회적 거리 두기를 강요할 것인가? e-러닝, 온라인 화상 강의, EBS 인터 넷강의 등 얼마든지 온라인으로 교육과 학습이 가능하다는 것을 인식한 이상. 하루라도 지체하면 그만큼 뒤처지는 것이다. 이제는 홈(Home)이 스쿨(School)이다. 홈스쿨링(Home Schooling). 이미 선진국들은 절차에 들어 갔다. 학생이 있는 가정마다 PC, 태블릿 PC 등 학습기기들을 무상으로 나누어주고 있다. 이것이 이 시대의 무상의무교육이다. 학교에 무상으로 다니는 것은 더 이상 이 시대의 무상교육이 아니다. 얼마 전 우리 정부는 고등학교 3학년까지 모두 무상으로 학교 다닐 수 있도록 의무무상교육 법을 마련했다고 한다. 넌센스. 그 돈으로 아이들에게 디지털 기기를 나 누어 주면 된다. 디지털 활용능력. 지금이라도 시대착오적인 무상교육의 개념이 사라지길 바란다.

학교운동장은 더 이상은 필요가 없다고 했다. 대신 아파트를 지어야 한다고도 했다. 아파트가 모자라고 보금자리주택이 모자라고 공공주택 이 필요하다고 하니. 이곳에 지으면 된다고 했다. 결혼하지 않는 사람들. 집이 없어서 그렇단다. 인구 절벽 문제도 해소될 수 있을 것이다. 2060년 에 우리나라의 인구는 반 토막이 난다고 한다. 학교에 다닐 아이들도 없 다. 학교건물도 필요치 않다. 최소한의 공간만 두고 나머지는 보육시설 로 개조하면 된다. 신혼가구에서 아이를 맡길 곳이 없다고 하니까. 그냥 놔두면 산업폐기물이다. 우리나라도 2040년부터는 한 아이가 7명의 노 인들을 먹여 살려야 한다고도 한다. 아마 다들 외국으로 도망갈 것 같다. 약 30년 전 쯤 캐나다에서 겪은 일이다. 정부가 사회복지정책을 대폭 강 화하자 겁먹은 젊은이들이 캐나다를 탈출하기 시작했다. 엑소더스. 이때 이들 중 많은 사람이 우리나라로 유입했다. 영어 원어민으로 일하기 위 해서.

주택문제로 인구절벽현상으로 인해 증가하는 사회적 엔트로피. 어떻게 억제할 것인가. 전국에 있는 학교운동장에 집을 지어서 신혼부부에게 공급한다면, 아파트 열기로 인해 발생하는 마찰열로 증가된 사회적 엔트로피가 창조적으로 전환되는 것이다. 혹자는 학교는 사회화의 장소이기 때문에 어림도 없다고 버틸 것이다. 생각해 보자. 정말 아이들이 학교에 가야만 사회화가 되는 것인가? 사회화(社會化, Socialization). 사회화는 좋은 사회화도 있지만 나쁜 사회화도 있다. 우리말에 '친구 따라 강남 간다'는 말이 있다. 좋은 친구들을 사귀면 좋은 사회화겠지만, 나쁜 친구들을 사귀면 나쁜 사회화다. 사회화가 반드시 좋은 것만은 아니다. 좋지 못한 사회화. 그걸 통한 사회성은 결코 하지 말아야 하는 거였다. 이렇게 본다면 사회화 때문에 학교가 있어야 한다는 논리는 어불성설이다. 아울러 요즘 아이들은 인터넷상에서 가상공간에서 사회화를 하고 사회성도 익히고 있다. 양상은 똑같다. 좋은 사회화와 나쁜 사회화는 온라인이든 오프라인이든 종잡을 수가 없다. 오프라인에서만 사회화가 되고 사회성을 익힐 수 있는 것은 아니다. 결국 이러한 논쟁은 아무 의미가 없다. 쓸데없는 논쟁은 쓸데없이 낭비되는 엔트로피를 가중시킬 뿐이다.

사회제도도 마찬가지이다. 지금까지 전통적인 면대면 공동체를 수호하기 위해 제정된 각종 법규들부터 폐기처분되어야 한다. 우리는 법치국가에 살고 있다. 법과 같은 사회제도들은 더 이상 '가치의 현실화'가 안 되면 폐기처분하는 것이 맞다. 대신 뉴 노멀 즉 '온택트 공동체'를 유지·발전시킬 수 있는 '온라인 가상세계 관련법들'이 빠른 시간 내에 제정되어야 한다. 물론 법이 있다고 모두 다 되는 것도 아니고 법이 없다고 해서 모든 것이 안 되는 것도 아니다. 그러나 법은 법치국가에서 최소한(Minimum)이다. 이를테면, '온라인 원격 치료법' 같은 것이다. 코로나19

병상이 모자란다고 전전긍긍하지 않는가? 태부족한 병상에서는 마찰열의 발생이 급증한다. 병실과 병상은 사람이 당장 죽고 사는 생과 사(生死)의 현장이다. 법은 국회에서 제정한다. 새 법들이 국회에서 빠른 시간 내에 통과되어야 하는데, 그게 문제다. 국회 회기는 1년에 한번. 민생법안이 국회에서 낮잠을 잔다고 한다. 매년 평균 3,000 건 이상이 처리기한을 넘긴다고 한다. 물론 무조건 법제정이 빨라야 좋다는 의미는 아니다. 그러나 법이란 제때에 맞추어 제대로 제정되는 나라일수록 선진국이다. 우리도 선진국의 대열에 빨리 끼면 좋겠다. 분명히 우리도 OECD 국가인데.

대기업의 공개채용제도(공채)도 폐기되어야 한다. 이 제도는 전통적인 공동체를 유지하는 최적의 수단이다. 참으로 오랫동안 버텨왔다. 선진국에서는 1960년대부터 사라지기 시작했다. 전통적인 사회인프라 중의 하나. 우리 사회에서도 몇몇 기업 아니면 대기업의 아주 작은 특수부서의 경력직 채용에서 일부 시행하고 있다고는 한다. 얼마 전 대기업의 정기공채시험이 학교 운동장에서 있었다는 보도가 있었다. 책상과 책상 간의 사회적 거리 두기를 지키기 위해 대형 운동장이 선택된 것이다. 왠만한 강당에서 띄엄띄엄 앉아도 시험을 볼 수가 없다. 지원자가 너무 많기 때문이다. 대기업병. 한국 사람들의 유일한 꿈이다. 아들이 딸이 대기업에 취직했다면 동네방네 자랑하고 다닌다. 자식농사 잘 지었다고. 시골에서는 대형 현수막이 붙는다. 정말 어처구니도 없고 기이한 일이다. 한 조사에 의하면, 대기업 취업을 위해 대졸자들이 구직활동을 하는 기간이 평균 3.5년이다. 3수 4수 끝에 대기업 취업에 성공한다는 것이다. 그런데 이들이 입사한 후 3년 이내에 퇴사하는 비율이 무려 65%가 넘는다고 한다. 국력낭비. 한국의 최고 인재들인 고등인력들이 길거리에서 방황하는 것이다. 그렇다면 과연 누가 도대체 이 사회를 이끌어 갈 것인가. 이에 공시폐인, 고시폐인까지 합한다면 도대체 우리 사회의 인재는 누구이며 리더는 누구인가? 그러니까 정치건 경제건 권모술수를 부리는 모사꾼들이 판을 치는 세상이 되는 것은 아닌지? 모사꾼들이 사회의 리더인 세상. 과연 오래 갈까? 이게 정상인가? 정말 인재가 될 만한 동량지재들은 인생을 길거리에서 허비하고 있는데. 사회적 엔트로피가 가중되는 이유다.

코로나19로 이제 모든 것이 강제로 개편되고 있다. 학교운동장, 공설운동장에 마련된 대기업의 공채현장. 한마디로 가관이었다. 외신 기자들의 아연실색. 공채는 후진국형의 채용제도이다. 상식적으로 보아도 그때그때 필요한 사람을 채용하는 것이 맞는 것 아닌가? 그럼 우리 사회는 상식도 없는 것인가? 앞으로 많은 기업들이 공채 대신 수시채용으로 바꿀 것이다. 그러나 그게 언제가 될 것인지?

생각해 보라. 그때그때 수요가 생기고 필요가 생기면 수시로 채용하는 것이 효과적일까? 아니면 일 년에 한 번 왕창 뽑아 놓고 대형 연수원에 몰아넣고 일률적으로 신입사원 교육을 한 다음 현장에 투입하는 것이 나을까? 자고 일어나면 지식과 기술이 바뀌는 시대에 딱 한 번 교육으로 얼마나 효과가 있을까? 세계적인 기업인 벤츠 자동차는 중국지사를 낼 때마다 수시로 필요분만 채용하여 파견한다. 우리는 1년에 한 번 대형 공채로 신입사원들을 뽑아서 획일적으로 직무 배치한다. 과연 누가 더 경쟁력이 있을까? 신입사원 연수교육을 마친 다음 중국에 지사를 내야 한다. 그렇게 되면 중국지사를 내야 할 적시를 놓칠 수가 있다. 그러니까 사원 충원을 위해 1년을 더 기다려야 한다. 타이밍을 놓치는 것이다. 과연 어디가 더 효과적일까? 어디가 제대로 된 채용방법인가?

자본주의에서는 기업이 생명이다. '기업이 사람'이라는 말이 있다. 좋은 인재를 뽑는 것이 기업의 사운이라는 말이다. 그러나 더 중요한 것은 '채용방법'이다. 선진국들도 과거에는 공채를 선호했다. 그러나 지금 모든 선진국의 기업들은 수시채용에서 얻어지는 이득을 만끽하고 있다. 빨리 변하는 세상에서는 수시채용이 맞다. 그럼에도 불구하고 우리는 여전히 후진국형 공채를 실시하고 있다. 도대체 그 이유는 뭘까? 일단 수시채용으로는 기업의 홍보효과가 크지 않다는 판단이다. 공채는 광고효과가 톡톡하다. 과시용이다. 모 기업의 공채 경쟁률이 100:1이었다는 기사가 나가면 기업의 이미지 광고효과는 엄청나다. 그러나 뭐니뭐니 해도 공채는 전통적 공동체의 상징이다. 선배와 후배. 입사기수는 위아래가 분명하다. 상명하복, 일사분란, 기수단결 등이 가능한 것이다. 부려 먹기가 좋다. 관리가 쉽다. 아직은 공채가 이점이 더 많다고 생각하는 것이다. 그러나 이로써 증가하는 사회적 엔트로피는 결국 우리 사회의 소멸을 가속화시킬 것이다. 공채준비, 공채 후 신입사원 교육훈련, 지사파견의 타이밍 불발 등에 쏟는 기업의 비용부담 등은 고스란히 우리 사회의 엔트로피로 증가될 것이다. 실속 있고 내실 있는 기업경영에서도 궁극적으로는 장애로 작용하게 될 것이다. 이 역시 사회적 엔트로피를 가중시키는 원인이 된다. 명확한 전통적 공동체의 수직구조. 수평적 사회, 수평적 조직으로 달려가는 선진국 사회에서는 공채가 장애물이다. 그러나 우리는 아니다. 여전히 수직적 구조가 보다 효율적이라는 계산이다. 수직적 위계구조. 후진국 맞다.

넷째, 지금의 '경쟁시스템'을 폐기처분해야 한다. 우리 사회를 가장 힘들게 하는 것은 경쟁체제이다. 가장 많은 마찰열은 지나친 경쟁체제에서 나온다. 해방 이후로만 따져도 지금까지 약 70년 동안 모든 사회영역에서 경쟁체제를 추구해 왔다. 경쟁(Competition). 도대체 경쟁의 마지막 목표는 무엇인가? 과열 교육의 경쟁체제는 여전히 바뀔 기색이 없다. 오히려 교육경쟁체제를 비판하는 사람을 이상하게 보는 사회다. 도대체 경쟁이 뭐가 잘못되었는가? 뭐가 나쁜데? 경쟁하지 않으면 과연 발전이 있나? 경쟁은 성장의 자극제란다. 그래도 우리가 교육경쟁으로 이만큼 오지 않았는가? 부존자원도 넉넉지 않은 나라. 경쟁을 통해 인재양성을 해야 한다는 것이다. 도대체 뭐가 문젠데? 이렇게 반문할 것이다. 그런데 잘 따져보라. 지금까지 우리는 무엇을 위해서 경쟁을 해왔는가? 경쟁의 마지막 골(Goal)은 어딘가? 아직 더 가야 하는가? 도대체 어디까지 가야 하는 건가. 우리 사회의 교육경쟁은 최고 수준이라는 사실은 삼척동자들도 다 알고 있다. 미국 사람들도 다 안다.

이탈리아 철학자 프랑코 베라르디는 『죽음의 스펙터클』에서 '끝없는 경쟁'은 결국 죽음을 부르는 경쟁이라고 했다. 바로 우리 한국이 그렇단다. 죽음의 경쟁에서 죽지 않고 살아남은 우리의 아이들. 사지(死地)에서 살아남은 아이들. 정말 놀라운 일이다. 이렇게 죽음의 경쟁을 겪은 우리 아이들은 맷집이 강하다. 멘탈도 강해진다. 그래서 경쟁에서 이긴 자들은 막말도 잘 해댄다. 인터넷이 급격하게 퍼지는 대도 아랑곳하지 않는다. 아빠찬스. 엄마찬스가 뭐가 어떠냐고 한다. 가진 것도 소위 빽(Back)도 경쟁력이라고 한다.

그렇다면 이렇게 지독한 경쟁체제에서 과연 노벨상 하나라도 나왔는가? 노벨 평화상 말고. 이렇게 지독한 교육경쟁을 해왔으니 지금쯤은 우리도 노벨과학상 한 개 정도는 나와야 하는 것 아닌가? 몇 개는 고사하고 단 한 개도 없다. 같은 동양문화권이고 우리가 그렇게 깔보는 일본에서도 이미 십수 명의 노벨수상자가 나왔는데. 노벨상이 아니면 스티브 잡스 같은 사람이라도 나왔는가? 잡스는 고사하고라도 이렇다 할 만한 인재라도 나왔는가? 수능고사의 1등짜리는 지금도 1등인가? 전 세계에서는 몇 등인데? 이들은 과연 어디서 무엇들을 하고 있는 것인가? 노벨상을 받으러 스톡홀름에 가 있는가?

이제 우리는 더 이상 무모한 경쟁체제를 끝내야 한다. 무모한 경쟁체제로 인해 발생하는 쓸모없는 마찰열이 너무 심하다. 무모한 교육경쟁에 온 국민이 에너지를 쏟고 있다. 아이가 학교에 들어가는 순간부터 부모들은 허리띠를 졸라매고 자녀의 교육비를 버느라 온 생을 헌납하고 있다. 예로부터 우골탑이라고 하지 않던가? 그러니까 우리의 과잉 교육열은 아주 오래전부터였다. 결코 해결될 것 같지 않은 사교육의 문제. 여기가 뿌리다. 고대 그리스의 스파르타 교육이 있었다. '아고계'라고 한다. 부정인 의미로 비판받고 있지만. 사교육기관에서 스파르타의 아고계는 교육의 전범이다. 당시 아고계는 군사교육이다. 당장 전쟁에서 이겨야 하는 관계로 개인은 없다. 오로지 전쟁하는 무리만 있다. 그 무리들에 대한 교육 방식이었다. 그러니까 사교육계는 지금도 '전쟁 중'인 것이다. 경쟁교육이 과열되는 이유이다.

오로지 1등 한 명을 가려내기 위해서 나머지는 모두 루저(Looser)가 되어야 하는 '들러리 교육'. 공교육의 현장에서 일어나는 일이다. 사교육은 이에 적극 부응한다. 이렇게 본다면, 우리 사회에는 공교육도 사교육도 없는 것이다. 공교육이란 말 그대로 '공적 가치'를 추구하는 교육이다. 사교육은 '사적 가치'를 추구하는 교육이다. '개인차' 때문이다. 아이들을 '가정'이라는 혈연공동체로부터 '공적 사회'로 진출시키기 위해서 공교육의 학교는 '국민공통과목'을 중심으로 교육과정을 운영한다. 사교육은 개인차에 따라서 적성과 재능 교육을 하는 것이 원칙이다. 그러나 학교에서 국민공통과목의 성적만 따면 과연 그 아이가 '공적 시민'이 되는 데 이상이 없는 것인가? 성적이 우수한 아이는 정말 우수한 공적 시민이 되는 건가? 학원은 개인차에 따라 적성과 재능에 맞는 교육으로 아이의 잠재능력 개발을 보충하고 있는가? 결국 이렇게 본다면, 우리 사회에는 공교육도 없고 사교육도 없는 것이다. 그냥 '입시교육'만 있다. 공이든 사든 우리의 교육은 입시를 위한 교육뿐. 둘 다 진정한 교육은 아닌 것이다.

놀라운 것은 교육이라는 미명하에 너무도 당연시되는 교육일탈현상들. 들러리 아이들. 인권의 사각지대. 아이들이 학교에 가서 잔다. 지금은 코로나19 사태라서 그런 일은 없는가 보다. 아예 등교하지 않으니까. 대신 컴퓨터를 틀어 놓고 집에서 잔다. 화면을 꺼놓으면 선생님은 알 수가 없다. 쓸모없이 낭비되는 전 국민의 에너지. 모두가 사회적 엔트로피의 증가로 이어진다.

학교를 졸업하면 직장에서도 모두 경쟁이다. 경쟁체제는 죽을 때까지 계속된다. 영원한 죽음의 레이스? 결국은 죽음으로 가는 거다. 노량진 학원골목에서는 들러리 교육으로 1년에 100명 이상의 아이들이 떨어진다고 한다. 무모한 세상. 생산적이고 유용한 경쟁이라면 그만큼 엔트로피의 증가는 적을 것이다. 무모한 경쟁이 판을 치는 이상, 우리 사회에서 증가하는 사회적 엔트로피는 결국 우리의 삶을 멈추게 할 것이다. 경쟁에서 이기기 위해서 사회에는 온갖 편법, 불법, 부정이 판을 친다. 이 과정에서 발생하는 갈등과 마찰은 모두 쓸모없는 엔트로피의 증가로 이어진다. 공정한 경쟁체제에서도 엔트로피는 증가한다. 그러나 세상 어디에도 공정한 경쟁체제를 가진 나라는 없다. 어차피 공정한 경쟁체제를 가지지 못하는 한 경쟁체제는 폐기처분하는 것이 맞다. 그런 경쟁체제는 무모한 경쟁으로 결판나기 때문이다. 이로써 쓸모없이 낭비되는 에너지 즉 엔트로피는 급격하게 증가하게 된다. 급격한 엔트로피의 증가는 급격한 삶의 소멸을 재촉한다.

경쟁체제가 낳은 또 다른 병폐는 '누리는 사회'를 만든다는 사실이다. 경쟁에서 이긴 자들은 누릴려고만 한다. 자신들이 어쨌건 경쟁에서 이겼으니까 이제 그 자리에서 누리는 것을 당연시한다는 말이다. 서번트 리더십(Servant Leadership)이라는 말이 있다. 서번트는 심부름꾼 또는 노예를 말한다. 리더가 노예라고? 도대체 누가 이런 말을 믿는가? 경쟁에서 이긴 자들은 오로지 누릴 생각만 한다. '알아서 모시는 인간들이 존재하는 한' '누리는 리더십'은 영원히 지속된다. 무모한 경쟁체제일수록 누리는 리더는 사회를 무모하게 만든다. 사회적 엔트로피를 증가시키는 주범이다. 결국 경쟁사회, 경쟁체제는 사회적 마찰열만을 발생시킨다. 이로써 사회는 급속도로 소멸해 간다. 사회적 엔트로피의 가중 때문이다.

사실 지금의 경쟁체제는 전통적인 공동체 사회를 유지하기 위해 고안된 인공물이다. 공동체를 잘 유지하려면 관리할 사람이 필요하다. 공동체를 유지 · 발전시키기 위해서는 리더가 필요하다. 그래서 경쟁체제를 만들어 관리자와 리더를 선발하여야 했다. 한 사람의 탁월한 사람을 골라내서 그 사람에게 관리를 위임하고 리더의 자격을 부여한다. 그리고 그를 따른다. 그런데 만약 리더가 양심이 없다면? 리더의 생각이 이상하다면? 리더가 독재를 하겠다고 한다면? 양질의 리더를 만난다면 사회는 양질이 된다. 역사적으로 그런 경우가 어디 그렇게 흔하였는가? 경쟁체제의 한계이다.

경쟁체제를 지탱하기 위해 학교가 나섰다. 학교는 교육경쟁이라는 미명하에 결국은 전통적 공동체의 유지 · 발전을 위한 하수인으로 기능과 역할을 수행하는 것이다. 공정한 경쟁. 과연 공정한 경쟁이라는 것이 가능하기나 한 건가? 사람은 태어날 때부터 공정하지 않게 태어난다. 부모를 잘 만나서 소위 금수저로 태어나는 아이도 있고, 흙수저로 태어나는 아이도 있다. 지능과 적성 그리고 재능도 모두 다르다. 개인차 때문이다. 학교에 가면 흙수저가 되고 금수저가 되고, 지능이 낮은 아이는 지능이 높아지는가? 그렇다면 공정성이란 말은 아이들을 중간 정도의 평균 수준으로 맞추어 놓는 것을 말하는 것인가? 분명 개인차가 존재하는 아이들. 지구촌 77억의 인구가 모두 다르다. 진정한 공정성은 개인차에 따라서 적성과 재능을 개발해 주는 것이 아닐까? 그게 더 공정한 것 아닐까? 아이들이 학교를 마치고 사회에 나가서도 경쟁을 계속된다. 직장에서 일터에서 조직에서. 모두가 공동체의 유지·발전을 위한다는 명목이다. 공정성이나 형평성은 획일성이 아니다. 공정한 것하고 획일적인 것하고 같은가? 우리 사회는 지금 공정성과 형평성의 덫에 걸려 있다. 획일화하는 것을 공정한 것이라고. 애들이 들어도 웃지 않을까?

마지막으로 경쟁사회가 우리에게 남긴 최고의 상처는 바로 '상대적 박탈감'이다. 경쟁의 결과는 항상 인간을 상대화시킨다. 상대평가. 또는 바늘구멍 경쟁. 경쟁에서 탈락한 사람들. 이들의 삶에 그림자처럼 따라다니는 것은 바로 '상대적 박탈감'이다. 상대적 박탈감의 특징은 실제적으로 박탈된 것보다도 더 크게 확대 재생산된다는 것이다. 하여간 경쟁사회는 상대적 박탈감을 양성한다. 결국 경쟁에서 승리한 사람을 제외하고는 모든 사람들이 상대적 박탈감을 안고 살아간다는 말이다. 상대적 박탈감을 가지는 순간 사람들은 인성이 일그러지기 시작한다. 생각이 삐딱해지는 것이다. 그리고 뭐를 보아도 모든 것을 경쟁으로 생각한다. 어떻게든 한번 이겨 보려고. 그래서 학교에서는 아이들이 아이들을 괴롭힌다. 따돌림, 왕따 그리고 학교폭력. 일단 밟아 봄으로써 통쾌해져 보고 싶은 것이다. 그런데 학교폭력을 분석해 보면 항상 자기보다 못한 아이들이 가해의 대상이다. 자기보다 나은 아이들은 오히려 우상이다. 아이들도 힘이 어디에 있다는 것을 넌지시 알고 있는 것 같다. 그리고 거기는 붙어야 하는 곳이라는 사실도. 정말 안타까운 일이다.

또 하나 경쟁사회에서 가장 흔하게 나타나는 상대적 박탈감은 절대로 양보운전을 안 하는 거다. 도심이 자동차 경주장 같다. 도심이 50킬로 존으로 모두 바뀌었지만 내비게이션에서 아무 소리가 없으면 그냥 질주한다. 단 1초라도 경쟁에서 이겨야 하기 때문이다. 서울에서 부산까지 120킬로 이상으로 속도제한을 무시하고 자동차를 달리게 해보았더니 110킬로 정속 운전을 한 차보다 기껏 5분여 먼저 도착했다. 언제가 KBS가 방영했던 프로그램이다. 5분 일찍 가려다가 5년 먼저 간다는 말이 맞다.

가장 심각한 상대적 박탈감은 '돈벌이 경쟁'에서 나타난다. 우리 사회에서 재테크의 왕은 해방 이후 지금까지 이어져 온 '부동산 투자'(또는 투기)다. 이제 젊은 사람들은 평생 벌어도 서울에 집을 마련하기 어렵다고도 한다. 부동산이 너무 뛰었다는 거다. 이미 서울의 부동산들은 아무나 넘볼 수 없는 곳이 되었다. 지금 자라나는 세대들은 평생 안 쓰고 벌어도 절대 안 된다고 한다. 사회의 양극화가 거의 확정되었다는 것이다. 서울에 부동산을 가진 자와 그렇지 못한 자. 양극화의 현실. 상대적 박탈감이 최고조화되는 영역이다. 일단 가진 자에 대해서 못 가진 자는 무조건 비난한다. 따질 것도 없다. 알아볼 것도 없다. 상대적 박탈감 때문이다. 여기서는 어떤 논리도 없다. 그냥 싫은 거다. 사촌이 땅을 사면 배가 아프다는 말이 있다. 더욱 심각한 것은 지금 우리 사회는 양극화의 문제와 이데올로기 논쟁이 엇물려 있다. 시대적으로 한 물 간 것은 맞지만 사실 우리 사회에서 아직 마무리되지 못한 이데올로기 논쟁은 필요할 수도 있다. 민주주의로의 길이라면. 그런데 상대적 박탈감을 가진 사람들이 합세하면서 민주논쟁, 진보보수 논쟁이 궤변논쟁으로 되고 마는 것이다. 상대적 박탈감을 가진 사람들. 경쟁체제에서 탈락한 사람들이다. 아마 1등 빼고는 모두 그렇다고 해도 무방하다. 물론 정도 차는 있겠지만. 우연의 일치인가 필연적인가? 진보정치가들이나 상대적 박탈감을 가진 사람들이나 가진 자에 대한 공격은 똑같다. 그런데 소위 가진 자들은 오히려 느긋하다. 이미 많은 것을 가지고 있으니까. 그래서 사회는 항상 시끄러운 것이다. 해법도 없고 타협도 없다. 그냥 평행선이다. 경쟁체제가 남긴 최고의 유산. 상대적 박탈감. 이제 경쟁체재의 소멸과 함께 사라져야 할 깊은 상처가 되고 말았다. 지금의 경쟁체제를 완전 소각해 버리는 것만이 해법이다.

이미 유럽과 미국 등 선진국들은 경쟁 대신에 '상생'(相生, Win-Win)의 시스템으로 사회를 바꾸어 나가고 있다. 상생과 협력 그리고 협업(Collaboration). 우리도 이런 말들을 하고는 있다. 그런데 거짓말이다. 립서비스(Lip Service)로만 끝내고 있다. 여전히 우리는 지독한 경쟁시스템을 가지고 있잖은가? 한동안 우리는 중소기업과 대기업 간의 상생에 대해서 말해 왔다. 정치권에서도 경제권에서도 논쟁을 했던 경험도 있다. 대통령 후보자 중에서도 이런 공약을 걸었던 사람도 있다. 떨어졌다. 여전히 한 줄 세우기 교육경쟁체제를 바꿀 생각은 없다. 교육기득권들의 생각이다. 이들은 그래도 아이들은 경쟁을 해야 한다고 한다. 아니면 너희들도 한번 당해 보라는 식인가? 기성세대들은 별 관심도 없다. 아이들이 학교 가는 동안 엄마들은 모처럼 휴식이다. 물론 지금은 코로나19 때문에 아이들과 집에서 전쟁 중이지만. 코로나19가 빨리 지나가기를 바라는 것은 아이들이 다시 빨리 등교하기를 바라는 것이다. 그래야 자유와 휴식이 다시 온다. 지금은 비상시국이다. 바이러스 재앙 앞에서 초비상 시국이다. 결국 우리의 모든 사회구조는 여전히 치열한 경쟁구조를 벗어나지 못하고 있다.

1995년부터 2005년까지 수여된 노벨경제학상은 모두 '게임이론'(Game Theory)을 연구한 사람들에게 돌아갔다. 이들의 연구결과는 승자독식(勝者獨食)을 목표하는 '제로섬게임'(Zero-Sum Game)보다는 모두가 이기는 소위 상생(Win-Win)하는 게임이 경제적으로 훨씬 높은 부가가치를 창출한다는 사실이 규명되었다. 이로부터 선진국들은 이미 제로섬게임의 경쟁시스템에서 상생시스템으로 전환해 왔다. 그러나 우리는 여전히 학자들의 발견에도 끄떡하지 않는다. 지식인 경시사회?

우리는 오래전부터 돈이 최고인 세상에 살고 있다. 지식인은 안중에도 없다. 지식인도 돈이 있다면 다르겠지만. 하여간 지식인들의 조언도 그냥 '소 귀에 경 읽기'인 세상. 그렇다면 지성의 전당이라는 대학에는 왜 그렇게 기를 쓰고 아이들을 보내려고 하는지? 차라리 학교를 보내지 말고 어렸을 때부터 동대문이나 남대문 시장에서 돈벌이를 가르치면 더 낫지 않을까? 남들 대학 갈 때 빌딩주가 될 가능성이 높을 텐데. 직업을 비하하는 것은 아니지만. 돈벌이는 어렸을 때부터 하는 것이 낫다는 말이다. 돈 버는 지능은 따로 있다고도 한다. 조물주보다 높다는 빌딩주. 논리적 모순인가? 아이를 공부시켜서 출세시켜서 돈도 많이 벌게 하겠다고 생각하는 모순투성이의 우리네 부모들. 착각일까?

제로섬사회는 엄청난 마찰열을 발생시킨다. 승자독식이니 얼마나 많은 에너지가 쓸모없는 것으로 폐기처분될까? 패자들이 사용한 에너지는 모두 쓸모없는 에너지로 변한다. 이런 사회에서는 증가하는 엔트로피를 주체할 수 없는 지경이 된다는 사실. 그나마 석학의 지식인들이 과학적으로 밝혀낸 것이다. 상생(相生) 그리고 협력. 엔트로피의 증가를 최소화해 줄 것이다. 우리는 아직도 이론과 실제는 다르다고 주장한다. 그래서 그냥 그것은 이론일 뿐이고. 선진국 사람들은 이론과 실제가 같다고 생각한다. 설령 다르더라도 이론과 실제는 동전의 앞뒷면이라고 생각한다. 그래서 변증법(Dialectic, 辨證法)이 발전한 것이다. 정-반-합. 정과 반이 언젠가는 합이 될 수 있도록 하는 것. 그것이 바로 서구사상의 시작이었다.

서구사회에서 최초의 문헌은 플라톤이 쓴 〈대화집〉이다. 대화는 변증법의 시작이다. 이론과 실제를 가능한 한 맞추어 보겠다는 노력이다. 여전히 상생시스템을 립(Lip)서비스로만 떠들고 있는 우리와는 다르다. 선진국으로 가는 길은 요원한 셈이다. 여전히 제로섬사회를 으뜸으로 알고 있는 우리들. 그만큼 선진국들보다 엔트로피의 증가를 빨라지게 하고 있는 것이다. 그만큼 사회의 소멸도 앞당겨지고 있다.

아직 늦은 것은 아니다. 늦었다고 생각할 때가 가장 빠른 것이다. 지금이라도 우리가 제로섬경쟁을 폐기하고 상생의 시스템으로 바꾸면 된다. 증가하는 엔트로피를 창조적 마찰열로 바꿀 기회는 여전히 남아있다. 문제는 '결단'이다. 제로섬경쟁에서 승자독식의 즐거움을 누리고 있는 자들의 결단이다. 기득권의 결단. 어려운 일이다. 정책차원의 단호한 결단. 그것만이 해법이다. 제로섬 경쟁체제에서 빨리 벗어나면 그게 선진국이다. 윈윈의 상생체제로의 진입이 빠르면 빠를수록 우리는 소멸의 길 대신 경제적 부가가치를 높일 수 있다. 기러기가 혼자 날 때보다 떼를 지어 날아갈 때 30%의 에너지를 아낄 수 있다고 한다. 동료 기러기들의 날갯짓이 서로서로에게 부력으로 작용하기 때문이다. 또한 기러기는 V자로 날 때 크게 울면서 나는데, 이는 서로 격려하고 응원하는 것이라고 한다(켄 블랜차드·셀든 보울즈, 2001: 141). 이렇게 하여 기러기는 긴 여행을 할 수 있게 된다. 절호의 기회. 기회는 잡는 것이다. 의지로 잡지 않는 한 기회는 도망간다. 쓸모없이 낭비되는 마찰열을 창조적으로 전환하는 것. 그것만이 살 길이다.

미국의 실리콘 밸리에는 오래전부터 세계의 인재들이 모인다. 우리나라에서도 오래전부터 난다 긴다 하는 천재들이 실리콘 밸리로 진출했다. 십여 년 전부터 우리나라에서도 대학을 마치자마자 아니 고등학교만 졸업한 우수한 인재들이 실리콘 밸리로 진출했다. 이미 우리나라 출신들도 이제는 실리콘 밸리에서 성공했다는 신화가 좀 나와야 하는데. 아직 이렇다 할 만한 소식이 없다. 소위 진출율에 비해 성공률은 낮은 편이다. 아니 거의 없다고 해도 무방하다. 이에 비하면 유태인들 중에 실리콘 밸리의 신화의 주인공들이 많다. 스티브 잡스를 위시하여 마크 주커버거 등 이루 말로 다할 수가 없다. 이유는 간단하다. 한국의 천재들은 일을 할 때 혼자 한다. 혼자서도 잘해요. 그만큼 개인적으로 보면 탁월하다. 그러나 서로 데이터를 토스(Toss)하지는 않는다고 한다.

유태인들은 자기보다 잘나가는 사람이 있으면 일단 그 사람을 밀어준다고 한다. 모두 합심해서. 데이터의 공유는 말할 것도 없다. 컴퓨터 시대에는 누군가가 나에게 데이터를 넘겨주지 않으면 일을 할 수 없다. 우리는 잘나가는 사람을 밀어주지 않는다. 어떻게든 딴지를 걸어서 자기가 이기려고 한다. 오랜 습관의 경쟁체제에 익숙해졌기 때문이다. 전통적 공동체의 유산이다. 그러니까 실리콘 밸리에 진출한 한국의 천재들은 혼자 고립무원으로 일을 한다. 개인의 역량은 모두 출중하지만. 결국 실리콘 밸리에서의 신화는커녕 마침내 살아남지도 못하는 신세가 된다. 남한테 넘겨받은 데이터가 없는데 어떻게 일을 할 수 있을 것인가? 물론 개인적 역량으로 어떻게 데이터를 가공할 수는 있겠지만. 이미 시간은 한참 지난 다음이다. 낡은 데이터가 되는 것이다.

유태인들의 협업 작품은 어떠한 천재라도 혼자서는 따라갈 수가 없다. 우리의 천재들은 쓸모없는 마찰열에 지쳐 있다가 나이를 먹고 퇴출되어 조용히 귀국한다. 조국에서 여생을 보낸다고 한다. 안타까운 일이다. 만약 이들이 지금이라도 혼자 작업하지 말고 남들과 협력하고 협업하고 상생의 길을 간다면, 이들은 온라인 가상공간의 네트워킹 사회에서 선두 주자가 될 것이다. 그렇게 된다면 쓸모없이 낭비되는 마찰열을 창조적으로 전환하게 된다. 어려울까? 글쎄 마음만 먹으면 될 수 있지 않을까? 전통적인 공동체를 유지 · 발전시키고자 고안된 경쟁체제. 당장 중단되어야 하는 이유이다.

다섯째, 친(親)테크놀로지 담론을 시작해야 한다. 테크놀로지와 놀아라. 코로나19 시대의 명령이다. 코로나19의 명령을 거부하면 코로나19가 달려들지도 모른다. 21세기는 테크놀로지의 시대다. 이제 우리는 싫으나 좋으나 테크놀로지와 친구가 되어야 한다. 새로운 공동체는 테크놀로지 공동체다. 테크놀로지와 대화하고 테크놀로지와 논쟁하고 테크놀로지와 타협해야 한다. 물론 정당한 타협이다.

지금까지 종교, 정치, 경제가 전통적인 공동체를 만들어 왔다. 참으로 애써 왔다. 중세시대에는 종교공동체가 삶의 중심이었다. 종교지도자가 세상을 호령했다. 종교의 시대가 마감되면서 정치가 그 자리를 들어섰다. 삶의 무대가 된 정치공동체. 이곳에서 살아나면 성공이고 그렇지 못하면 죽는 거다. 정치가는 권력자였다. 탈정치의 시대. 사실은 이미 오래전에 정치가는 더 이상 정당한 권력자가 아니었다. 권력은 부패한다는 말이 있다. 그나마 종교지도자는 명색이 '종교인'이라는 꼬리표 때문에 함부로 행동하지 못했다. 권력은 가졌지만 항상 조심스러웠다. 그래도 소위 '면죄부 사건'을 일으켰다. 종교개혁으로 교황의 권위는 완전히 추락했다. 권력도 추락했다. 그러나 정치인들에게 그런 것은 없다. 정치인들은 그냥 권력자가 된다. 정치가 국가다. 자기들은 사회의 리더라고 한다. 정치권력은 국가권력이다. 양심이나 사람의 도리 같은 거는 뒷전이다. 사람들이 '정치혐오'를 외친 지도 참 오래다. '정치무관심'도 해보았다. '직업정치인'을 몰아내자는 운동도 있었다. 적극적인 '정치참여'도 해보았다. 달라지는 것은 없었다. 전 세계가 결코 다르지 않다. 사람들은 이제 이들을 보고 욕을 하고 있다. 뽑아 주었더니 안면을 바꾼다고. '낙선 운동'도 해보았다. 블랙리스트. 물론 욕을 하지 않는 사람들도 있다. 오히려 환호하는 사람들도 있다. 정치가들을 쫓아다니면서 떡고물이라도 뜯어 먹으려는 사람들이다. 끼리끼리 공동체. 자기들만의 리그.

정치의 종말. 정치는 이미 오래전에 끝난 것이다. 그러나 정치가들은 정치의 종말을 인정하지 않고 있다. 밥줄인데. 그것도 좋은 밥줄인데. 어떻게 잡은 밥줄인데 스스로 그 줄을 놓을 것인가? 썩어빠진 동아줄이 되는 날이 있더라도 누릴 수 있을 때까지는 붙잡고 있을 것이다. 그러나 이미 우리는 탈(脫)정치사회를 살아가고 있다. 탈정치의 시대는 탈(脫)국가주의와 함께 시작되었다. 역사적으로 국가 간 장벽을 허문 것은 '경제'분야에서 시작되었다. 자본주의 경제가 무르익으면서 사람들은 시장경제의 지배를 받기 시작했다. 경제가 있는 곳에 사람들이 몰린다. 사람들이 몰리는 곳에 경제가 있다. 먹고사는 문제, 소유의 문제가 삶을 지배하기 시작했다. 상공시민계층의 성장이다. 마침내 산업혁명으로 산업사회가 탄생했다. 패러다임의 전환. 농업사회가 산업사회로 바뀐 것이다. 전혀 다른 사회. 공동체의 속성도 달라졌다. 게마인샤프트(Gemeinschaft)에서 게젤샤프트(Gesellschaft)로. 혈연공동체에서 이익공동체로 전환된 것이다. 왕과 영주(또는 지주)의 지배로부터 정치가의 지배로. 이 과정에서 경제가 힘을 얻게 된다. 마르크스도 '정치-경제'라는 개념을 하나로 보았다. 정치와 경제의 이합집산. 정치경제의 공생관계는 상공시민계층이 급부상하면서 시작되었다. 지배계급과 피지배계급만 존재하던 사회에 '돈'을 가진 제3의 계급이 등장한 것이다. 이합집산은 당연한 일이 되었다. 어디에 붙어야만 살아남을 수 있을까? 정치의 종말이 선언되어야 하는 상황에서 돈의 경제와 만나면서 정치권력은 무소불위가 된다. 정치공동체와 경제공동체는 한 몸이 된다. 그러나 권력은 정치가들의 몫으로 돌아간다. 경제 권력은 오로지 시장에서만 유효하다. 이러한 정치경제의 관계는 오늘날까지도 지속된다. 정치경제 공동체. 달리 말하면 '정경유착'(政經癒着). 버젓이 자리를 차지하게 된다.

　　지금은 테크놀로지의 시대다. 테크놀로지라는 범주에 정치도 경제도 모두 들어갔다. 옛말에 가난은 나랏님도 막을 수 없다고 했다. 만고의 진리다. 지금도 마찬가지다. 대통령도 국회의원도 국민의 가난을 막을 수는 없다. 이제 가난을 막는 것은 테크놀로지다. 테크놀로지의 시대. 정치의 종말이 빠르면 빠를수록 테크놀로지의 시대가 정착한다. 오히려 정치는 테크놀로지 시대의 걸림돌이다. 세상에서 정치적으로 해결될 수 있는 것은 아무것도 없다. 정치가들은 테크놀로지의 전문가가 아니기 때문이다. 오래전부터 정치가들은 "정치적으로 해결해야 한다"는 등 궤변 아닌 궤변들을 늘어놓고는 기고만장을 했던 시절이 있었다. 지금도 그런 생각을 하는 정치가들이 많다. 넌센스. 정치적 해결은 반드시 나중에 직권남용으로 걸린다. 그래서 감옥에 간다. 왜 그렇게 되었을까? 사회가 알게 모르게 그만큼 민주화가 되었기 때문이다. 아이러니하게도 정치가들만 모르고 있다. 자기가 왜 잡혀가는지를 모른다. 그런데 정치적으로 해결한다고 했던 것들이 권력을 무기로 억지해법을 사용한 것이다. 가장 결정적인 근거는 우리 사회가 열린사회가 되었기 때문이다. 디지털 시대. 온라인에서 거의 모든 것이 공개되기 때문에 속수무책이다. 장관, 고위공직자 청문회를 하다 보면 자기도 모르는 위장전입이라든지 탈세 등이 막 쏟아져 나온다. 열린사회 맞다. 결국 권력남용으로 인한 범죄 사실이 일반 국민들에게 낱낱이 공개되는 것이다. 그런데 정작 본인들만이 모른다. 그래서 항상 오리발 내밀고 궤변을 늘어놓으면서 자기방어에 급급하게 되는 것이다. 정치가 코미디이다. 코미디언 이주일 씨가 국회의원을 마감하면서 한 말이다.

사실 예전부터 정치가들의 유일한 무기는 혀놀림이다. 테크놀로지는 두 손과 두뇌가 탁월한 기술자들의 몫이다. 코로나19의 퇴출. 정치가를 믿으면 될까, 테크놀로지를 믿어야 할까? 이를테면, 첨단의료시스템의 구축. 전문가들의 몫이다. 정치가들은 이래라 저래라 할 것이다. 권력을 가지고 있으니까 그냥 해보는 것이다. 뭐라도 해야 하니까. 그래야만 표를 받을 것 아닌가? 자기들은 정치지도자라고 한다. 폼생폼사. 폼이라도 잡아야 하는 자들이 바로 정치가들이다. 그래서 욕을 먹는 거다. 사람들이 욕을 하는 이유는 다 있다. 그걸 자기들만 모른다. 아니 그냥 모른 척하는 거다. 참 딱한 일이다.

그러나 문제는 정치가들은 정치의 종말을 원하지 않는다는 사실이다. 그러면 직업이 없어지는데. 일자리 절벽. 버티는 것이다. 이미 생명력은 종료되었는데도 그냥 뭉개고 있는 것이다. 무소불위. 권력도 가지고 있으니까. "나라가 허물어져 가는데 대통령이 할 수 있는 것은 없다." 얼마 전 브라질 대통령이 한 말이다. 대통령이 모든 것을 할 수 있는 시대도 모두 지났다. 무소불위의 대통령 권한이 사라진 것이다. 이제 대통령에게 의존할 수 있는 것도 없다. 국회의원들도 마찬가지다. 장관들도 마찬가지다. 정치가 실종된 것이다. 자고 일어나면 자살사건, 타살사건, 독직사건, 개인비리, 권력형 비리, 성범죄, 직권남용 등 각종 사회문제를 일으키고 있는 정치지도자들의 범죄 사건. 사회범죄의 중심이다. 이들이 지도자 맞나? 윗물이 맑아야 아랫물도 맑다. 우리의 옛말이다. 왜 이리 날이 갈수록 점점 더 많은 복잡한 사건과 범죄에 휘말리는 정치가들이 이렇게 많은지. 우리나라 국회의원들이 가지는 혜택은 65세 이상부터 죽는 날까지 매달 120만 원을 받는 것부터 하여 200가지 이상이 넘는다고 한다. 국민들은 전혀 생각하기 어려운 특권(?) 아닌 특권을 누리고 계시는 대의민주주의의 대표님들. 그러나 국민들에게는 이미 욕과 지탄의 대상이 되어 버린 그들. 정치의 실종 시대 맞다. 소위 성군정치를 학수고대하는 국민들은 단 하루도 편한 날이 없다. 항상 마음이 묵직하다. 정치적으로 할 수 있는 것이 제한되어 있기 때문에 정치인 비리가 계속 나오는 것이다. 만약 정치가 정말 제대로 할 수 있는 영역이 많다면, 비리가 나올 틈이 없다. 왜냐하면 해야 할 일이 많기 때문이다. 해야 할 일 그리고 할 수 있는 분야가 줄어드니까 정착 하지 말아야 할 일을 무리하게 하다 보니까 아니면 욕심이나 채우려고 하다 보니까 그게 법을 위반하는 것이 되는 것이다. 그래서 몽땅 권력형 비리로 적발되는 것이다.

다시 말하지만 이제는 실제로 최고 통수권자라도 할 수 있는 게 없다. 좌든 우든 진보든 보수든 누가 해도 마찬가지다. 왜냐하면 지금은 임파워먼트(Empowerment)의 시대이기 때문이다. 권력이 아래로 많이 분산

되었다. 그렇지 않으면 독재를 해야 하는데. 그런데 지금 그게 불가능하다는 거다. 세상에 민주화가 많이 진행되었기 때문이다. 포스트모던 사회에서는 다양성이 세상을 지배한다. 물론 아직도 세상에는 무소불위의 권력이 집중된 나라들은 여전히 남아 있지만. 대통령과 총리의 시대가 저물면서 정치는 종말을 고한 것이다. 민주사회 맞다. 그런데도 그동안 전 세계에는 정치가들을 쫓아다니는 인간들이 많이 생겨났다. 모사꾼들. 권력에 붙어서 뭐라도 좀 먹고 떨어지려고 하는 일당들. 그것도 너무 많이. 달리 할 일은 없는 인간들이다. 그들은 정치의 종말을 온몸으로 막으려고 한다. 권력에 취해 있는 권력자들은 두말할 것도 없다. 민주주의는 국민이 주인이라고 했다. 이제 국민이 강제로라도 '정치의 종말'을 선언해야 한다. 민이 주인이라며? 지금의 정치는 엔트로피의 최대치에 달해 있다. 우리만 그런 것이 아니라 전 세계가 마찬가지다. 정치가 분명히 실종되었는데도 불구하고 그들만의 잔치로 지속되고 있으니. 사회적 엔트로피가 최대치. 사회소멸이 코앞에 왔다는 말이다.

앞으로 정치도 경제도 전혀 다른 양상으로 전개될 것이다. 물론 달라져야 한다. 아니 달라질 수밖에 없다. 정치의 종말. 국회의원들에게 찬사는커녕 국민 모두는 욕을 하고 있지 않은가? 정치 불신이라고 한다. 그 정도가 아니다. 전직 대통령들도 감옥살이 아니면 역시 국민들로부터 줄줄이 욕을 먹고 있다. 세상을 돌아보아도 지도자다운 정치가가 없는 것이다. 사실은 대통령을 누가 해도 마찬가지라는 말이 더 맞다. 그만큼 대통령의 시대가 아닌 것이다. 이는 대통령제를 말하는 것이 아니다. 대통령제를 폐기하고 내각제를 하자는 말이 아니다. 여기서 대통령이란 하나의 상징성을 말하는 것이다. 이제 정치는 최고통치자라고 해서 누군가가 책임질 수 있는 소관이 더 이상은 아니라는 말이다. 원하든 원치 않든 더 이상 정치가가 없는 정치. 이거 허구 아닌가? 전 세계가 대동소이하다. 정치의 시대가 끝난 것이다. 새로운 중세. 500년 전 유럽의 르네상스는 '종교가 지배하던 시대'가 끝났음을 알려주었다. 종교의 종말. 이제 우리는 정치가 지배하는 시대가 끝났음을 선언해야 한다. 제2의 르네상스. 종교지도자들에게 세상을 맡겨 놓았더니 암흑시대가 오고, 정치지도자들에게 맡겨 놓았더니 미세먼지와 코로나19가 왔다. 우리를 이끌고 잘 살게 해달라고 했더니. 이제 죽어야 하잖아. 테스 형, 세상이 왜 이래. 코로나 재앙은 천재지변(天災地變)이라고 항변할지 모른다. 중국 우한에서 만들어 냈다며? 과연 '정치가'들을 믿을 수 없는 세상. 정치의 종말 맞다.

이제 국민이 시민들이 직접 나서야 한다. 2,500년 전 플라톤은 "deserved people, deserved policy"라고 썼다. "그만한 수준의 국민이 그만한 수준의 정부를 택한다"는 뜻이다. 민도(民度)수준이 정치를 결정한다. 그린 이코노미(Green Economy), 그린 폴리시(Green Policy). 그것만이 대안이다. 그렇지 않으면 인류는 공멸의 길을 가게 될 것이다. 아마도 하늘이 내린 마지막 기회. 미세먼지를 먹고 죽으나 코로나19에 죽으나 결국 죽는 것은 마찬가지다. 아니 미세먼지도 먹고 코로나19의 공격도 받고. 결국은 비참한 인류의 공멸이 보인다. 정말 이번 기회에 반성하고 각성하지 못한다면 더 이상 인류의 미래는 없다. 구제불능(救濟不能). 왜냐하면 미세먼지와의 싸움과도 벅찬데 코로나19와의 전쟁은 더욱 힘겹기 때문이다. 미세먼지와 초미세먼지는 우리를 서서히 소멸시키지만 코로나19는 바로 소멸시킬 수도 있다. 지구는 이제 엔트로피의 최대치에 도달해 있다. 결국 우리 인간에게 더 이상의 퇴로(退路)는 없다. 설상가상(雪上加霜). 문명사적 대전환이 요청되는 대목이다.

정치의 종말을 선언하기 위해서는 구체적으로 '대의민주주의제도'

가 청산되어야 한다. 퇴물이 된 민주주의. 전통적 공동체의 유산이다. 사실 대의민주주의는 진짜 민주주의가 아니다. 가짜 사이비 민주주의다. 지금까지 우리가 속은 거다. 진짜 민주주의는 오로지 '직접민주주의'뿐이다. 민주주의라는 말 자체가 직접민주주의를 뜻하는 거다. 말 그대로 국민 모두가 주인인 제도. 그게 민주주의다. 사람들은 국가가 너무 커지고 사람들이 너무 늘어나면서 직접 하지 못하니까 간접 민주주의를 고안해 냈다. 그게 대의민주주의제도다. 그런데 민주주의는 간접으로 할 수 있는 것이 아니다. 직접 해도 어려운데.

인간들이 편법으로 만들어낸 변종. 일종의 변종 바이러스다. 이제 사라져야 한다. 국민의 대표를 뽑아서 정치를 맡기자는 것인데. 말이 되는 것 같지만 말이 안 된다. 대표를 뽑아놓으면 정말 내 마음을 대표할 수 있을까? 착각이다. 학교에서 반장을 뽑아 놓으면 정말 내 맘처럼 하는가? 그러니까 매 학기 바꾸는 것이다. 그러니까 선거 날 뽑아 놓고 나서 바로 후회하는 거다. 심지어 대표라고 뽑아 놓았더니 자기 마음대로 한다. 과연 대표라는 말에 신뢰가 가나? 아무도 나와 같은 수는 없다.

코로나19와 변종바이러스는 전혀 다른 것이다. 마찬가지다. 대의민주주의라는 것은 결코 민주주의와 다르다. 민주주의의 가면을 쓴 편법이다. 민주주의 변종인 대의민주주의. 같아 보인다. 전혀 다른 것이다. 이제 우리는 민주화를 다시 시작해야 한다. 아 잘되었다. 이제는 온라인 세계에서 모두 함께 참여하는 민주주의가 가능할 테니까. 그것만이 쓸모없는 마찰열의 발생을 억제할 수 있다. 더 나아가서는 네겐트로피로서의 아우토포이에시스를 가동시키는 길이기도 하다.

세상에 원해서 태어나는 사람은 없다. 어쩌다 보니 사람이다. 그런데 같은 사람으로 태어나서 누구는 지배자고 누구는 지배를 받는 사람이라면, 과연 누가 태어나고 싶을까? 노예근성이라는 말이 있기는 하다. 그냥 노예처럼 사는 것이 편하다는 거다. 정말일까? 진짜 노예가 되어보면 생각이 달라질 것이다. 일단 자유가 없다. 마음대로 할 수가 없다. 마음이 없어지는 것이다. 마음이 없는 사람. 그거 사람 맞는가?

민주주의란 말 그대로 민(民)이 주인이 되는 것이다. 정말 멋있지 않은가? 민이 주인이 되기 위한 조건은 '자유'다. 자유가 없는 노예들에게는 자유를 찾아 주는 것. 자유가 방종으로 치닫는 사람들에게는 진정한 자유가 무엇인지를 알려주는 것. 그것이 바로 민주화의 길이다. 민주화의 핵심은 자율(自律, Autonomy)이다. 진정한 자유는 자율을 통한 자유다. 독일의 유명한 철학자 칸트(Immanuel Kant, 1924-1803)의 말이다. 모두가 공정성사회, 정의사회를 구현하기 위함이다.

우리는 한 번도 자율적으로 살아오지 못했다. 누군가가 시키는 대로 해왔다. 학생들에게 '자유가 인간의 본질인가?'라고 물으면 망설인다. 일단 자기가 자유롭게 살아온 것 같지 않다는 이유 때문이다. 더 나아가 진정 인간은 자유로운가 하면 반드시 그런 것도 아닌 것 같다는 생각이다. 자유는 이상이지 현실은 아니라는 말이다. 세상의 모든 철학자들도 인간의 자유에 대해서 연구해 왔다. 그만큼 인간의 실상은 자유롭지 못하다는 증거이다. 그런데 인간은 자유롭게 살기를 원한다. 그것이 설령 방종으로까지 확장될지언정 인간은 자유로워지고 싶은 것이다. 왜냐하면 어느 누구도 누군가의 노예가 되고 싶지는 않기 때문이다. 그렇다면 결국 인간에게 자유는 본질이다. 동시에 자유는 인간에게 이상(Ideal)이고 꿈(Dream)이다. 자유의 이상과 꿈은 이루어지지 않을 수도 있다. 왜냐하면 우리는 늘상 자유가 그립다고 말하기도 하기 때문이다. 노예해방된 지도 벌써 150년이 훨씬 넘었는데도 말이다.

그렇다면 인간은 왜 자유로워지려고 할까? 심지어 자유는 인간의 본질이라고 외치면서 자유를 갈망하는 것일까? 자유의 반대는 구속(拘束)이다. 그래서 죄를 저지르면 자유형(自由刑)에 처한다고 한다. 죄수는 감옥에서 모든 자유가 몰수된다. 간수가 시키는 대로만 감옥의 규율에 따라서만 행동한다. 일거수일투족이 누군가에 의해 관리되고 통제된다. 감옥에서 나오는 순간 우리는 다시 자유를 얻었다고 한다. 서양에서 말을 안 듣는 아이에게 부모가 가장 가혹하게 내리는 벌은 어두운 방에 혼자 몇 시간 가두어 두는 일이다. 자유를 제약하는 것이다. 일제 36년간의 압제로부터 해방되는 순간 우리는 자유를 찾았다고 했다. 자유를 억압하는 것이 최고의 형벌이다. 그러니까 구속은 인간의 본질을 억압하는 것이 된다. '민주주의는 자유의 피'를 먹고 산다는 말도 있다. 일제 36년은 인간의 본질을 상실했던 암울한 시절이었다고 한다. 인간의 본질을 상실한 삶을 '비인간적' 삶이라고 한다. 인간이 아닌 개, 돼지와도 같은 삶. 구속되고 억압받는 순간 우리는 인간이 아닌 비인간이 되는 것이다.

많은 학생들은 대입공부를 하는 동안 자유가 없었다고 생각한다. 자유가 구속받은 것이다. 그렇다면 만약 아이들이 자유롭게 살았다면 공부를 하지 않았다는 뜻인가? 물론 그런 뜻은 아니다. '억지로' 공부한 것을 말하는 것일 게다. 모범생일수록 엄마가 하라는 대로 시키는 대로 억지로 공부한 기억이 가득하다. 물론 반대로 절대 억지로 공부하지 않은 아이들도 있을 것이다. 그런 아이들은 자유가 인간의 본질이냐는 질문에 그럴 수 있다고 답할지도 모른다. 하여간 일단 '억지로'가 문제가 된다. 그렇다. 이를테면 엄마의 잔소리가 억지로 공부하게 했다, 그러면 자유가 없었던 것이다. 자율적인 공부가 아니라 타율적인 공부이다. 결국 그 공부는 억지로 한 것이고 억지로 공부하는 동안 자유가 없었던 것이다.

그렇다면 왜 엄마는 잔소리를 하는 것인가? 우선 시간의 압박 때문이다. 엄마는 '빨리빨리' 대학에 들어가라는 것이다. 왜 그래야 하는지는 따지지 않는다. 그냥 빨리 커서 자립하면 좋겠다는 생각. 그리고는 네 맘대로 해라. 한마디 더 한다. 재수, 삼수하면 남들보다 뒤처진다. 얼른얼른 크라는 주문이다. 문제는 시간이었다. 시간의 압박이 아이를 자유롭게 내버려 두지 않는다. 하여간 시간의 압박 때문에 엄마의 잔소리는 점점 더 는다. 시간을 앞당기면 이긴다고 생각한다. 시간에 뒤처지면 진다고 생각한다. 심지어 옆집 아이가 항상 경쟁대상이다. 옆집, 남의 눈이 압박을 강요한다. 이번에는 공간이 압박을 하는 것이다. 결국 인간의 본질이 자유라고는 하지만 시간과 공간의 압박 때문에 자유롭지 못하다는 논리가 된다.

그렇다면 자유란 무엇일까? 한마디로 '시공간'으로부터의 자유이다. 비대면 언택트 사회에서 언택트 소비를 경험한 사람들에게 가장 큰 이유를 물어보았다. 시간과 장소에 구애받지 않기 때문이라는 대답이 50% 이상으로 가장 높았다. 물론 코로나19 사태 이후에는 대인 접촉에 부담을 갖기 때문이라는 대답이 그다음이었다. 결국 코로나19 이후 언택트 소비는 대인접촉의 부담을 덜고 시공간에 구애받지 않는 자유로움을 기반으로 하는 소비형태가 될 것이라는 결론이다. 한마디로 온라인 언택트 소비를 통해 인간은 자유를 얻게 된다. 인간의 본질인 자유를 찾은 것이다. 물론 소비의 차원에서다.

자유에 대한 갈망은 인류가 발생한 이래로 한 순간도 끊이지 않은 테마였다. 지금도 여전하다. 자유에 대한 논쟁. 자유는 인간의 본능이다. 그런데 지금은 이데올로기 차원에서의 논쟁으로 치닫고 있다. 이미 우리는 '이데올로기의 종언'시대를 살아가고 있는데도 말이다. 다시 강조하지만 지금은 테크놀로지의 시대다. 테크놀로지가 우리의 모든 삶을 지배하고 있다. 지금은 테크놀로지로부터의 자유 또는 테크놀로지를 통한 자유가 테마가 되어야 한다. 아니면 테크놀로지의 자율성. 테크놀로지의 이율배반 등. 더 이상 이데올로기의 차원에서 자유의 문제가 해결될 가능성은 없다. 적어도 현대인들에게는. 테크놀로지가 지배하는 지금 우리 사회에서는 먹고사는 문제가 '민생현안'이기 때문이다. 그런데도 불구하고 우리 사회는 이데올로기 논쟁의 범위를 벗어나지 못하고 있다. 엄청난 손실이다. 시대착오(時代錯誤). 문명은커녕 여전히 미개한 수준인 것이다.

우리는 여전히 18세기 유럽 계몽주의 시대가 만들어 낸 '인간의 자유는 피를 먹고 산다'는 구호에 안주하고 있다. 피의 투쟁만이 자유를 쟁취하는 길로 되어 있는 것이다. 이미 오래된 낡은 추억일 뿐. 피의 투쟁으로 자유를 쟁취한 인간들은 결국 그들만의 잔치에 도취한다. 점령군(占領軍). 그게 다다. 더 이상은 없다. 그냥 잔치의 연속만이 있다. 그들만의 잔치, 그들만의 리그.

1990년 베를린 장벽이 무너지면서 세상은 이미 이데올로기의 종언이 현실화되었는데도 말이다. 우리 사회는 여전히 허상의 꿈을 꾸고 있다. 과연 지금 당면한 사람이 먹고사는 문제에 대한 해법인가? 그런 것은 전혀 없고 오로지 그들만의 자유 이데올로기만을 갈구한다. 이들에게 자유에의 외침은 오로지 '생계형 자유'이다. 그것밖에 할 수 있는 게 없다. 다른 능력이 없는 것이다. 역사적으로 이데올로기 논쟁을 통하여 승리했던 사건은 볼셰비키 혁명을 통한 소비에트 연방(구소련)의 탄생이었다. 그런데 결과는 무엇이었나? 과거의 주인이 다 퇴출당하고 새로운 주인이 생겨났을 뿐이다. 종(從)이 혁명을 통해서 주인이 되었지만 변한 것은 없었다. 혁명구호대로 못살던 사람들이 잘살게 되었다든가 아니면 평등사회가 되었다든가 그런 것은 전혀 없었다. 그냥 점령군들이 살아 있을 때 권력을 최대한 행사하다가 죽을 때 그냥 죽은 거다. 그게 다. 세상은 아무것도 변한 것이 없다. 주인과 종의 위치만 바뀐 것이다. 오히려 이들 점령군들은 세상을 냉전체제로 만들면서 사회적 긴장관계 속에서 엔트로피만을 폭증시킨 것뿐이다.

자본주의에서는 돈이 최고다. 자유를 팔아서 오로지 돈을 챙기는 거다. 선동에 끌려 다니면서 거수기 역할만 해주는 무지몽매한 국민들. 이 와중에 호구(糊口)가 되는 것이다. 어디에 떡고물이 있을까? 기대를 하고 권력에 빌붙어서 한몫 챙기겠다고 하지만, 챙기는 자들은 극소수이다. 그래도 어디에 힘이 있는가 하는 것이 이들의 관심이다. 그러나 그 힘은 이미 잔치를 기획한 자들의 몫일 뿐이다. 허송세월만 보내는 것이다. 국론분열로 발생하는 마찰열. 어마어마하다고 했다. 엔트로피의 증가로 이어지는 쓸모없는 마찰열. 사회의 소멸을 재촉한다.

결국 악순환만 되풀이되고 있는 피의 투쟁. 과연 우리는 이로써 인공지능의 세상을 어떻게 대처할 수 있을까? 아무리 유용한 에너지라도 그것이 사용되면 될수록 엔트로피는 계속 증가할 수밖에 없다. 인공지능의 시대에서 우리는 이데올로기 논쟁을 계속해야 하는 건가? 인공지능하고 이데올로기 논쟁이라. 그것도 궤변논쟁을. 인공지능이 과연 그럴 시간이 있을까? 참 기가 막힐 지경이다. 인공지능의 시대에 쏟아야 할 에너지는 전혀 다른 차원이다. 지금 여기에 온 힘을 쏟아도 세상을 쫓아갈 수 있을까 말까 하는데 도대체 우리는 에너지를 전혀 엉뚱한 허공에 쏟아붓고 있다. 도대체 살겠다고 하는 것인지 죽겠다고 하는 것인지? 경제활동이 막힌 서민들은 하루를 살기도 어렵다고 하는데. 민생현안. 마땅히 써야 할 곳에 에너지를 써도 엔트로피는 증가하게 마련인데. 전혀 엉뚱한 곳에 에너지를 쓰면서 전혀 엉뚱한 곳에서 엔트로피를 증가시키고 있으니. 이미 사회는 두 동강이 난 느낌이다. 이 세상과 딴 세상으로.

다시 생각해 보면 '아마도 이게 민주주의가 아닐까?' 하는 생각도 든다. 민주화의 과정은 험난하다. 혼란과 무질서 그리고 아수라장이 판치는 지금. 아마 이 속에서 새로운 질서가 탄생할 수도 있지 않을까? 물론 그렇다. 백번 동의한다. 이래서 정말 우리 사회에서 흠결 없는 민주주의가 완성된다면 엔트로피의 증가는 오히려 유효한 결과를 가져다줄 것이다. 정말 그렇게 되기를 갈망한다. 그러나 문제는 논쟁과 대립의 이슈(Issue)다. 이슈가 바뀌어야 한다. 뉴 노멀이라고 하지 않는가? 새로운 술은 새 부대에. 혹자는 말할 것이다. 그래도 청산되어야 할 것은 청산되어야 한다고. 이미 논쟁이 이현령비현령으로 가고 있는 궤변논쟁으로 되어버린 판국에 뭐가 청산되어야 하고 뭐가 청산되지 말아야 한다는 것인지? 과연 누가 심판관인지.

민주주의는 국민이 주인이라고 했다. 사람 한 사람 한 사람이 모두 주인이다. 대의민주주의는 공동체가 주인이다. 그러니까 공동체의 구성원인 개인은 뒷전이다. 그냥 공동체를 지키고 유지하기 위해서 대표들에게 맡기라는 거다. 우리가 무의식적으로 사용하는 민주주의라는 단어는 유토피아(Utopia)다. 민주주의는 완성된 개념이 아니다. 독일 사람들은 민주주의라는 말 대신 '민주화'(民主化, Demokratisierung)라는 말을 사용한다. 민주주의는 종국적인 목표일 뿐, 당장 완성되는 개념이 아니다. 지향점(指向點)이다. 현실에서는 결코 누릴 수 없는 것. 오직 상상의 세계 속에서만 가능한 허구. 학문적으로는 가설(假說)이다. 가설은 입증되는 게 맞다. 그러나 민주주의 가설이 왜곡되어 변형되어 있다는 사실. 이런 가설은 입증될 필요가 없다. 시간낭비다. 그걸 이루어 보겠다고 모든 에너지를 낭비하는 지금. 딱하지 않을 수 없다. 민주주의를 하지 말자는 말이 아니다. 처음부터 흠결을 가지고 출발한 대의민주주의라는 너무 이상한 단어. 이미 변종의 바이러스가 침입한 민주주의. 이에 목숨을 걸지는 말자는 것이다. 사소한 것에 목숨 걸지 마라.

다수결의 원리를 기조로 하고 있는 대의민주주의. 세상의 사람들을 속이는 기제로 작용할 수 있다. 대의민주주의. 뻥이다. 대의민주주의는 민주주의가 아니다. 민주주의는 국민 모두의 '직접 참여'를 원칙으로 한다. 대의민주주의라는 개념은 편법이다. 권력자들이 잔머리를 쓴 것이다. '대의'라는 말은 민주주의에 대한 모독이다. 다수결의 원리. 그렇다면 '소수'(小數)는 어떻게 되는 것인가? 소수는 사람도 아닌가? 개와 돼지? 오로지 다수(多數)만 인간 취급하는 대의민주주의. 과연 민주주의 맞나? 민(民)이 주인이라며? 그럼 다수는 주인이고 소수는 뭔가? 소수는 노예인가? 정말 다수가 소수를 함부로 노예처럼 대해도 되는 것인가?

인권, 인권 운운하면서 소수는 인권도 없다는 것인가? 자체 모순? 그럼 소수는 태어나지도 말았어야 하는 것인가? 다수결의 원칙을 폐기하자고 하니, 마땅한 대안이 없다고 한다. 그러면 대의라는 말로 위장된 바로 지금의 민주주의라는 제도를 포기해야 하는 것이 맞다. 마땅한 대안이 없으니 소수는 찍소리 하지 말고 죽은 척하라는 말인가? 그러다 보니 항상 '궤변과 궤변의 말장난'으로 끝나고 마는 것이다. 없는 것을 있다고 우기는 것이나, 있는 것을 없다고 우기는 것이나. 닭의 모가지를 비틀어도 새벽은 온다고 하지 않는가? 그렇게 흠이 많고 허술한 대의민주주의를 할 바에는 차라리 민주주의를 하지 않는 것이 맞다. 직접민주주의가 아니면 민주주의라고 할 수 없다. 참여. 모든 국민의 참여. 그렇지 않으면 민주주의라는 탈을 쓴 가면들이다.

이제 제대로 된 논쟁을 하려면 '첨단 테크놀로지 시대에 직접민주주의는 어떻게 되어야 하는 것인가?', '가능하다면 어떻게 그게 될까?', 모든 사람들이 참여할 온라인 참여민주주의에 대해서라든지 아니면 하다못해 전자투표, 전자참여의 방법이라든지, 뭐 그런 게 맞지 않을까? 아니면 인터넷 공론장은 가능할까? 지금 시작해도 갈 길이 멀다. 할 일도 많다.

지금 확실한 것은 날로 급변하는 테크놀로지의 세계이다. 테크놀로지의 발전상은 지금 눈으로 똑똑히 보고 있지 않은가? 이데올로기라는 허상이 아니라 실물 그 자체인 것이다. 그렇다면 민주주의 논쟁도 테크놀로지를 활용한 민주주의, 테크놀로지의 민주화 등을 다루어야 하는 것은 아닐까? 토론과 논쟁 그리고 담론과 공론의 이슈가 완전히 바뀌어야 할 때다. 테크놀로지가 지배하는 미래. 미래도 테크놀로지이고 민생의 현안도 테크놀로지다. 테크놀로지의 담론이 절실하다. 우리가 이제라도 시작해야 할 테크놀로지 논쟁은 증가하는 엔트로피를 억제할 수 있는 유일한 방안이기도 하다. 전통적인 공동체에서 만들어진 토론, 논쟁, 담론은 쓸데없는 마찰열을 발생시킬 수밖에 없다. 왜냐하면 미래는 전통적인 공동체를 지우고 새로운 공동체 즉 '온택트 공동체'로 이동하고 있기 때문이다. 코로나19의 침입으로 급물살을 타고 있다. 엔트로피의 증가로 이어지는 마찰열의 억제. 이는 마찰열의 생산적 전용으로 이어진다. 테크놀로지 담론이야말로 미래 테크놀로지의 사회를 전망하면서 동시에 디지털 온라인 세계에서의 진정한 민주주의의 길을 제시할 수 있는 오토포이에시스로서의 네겐트로피 맞다. 열띤 논쟁과 담론으로 발생하는 마찰열을 창조적으로 전환하는 방법이다.

여섯째, 디지털경제 인프라에 온 에너지를 투입해야 한다. 『소유의 종말』(Age of Access, 2000). 미래학자 제러미 리프킨의 저서다. 오래전부터 철학자들은 소유의 종말을 외쳐 왔다. 루소부터라고 해도 약 250년은 족히 넘는다. 사실 소유(所有) 문제에 대한 말들은 인류가 생긴 이래로 논쟁을 해온 테마다. 한동안 세상을 양분화시켜 놓았던 공산주의, 사회주의 공동체의 탄생도 소유의 문제 때문이었다. 무소유(無所有). 법정 스님이 먼저 생각난다. 종교적으로는 이미 오래전부터 언급된 테마다. 풀(Full) 소유라는 말도 있다. 비꼬는 말이다. 무소유를 외치지만 속세에 살면 그게 잘 안 된다는 말이다. 모든 소유로부터의 자유. 소유하지 않으면 그만큼 자유로워진다. 『소유냐 삶이냐』(1976). 에릭 프롬(Erich Seligmann Fromm)의 유명한 저서이다. 이제 고전이다. 지금까지 소유의 경제, 소유의 교육, 소유의 문화가 끝났다고 외쳤지만 실천은 어렵다. 이 주제로 책이 나오면 베스트셀러가 될 정도다. 모두가 공감하는 말들이다. 모든 문제는 (과)소유로부터 발생하는 것 같다. 그러나 일상에서는 잘 안 된다. 소유하기 위해 우리가 쏟아내는 에너지는 엄청나다. 그럴수록 쓸데없이 낭비되는 엔트로피는 계속 증가한다. 결국 소멸이다. 나도 사회도 공멸이다. 우리의 삶이다. 그래도 여전히 소멸하지는 않고 있다. 무모한 삶이라고 탄식도 한다. 죽을 때 가져가지도 못할 것을 소유하면 뭘 하나. 그러나 말은 많아도 실천은 없다.

이제는 어쩔 수 없다. 코로나19는 우리가 소유로부터 언젠가는 이별을 해야 한다는 사실을 각인시키고 있다. 한동안 세상에 미니멀라이프(Minimal Life), 미니멀라이즈(Minimalise)라는 말이 회자된 적도 있다. 코로나19 사태 이후 미니멀라이즈가 현실이다. 사이즈가 큰 것부터 죽는다. 대형 백화점, 대형 쇼핑몰부터 문을 닫을 것이다.

사람과 사람이 만나서는 안 되는 비대면 사회. 현실이다. 지금까지 사람이 가장 많이 모이던 곳부터 문을 닫는 게 이상하지 않다. 대도시로부터의 엑소더스도 시작되었다. 뉴욕, 런던, 파리에서는 이삿짐을 나르는 소리로부터 아침을 시작한다고 한다. 뉴 노멀. 그런데 서울, 상하이, 도쿄 등 아파트 값이 폭등한 동양의 대도시들은 아직 눈치를 보고 있다. 상투를 잡으면 그 사람만 억울하다. 이제 사람들은 뭉쳐서 살 필요가 없다. 뭉친다고 교역이 더 잘되고 무역량이 늘어나는 것은 아니다. 지구촌 물동량은 더 늘어났다. 교역도 줄지 않고 있다. 항공사도 다시 살아났다. 여객선은 섰고, 화물선은 더 많이 뜨고 있는 것이다. 교역도 온라인 가상 세계에서 모든 것이 가능해졌기 때문이다.

한동안 공유경제(共有經濟) 어쩌구저쩌구 했다. 한 사람의 소유권을 쪼개서 함께 공유하는 것이 경제민주화에 맞다는 거다. 그런데 이제 공유경제로도 안 된다고 한다. 공유하는 경제. 코로나19가 쩨려보고 있다. 죽기 싫으면 각자도생. 따로따로 하라는 말이다. 온라인 테크놀로지가 있으니 그나마 얼마나 다행인가?

밀레니엄(MZ) 세대가 추구하는 새로운 경제는 구독경제(Subscreibed Economy)다. 그때그때 보고 싶은 신문을 구독하듯이. 일단 카드에 돈을 장전해 두고 그때그때 가지고 싶은 것을 '구독'하는 것이다. "구독, 좋아요." 유튜브를 하는 것 같다. 물론 중독이 부작용일 수는 있겠지만. 돈이 없으면 중독도 안 된다. 모든 것이 온라인 클라우드상에서 사이버공간에서 이루어지니까 아등바등할 필요도 없다. 마찰열도 발생하지 않는다. 엔트로피의 증가가 그만큼 억제되는 것이다.

싫으나 좋으나 모두 구독경제에 살게 되었다. 누구나 생산자가 될 수도 있다. 싫증이 나면 온라인에 물건을 내놓으면 된다. 팔 수도 있고 기부할 수도 있다. 쓰레기 하나도 버리려면 돈이 든다. 봉투비 그리고 수

거비. 구독경제는 그럴 필요가 없다. 온라인 장터가 대세다. '당근마켓'. 초등학생들도 자기가 팔고 싶은 물건을 온라인 장터에 올린다. 그런데 팔린다. 신기하다. 그 돈으로 하고 싶은 것을 한다.

이왕 구독경제가 현실이니 개인이나 국가는 보다 충실해질 필요가 있다. 물론 소비중독의 방지를 위한 대책도 필요하지만. 이전의 경제시스템에 비해서 마찰열이나 엔트로피가 덜 발생한다. 이러한 사실만으로도 장점이 더 크다. 소멸의 길에서 일단 주춤하는 꼴이다. 물론 더 두고 볼 일이지만. 하여간 치명적이지는 않은 것 같다.

구독경제의 뿌리는 댓글문화이다. 댓글문화의 역사는 인터넷의 역사와 함께한다. 근 20년이 넘은 듯하다. 근데 참 사건도 많다. 악성댓글을 보고 수많은 사람들이 자살을 한다. 참으로 놀라운 일이다. 아니 글 몇 자에 자살까지. 소위 유명인 스타들이 많다. 남들의 말에 민감한 사람들. 악성댓글에 시달리다 소위 '악플러'를 고발하기도 한다.

"최근 일부 기업들은 유튜브 채널에서 신제품을 소개하는 온라인 쇼케이스에서 채팅을 금지했다. 수십여 분간 진행된 쇼케이스에선 기업들이 제작한 영상만 일방적으로 전달됐고, 시청자들 몇 명이 행사를 보고 있는 지 정도만 알 수 있었다. 쇼케이스를 보면서 제품의 디자인, 기능과 브랜드에 대한 생각을 타인과 나눌 수 있는 수단이 막힌 것이다. 물론 업체들이 이 같은 조치는 나름 이해 가는 부분이다. 온라인으로 진행되는 행사에서 익명의 참가자가 비방, 욕설 등을 할 경우 대처하기 힘든 측면이 있다. 실제 올해 중순 코로나19 확산방치 차원에서 시행된 중학교 온라인 수업에선 익명의 학생이 교사에게 외모비하 발언을 해 논란이 일었다. 불특정 다수가 참가하는 쇼케이스에선 더욱 통제가 안 될 가능성이 높다. 다만 구더기 무섭다고 장을 못 담글까. 부작용이 겁난다고 소통을 막아선 안 된다. 이 같은 방식으로 온라인 쇼케이스를 진행한다면 광고영상을 일방적으로 방영하는 것에 불과하다. 위기는 곧 기회기도 하다. 비방 또는 욕설이 두려워 채팅을 막는다면 제품에 대한 소비자들의 생생한 반응을 접할 수 있는 기회를 날리는 셈이다."(신아일보, 2020/10/25)

댓글문화는 장점도 많다. 무엇보다도 피드백이 기능하다. 가장 기억에 남는 사건은 소위 '애니콜 신화'였다. 조금 오래된 일이지만. 지금 생각해도 쾌거다. 우연의 일치였는지도 모르지만. '삼성전자'가 세계 최고 수준의 기업이 된 계기였다. 역사의 한 페이지. 바로 댓글문화의 쾌거였던 것이다.

애니콜을 출시하기 전까지 삼성은 모방폰을 만들어 내고 있었다. 2000년 초 당시 최고 수준의 핸드폰은 '모토로라'였다. 그 뒤를 핀란드의 노키아, 블랙잭 등이 뒤따르고 있었다. 삼성은 명함도 못 내밀고 있었던 때다. 삼성은 전략이라면 전략이라고 할 수도 있는 카드를 꺼내 들었다. 그것이 바로 무상 A/S 시스템이었다. 승부수를 걸은 것이다. 먹혀들었다. 기술 면에서는 내수시장에서 LG나 현대와 거의 비슷한 수준이었는데, A/S 시스템의 도입은 시장에 크게 먹혔다. 삼성은 서비스다. 지금도 삼성의 이미지로 남아 있다. 지금 모든 기업들에게 A/S는 일반화가 되었는데도 말이다. 드디어 서비스센터가 전국 곳곳에 세워지면서 IT 시장의 판세는 삼성으로 기울기 시작했다.

결정적인 것은 전국 곳곳에 세워진 삼성서비스센터에서 가장 먼저 한 것. 그것은 바로 '댓글' 프로그램의 시동이었다. A/S를 하고는 바로 소비자의 목소리를 듣는 시스템. 그것을 가동시킨 것이다. 피드백 시스템. 처음에는 서비스를 잘 받았느니, 잘못 받았느니 하면서 서비스센터의 홈페이지에 댓글을 달던 소비자들은 점차 삼성 컴퓨터, 삼성 노트북에 이런 기능이 있었으면 좋겠다는 글들을 쓰기 시작했다. 삼성은 곧 이러한 소비자의 불만, 욕구 그리고 기대치를 반영하기 위해 다양한 목소리들에 귀를 기울이기 시작했던 것이다. 삼성전자 자체의 기술연구진들은 이에 호응하였다. 심지어는 쌍욕들도 모욕적인 말들도 모두 전달되었다. 시간이 지나면서 소비자들이 요구하는 대로 테크놀로지가 발전하기 시작했던 것이다. 댓글은 '이자'를 붙여서 되돌아온다. 그게 좋은 말이든 나쁜 말이든. 모두가 도움이 된다. 그것은 모두 이자들이니까. 댓글이 없으면 이자도 없다. 주는 것도 받는 것도 없으니까.

2000년 신년하례식 날 당시 모토로라의 회장이 말했다고 한다. 앞으로 삼성 컴퓨터가 세상을 지배할 것이다. 이유를 물었다. 뉴요커들은 너무 바쁘다. 모토로라에 이래라 저래라 간섭하지 않는다. 서울 사람들은 시간이 많은지 삼성에 이래라 저래라 잔소리들을 해댄다고 했다. 그래서 기술력은 날로 발전한 것이다. 그의 예언대로 모토로라, 노키아를 누르고 삼성 애니콜이 세상의 강자로 탄생한 것이다. 소비자가 생산을 결정한 것이다.

지금 모토로라와 노키아는 세상에서 사라졌다. 놀라운 일이다. 결코 일어나지 않을 것 같은 일이 현실이 된 것이다. 뉴 노멀. 다윗이 골리앗을 넘어뜨린 것이다. 모두가 '댓글'의 힘이었다. 한 사람의 작은 목소리에 귀를 기울였던 삼성. 칭찬해도 아깝지 않다. 세계적 수준의 천재가 아닌 전혀 관련이 없어 보이는 댓글문화가 한국의 역사를 다시 쓴 셈이다. 삼성이 업계 세계 1위가 되면서 결국 우리의 국가경제도 한 단계 도약했다.

구독경제를 활성화시킴으로써 우리는 제2의 애니콜 신화를 또 써 내려 갈 수 있을 것이다. 엔트로피 증가의 창조적 전환이다. 이왕 구독 경제가 대세라면 적극적으로 밀어 주어야 한다. 아니면 그냥 이대로 구독경제가 자연스럽게 활성화되는 것을 보고만 있는 것도 하나의 방법이다. 시장에 맡겨 보는 거다. 안 보이는 손. 수요가 공급을 결정한다. 그럼에도 불구하고 오늘날 국가의 역할은 자유시장이 제 기능을 할 수 있는 조건을 만들어 주는 일이다. 사실은 그게 문제다. 국가가 어느 정도 시장에 개입하는 것이 맞는 것인지? 오늘날 전 세계의 고민거리다. 성공하는 예가 드물다. 시장을 통제하고 관리하는 것이 강해지면 전체주의 경제 즉 사회주의, 공산주의 체제로 고발된다. 국가가 전혀 시장에 개입하지 않으면 자유방임이라고 비판을 받는다. 시장이 산만하고 무책임해진다. 결국 균형과 조화이다. 근데 그게 잘 안 된다. 그럼에도 불구하고 시장의 자유 또는 무한경쟁시장은 국가와 정부의 관할이다. 지원은 하되 통제, 관리, 간섭은 최대한 억제해야 한다. 그게 어렵다. 그래서 여전히 세상은 요동이다.

　　21세기 사회변화의 추세는 디지털 사회로의 이동이다. 아날로그의 시대를 마감하고 우리는 디지털 사회로 급진전하고 있다. 화살은 쏘아졌다. 쏘아진 디지털 화살. 당분간이라도 엄청난 파장을 유발하게 될 것이다. 이러한 파장은 사회적 마찰이고 갈등의 온상이 된다. 한국리서치 '여론 속의 여론' 팀의 정기조사(2020.5.8~11)에 의하면, "한국 사회에서 정보 격차 문제가 얼마나 심각하다고 생각하는지 물었다. 응답자의 60%가 '심각하다'고 답했다. 향후 우리 사회의 정보 격차는 더욱 심각해질 것이라는 예상(83%)이 지배적이었다. 코로나19가 정보 격차 문제를 심화(51%)시킬 것이라는 우려도 응답자의 절반을 넘겼다. 이는 '정보 격차'(디지털 격차)가 새로운 사회문제가 될 수 있다는 염려로 해석된다. … '모든 사람들에게 정보가 고르게 전달되지 않는다'는 항목에 65%가 동의하였다. 또한 '정보 격차로 소외되는 계층에 대한 관심이 많아져야 한다'는 데에 84%가 동의했다."(한국리서치, 2020/06/03)

또한 이 조사에 의하면 코로나19를 계기로 디지털사회는 가속도를 낼 것으로 전망된다. 따라서 정부는 디지털 정보격차의 문제를 해결하는 데 모든 에너지를 투입해야 할 시점이 아닐 수 없다. 이를테면 전 국민을 대상으로 하는 디지털 리터러시(Digital Literacy) 즉 디지털 기초능력교육을 국가지원으로 해야 한다. 무료로 아니면 바우처 제도를 적용해서라도 디지털문맹이 해소될 때까지 상시로 실시해야 할 것이다. 아니면 디지털 정보격차의 해소를 위한 사회적 인프라를 마련해야 할 것이다. 취약계층을 위한 디지털 기기의 무료 배포, 기기 할인, 기기 무료 대여 센터 등이 예상되는 혜택들이다. 그렇지 않으면 사회적 양극화의 문제는 더욱더 깊은 수렁으로 빠져들어 갈 것이다. 걷잡을 수가 없다. 한마디로 정치하기도 힘들다. 결국 디지털사회에서 디지털 정보격차에 대한 해법은 쓸모없이 낭비되는 마찰열을 억제하는 가장 중요한 방안이 될 것이다. 이것 이야말로 사회적 엔트로피의 발생을 최소화하는 지름길이라고 아니할 수 없다.

이제 국가와 정부 차원에서 구독경제를 효율적이고 생산적으로 활성화시키기 위해서는 무슨 정책을 세워 어떻게 추진해야 할 것인가에 온 힘을 다해야 한다. 디지털 온라인화 정책이다. 개인적 차원에서는 각자도생하는 데 구독경제를 어떻게 활용하고 어떻게 참여하는 것이 효과적이고 생산적인지에 대해서 아이디어를 내야 한다. 쓸모없이 낭비될 수도 있는 마찰열을 창조적으로 전환시킬 수 있는 방법을 고안해 내는 것. 그것이 관건이다. 늘 공부하고 연구하는 방법밖에 없다. 공부에는 왕도가 없다. 구독경제. 디지털 경제. 아직 한 번도 경험하지 못한 세상. 뉴 노멀의 시대에 새로운 연구과제이다. 연구의 결과에 따라서 마찰열의 창조적 전환도 결정될 것이다. 오토포이에시스의 조건인 네겐트로피로 활용될 수 있을 때까지.

일곱째, 우리가 '청소하는 인간'으로 거듭날 시점이다. "블랙홀 역시 엔트로피를 가진다." 물리학자 베켄슈타인(Bekenstein)의 가설이다. 블랙홀에서도 엔트로피는 증가한다는 말이다. 물론 이 가설은 아직 입증된 것은 아니다. 그러나 이 가설이 맞다면, 모든 것을 빨아들이는 블랙홀의 속성상 지구상에서 발생하는 엔트로피 역시 블랙홀로 빨려 들어간다고 할 수도 있을 것이다. 우리는 엔트로피의 증가로 인해 언젠가는 지구가 열평형 상태로 인하여 멈추고 만다고 했다. 지구가 아직 멈추지 않는 이유는 지구에서 증가하는 엔트로피를 혹시 블랙홀이 제거시켜 주고 있는 것은 아닐까?

그렇다면 블랙홀은 우주의 청소부인가? 엔트로피의 증가로 인하여 정지 내지 소멸하려는 경향이 높아질 수밖에 없는 지구의 운명은 어쩌면 엔트로피까지 빨아들이는 블랙홀에 달려 있다고 할 수 있는 것은 아닌지. 그렇다면 지구에 살고 있는 우리는 지구에 블랙홀 같은 것을 건설해야 할 필요성이 제기될 수도 있다. 물론 아직은 가설 수준이지만. 그러나 마치 우리 지구에 인공태양의 필요성 때문에 인공태양 만드는 일에 착수한 것처럼 지구를 모두 청소해 낼 블랙홀도 만들 필요가 있다.

그런데 아직 입증도 검증도 안 되었는데 어째 현실이 될 수 있을까? 입증되지 않았더라도 오랜 시간 동안 우리에게 삶의 현실이 되어 온 것도 많다. 입증된 것만이 지식은 아니다. 아직은 입증이 안 되었지만 언젠가는 입증될 수도 있기 때문이다. 블랙홀의 존재도 마찬가지다. 가설이었던 것이 입증된 것이다. 입증되지 않았을 때에도 블랙홀은 존재하고 있었다.

우리는 오랜 역사 동안 입증되지도 않았어도 신(神)을 믿으면서 살아 온 경험이 있다. 지금도 그렇다. 입증되지 않았다고 해서 현실화되어서는 안 된다는 원칙은 없다. 아직 입증되지 않았지만 언젠가는 입증될 수도 있다. 아니면 그것이 신념일 뿐이라고 해도 공유할 가치가 있다면 얼마든지 현실화될 수 있다. 그렇다면 증가하는 엔트로피를 빨아들여서 소각시켜 줄 수 있는 지구의 청소부, 과연 그것은 무엇이어야 할까?

지구촌 사람들은 누구나 '청소하는 인간'(Homo Rautus)으로 거듭나야 한다. 청소요원이 따로 있는 것이 아니다. 누구나 청소미화원이 될 수 있어야 한다. 우리는 밥을 먹으면 반드시 뒤치다꺼리를 해야 한다. 설거지. 예전에는 여자의 몫, 아내의 몫이었다. 지금은 아빠도 한다. 덕분에 말도 많고 탈도 많던 권위주의도 청산된다. 뉴 노멀? 이제 국가와 사회는 청소인프라의 구축에 적극 투자해야 한다. 정부는 '청소 관련 일자리'의 창출에 심혈을 기울여야 할 것이다. 공장과 기업은 청소도구의 생산과 유통에 보다 주력해야 한다. 개인들은 몸과 마음을 청소하는 일에 신경을 써야 한다. 위생이 나를 살린다. 특히 위드-코로나 시대의 계명이다. 손 씻기 철저, 손소독제 지참 등이 코로나19 이후 개인방역이 일상이 되어야 하는 이유다. 마치 밥을 먹듯이. 이제 위생방역의 관념은 새로운 덕목이다. 시대정신, 시대가 요구하는 도덕이고 윤리다. 항상 정결하게. 내 주변도 항상 깨끗하게. 버리고 소비하는 인간에서 '청소하는 인간'으로 거듭나야 진정 인간으로 취급받는다. 뉴 노멀의 시대 맞다.

전통적인 공동체에서는 청소부라는 직업을 천대(賤待)해 왔다. 3D 업종. 오죽하면 환경미화원이라고 이름을 바꾸었겠는가? 지금은 환경공무원이라고 한다. 전통적 공동체에서는 청소하는 사람들보다 늘어놓기를 잘하는 사람이 주역이었다. 청소는 아랫것(?)이 하는 거라고. 집에서도 청소하는 사람은 아버지가 아니다. 지금은 많이 달라졌지만. 여전히 청소하고 설거지하는 것은 여자의 일이라고 여긴다. 전통적 공동체의 유산이다. 온택트 공동체에서는 스스로 청소해야 한다. 인터넷에 쌓이는 스팸메일은 그날그날 휴지통으로 보내야 한다. 쓸모없는 전기를 먹기 때문이다. 스팸메일이 생태환경을 파괴한다. 컴퓨터가 망가지는 지름길이다. 청소가 돈이다. '채우려면 비워야 한다'는 말이 있다. 비우지 않으면 더 들어갈 곳이 없다. 자기만 손해다. 청소는 새로움의 전제조건이다.

　오래전부터 요가, 명상, 마음 챙김 등 몸과 마음을 정화하는 각종 수련프로그램들이 인기다. 우연의 일치인가? 코로나 블루. 아마 대목을 맞을 태세다. 전 국민의 명상화. 마음공부. 멀지 않았다. 이제 마음도 청소해야 하는 시대. 심신의 청소는 바로 '건강'이다. 사회가 건강해지는 길이다. 심신수련으로 면역체계도 좋아진다. 내 몸과 마음을 청소함으로써 사회 전체가 맑아진다. 모든 것은 순환한다. 심신의 건강으로 증가하는 엔트로피도 주춤할 것이다. 건강한 개인이 건강한 사회를 만든다. 개인적 엔트로피의 증가가 억제되면서 사회적 엔트로피의 증가도 억제된다. 그만큼 우리는 소멸하려는 경향을 억제시키는 셈이다. 엔트로피를 빨아들이는 청소. 삶은 보다 윤택하게 된다.

　위에서 본 것처럼 중세유럽 시절 페스트 전염병으로 프랑스의 파리시가 대대적인 하수도 정비 후 청정도시로 세상에 알려지면서 윤택한 사람들이 모여들면서 문화예술대국이 되었다. 문명사적 대전환이 일어난 것이다. 청정국가가 되는 순간 세계의 이목을 집중하게 될 것이다. 살고 싶은 나라. 세계의 관광국 내지 이민선호국으로 발전할 것이다. 경제

강국이 문화예술의 강국이 될 수 있는 좋은 기회. 결코 우리가 놓쳐서는 안 되는 이유다. 명실공히 선진국으로 도약(跳躍)할 수 있는 절호의 찬스. 쓸모없이 낭비될 수 있는 마찰열을 창조적으로 전환시키는 것이다. 결국 오토포이에시스의 조건인 네겐트로피는 '청소하는 나'인 것이다. 그냥 보이는 대로 치우면 된다. 몸도 치우고 마음도 치우고. 그러면 된다. 너무나 쉽지 않은가?

에필로그

우주 만물의 최소 단위는 원자이다. 모든 원자핵의 주변에서는 마이너스 극을 가진 전자가 돌고 있다. 전자가 원자의 핵 주변을 도는 이유는 만유인력 때문이다. 전자는 핵 주변을 돌 때 전기가 발생한다. 전자가 도는 원을 궤도라고 한다. 그런데 제1궤도를 돌던 원자가 갑자기 제2궤도를 돈다. 이동이 있어야 하는데 이동이 아니다. 순간적으로 궤도가 달리 나타나는 것이다. 그러니까 하늘에서 별이 반짝반짝하는 것과 비슷하다. 제1궤도를 돌던 전자가 갑자기 제2궤도에서 보인다. 여기저기에서 깜빡깜빡 보이는 것은 궤도가 달라졌기 때문이다. 그러니까 순간이동? 순식간에 이동이 일어난 것인데. 그렇다면 순간이동을 하는 전자의 이동은 운동에너지에 의한 이동인가 아니면 운동에너지와 무관한 이동인가? 이를 물리학에서는 '양자도약'(Quantum Jump)이라고 한다. 전자가 일정한 거리를 이동한 것이 아니라 순간적으로 '도약'(跳躍)한 것이다. 도약하는 순간 마찰열은 극소화된다. 그만큼 엔트로피의 증가도 극소화된다. 사실 입자와 파동의 순환관계도 양자도약 현상으로 설명이 가능하다. 즉 입자가 파동이 되고 파동이 입자가 되는 현상은 순간적으로 양자가 도약하는 현상의 연속일 뿐이다.

양자도약이란 양자의 에너지가 불연속적으로 흡수 또는 방출되는 현상이다. 여기서 번쩍이던 빛이 갑자가 저쪽에서 번쩍인다. 양자역학에서는 관측되지 않으면 없는 것이다. 아인슈타인이 슈뢰딩거에게 물었다. 우리가 달을 관측하지 않으면, 달은 없는 것인가? 우리가 달을 보고 있을 때만 달은 존재하는 것인가? 이에 양자역학의 정당성을 대변하는 슈뢰딩거는 일명 '사고실험'으로 유명한 '고양이 가설'로 맞선다. 상자에 살아 있는 고양이를 넣고 상자 안에 치명적인 우라늄 독가스를 주입하면 고양이는 어떻게 되겠는가? 살겠는가, 죽겠는가? 결국 죽을 확률과 살 확률이 반반이라는 것이다. 즉 세상의 모든 것은 태어나는 순간 '중첩'(重疊)되어 있다. 양자얽힘의 현상 때문이다. (+)와(-)가 함께 있다. 동전의 앞면이 있으면 뒷면도 있다. 3차원, 4차원 그리고 다차원으로 가면 더 복잡하다. 차원이 모두 중첩되어 있는 것이다.

한마디로 존재는 확률이다. 그것이 입자건 파동이건. 결국 달이 관측되고 안 되고 하는 것도 확률이다. 하늘에서만 달을 볼 수 있는 것이 아니라 어딘가에 달이 있을 수 있다는 것을 생각할 수 있다. 그러나 생각하지 않으면 달은 나와 아무 관련이 없는 것이다. 왜 그럴까? 바로 양자도약현상 때문이다. 양자의 세계는 이미 양자얽힘으로 모든 것이 연결되어 있고 중첩되어 있지만, 관측 치에 따라서 있다가도 없고 없다가도 있는 것이다. 양자도약을 한 전자는 먼저 번쩍이던 곳에서 사라진다. 동시에 다른 곳에서 번쩍인다.

양자도약. 다른 궤도에 나타나는 순간은 운동에너지가 사용된 것은 아니다. 양자역학을 거부한 아인슈타인도 움직임이란 시간의 흐름이 아니라 공간에서의 이동이라는 데 동의했다. 시간과 공간은 그에게 같은 개념이었기 때문이다. 시공간(時空間). 그러니까 운동이란 일종의 '공간이동'이다. 3차원의 공간에 살고 있는 인간. 4차원도 공간이다. 운동이란 1차원의 직선운동과 2차원의 면 위에서의 움직임이다. 움직임에는 일정량의 에너지가 필요하다. 시간과 공간이 합일된 3차원의 공간에서의 움직임. 양자얽힘과 양자도약 현상으로 순간이동이 이루어지는 것. 운동에너지의 사용이 없다. 양자도약은 파동에너지의 이동이다.

　그러니까 우리 인간은 실제로 3차원의 세계에 살아온 것이 아니다. 『1차원적 인간』. 마르쿠제의 명작이라고 했다. 노예처럼, 기계처럼. 기껏해야 우리는 2차원에서 살아왔다. 2차원. 노예의 신세를 겨우 면하는 차원. 아니다. 세상에는 아직 실질적인 노예혁명이 완수되지 않았다. 지금도 내용적으로는 주인과 노예의 삶으로 구분된다. 자유민과 비자유민의 시대. 아테네 시대와 달라지지 않았다. 아직도 우리 인류는 1차원의 신세를 해매이고 있는 것이다. 한마디로 현실은 1차원이다. 하여간 3차원의 존재는 아니었던 것이다. 다시 말하면, 3차원에 산다는 인간은 그동안 허구였던 셈이다. 그냥 구호였을 뿐. 현실은 전혀 아니었다. 아니 '가설'이었던 셈이다. 아인슈타인의 놀라운 가설. 블랙홀의 존재가 입증되었다. 컴퓨터 과학을 통하여. 이제 우리가 '3차원적 인간'이라는 가설도 컴퓨터의 세계로 입증되어야 할 시점이다.

　오늘날 가상공간의 사이버 세계는 명실공히 우리 인간이 3차원의 존재라는 사실을 입증해 주고 있다. 앞으로 3차원 그리고 그 이상 4차원, 5차원의 세상도 가상공간에서 입증될 것이다. AR, VR로 구현되는 가상현실. 1차원, 2차원과 달리 3차원 이상의 세계에서 이동은 '순간이동'이다. 빛의 속도의 순간이동. 순간이동에서는 움직임이 없다. 양자역학에 의하면 이미 확률적으로 중첩되어 있는 존재는 누가 왜 관측하는가에 따라 있기도 하고 없기도 한다. 입자가 파동이 되고 파동이 입자가 된다. 이중슬릿실험. 뭉치면 물질이고 흩어지면 에너지다. 태어나면 물질로 나타나고 죽으면 에너지로 흩어진다. 물질과 에너지는 같은 것이다.

움직이지 않으면 원칙적으로 운동에너지도 발생하지 않는다고 했다. 운동에너지가 없는 곳에서는 저항과 마찰도 없다. 쓸모없는 마찰열도 발생하지 않는다. 우리 인간도 양자도약을 할 수 있다면, 운동에너지도 사용할 필요가 없다. 그렇다면 마찰열도 발생하지 않을 것이고 쓸모없이 낭비되는 엔트로피의 증가도 없을 것이다. 결국 인간은 영생(永生)도 가능한 것이 아닐까? 아니면 평균수명이라도 늘어나는 것은 아닐까? 물론 의술의 발달로 인한 것이겠지만. 그러나 양자도약이 사실이라면 우리 인간도 양자도약의 본능을 가지고 태어난다고 할 수 있지 않을까? 삶의 비약(飛躍) 그리고 도약(跳躍)이다. 어쨌건 우리는 이번 코로나 팬데믹으로 우리의 삶을 한번 돌아볼 수 있는 시간을 갖게 된 셈이다. 한참 앞만 보고 달려온 세상. 우리가 도봉산을 가야 하는데 수락산을 가고 있는 것은 아닌지? 한번 돌아봄으로써 깨우칠 수 있는 절호의 찬스. 걸림돌을 디딤돌로 활용하는 지혜이다. 우리가 잠시 멈춤을 통하여 새롭게 도약할 수 있는 하늘이 주신 기회로 삼아야 할 것이다. 개구리의 움츠림은 더 멀리 도약하기 위한 준비 단계이다. 문명사적 전환. 바로 그것이다.

우리에게 도약이라는 말이 낯선 개념은 아니다. 철학에서는 오래전부터 있어 왔다. 인간은 도약할 수 있는 존재라고도 했다. '실존주의 철학자'들의 말이다. 인간은 식물처럼 점진적으로만 자라는 것만이 아니다. 어느 순간 펄쩍 비약적으로 성장하기도 한다. 인생도약. 실제로 아이들도 갑자기 크기도 한다. 성장호르몬을 투입하여도 잘 자라지 않던 아이가 어느 날 여름 방학을 지나면서 갑자기 훌쩍 컸다는 말도 있다. 하물며 육체도 그런데, 정신세계는 더욱 그렇다. '철들자 망령'이라는 말이 있다. '애늙은이'라는 말도 있다. 비약과 도약의 시기와 정도는 사람마다 다르다. 동양 사상에서 삶의 도약과 비약은 지극히 당연하다. 깨달음과 각성(覺醒) 심지어 해탈(解脫)과 열반(涅槃) 같은 개념들. 사람이 도약할 수 있고 비약적인 성장도 할 수 있다는 말이다. 기독교에서 회개(悔改)라고 한다. 회개하는 순간 사람은 성장한다. 소크라테스의 무지각성. 결코 다른 말이 아니다. 국가와 사회도 한 단계 도약해야 한다고들 한다. 후진국은 항상 후진국이 아니다. 언제든지 바뀔 수 있다. 선진국이 후진국으로, 후진국이 선진국으로. 얼마든지 가능하다.

이론상으로 보면, 온라인 언택트 비대면 사회에서 우리는 운동에너지를 사용하지 않아도 된다. 운동에너지의 투입은 시간의 흐름과도 관계된다. 운동하는 한 시간은 흐른다. 시간의 흐름 속에서 운동에너지가 있다. 아인슈타인도 시간은 흐르지 않는다고 했다. 성경에서도 하나님의 시간은 흐르지 않는다고 쓰여 있다. 과거, 현재, 미래가 있는 것이 아니고 현재만이 존재한다. 모든 시간은 현재의 연장일 뿐. 그렇다면 정말 우리가 착각하고 살고 있는 것일까?

우리는 이미 온라인상에서 양자도약을 경험하고 있다. 도서관으로 이동하지 않아도 손가락 하나로도 책을 빌릴 수 있다. 서울에 앉아서 루브르 박물관을 샅샅이 돌아볼 수 있다. 터치하는 것도 운동에너지다. 그러나 오프라인에서 운동에너지의 투입은 쓸모없는 마찰열의 발생에 비하면 아주 미약하다. 운동에너지의 이동으로 인해 발생하는 저항과 마찰도 적어진다. 쓸모없이 낭비되는 엔트로피의 증가도 억제된다. 심지어 운동에너지가 일로 전환되는 과정에서도 마찰열이 발생한다. 인터넷 서핑, 구글링. 앉아서 온 세상을 넘나든다. 지구촌이 내 손가락 안에 있다. 클릭 하나로 무엇인가를 얻게 되면, 투입된 운동에너지에 대한 일의 효과를 계산할 필요가 없다. 이미 열효율이 일효율로 입증된 것이니까. 오토포이에시스의 네겐트로피가 가동하지 않는 이상 엔트로피의 증가는 영원하다. 오토포이에시스의 조건으로서 네겐트로피가 제대로 투입될 수 있다면 우리의 미래는 전혀 새로운 사회로 '도약'할 수 있을 수 있다.

뉴 노멀. 새로운 정상의 조건은 노멀의 소멸이다. 지금까지 면대면 콘택트 사회에서 만들어 놓은 노멀의 청산. 과연 우리 인간은 이 기회에 비대면 온라인 콘택트의 사회 즉 온택트 사회에 제대로 올라타는 양자 도약을 할 것인지, 아니면 여전히 자연발생적인 엔트로피의 증가와 가중 속도에 손 놓고 살아갈 것인지. 개개인의 생각에 달려 있다. 지구는 바로 내가 구한다. 그것만이 답이다.

우리 인류의 역사는 선택의 역사였다. 인간이 어떤 것을 선택하느냐에 따라서 우리 인류의 삶은 달라져 왔다. 인류는 자연친화 대신에 자연정복을 택해 왔고 재생에너지 대신 석탄과 석유 그리고 핵에너지를 선택해 왔다. 선택의 결과 지금 우리 인류는 이제 와서 자연친화적인 삶과 신재생에너지를 갈구하는 상황이 되었다. 잘못된 선택, 잘못된 만남. 이제 문명사적 대전환을 맞은 우리 인류가 선택해야 할 기준은 두 가지이다. 하나는 억제해야 할 쓸모없는 마찰열은 무엇인지? 다른 하나는 마찰열을 창조적으로 전환시킬 수 있는 방안은 무엇인지? 이를 구현하기 위해서는 자기갱신 즉 오토포이에시스의 조건으로서의 네겐트로피의 투입이 결정적이다. 이는 엔트로피의 증가를 최소화시킴으로써, 나와 우리 사회 그리고 인류 전체의 소멸을 최대한 지연시킬 수 있는 유일한 길이다.

참고문헌

1

경남일보. 부산항만공사 언택트(Untact)기술 이용. 2020/09/15.

계보경. 언택트 시대, 그리고 우리 교육의 균형점. 교육부 웹진 행복한 교육. 2020/07/01.

기술사랑연구회. Basic을 위한 기술용어사전. 서울: ㈜신원문화사. 2008.

김광석. [트랜D] 언택트가 표준이 된 시대… '언택트 서비스'가 경쟁력. 중앙일보. 2020/04/21.

김기석. [칼럼] 언택트 시대에 대비하는 스마트 교육. 한국대학신문. 2020/06/12.

김상수. [기고] '언택트 시대'의 대학 교육 – 혁신은 콘텐츠에 달려 있다. 한국대학신문. 2020/ 05 /04.

김영식 · 임경순. 과학사신론. 서울: 다산출판사. 2002.

김용근. '예술 수준의 기술'을 통한 융합 혁신. 이인식(기획). 인문학자, 과학기술을 탐하다. 인 문학과 과학기술의 융합은 어떻게 이루어지는가. 221-235. 서울: 고즈윈. 2012.

김재일. 코로나19 시대 폴란드 언택트(Untact) 시장동향. KOTRA 해외시장뉴스. 2020/ 09/03.

녹색경제신문. [언택트 시대⑦] 달라지는 일상, 장보기 · 국회 · 공연 · e쿠폰 등 '백태'… "정치 경제사회문화 전반 비대면 확산". 2020/08/24.

디지털타임즈. 언택트 교육 플랫폼 'K-무크' 전면 재구축. 2020/09/06.

라영환. 언택트 사회, 새로운 기회. 뉴스파워. 2020/07/14.

매일경제. 언택트시대 음식배달 시장 '빅뱅' 푸드코트 · 다점포 · 해외로… 공유주방의 진화. 2020/08/18.

문화일보. '포스트 코로나19 시대'의 19가지 '뉴 트렌드'…. 2020/05/04.

미래를 준비하는 기술교사 모임. 테크놀로지의 세계 I. 서울: 랜덤하우스. 2010.

부산일보. 언택트(Untact)기술을 이용한 최초의 비대면 현장학습으로 콘택트(Contact)를 이어가는 부산항만공사. 2020/09/15.

서영구. [시론] 언택트 시대 유통과 물류. 아시아경제 오피니언컬럼. 2020/08/31.

소비자평가. '비대면' 트렌드에 맞춘 식품업계의 언택트 마케팅. 2020/08/23. http://www.iconsumer.or.kr/news/articleView.html?idxno=12655

송성수. 기술의 역사 뗀 석기에서 유전자 재조합까지. 서울: 살림. 2009.

시사위크. 언택트 사회 발목 잡는 보안문제, 해결방안은?. 2020/07/03.

신상규. 사이보그와 매트릭스. 이인식(기획). 인문학자, 과학기술을 탐하다. 인문학과 과학기술의 융합은 어떻게 이루어지는가. 111-123. 서울: 고즈윈. 2012.

연합뉴스. [사진톡톡] '비대면(언택트(Untact))'의 그림자. 2020/10/31.

_____. 코로나19가 바꾼 창업지도. 2020/11/24.

_____. [위클리 스마트] 한국 인공태양, 플라스마 세계 최장기록… 상용화 준비 '착착'. 2020/11/28.

영남일보. '언택트' 업무 활용 대구기업 39.6% 그쳐. 2020/09/16.

이강봉. "또 다른 팬데믹 사태가 발생할 수 있다" 유엔 IPBES, 예방 위해 '글로벌 협의체' 창설 촉구. The Science Times, 2020/11/30.

이상오. 리더십: 역사와 전망. 서울: 연세대학교 출판부. 2009.

_____. 상상력과 교육: 인간과 테크놀로지의 만남. 서울: 강현출판사. 2014.

_____. 학습혁명: H사고. 서울: 북코리아. 2018.

이용필. 사회과학연구와 새로운 패러다임. 서울대학교 출판부. 1999.

임정택. 상상. 한계를 거부하는 발칙한 도전. 서울: 21세기북스. 2011.

장준환. 언택트 시대의 저작권. 장준환 법률칼럼. 중앙일보. 2020/07/09.

조선일보. '언택트 시대'가 혼란스러운 고령층… "소외계층 · 지역 격차 커진다". 2020/10/09.

조창례. [할 말 있습니다] 언택트(Untact) 시대의 가정 안전. 중부일보. 2020/10/07.

진인주. [아너스 칼럼] 코로나19가 미칠 미래환경과 고등직업교육. 한국대학신문. 2020/04/07.

충북일보. '언택트' 문화의 명과 암 ① 성장과 발달. 2020/09/13.

충청투데이. [시선] 언택트 시대, 변화로부터 만들어지는 공연. 2020/10/26.

한국리서치. [코로나19] 포스트코로나 – 코로나19와 비대면, 디지털사회 전환. 2020/06/03.

홍성욱. "테크놀로지와 인간 그리고 사회", 이상욱 외. 욕망하는 테크놀로지. 15-24. 서울: 동아시아. 2009.

황지영. 코로나가 촉발한 언택트 소비트렌드와 미래 전망. 미래연구 포커스: COVID-19 이후, 뉴 노멀과 미래 전망. Future Horizon Focus. 2020.

2

노르베르트 볼츠. 컨트롤된 카오스(*Das kontrollierte Chaos*, 1995/ 윤종석 옮김, 2000). 문예출판사.

니클라스 루만. 사회체계이론 1 한길그레이트북스 86(*Soziale Systeme*/ 박여성 옮김). 한길사. 2007.

닐 포스트먼. 테크노폴리(*Technopoly*, 1992/ 기술에 정복당한 오늘의 문화, 김균 옮김, 2005). 서울: 궁.

다부치 나오야. 확률론적 사고로 살아라. 불확실한 신생과 비즈니스에서 승률을 최고로 높이는 방법(確率論的思考: 金融市場のプロがえる最後に勝つための哲/ 황선종 옮김). 더숲. 2010.

데이비드 보더니스. E=mc2(E=mc2, 2000/김민희 옮김, 2001). 생각의나무.

루카 프라이올라. 기술의 역사(이충호 옮김). 세상을 바꾼 사람들의 이야기. 서울: 사계절. 2004.

브라이언 그린. 엘레건트 유니버스. 초끈이론과 숨겨진 차원, 그리고 궁극의 이론을 향한 탐구 여행(*The elegant universe, superstrings, hidden dimension, and the quest for the ultimate theory*, 1999/박병철 옮김, 2002). 승산.

브루스 매즐리시. 네 번째 불연속: 인간과 기계의 공진화(*The fourth discontinuity: the coevolution of humanes and machine*, 1993/ 김희봉 옮김, 2001). 사이언스북스.

숀 캐럴. 현대물리학 시간과 우주의 비밀에 답하다(*From eternity to here: The quest for the ultimate theory of time*/ 김영태 옮김). 다른 세상. 2012.

아모스 H. 홀리. 인간생태학. 지역공동체이론(*Human Ecology. A Theory of Community Structure*, 1950/ 홍동식 · 강대기 · 민경희 옮김, 1995). 서울: 일지사.

에도아르도 본치넬리. 기술의 영혼(2006/ 김현주 옮김, 2011). 서울: 바이북스.

에머리 로빈스 외. 미래의 에너지(*Voller Energie*/ 임성진 옮김, 2001). 생각의 나무.

에리히 얀치. 자기조직하는우주: 새로운 진화 패러다임의 과학적 근거와 인간적 함축(*The SelfOrganizing Universe*, 1980/ 홍동선 옮김, 1989). 서울: ㈜범양사출판부.

H. J. 스퇴릭히. 세계철학사 하권(*Kleine Weltgeschichte der Philosophie, Vierter TeilSechster Teil, Verlag W. Kohlhammer Stuttgart Berlin Köln Mainz*, 1970/ 임석진 옮김, 1978). 서울: 분도출판사.

윌리암 보이드. 서양교육사(1964/ 이홍우 · 박재문 · 유한구 옮김, 1996). 서울: 교육과학사.

이언 엥겔. 지식 노동자 선언(장은수 옮김, 2001). 서울: 롱셀러.

자크 아탈리. 호노 노마드(이효숙 옮김, 2005). 서울: 웅진닷컴.

자크 엘루. 기술의 역사(1964/ 박광덕 옮김, 2011). 서울: 한울.

장파. 동양과 서양, 그리고 미학: 아름다움을 비추는 두 거울을 찾아서(中西美學與文化情神, 1994/ 유중하 외 옮김, 2000). 푸른숲.

제러미 리프킨. 엔트로피 II: 알게니시대(*Algeny*/ 김용정 옮김). 서울: 도서출판 원음사. 1984.

J. E. 러브록. 가이아: 생명체로서의 지구(*GAIA: A new look at life on Earth*, 1987/ 홍욱희 옮김, 1990). 서울: ㈜범양사출판부.

제임스 글리크. 카오스: 현대과학의 대혁명(*Chaos: Making a new science*, 1987/ 박배식 · 성하원 옮김, 1993). 서울: 동문사.

조지 바실라. 기술의 진화(1988/ 김동광 옮김, 1996). 서울: 까치.

존 홀런드. 숨겨진 질서(*Hidden Order*, 1995/ 김희봉 옮김, 2001). 서울: 사이언스북스.

켄 블랜차드 · 셸든 보울즈. 열광하는 팬(*Raving Fans: A Revolutionary Approach to Customer Service*, 1993/ 조천제 외 옮김, 2001). 21세기북스.

토머스 휴즈(테크놀로지. 창조와 욕망의 역사(2004/ 김정미 옮김, 2008). 서울: 플래닛미디어.

프란츠 알트. 생태적 경제기적(*Das ökologische Wirtschaftswunder. Arbeit und Wohlstand für alle*/ 박진희 옮김). 서울: 양문. 2004.

프리초프 카프라. 현대물리학과 동양사상(*The Tao of Physics*, 1975/ 이성범 · 김용정 옮김, 1989). 서울: 범양사출판부.

_____. 생명의 그물(*The Web of Life*, 1996/ 김용정 · 김동광 옮김, 1999). 서울: 범양사출판부.

피오트르 츠톰까. 체계와 기능(*System and Function*, 1979/ 조재순 · 김선미 옮김, 1995). 서울: 한울아카데미.

하워드 오덤. 시스템 생태학 I-II(*Ecological and General Systems: An Introduction to Systems Ecology*/ 박석순 · 강대석 옮김). 서울: 아르케. 2000.

히라다 유카키. 상식 밖의 발명사. 역사를 뒤흔든 48가지 발명이야기(1995/ 선완규 옮김, 1995). 서울: 새길.

3

BBC Worklife. 비접촉 사회에 남겨진 한국인. 2020/08/06.

Bednarz, Jr.. "Autopoiesis: the organizational closure of social systems." *Systems Research*, Vol. 5, No. 1. 1988.

Bertalanffy, Ludwig von. *General System Theory*. New York: Braziller. 1968.

Bolzmann, L. "Der zweite Hauptsatz der mechanischen Wärmetheorie." In Bolzmann, L. (ed.), *Populäre Schriften* (1905). 24-46. 1886.

Buckley, W. Systems and entities. in: W. Buckley (ed). *Sociology and Modern Systems Theory*, NJ: Prentice-Hall. 42-46. 1967.

Cannon, Walter B. *The Wisdom of the Body*. New York: WWW.Norton. 1939.

chosun.com.. 특집섹션. 코로나19가 불러온 언택트 시대 교육. 조선일보. 2020/08/27.

CIO. [최형광 칼럼] 코로나19와 뉴 노멀 2.0 시대. 2020/03/19.

Compton, B. R., Galaway, B.. *Social Work Processes*. Walsworth. 1989.

Criteo. 포스트 코로나 시대의 10가지 소비자 행동 변화 트렌드. 2020/06/17.

Dawkins, C. R.. *The Selfish Gene*. UK: Oxford University Press. 1976.

DongA.com. 홈오피스, 홈카페… 집콕족을 위한 '언택트(Untact)설계' 열풍. 2020/11/18.

e · motiom. 포스트 코로나, 언택트(Untact)를 넘어선 '온택트(Ontact)'시대를 이끌다. 2020/ 9/15.

Ferkiss, V.. *Nature, Technology, And Society*. New York and London: New York University Press. 1993.

Hawley, Amos. *Human Ecology: A Theory of Community Structure*. New York: Ronald. 1950.

Gehlen, A.. *Der Mensch. Seine Natur und seine Stellung in der Welt*. Frankfurt/ a. M. Bonn. 1962.

Harrington, J. L.. *Technology and Society*. Johns & Bartlett Publishers. 2008.

Jantsch, E. *The Self-Organizing Universe*. Oxford: Pergamon Press. 1984.

Kauffman, Stuart. *The Origins of Oder*. New York: Oxford University Press. 1993.

LG이노택 Newsroom. 기획뉴스/IT트렌드, 언택트 시대, 일하는 문화가 바뀐다고? 언택트 시대, 일하는 문화가 바뀐다고?. 2020/10/16.

K. 야스퍼스. 현대의 이성과 반이성(1935/ 황문수 옮김, 1992). 서울: 사상사.

Lovelock, James. *Gaia*. New York: Oxford University Press. 1979.

Luhmann, Niklaus. *Soziale Systeme, Grundress einer allgemeine Theorie*. Frankfurt/a.M: Suhrkamp Taschenbuch Wissenschaft (6th). 1996.

Mainzer, Klaus. *Thinking in Complexity: The Complex Dynamics of Matter, Mind and Mankind*, Third Revised and Enlarged Edition. Berlin, Heidelberg, New York, etc.: Springer. 1997.

Margulis, Lynn and Sagan, Dorion. *Microcosmism*. New York: Summit. 1986.

Maturana, Humberto and Varela, Francisco. *Autopoiesis and Cognition*. Holland: D. Riedel, Dortdrecht. 1980.

Parpola, Asko. *Transactions of the 50th International Conference of Eastern Studies*. The Tôhô Gakkai. 2005.

Prigogine, ILya. *Instruction to Thermodynamics of irreversible Processes*. New York: Wiley. 1961.

Prigogine, ILya and Stengers, Isabelle. *Order out of Chaos*. New York: Bantam. 1984.

The Korea Bizwire. '손상되지 않은' 관행에 적응하기 위해 고군분투하는 노인들. 2020/09/21.

Volkamer, Klaus., Streicher, Christoph and Walton, Ken G.. *Intuition, Kreativität und ganzheitliches Denken*. Heidelberg: Shurkamp. 1996.

Weyl, Hermann. *Philosophie der Mathematik und Naturwissenschaft*. Oldenburg: Scientia Nova. Hrsg. von Reiner Henselmann, Gebhard Kirchgässner, Hans Lenk, Siegwart Lindenberg, Julian Noda-Rümelin, Werber Raub, Thomas Boss. 2000.

Wilson, E. O.. *On human nature*. Harvard University Press. 1994.